Tilly, Ou, La Guerre De Trente Ans De 1618 À 1632

Antoine Charles Hennequin Villermont

Tilly

ou la Guerre de Trente ans.

Historia testis temporum, lux veritatis (Cicéron)

TILLY

ou

la Guerre de Trente ans,

de 1618 à 1632,

par le Comte DE VILLERMONT.

COLLECTION HISTORIQUE.

Société de Saint-Augustin,

DESCLÉE, DE BROUWER ET Cie,

Imprimeurs des Facultés catholiques de Lille.

LILLE, RUE ROYALE, 26, ET BRUGES, mdccclxxxvij.

Imprimé par la Société Saint-Augustin, Bruges. — 1887.

Préface.

MALGRÉ les nombreuses publications qui ont éclairé et rectifié l'histoire de la guerre de Trente Ans et réduit à sa juste valeur le roman de Schiller, la France subit encore l'impression des récits fantaisistes du grand poète allemand et conserve avec une sorte de piété, qui étonne, ses préjugés anciens à l'égard des héros de cette sanglante lutte. Pendant plus de deux siècles, le grand objectif de la politique française a été l'abaissement de la maison d'Autriche. C'est plus qu'il n'en faut pour que le foyer de famille, l'école et la tradition populaire aient gardé le souvenir plus ou moins exact, mais tenace, de ce fait considérable. Il a pénétré plusieurs générations successives et s'est fortement imprégné dans l'enseignement tour à tour reçu, puis continué par les historiens de la France.

Henri IV, si longtemps en lutte avec la maison d'Autriche, cet aigle à deux têtes, dont il ressentit cruellement les étreintes, avait, sur la fin de sa vie, conçu le projet de réunir contre elle tous ses ennemis dans une vaste ligue dont il aurait été l'âme et le chef. La mort renversa ses projets. Un peu plus tard, Richelieu reprit l'idée, en la modifiant suivant les circonstances et les nécessités du moment. Grâce à l'habileté de ses diplomates, à l'éloquence de ses subsides, aux secours d'hommes fournis sous main, il parvint, tout en sauvegardant les apparences hypocrites de la paix, à rendre stériles les victoires des généraux impériaux, en Allemagne, et à y entretenir le feu de la guerre souvent prêt à s'éteindre. Prince de l'Église il n'hésita pas à sacrifier les intérêts de cette Église et ceux de l'unité religieuse au préjugé patriotique et aux calculs d'une politique étroite. A la mort de Gustave-Adolphe, il se détermina à jeter le masque et à tirer l'épée de la France, sous couleur de venir en aide aux lieutenants de ce prince, en réalité pour se créer une sorte de droit à réclamer sa part des dépouilles du vieil empire romain, bien près de sa ruine.

Alors déjà Tilly avait disparu de la scène publique tout entière occupée, après lui, par la personnalité altière et bruyante de Wallenstein. Sa renommée s'éteignit peu à peu au milieu du fracas des batailles et des tragiques péripéties, qui suivirent de près sa mort. Il n'avait pas eu à combattre les armes françaises et son nom a laissé moins de traces dans le souvenir des populations de la France que ceux de Jean de Weert et du comte de Growenstein, vivaces encore dans les provinces voisines de Paris, dont ils furent la terreur pendant deux années. Il n'est guères cité dans les mémoires contemporains et, s'il n'est pas tout à fait oublié, ce n'est pas à ses éclatants triomphes, à sa carrière si longtemps glorieuse et triomphante qu'il le doit, c'est à la calomnie. Il est peu d'histoires auxquelles puisse plus justement s'appliquer le mot si vrai de Joseph de Maistre que l'histoire de la guerre de Trente Ans. Présentée sous l'aspect le plus partial et le plus mensonger par les écrivains protestants, elle a exercé la plus délétère influence jusque sur les plumes catholiques qui s'en sont occupées, sans recourir aux sources. Schiller l'a brodée d'ornements fantaisistes puisés uniquement dans sa féconde et brillante imagination et le public séduit, entraîné, l'a cru sur parole. Le premier il créa un tableau éminemment dramatique de la prise de Magdebourg, qui nous présente Tilly debout sur les remparts de cette ville infortunée, contemplant avec une cruauté sauvage le spectacle de meurtre et d'incendie et répondant à son entourage, qui implore avec larmes sa clémence : revenez dans trois heures !

La gravure a pris part à la conspiration des historiens contre la vérité. Il n'est guères de portrait de Tilly qui n'ait pour fond un incendie dévorant de splendides monuments, des églises, des tours, des palais; aussi est-il aujourd'hui convenu, reçu, admis en France, que Tilly est l'auteur du sac de Magdebourg et que ce prétendu forfait est l'exploit capital de sa carrière militaire. Tout récemment encore, un écrivain du *Correspondant*, tenant à citer incidemment le nom de Tilly, lui accolait l'épithète de *sanguinaire*. Ce trait d'injustice, et j'ose ajouter d'ignorance, — car il n'est plus permis à un écrivain français de ne pas connaître lès travaux de Gfrœrer, d'Onno Knopp et de tant d'autres savants historiens allemands, — montre à quel point le préjugé puisé dans l'enseignement de la jeunesse et dans les légendes populaires domine encore l'esprit de nos catholiques les plus instruits.

Ce préjugé, je l'ai partagé avec d'autant plus de conviction que l'une de mes premières lectures à l'Université en Allemagne, a été le livre de Schiller sur la guerre de Trente Ans. Plus tard il m'a été donné de rectifier mon jugement, en promenant mes études dans les archives de Vienne, de Munich, de Simancas et surtout de Bruxelles. C'est ainsi que j'ai été amené à publier une histoire de Tilly, à laquelle j'ai ajouté un appendice important de correspondances et de documents inédits. L'ouvrage avait deux volumes et était d'un prix peu abordable au grand nombre. Il a semblé utile à la *Société de Saint-Augustin* de publier une nouvelle édition, qui, dégagée et de l'appendice dont le but a été suffisamment atteint et de toutes les parties du récit se rattachant plutôt à l'histoire politique de la guerre elle-même qu'à la personne de Tilly, concentrerait l'intérêt sur l'imposante figure du héros catholique et la mettrait en pleine lumière.

La *Société de Saint-Augustin*, déjà si favorablement connue en France et en Belgique par le choix judicieux de ses publications en essayant de populariser dans les rangs de la jeunesse catholique l'un des plus glorieux, des plus purs et des plus calomniés défenseurs de l'Église, dans la carrière des armes, accomplit une bonne œuvre. Puisse mon livre justifier sa confiancc.

TILLY.

Chapitre premier.

LA famille T'serclaes, dit son savant généalogiste, M. Goethaels, est la plus ancienne de Bruxelles et l'une des plus illustres du Brabant. Race toujours féconde en vaillants hommes de guerre, elle donna naissance, vers le milieu du XIVe siècle, au célèbre Evrard T'serclaes, l'une des gloires les plus pures de la Belgique ; mais nul de ses enfants ne jeta plus d'éclat sur elle que Jean T'serclaes de Tilly, l'immortel héros de la guerre de Trente Ans. Ce digne descendant du Libérateur de Bruxelles était le second fils de Martin T'serclaes, seigneur de Tilly, de Balastre et de Montigny-sur-Sambre, sénéchal héréditaire du comté de Namur, conseiller de guerre de l'empereur, et de Dorothée de Schierstaedt, dame d'honneur de la reine Marie de Hongrie, gouvernante des Pays-Bas (1). Les historiens varient sur le lieu de naissance de Jean de Tilly. Les uns le font naître au château de Tilly, près de Genappe (Brabant) ; les autres assurent qu'il vit le jour à Bruxelles, dans l'ancien hôtel de sa famille, situé rue de Louvain. Quelques-uns vont jusqu'à désigner Liège, comme sa patrie. Quoi qu'il en soit, il est certain que Tilly fut belge de naissance comme de race, et qu'il naquit au mois de février 1559. Son père avait servi avec honneur dans les armées impériales et principalement lors de l'expédition dirigée contre les Moscovites, en Livonie, par Meinhardt de Schierstaedt, dont il épousa plus tard la fille (2). Revenu dans sa patrie, Martin T'serclaes se laissa entraîner par les idées alors en vogue parmi la noblesse flamande, et signa le Compromis des Nobles, ce premier acte de la révolution des Pays-Bas, au XVIe siècle. Déjà, en 1562, il avait été député à Madrid, avec Nysse, par les États de Brabant, pour porter

1. Goethals, *Généalogie de T'serclaes*, p. 1.
2. Ibid., p. 130.

au roi d'Espagne les doléances de ses concitoyens (1). Plus tard, il fut du nombre des gentilshommes qui accompagnèrent Bréderode, lorsque fut présentée à Marguerite de Parme la fameuse requête des confédérés. Ces faits et la part qu'il prit au premier armement des gueux l'avaient rendu justement suspect à la cour d'Espagne. Cité devant le conseil des troubles, il se hâta de passer à l'étranger et fut condamné, par arrêt du 1er septembre 1568, au bannissement perpétuel et à la confiscation de tous ses biens, « pour avoir esté du nombre des gentilshommes confédérez et signé leur détestable compromis et suyvant ce s'estre trouvé à Saint-Tron où il fut choisi et dénommé par les confédérez de Namur pour un de leurs députez pour traiter des affaires des confédérez avec Son Altesse, auquel lieu de Saint-Tron, se sont traité plusieurs choses de rebellion, comme de prendre les armes contre S. M. et de recevoir le peuple sectaire et consistoriant en leur protection et sauvegarde et faire faire le démembrement d'icelluy, aussy de retenir en wartgeld $\frac{m}{4}$ chevaulx et 4 régiments des Allemands pour faire teste à S. M., etc. (2). »

Martin T'serclaes, éclairé sans doute sur le véritable but des meneurs de la rébellion par les excès des iconoclastes et les horribles cruautés des gueux, se sépara complètement de ses anciens amis. Sa conduite lui mérita l'indulgence du roi d'Espagne, et, le 30 avril 1574, il reçut des lettres de rémission qui lui permirent de retourner dans sa patrie et de rentrer en possession de ses biens, dont il jouit paisiblement jusqu'à sa mort, arrivée en 1597.

Jean T'serclaes de Tilly avait un peu plus de dix ans, lorsque sa mère le confia aux soins des Jésuites, réputés, avec raison, les meilleurs instituteurs de la jeunesse. Envoyé d'abord au collège que les Pères de la Compagnie possédaient à Châtelet, il passa peu après à Cologne. Sa grande piété, ses dispositions précoces à l'ascétisme parurent l'incliner, de bonne heure, à l'état religieux. On assure qu'il prit, de l'aveu de ses parents, l'habit de novice dans la Société de JÉSUS. Le fait n'est nullement prouvé. Son nom ne figure, en effet, sur aucun des catalogues de la célèbre Compagnie, et Vernulœus, son apologiste contemporain, n'en dit rien. Du reste, s'il entra au noviciat, ce ne fut pas pour longtemps, car sa vocation militaire se dessina de bonne heure. Toutefois,

1. Strada, t. I, p. 180.
2. Archives du Royaume, Liasses de l'audience. Liasse 284, num. 1.

loin de s'enfuir de sombres cloîtres ou de jeter le froc aux orties, comme l'ont avancé quelques biographes, plus amoureux du pittoresque de la phrase que de l'exactitude du fond, il ne se sépara de ses premiers maîtres qu'en leur conservant une reconnaissance et un attachement dont il ne cessa de leur donner des preuves toute sa vie.

Comme tous les jeunes gentilshommes de son temps, Jean de Tilly débuta par porter la pique. Certains auteurs allemands avancent qu'il fit ses premières armes sous le duc d'Albe, dont il aurait cherché à copier l'extérieur (1). Or, le duc d'Albe quitta les Pays-Bas en 1573, époque à laquelle Tilly était encore entre les mains des Jésuites. Ce ne fut que plus tard et alors qu'Alexandre Farnèse, duc de Parme, avait remplacé don Juan d'Autriche, que Tilly fit sa première campagne, dans le régiment du comte Octave de Mansfeldt, en qualité de volontaire. Sa valeur le signala bientôt à l'attention de ses chefs, et le fit remarquer du duc de Parme, qui lui témoigna, en plusieurs rencontres, toute son estime.

Sur ces entrefaites éclata la guerre de Cologne. Gebhard Truchsess de Waldbourg, archevêque de Cologne, s'était épris éperdûment d'Agnès de Mansfeldt, chanoinesse de Gersheim ; menacé par les frères de cette dame, il offrit d'abord de renoncer à ses dignités ecclésiastiques pour se marier avec Agnès, bien qu'il fût déjà dans les Ordres. Mais le sacrifice était au-dessus de ses forces, et Gebhard se trouva entraîné à chercher dans l'apostasie ouverte un moyen de concilier à la fois les intérêts de son ambition et ceux de sa passion. Il abjura publiquement le catholicisme et se fit marier en grande pompe par un prédicant calviniste. Ce sacrilège fut le signal d'un soulèvement général. Gebhard, abandonné de ses sujets, proscrit par l'empereur, excommunié par le pape, fut déclaré déchu de son électorat, et le chapitre, d'une voix unanime, élut, à sa place, Ernest de Bavière, déjà évêque de Freysingen, d'Hildesheim et de Liège. Dans cette extrémité, Gebhard eut recours à l'appui des princes réformés qui l'avaient encouragé dans son apostasie et qui devaient nécessairement en désirer le succès, soit pour s'assurer la majorité dans le collège électoral, soit pour porter un coup mortel à la *Réserve ecclésiastique*. De son côté, Ernest de Bavière invoqua le secours de l'Espagne, ordonna de nombreuses levées dans ses évêchés et chargea, entre autres,

1. Gfrœrer, *Histoire de Gustave-Adolphe*, p. 946.

Herman de Lynden, Baron de Reckheim, de mettre sur pied, en toute hâte, « un régiment de trois mille hommes de pied, sous dix enseignes d'infanterie liégeoise et une compagnie de lances à cheval (1). » En onze jours, le régiment fut prêt à partir. Lynden en confia le drapeau colonel à Tilly (2), dont Octave de Mansfeld lui avait signalé le mérite. Les campagnes de ce corps dans l'Électorat furent marquées par de nombreuses victoires ; il soutint presque seul (3), la lutte contre le comte Palatin, Casimir, principal auxiliaire de Gebhard, le battit, en plusieurs rencontres, et finit par le chasser entièrement de la Westphalie. La guerre terminée, le régiment de Lynden fut licencié, et Tilly, avide de nouveaux périls, reprit sa pique de simple volontaire, sous les drapeaux du duc de Parme, alors occupé au siège d'Anvers. C'est à l'école de Farnèse que Tilly puisa les premiers principes de son éducation de grand capitaine ; c'est là qu'il se forma aux habitudes sévères de la discipline espagnole. Ses dispositions naturelles de piété pratique trouvèrent un point d'appui et un nouvel aliment dans la puissante influence de l'exemple donné par ses chefs. La ferveur du duc de Parme égalait sa bravoure, et le soin spirituel de ses soldats le préoccupait non moins que le service du roi. Son camp était chrétien dans toute la force du mot. La prière, en commun, ouvrait et terminait chaque journée, présidait aux repas, consacrait tous les actes importants de la vie militaire ; avant le combat, au moment de l'assaut, en toute circonstance périlleuse, les soldats imploraient à genoux le secours du Dieu des armées, et, dans mainte occasion critique, on les vit se prosterner au milieu des balles et des sarcasmes de l'ennemi ; puis, se relevant animés d'une ardeur nouvelle, lui arracher, par des prodiges de valeur, la victoire qu'il croyait déjà tenir.

Digne élève de ce héros catholique, Tilly prit part aux admirables et gigantesques travaux qui amenèrent la prise d'Anvers. Ce fut le dernier acte de sa carrière militaire aux Pays-Bas.

A cette époque, la guerre civile désolait la France. Philippe II, dont les vastes projets embrassaient le monde entier, et qui, portant ses visées ambitieuses jusque sur le trône de saint Louis, avait pris parti pour la Ligue, se disposait à appuyer son intervention par des forces imposantes. Sur ses ordres, Farnèse envoya au duc de Guise un

1. Butkens. — 2. Corresp. de Tilly. — 3. Même corresp.

corps de troupes commandé par les marquis de Havré et de Varambon. Un des colonels qui faisaient partie de l'expédition, le comte Adolphe de Schwarzemberg, offrit à Tilly une compagnie dans son régiment de cuirassiers. Le jeune volontaire s'empressa d'accepter, heureux de pouvoir continuer à défendre la cause de sa foi, sans avoir à combattre des compatriotes. Il se distingua à la bataille d'Auneau, où l'armée des protestants allemands, sous la conduite du comte Fabien de Dohna, fut complètement défaite par le duc de Guise, et il poursuivit avec son régiment les débris de cette armée, jusqu'aux frontières d'Allemagne. Peu après, il passa au service du duc de Lorraine. En 1588, il assista au siège de Jametz, qu'il dirigea quelque temps, en l'absence du général de l'armée lorraine. Après l'assassinat du duc de Guise, à Blois, le duc de Lorraine envoya quelques troupes à la Ligue et Tilly reçut le commandement de quatre cornettes de cavalerie, à la tête desquelles il combattit aux journées d'Arques et d'Yvry.

Revenu en Lorraine, il obtint un commandement plus important, lors de l'expédition entreprise en Alsace par le cardinal de Lorraine, évêque de Strasbourg, contre son compétiteur protestant, le margrave Georges de Brandebourg.

En récompense de ses services, le duc lui conféra le gouvernement des villes de Dun et de Villefranche, que Tilly conserva jusqu'en 1594, époque à laquelle ces deux villes furent remises à Henri IV, par suite du traité de paix intervenu entre ce monarque et le prince lorrain. Henri était trop bon appréciateur du mérite militaire pour n'avoir pas apprécié celui de Tilly ; il chercha à se l'attacher par des offres brillantes, mais Jean T'serclaes subissait déjà l'attrait, irrésistible pour sa foi, d'une croisade contre les infidèles et rien ne put l'en détourner.

En effet, son frère aîné, Jacques, venait d'être envoyé en Hongrie avec le prince Charles de Mansfeldt, par l'Archiduc Ernest, pour assister l'empereur Rodolphe II à lutter contre les redoutables attaques de l'islamisme, alors à l'apogée de sa puissance. Jean le rejoignit avec bon nombre de gentilshommes des Pays-Bas avides de gloire et de combat. Il assista aux heureux débuts de la campagne de 1595, où Jacques servit en qualité de major général de l'armée impériale, et se distingua à la prise de Gran, malheureusement suivie de près par la mort du prince de Mansfeldt. De 1595 à 1600, les deux frères continuèrent à guerroyer contre les Turcs sous les ordres successifs des archiducs Maximilien et Mathias, généraux peu faits pour mener heureusement une guerre aussi difficile avec les éléments dont ils disposaient. Vers l'année 1600, la situation changea de face. Le dernier des chefs ligueurs, Philippe Emmanuel de Lorraine Vaudémont, duc de Mercœur, venait de faire la paix avec Henri IV. C'était un homme de guerre éminent, dont la réputation militaire égalait la haute naissance. Sa soumission faisait rentrer dans le repos une jeunesse nombreuse, aguerrie dans les sanglantes luttes civiles de la France, habituée à la vie des camps, plus désireuse de batailles que de loisirs. Il y avait là tout un flot de sang et de force prêt à se répandre partout où s'ouvrirait une voie de glorieux écoulement. Rodolphe la lui fournit. Découragé du côté des Pays-Bas par l'insuccès de ses tentatives près du comte Herman de Berg et autres capitaines espagnols, il saisit avec empressement l'occasion qui se présentait à lui. Il offrit au duc de Mercœur le commandement des armées impériales en Hongrie et lui fit un pont d'or pour qu'il emmenât avec lui « bon nombre de gendarmerie ». La seule perspective d'une croisade contre les infidèles eut bientôt attiré autour du duc une foule de jeunes et vaillants volontaires. A cette brillante troupe d'élite, Mercœur voulut joindre un noyau d'armée solide et vigoureux. Les Wallons passaient alors, non sans raison, pour les meilleurs soldats de l'Europe. C'est parmi eux qu'il crut devoir chercher la partie essentielle de son armée. Il commença par réclamer le concours des deux frères Tilly. Jacques, rappelé aux Pays-Bas par les instances impérieuses de l'archiduc Albert, qui se disposait à assiéger Ostende, déclina les offres brillantes du prince lorrain. Jean obtint de l'archiduc l'autorisation de rester auprès de Mercœur et d'accepter le poste de lieutenant général et la charge d'aller lever dans le pays de Liège un régiment d'infanterie et un autre de cuirassiers. Le premier devait être commandé par le comte de Chaligny, frère du duc, le second par Tilly en personne. Au printemps de l'année 1600, Tilly se rendit à Liège pour pousser activement la formation de ces deux corps ; mais il rencontra une grande opposition dans le conseil de la ville et de graves difficultés de la part de l'archiduc Albert, qui faisait précisément lever dans les mêmes contrées un régiment d'infanterie par Jacques de Tilly. Les obstacles furent tels que Jean de Tilly, pressé par son chef de venir le rejoindre, quitta Liège, au mois d'août, sans avoir pu achever ses enrôlements, suivi seulement de 300 cuirasses wallonnes et de deux escadrons de cavalerie légère. Il mit tant de diligence dans sa marche que, le 14 septembre, il entrait à Vienne, avec le duc de Mercœur.

La campagne, commencée tardivement, avait pour objectif la délivrance de Canissa, capitale de la Styrie, assiégée par les Turcs. Elle fut stérile en résultats, par suite de la destruction des routes par des pluies continuelles et de l'impossibilité où les munitionnaires impériaux se trouvèrent de pourvoir aux besoins les plus urgents de l'armée, dans un pays absolument épuisé et dépourvu de routes. L'armée, en proie à la plus cruelle famine, se vit forcée de battre en retraite. Mais cette retraite fut une des plus belles que relatent les annales militaires; elle fit le plus grand honneur au duc de Mercœur, dont les sages dispositions, secondées par l'infatigable activité et l'ardent courage de Tilly, surmontèrent un rare ensemble de difficultés et d'obstacles. Toutes les bêtes de somme avaient servi de victuailles et pas un jour ne s'était passé sans combat. Néanmoins l'armée impériale rentra à Raab, d'où elle était sortie, sans avoir été entamée et sans avoir perdu une pièce de canon.

L'année suivante, Mercœur vengea cet échec par la prise de l'importante place de Stuhlweissenbourg. Tilly, qui commandait son infanterie, avec le titre de major général, enleva la ville d'assaut, à la tête de ses troupes et se couvrit de gloire à la sanglante bataille livrée le 15 octobre 1601 aux forces chrétiennes par le pacha d'Ofen, accouru avec 30000 hommes pour délivrer Stuhlweissenbourg.

Quelques jours après, un des principaux officiers de l'archiduc Ferdinand, alors occupé au siège de Canissa, Jacques Breuner, arriva au camp pour demander aide et assistance pour ce prince. Mercœur commanda aussitôt à Jean Rosswurmb et à Jean de Tilly de se mettre en marche avec 6000 hommes de pied et 2000 cuirasses. Le prince d'Anhalt, les comtes Philippe de Solms, Jean et Ernest de Thurn et quantité de jeunes gentilshommes s'adjoignirent à eux. Bien que le froid se fit déjà sentir (on était au mois de novembre) et que les chemins fussent défoncés par la pluie, la petite armée de secours ne mit pas plus de six jours pour atteindre Canissa. A peine arrivés, Rosswurmb et Tilly constatèrent, en inspectant les travaux, l'inutilité de nouveaux efforts et conseillèrent la retraite. Leur avis fut adopté par la grande majorité des chefs,et le départ fixé au 16 novembre. Dans la nuit qui suivit cette résolution, il tomba une prodigieuse quantité de neige, accompagnée d'un froid si vif que 1500 hommes et 300 chevaux gelèrent sur place. Il fallut renoncer à dégager les canons, à emmener les bagages, faute de chevaux et, chose horrible, se résigner à abandonner 6000 malheureux blessés ou malades, incapables de s'aider eux-mêmes et que les Turcs massacrèrent le lendemain. Pour achever le désastre, la plupart de ceux qui revinrent de cette funeste expédition succombèrent victimes d'une épidémie terrible, qu'ils communiquèrent à leurs familles et qui ravagea des districts entiers. Plus heureux que l'archiduc Ferdinand, Tilly ramena ses troupes sans pertes sensibles à Stuhlweissenbourg, où selon les habitudes du temps, le duc de Mercœur licencia son armée.

Bien que des négociations de paix fussent déjà entamées entre l'empereur et le sultan, les deux souverains n'en firent pas moins des préparatifs formidables, dès le commencement de l'année 1602. Au mois de janvier, Mercœur partit pour la Lorraine, avec l'intention d'y lever 1000 cuirassiers et 2000 mousquetaires. Mais, à Nuremberg, il fut attaqué d'une fièvre aiguë qui l'emporta en quelques jours. La perte fut amèrement pleurée par Rodolphe, à qui la mort semblait se faire un jeu d'enlever ses meilleurs généraux, au moment où il pouvait espérer le plus de leurs services.

Tilly était alors à Prague. Le 7 mai 1602, il reçut des patentes impériales pour la création d'un régiment de 3000 hommes d'infanterie wallonne. Il se rendit peu après dans l'évêché de Liège, afin d'y organiser ses enrôlements. Ce ne fut pas sans peine qu'il y parvint, car il eut à lutter contre le mauvais vouloir des autorités liégeoises et contre les susceptibilités de Spinola qui l'accusait d'accueillir et même d'attirer ses déserteurs. Il était encore à Liège, le 30 juillet, mais il ne tarda pas à en partir, car, le 12 septembre, il se trouvait, avec son régiment, au camp de Raab. Ce camp, rendez-vous général des troupes formant l'armée d'opération de Hongrie, était commandé par l'archiduc Mathias et se composait de 24000 hommes d'infanterie et de 8000 chevaux. Une seconde armée manœuvrait en Transylvanie, sous les ordres de Georges Basta. De leur côté, les Turcs avaient rassemblé des forces considérables à la tête desquelles le grand vizir, plus actif que Mathias, alla dès le mois d'août, assiéger Stulhweissenbourg et s'en rendit maître, en dépit de la vigoureuse défense de la garnison.

Mathias était encore occupé à rassembler les troupes impériales, lorsqu'il apprit la chute de l'importante place qu'il se disposait à secourir.

Ce fut seulement un mois après, le 20 septembre, qu'il se mit en marche pour prendre une éclatante revanche sur la ville d'Ofen. Une étrange lenteur présidait à ses mouvements, car son armée n'arriva que le 2 octobre en vue de la forteresse hongroise.

Le premier soin de l'archiduc fut de couper le pont de bateaux qui reliait Pesth et Ofen. Le lendemain Sulz et Tilly s'emparèrent des faubourgs de Pesth dans un sanglant combat. La ville attaquée, dans la nuit suivante, par terre et par eau, se rendit assez facilement et les travaux de siège contre Ofen commencèrent immédiatement.

Tandis que Mathias pressait ses ingénieurs, le grand vizir, qui, de Stuhlweissenbourg, s'était dirigé vers la Transylvanie, informé des dangers que courait Ofen, tourna tête et marcha avec 20000 hommes sur Pesth. Le 14 septembre, il investit la place et l'on eut le bizarre spectacle de deux villes, que sépare seulement la largeur d'un fleuve, assiégées en même temps par deux armées ennemies. Le pays, mangé à la fois par les musulmans et les chrétiens, fut bientôt ruiné. L'armée turque commença la première à ressentir les atteintes de la disette.

Le pacha d'Ofen lui ouvrit, non sans une sage parcimonie, ses magasins. Mathias dont les approvisionnements diminuaient sensiblement, essaya de brusquer la victoire par une attaque vigoureuse contre Ofen. Le 22 octobre, vers trois heures, après une violente canonnade, les régiments de Tilly, d'Altheim et de Sulz, reçurent l'ordre de monter à l'assaut. Les Wallons obéirent avec un magnifique élan; mais accueillis par un feu terrible, mal soutenus par les Allemands, ils furent obligés de reculer, malgré des prodiges de valeur. A la voix de leur colonel, ils revinrent à la charge avec une nouvelle ardeur, et déjà le capitaine Palant, plantant son drapeau sur la muraille, proclamait la victoire des chrétiens, lorsqu'une balle le renversa. Au même instant Tilly était grièvement atteint, à son tour, à l'épaule gauche. Une fois de plus la vaillance était vaincue par le nombre. Les braves Wallons, décimés par le feu meurtrier des Turcs,cédèrent en frémissant, et de cette troupe de héros, il n'en revint pas, au témoignage de Khevenhuller, 400 sains et saufs. Mathias, placé sur une éminence, avait suivi toutes les péripéties de la lutte; il rendit pleinement hommage au brillant courage de Tilly et de ses soldats et exerça une justice sévère sur les régiments qui les avaient abandonnés en face de l'ennemi.

Deux jours après, le grand vizir tenta à son tour, sans plus de succès, un dernier et furieux assaut contre Pesth. Après cet échec, talonné par la famine, il se décida à lever le siège. Le 2 novembre, il fit plier ses tentes et reprit la route de Belgrade. Ofen semblait perdu, car sa nombreuse garnison commençait à manquer de vivres. Mais l'armée de Mathias n'était guère en meilleure situation. L'arrivée des grandes pluies et l'abaissement continu de la température ne permirent pas à l'archiduc d'attendre plus longtemps. Déjà le régiment de Tilly, ou plutôt ses débris, avaient été envoyés à Schinda afin d'y être licenciés et Tilly était parti pour Prague, précédé des plus chaleureuses recommandations de l'archiduc à l'empereur. Le 18 novembre, Mathias leva son camp, après avoir laissé dans Pesth une garnison considérable sous le commandement du comte de Sultz. Il renvoya les différents corps de l'armée dans leurs places respectives de licenciement, et s'achemina vers Vienne où il arriva le 24 novembre.

Le printemps de 1603 se passa en tentatives infructueuses de négociations. Les Turcs affichèrent des prétentions que n'eussent pu faire accueillir les revers les plus désastreux. Les pourparlers n'empêchèrent cependant pas les commandants des diverses forteresses de la Hongrie de se livrer à une foule d'incursions et de petites expéditions, dont l'avantage demeura généralement aux impériaux. D'ailleurs, tout en négociant, le sultan et l'empereur armaient chacun de leur côté. Vers la fin d'août, Mathias parut en Hongrie avec 40,000 hommes, commandés, sous ses ordres, par Hermann Rosswurmb. Tilly occupait de nouveau dans cette armée le poste de major général, et l'on ne voit pas qu'il ait amené cette fois de régiment, car son nom ne figure pas dans le dénombrement de l'exact Khevenhuller. Malgré l'imposant déploiement de forces de l'archiduc, les opérations militaires de la campagne furent insignifiantes et les résultats nuls. La saison se passa en combats d'avant-postes et une seule fois les deux armées s'abordèrent sérieusement. Les Turcs défaits se retirèrent, et Mathias, après s'être emparé de Heidwein, licencia ses troupes.

L'année suivante, le comte d'Altheim, gouverneur de Gran, fut envoyé à Ofen, avec des commissaires impériaux pour y reprendre les conférences sur la paix. Mais elles ne tardèrent pas à se rompre et la guerre recommença. Des deux côtés, les préparatifs avaient été menés avec vigueur. Tout en conservant à Mathias le commandement nominal, Rodolphe en confia les fonctions réelles à Georges Basta, qu'il rappela de la Transylvanie.

Le comte de Sultz obligé par des raisons de santé de résigner la charge de général de l'artillerie, avait signalé au choix de l'empereur trois officiers : Jacques de Molart, le comte de Beljoioso et Tilly. Rodolphe arrêta ses préférences sur ce dernier et revêtit des fonctions de major général le comte Georges de Hohenlohe. Comme l'année précédente, Gran avait été désigné pour point de ralliement de l'armée impériale. Basta venait d'y arriver, lorsqu'il reçut avis que Ali pacha se disposait à venir assiéger la place avec 60000 hommes. Khevenhuller raconte que, au seul bruit de l'approche des Turcs, le commandant de Pesth, Jagenreutter, un brave soldat cependant, mit le feu à la ville et prit la fuite avec les cinq enseignes d'infanterie et les six escadrons de cavalerie qui composaient la garnison. Dans sa retraite, il rencontra 4000 heiduques envoyés par Altheim, avec un nombreux convoi de vivres destiné au ravitaillement de Pesth. Cette vue jeta Jagenreutter dans une indicible confusion. Mais il ne pouvait plus revenir sur ses pas, car aussitôt après son départ, les Turcs d'Ofen étaient entrés dans la place et s'y étaient établis. Le convoi rebroussa donc chemin et rentra à Gran. Ainsi parle Khevenhuller. Dans une lettre à l'empereur, datée du 7 septembre, Mathias écrit au contraire, que jugeant la ville de Pesth hors d'état de tenir, il a donné l'ordre à Tilly de faire évacuer les canons et les munitions qui s'y trouvaient. L'archiduc voulait-il couvrir la faute de Jagenreutter ? La chose est probable, car il est difficile de croire que Pesth, qui avait fait une si belle défense, l'année précédente, contre le grand vizir, fût en si peu de temps devenue incapable de résistance. Jagenreutter n'en fut pas moins arrêté et jeté dans les cachots de Comorn en attendant son procès.

Tilly revenu à Gran, le 8 septembre, seconda activement Basta dans toutes les dispositions propres à mettre la place en état de soutenir un long siège. On y fit entrer tout ce qui put se trouver de grains et de bétail aux environs. On adjoignit au gouverneur, le comte d'Altheim, Ferdinand de Colonits et Wolf de Mansfeldt, officiers de mérite en grande réputation dans l'armée impériale.

La cavalerie fut mise tout entière en campagne afin de harceler l'ennemi et de lui couper les vivres. Basta s'établit avec son infanterie, en avant de Gran, dans un camp retranché, défendu par une nombreuse artillerie.

Le 18 septembre, l'avant-garde turque se montra devant la place, le gros de l'armée ne tarda pas à être en vue et planta d'abord ses tentes sur les bords du Danube. Mais bientôt Ali se trouvant trop exposé aux canons des Impériaux, s'éloigna du fleuve. Le 22 il ouvrit ses tranchées. Le siège dura près d'un mois ; les Turcs s'épuisèrent en assauts inutiles contre un ouvrage avancé défendu par Wolf de Mansfeldt et subirent des pertes énormes dues principalement au feu de l'artillerie habilement dirigée par Tilly. Enfin, le 11 octobre, après une dernière et infructueuse attaque, Ali pacha renonça à une entreprise qui lui coûtait déjà 8000 hommes, la fleur de son armée et donna l'ordre du départ. Dans sa retraite il assouvit sa fureur par d'abominables cruautés, mit tout à feu et à sang et traîna des populations entières en esclavage.

Jamais délivrance ne fut plus opportune. D'inquiétantes nouvelles étaient arrivées de Transylvanie où le mauvais état des affaires de l'empereur réclamait impérieusement le retour de Basta et de son armée.

Lorsque, l'année précédente, il avait quitté la Transylvanie, Basta en avait confié le gouvernement à Jean Jacques Barbiano, comte de Beljoioso, commandant de Caschau. Ce comte, pillard féroce et impitoyable, dont la basse avidité ne connaissait pas d'entraves, commit d'horribles exactions sur les biens des nouveaux sujets de l'empereur. Soit cupidité, soit vengeance, il saccagea, entre autres propriétés, celles d'un seigneur transylvain, nommé Étienne Bockskaï, qui était depuis longtemps à Prague tant pour affaires personnelles, que pour faire entendre à l'empereur les griefs de ses concitoyens. Bockskaï avait trouvé Rodolphe en proie à un accès de mélancolie; malgré ses instances et ses assiduités à la cour, il n'était pas encore parvenu à obtenir audience. Souvent, pendant les longues heures qu'il passait dans les antichambres impériales, il était le jouet des pages, qui s'amusaient à prendre sa tête pour cible de leurs balles. Sa patience semblait inépuisable, mais le vase déborda quand il apprit les effroyables déprédations commises par Beljoioso sur ses terres. Il quitta Prague en secret et vint se mettre à la tête des mécontents qui n'attendaient qu'un chef pour se soulever.

Après s'être assuré de l'appui des Turcs, il jeta le masque. La révolte se propagea comme le feu sur une traînée de poudre. Les heiduques, troupes hongroises, qui servaient dans l'armée impériale, au nombre de plusieurs milliers, tournèrent leurs armes contre l'empereur, attaquèrent les régiments demeurés fidèles à Beljoioso et les détruisirent presque complètement. A la nouvelle de cette insurrection, Basta se hâta de se mettre en marche, pour la réprimer, avec 14000 hommes, dont il donna le commandement en second à Tilly.

Bockskaï, qui venait de faire son entrée triomphale à Caschau, essaya de barrer la route à l'armée impériale. Sa présomption reçut un châtiment cruel. Il fut culbuté avec perte de 3000 hommes et de tous ses bagages. Malgré ce premier succès, Basta se vit bientôt obligé de reculer devant les nombreux ennemis qui surgissaient autour de lui. Le plus redoutable était la faim. Sa position devint même fort critique. Le 27 novembre, il se trouva acculé, avec son armée, au fond d'une gorge étroite, cernée de tous côtés par les insurgés. Ses soldats fatigués, démoralisés, épuisés de privations, commençaient à murmurer; les heiduques, déjà sûrs de la victoire sans combat, insultaient du haut des rochers les chefs impériaux et prenaient un cruel plaisir à leur détailler d'avance les supplices qu'on leur destinait. Dans sa présomptueuse témérité, Bockskaï avait promis aux Turcs de leur livrer Basta vivant, et menacé de mort quiconque tuerait ou blesserait ce général. Calme et impassible au milieu du tumulte, Basta, après avoir pris toutes les mesures de vigilance pour la sûreté de ses gens, assemble ses colonels, leur expose la gravité de la situation et leur démontre l'impossibilité de se frayer passage autrement qu'en passant sur le ventre de l'ennemi; il insiste sur la nécessité de se débarrasser de tout ce qui peut gêner la rapidité des mouvements, condition essentielle de succès, et termine en proposant la destruction de la majeure partie des bagages. Ce discours n'est pas accueilli sans quelque opposition par les Allemands, mais Tilly et ses officiers l'acclament, mettent immédiatement la main à l'œuvre et entraînent les autres par leur exemple. Bientôt des feux s'élevèrent de tous côtés dans les camps des Impériaux. Les heiduques, attirés par la flamme des bûchers, parurent en foule sur les hauteurs; le spectacle, loin de les inquiéter, leur inspira une fausse sécurité, parce qu'ils s'imaginèrent que le seul but de Basta était de faire quelque tentative de fuite à travers des marais qu'ils savaient profonds et infranchissables. Au lieu de prendre des précautions, ils s'amusèrent à lancer une grêle de sarcasmes, d'injures et d'imprécations contre les Allemands. Comme, selon la défense formelle de Basta, pas un homme ne leur répondait, ils ne tardèrent pas à se fatiguer et à se retirer. Dans la soirée, le conseil de l'armée impériale s'assembla de nouveau. Les rôles furent distribués, les ordres donnés, les postes assignés à chacun, et le plus profond silence expressément recommandé par Basta.

Le lendemain, 28 novembre, se trouvait être le premier dimanche d'Avent. Le jour pointait à peine. Un brouillard épais couvrait l'horizon et ne permettait guère d'entrevoir les objets les plus proches. Le calme de ce sombre crépuscule n'était troublé que par le cri monotone des sentinelles maintenues à dessein pour donner le change à l'ennemi. Les lueurs rougeâtres des foyers, alimentés avec soin pour servir de points de ralliement, ne perçaient qu'imparfaitement les couches pesantes de l'atmosphère. L'armée impériale, rangée en bataille avec une admirable précision, priait en silence, prosternée devant le Dieu des armées. Au signal donné, elle se relève animée d'une pleine confiance. Tilly prend la pointe avec ses intrépides Wallons, escalade sans bruit les pentes que dominent les principales batteries de Bockskaï, essuie sans s'arrêter une décharge d'artillerie, dont les boulets dirigés au hasard dans l'obscurité passent au-dessus de sa troupe, tombe sur les canonniers, les sabre et tourne les pièces contre les positions ennemies. Au même instant, Basta, Hohenlohe, Mansfeldt couronnent les hauteurs voisines à droite et à gauche avec les régiments allemands; une clameur immense, effroyable et à laquelle se mêlent le vacarme des tambours et des instruments, le sourd fracas du canon, le bruit strident de la mousqueterie vient frapper les échos des montagnes et jette la terreur dans les rangs des heiduques réveillés en sursaut. Attaqués de tous côtés, ne sachant où se diriger au milieu des ténèbres, ils s'agitent dans un affreux désordre. Leurs chefs, Bockskaï le premier, saisis d'une peur vertigineuse, sautent à cheval et s'enfuient au galop. Ce n'est déjà plus un combat. Les insurgés, serrés de près, se précipitent tumultueusement dans un ravin, où les Wallons en font un massacre d'autant plus sanglant, qu'ils connaissaient l'ordre donné par Bockskaï à ses soldats de ne faire quartier qu'aux colonels. Cette belle victoire coûta aux Impériaux à peine 200 hommes; Bockskaï y perdit outre son artillerie et ses bagages, près de 12,000 soldats. Basta, reconnaissant du secours divin auquel il attribuait son triomphe, s'empressa, le soir même, de rendre à Dieu des actions de grâces solennelles, et l'armée entière s'associa à cet acte de pieuse gratitude.

Basta aurait voulu s'établir dans le camp de Bockskaï mais le pays était trop dévasté, pour lui permettre de se procurer des vivres. En conséquence, l'armée se dirigea, le 29 novembre, sur le fort Saint-André, qu'elle trouva abandonné. La disette ne lui permit pas de prendre un long repos et elle marcha vers Caschau, dans l'espoir que cette place, intimidée par la défaite de Bockskaï, se rendrait sans coup férir. Mais ni menaces, ni promesses ne purent déterminer les habitants à ouvrir leurs portes aux Impériaux. On était au mois de décembre, une neige épaisse couvrait la terre; la faim et le froid ravageaient les régiments allemands au point que les colonels déclarèrent, que ne pouvant plus retenir leurs soldats, ils allaient quitter l'armée et retourner en Allemagne. Tilly offrit de tenter l'assaut avec les Wallons seuls, mais Basta craignant de sacrifier inutilement un sang si précieux, préféra continuer sa marche sur Eperies. Tilly commandait l'avant-garde avec l'artillerie. Basta suivait avec le gros de l'armée. L'arrière-garde était formée par la cavalerie wallonne qui rendit les plus signalés services pendant cette longue route. Non seulement elle tint l'ennemi à distance respectueuse, mais elle aida à tirer les canons et les bagages des mauvais pas, ramassa les malades et les traînards, prit en croupe autant de malheureux fantassins qu'elle en put recueillir et se montra constamment aussi généreuse que brave. L'armée impériale arriva en bon ordre devant Eperies, qui se rendit après un simulacre de résistance. Basta se hâta de répandre ses troupes épuisées dans les cantonnements du voisinage, qui étaient encore assez bien pourvus. Mais à peine délivré de la faim, ennemi plus redoutable que les heiduques, il eut à lutter contre ses propres soldats. Ceux-ci se mutinèrent successivement à cause des arriérés de solde, qu'on n'avait cessé de réclamer inutilement de Prague, sans que les plaintes des colonels envoyés par Basta pussent ébranler l'incurie du gouvernement impérial.

Pour faire diversion à ces actes de dangereuse insubordination, Basta songea à occuper son armée, malgré la saison avancée. Bockskaï avait mis le siège devant Tokai. Sous prétexte d'aller délivrer cette place, il mit ses troupes en marche, battit les heiduques, prit leur camp et leur artillerie, distribua à ses soldats les vivres et le butin enlevés aux rebelles, combla les tranchées de siège et reprit la route d'Eperies.

Durant cette retraite, Tilly courut un danger très sérieux auquel il n'échappa que par une sorte de miracle. A quelque distance de Tokaï, il aperçut un château fort qu'il supposa pouvoir servir de retraite à quelque troupe d'insurgés. Il y envoya ses Wallons pour tâcher de l'enlever par surprise; la tentative fut déjouée par la vigilance de la garnison. Basta, craignant quelque coup de main sur les derrières de son armée, conseilla à Tilly d'y mener une ou deux batteries volantes pour intimider les défenseurs du château et les amener à se rendre. Tilly prit avec lui l'ingénieur Nicolo Candido pour reconnaître la place et se fit suivre de six gros canons, escortés par un régiment allemand. Comme il traversait le quartier des Wallons il rencontra leur commandant, le comte Cavriolo, qui lui offrit de faire monter toute sa cavalerie à cheval. Le général refusa et se contenta de consigner le régiment, avec ordre de partir au premier signal. Cavriolo, dont la défiance prudente était éveillée, crut néanmoins devoir donner ordre au capitaine Laghi, lieutenant de sa compagnie, d'aller s'embusquer avec 90 cavaliers des mieux montés sous un bouquet d'arbres proche du village. Il voulut accompagner lui-même son chef, avec quelques officiers wallons et se fit amener le meilleur de ses chevaux, un superbe arabe. Chemin faisant, il s'aperçut que la monture de Tilly, une mauvaise jument française, ne pouvait le suivre. Il s'arrêta aussitôt et fit tant d'instances auprès de Tilly que celui-ci consentit à monter l'arabe. Cavriolo prit le cheval d'un de ses officiers et renvoya la jument au quartier. En approchant du château, tous se mirent au pas et s'avancèrent tranquillement jusque près d'un grand bâtiment, ayant toutes les apparences d'une grange et dont la porte était à demi ouverte. Là Cavriolo prit les devants avec deux capitaines, afin d'éclairer le terrain. A peine venait-il de quitter ses compagnons que, de la grange, tomba sur eux une grêle de balles, suivie d'une centaine de cavaliers qui manœuvrèrent pour les envelopper. Tilly, serré de près et vivement poursuivi, ne dut son salut qu'à la rapidité de son cheval, et il aurait certainement été pris, s'il avait conservé sa jument française. Au premier coup de feu, le capitaine Laghi sortit de son embuscade, dégagea ses chefs et repoussa les heiduques jusqu'aux fossés du château, en leur tuant 40 hommes. Tilly et Nicolo profitèrent de la circonstance pour reconnaître le château et ses approches. Ils le jugèrent un coup de main impossible, à cause des marais et des bourbiers qui entouraient la place. Sur leur rapport, Basta jugeant qu'un siège en règle lui coûterait trop de temps et que la leçon reçue par les heiduques les rendrait moins entreprenants, continua sa retraite sur Éperies, où les mutineries de ses soldats se renouvelèrent. Tilly le quitta peu de temps après et se rendit à Vienne où le mandait l'archiduc Mathias.

La campagne de 1605 s'ouvrit sous de tristes auspices. Tandis que le grand vizir, Ali pacha, concentrait des forces considérables sur le Danube pour tenter de nouveau le siège de Gran, les troupes impériales mutinées, faute de paiement, se répandaient par bandes dans les provinces autrichiennes et commettaient toutes sortes d'excès sur les sujets héréditaires de l'empereur. Mathias était impuissant à empêcher ces débordements, ses caisses et ses arsenaux étaient vides. Les colonels envoyés à Prague n'obtenaient pas même d'audience; les courriers dépêchés coup sur coup par l'archiduc revenaient sans réponse. Rodolphe, absorbé dans une noire mélancolie, ne voulait admettre personne en sa présence, ni entendre parler d'affaires. La désertion diminuait tous les jours le nombre des soldats demeurés fidèles, et Tilly, élevé au grade de feldmaréchal, général sans armée, était hors d'état de tenir la campagne.

Tandis que Mathias luttait vainement contre l'apathie et les accès de sombre misanthropie de son impérial frère, Ali pacha investissait Gran. La place abandonnée, cette fois, à ses propres forces, lui opposa néanmoins une vigoureuse résistance et sans doute le brave comte de Dampierre, gouverneur de la ville, eût, comme Altheim, glorieusement repoussé les attaques de l'ennemi, si la trahison n'eût déjoué ses efforts. Arrêté et enfermé par ses soldats, il fut contraint de se rendre et sortit du moins avec les honneurs de la guerre. Tilly fit passer tous les officiers supérieurs de la garnison devant une commission militaire. Neuf d'entre eux furent condamnés à mort et exécutés. Dampierre et quelques autres furent seuls acquittés honorablement.

Visgrad, Palata, Neuhausel suivirent le sort de Gran. La terreur régnait à Vienne. Mathias, plein d'anxiété, courut à Prague, mais n'y eut pas plus de succès que ses agents. Dans cette extrémité, il s'estima heureux de rencontrer dans Zacharias Geizkofler, seigneur de Bailenbach, receveur général de l'empire, un prêteur généreux, qui lui fournit, sous simple caution 2 à 300000 florins à l'aide desquels il put payer ses soldats et les envoyer à Tilly. La reconnaissance émue et enthousiaste exprimée par Mathias envers Geizkofler, dans la lettre qu'il écrivit, à ce sujet, à l'archiduc Albert, révèle l'étendue de sa détresse et le grand rôle joué, à cette époque, dans les circonstances les plus graves, par les plus misérables questions d'argent.

Heureusement pour l'empire, la mauvaise saison fit ce que n'avait pu faire Mathias ; elle arrêta les progrès des Turcs. Malgré les tardifs renforts expédiés par l'archiduc, l'armée de Tilly n'était pas assez nombreuse pour lui permettre de prendre l'offensive.

Il se contenta donc d'augmenter les garnisons de Raab, de Comorn et de Presbourg et de harceler l'ennemi par des attaques de détail. Son dernier exploit fut des plus brillants. Assailli dans ses positions, près de Hydweg, par un corps de 4000 Turcs, il le chargea si vigoureusement, avec un seul régiment wallon, qu'il les jeta dans le Raab, en tua ou noya une partie et dispersa complètement le reste, sans perdre aucun des siens.

Après ce succès, il licencia les régiments non employés aux garnisons, et alla passer l'hiver à Vienne où des négociations se poursuivaient avec Bockskaï. Les conférences aboutirent, le 23 juin 1606, à un traité en vertu duquel Rodolphe céda la Transylvanie à Bockskaï. Ce premier pas en amena un autre plus important. Au mois de novembre suivant, la paix fut faite avec les Turcs à Zsitra-Torock. Six semaines après mourut Bockskaï, empoisonné, dit-on, par son chancelier Katay, qui paya de sa tête ce crime imaginaire.

Malheureusement à la guerre contre le Turc succède bientôt la guerre civile. Mathias soulève la Hongrie et les provinces autrichiennes contre son frère Rodolphe, dont la vie se prolonge trop à son gré. Au mois de janvier 1608, nous retrouvons Tilly à Presbourg, où il assiste aux orageux débats des États rebelles. Mathias essaie de l'attirer à lui à force de promesses et de menaces. Le loyal maréchal reste fidèle à son devoir. Il court à Prague pour tâcher d'enlever Rodolphe à sa torpeur et de lui arracher quelques ordres énergiques. Ses efforts sont infructueux. Il regagne son quartier général et arrive à temps pour paralyser les mesures édictées par Mathias afin de licencier les seules troupes demeurées fidèles à l'empereur.

Exaspéré de cette résistance, Mathias publie contre Tilly un placard plein de récriminations acerbes et dans lequel il l'accuse hautement d'avoir conspiré l'extermination de la noblesse. Tilly répond, à son tour, par la voie de la presse et lance dans le public, ainsi constitué juge du litige, un mémoire dont l'argumentation solide, la forme digne et respectueuse, le style simple et serré, contrastent singulièrement avec les violences et les exagérations de langage de l'archiduc. Il adresse en même temps à son seigneur naturel, l'archiduc Albert, une justification complète de sa conduite.

Cette polémique ne lui fait pas oublier ses devoirs de chef d'armée. Il prend position sur les frontières de la Moravie, afin d'être à portée de secourir Prague menacée par les rebelles de plus en plus insolents. Mais les vivres et l'argent lui manquent. Rodolphe est sourd à ses réclamations. Sa position devient critique. Sa petite armée est travaillée par les émissaires de Mathias. Peu s'en faut un jour que les cavaliers du régiment de Trautmansdorf ne s'emparent de lui et de leur colonel pour les livrer à Mathias. Il tente une dernière démarche à Prague et réussit enfin à secouer un moment l'apathique Rodolphe. Des ordres sont donnés pour la formation d'un corps d'armée, des patentes distribuées, des fonds donnés. Il va recruter lui-même un régiment aux

Pays-Bas et telle est son activité que, dès le commencement de juin, il rentre en Bohème à la tête de 5000 Wallons, tous vieux soldats, aguerris au feu.

Mais si courte qu'ait été son absence, Mathias en a profité pour attaquer son frère à main armée. Les États de Bohême se sont, eux aussi, insurgés et le 25 juin 1608, Rodolphe cède à Mathias, par le traité de Luben, le royaume de Hongrie et le marquisat de Moravie, dont il ne se réserve que les titres désormais dérisoires.

Les mesures de défense prises par Rodolphe deviennent donc inutiles; l'armée impériale, à peine formée, est dissoute. Les officiers se dispersent. Déjà au mois de juillet 1608, Tilly a vendu ses équipages militaires, entr'autres un grand nombre de chameaux dont plusieurs étaient blancs. Toutefois, par ordre de Rodolphe, il conserve le titre de feldmaréchal et prend sa résidence à Prague. Il y est encore au mois d'octobre 1609, date d'une lettre de l'empereur à l'archiduc Albert, en faveur d'une fille de Jacques de Tilly, qui postulait une prébende de chanoinesse au chapitre noble de Sainte-Vaudru, à Mons

Chapitre deuxième.

AU commencement du XVIIe siècle, les armées permanentes n'existaient encore qu'à l'état de germe en Allemagne. Le prince qui avait besoin de soldats avait deux moyens de s'en procurer. La levée directe parmi ses sujets, avec le consentement des États, ou l'enrôlement de mercenaires. La levée consistait à appeler sous les armes une certaine quantité d'hommes, entretenus aux frais du pays et dont le temps de service était limité, soit par le but même de la levée, soit par des conditions fixées d'avance. Ce mode de recrutement, moins coûteux pour le souverain, avait le défaut de ne lui donner que des soldats inexperts dans le métier des armes, peu aguerris, encore moins disciplinés et impatients de rentrer chez eux, bref, gens sur lesquels on ne pouvait compter ; de là, la nécessité d'enrôler des mercenaires. Dans ce cas, on s'adressait à des officiers d'expérience et de réputation, chargés moyennant une solde et un entretien convenus, de lever un corps quelconque de cavalerie ou d'infanterie. C'étaient de véritables marchés à forfait, dont chaque régiment formait l'objet à livrer. Une patente en déterminait les conditions réciproques, assignait le territoire du recrutement et le lieu du rassemblement. A son tour, le colonel distribuait des patentes de capitaine ; ceux-ci entreprenaient la formation de compagnies, et la plupart du temps, les compagnies étaient une simple agrégation d'un certain nombre de sections, nommées enseignes pour l'infanterie, cornettes pour la cavalerie, lesquelles étaient enrôlées, chacune à part, d'après un accord préalable, entre le capitaine et l'officier subalterne. Le régiment formé, il était inspecté par un commissaire du prince, envoyé pour s'assurer que le nombre d'hommes, exigé par les patentes, était réellement présent, armé et équipé convenablement, et, en général, que toutes les obligations imposées au chef de corps étaient remplies. En campagne, comme ailleurs, le colonel était tenu de pourvoir à l'entretien du régiment, et recevait une somme globale, qu'il distribuait ou était censé distribuer, d'après un tarif gradué, entre tous les officiers et soldats du corps. Par contre, ceux-ci devaient payer exactement tout ce qu'ils prenaient. On conçoit quels abus résultaient de ce système. Les officiers s'enrichissaient souvent aux dépens des soldats, et ces derniers, à leur tour, vivaient de maraudes et de rapines. Il était rare, cependant, que la somme promise par l'État fût exactement payée ; alors les colonels se ruinaient ou se soutenaient par des exactions, et parmi les soldats, c'était une série de mutineries, de violences, de pillages, d'excès de toute nature, qui ruinaient villes et campagnes et rendaient ces bandes licencieuses le fléau de leurs propres souverains. A l'époque dont nous parlons, les mercenaires allemands étaient enrôlés, comme les miliciens, pour un but déterminé, et chaque corps était licencié, à l'expiration de son temps de service, pour être reformé, s'il y avait lieu, l'année d'après. Quelques-uns, rare exception à l'habitude ordinaire, étaient cantonnés dans les quartiers d'hiver. Ils coûtaient fort cher à leurs princes et pressuraient horriblement le pays où ils se trouvaient. Aussi ne les gardait-on que faute de pouvoir les payer ou par extrême nécessité. La subordination était inconnue parmi ces troupes, habituées à changer constamment d'officiers et de pays, à vivre aux dépens de l'ami comme de l'ennemi et livrées complètement à elles-mêmes, pour se procurer la subsistance de chaque jour.

Cette organisation, encore rudimentaire, était, on le voit, pleine de défauts et de lacunes. La guerre contre les Turcs en avait fait ressortir les graves dangers. Diverses tentatives avaient eu lieu afin d'y remédier; mais, faites isolément, sans suite, sans ce coup d'œil qui embrasse, avec les détails, leur rapport dans l'ensemble, elles avaient généralement échoué. D'ailleurs, la base essentielle, la bonne organisation financière faisait défaut. Des résultats efficaces ne pouvaient être obtenus que par un prince assez maître chez lui pour être fidèlement obéi, assez ménager de ses ressources, pour ne pas vivre d'emprunts ou d'expédients, comme la plupart des princes allemands de cette époque, assez intelligent pour savoir distinguer dans les capacités militaires de son temps, le talent et la sagesse qui réforment sans bouleverser.

Ces conditions, Maximilien de Bavière les réunissait à un haut degré. De bonne heure, il avait su établir son autorité d'une main vigoureuse, ramener l'ordre dans les finances obérées de son duché, s'entourer des hommes les plus capables de le seconder dans ses plans, et rechercher, au dehors, les maîtres les plus experts dans les différentes branches de l'art militaire. Il venait à peine de prendre les rênes du gouvernement (1597), lorsqu'il s'adressa au gouverneur général des Pays-Bas, pour obtenir l'envoi temporaire de deux ingénieurs distingués ([1]). Son œil pénétrant suivait avec attention les différentes renommées militaires que la guerre mettait en relief, et toujours à l'affût du mérite, il ne négligeait aucune occasion de se l'attacher. En 1608, il détermina, par des offres brillantes, Alexandre de Groote, célèbre ingénieur belge, à entrer au service de la Bavière, avec l'assentiment des archiducs ([2]). La réputation naissante de Tilly n'avait pas manqué de le frapper ; il semble, d'ailleurs, que la Providence dut se plaire à rapprocher deux caractères si bien faits pour se comprendre et se compléter mutuellement. On ignore la date précise où commencèrent les relations de Maximilien avec Tilly, mais il est probable que ce fut à la suite de l'assemblée de la Ligue, à Wurzbourg (8 février 1610), dans laquelle le duc avait été chargé de former l'état-major de l'armée fédérale.

A cette époque, Tilly avait déjà passé la cinquantaine. Les différents portraits, qui nous sont restés de lui, le représentent petit et maigre, mais bien pris dans sa taille ; nerveux et de force remarquable ; le nez long, mince et aquilin ; le front large, proéminent et méditatif, les yeux bleus, légèrement enfoncés sous d'épais sourcils et pleins de feu ; les lèvres minces, le menton pointu, avec des moustaches et une barbe luxuriantes ; l'expression du visage noble et austère ; les cheveux tirant sur le roux, blanchis de bonne heure et taillés en brosse.

L'ensemble de sa physionomie portait, fortement marquée, l'empreinte du caractère espagnol. Son costume rappelait celui des anciens généraux de la grande école des Pays-Bas. Le comte de Guiche le vit, vêtu d'un pourpoint de satin vert découpé, à manches tailladées, avec des chausses de même, de grandes bottes, et sur la tête un petit chapeau rond, orné d'une longue plume rouge qui lui retombait sur les reins. Un étroit ceinturon soutenait une lourde épée de combat ; l'arçon de sa selle n'avait qu'un pistolet. Cet accoutrement, pour nous servir de l'expression du maréchal de Grammont, parut plus

1. Archives du Royaume. Corresp. de Maximilien. Lettre du 10 mars 1597.
2. Ibidem. Lettre du 16 novembre 1608.

que bizarre au jeune courtisan, contempteur des modes arriérées, et il se permit de demander, en goguenardant, au vieux général : « Quelle était cette mode? — C'est la mienne, répliqua laconiquement Tilly, » et son regard cloua la plaisanterie sur les lèvres de l'étourdi.

Ses allures étaient graves, mais trahissaient néanmoins la vivacité originelle d'une nature domptée par une volonté énergique. Jamais on ne le vit aller au pas. Son sourire était rare, sa parole brève, précise, son geste sobre, contenu, mais impérieux.

Le trait saillant de son caractère était la foi : foi vivante, pleine de chaleur et de lumière. Le juger hors de là, c'est le méconnaître. Sa foi enveloppe sa vie entière, sans solution, sans lacune, elle explique d'une part la vénération dont il fut l'objet, de l'autre les haines fanatiques qui n'ont cessé de le poursuivre dans l'histoire. Sous le harnais militaire, il fut un saint, et ce mot, pour qui en comprend la valeur, éclaire chaque heure de sa longue carrière. Il aimait la prière et la pratiquait, sans que jamais cette habitude le fît manquer au moindre de ses devoirs. Il disait ses heures exactement sous la tente, comme un moine dans son couvent. Il marchait en présence de Dieu, élevait fréquemment son âme par de courtes aspirations, et se couvrait de la prière mentale, comme d'un bouclier, soit contre les soulèvements de ses propres passions, soit contre les épreuves et les difficultés de la vie. Il avait pour la sainte Vierge cette dévotion particulière, naturelle aux âmes pures et généreuses, et se plaisait à en multiplier les témoignages, par de riches présents aux autels populaires de l'Immaculée Mère de Dieu, et surtout en lui consacrant ses drapeaux.

Le devoir fut le mobile de toutes ses actions : il en poussait le sentiment jusqu'à l'abnégation la plus absolue. Lors de la lutte fratricide de Mathias et de Rodolphe, on le vit, repoussant avec dédain les séductions de l'ambition, insensible aux menaces comme aux promesses, donner l'exemple de la fidélité au souverain, et briser son épée plutôt que de la mettre au service de l'usurpation. Dans une circonstance plus critique encore; alors que la fortune semblait lui offrir l'occasion de relever la gloire de ses lauriers flétris à Breitenfeld et d'être le libérateur de l'Allemagne catholique, il contint l'explosion de sentiments, irrésistibles peut-être, pour tout autre, et à la victoire préféra l'obéissance.

Sévère pour lui-même, il méprisait les aises de la vie autant que les vanités de l'amour-propre; sa sobriété était extrême; il ne buvait du vin que par exception. Jamais il ne s'enivra, jamais il ne laissa altérer le précieux trésor de sa pureté. Simple et modeste dans ses manières, il évitait le faste, sans toutefois rien refuser aux exigences de sa haute position. Il traitait largement ses hôtes, savait se montrer prodigue à propos et ne gardait l'austère parcimonie que pour lui-même. Un diplomate protestant qui le vit à Hirschberg, en 1623, écrivait de lui : « Quant au général, c'est un seigneur de très grande expérience, aimé et craint de ses soldats; il observe très bonne justice sans jamais regarder à aucun degré... Il est âgé d'environ soixante ans, mais encore fort vigoureux, pour n'être adonné ni à la paillardise, ni à l'ivrognerie. Son maître d'hôtel m'a montré son lit, qui n'est que de deux bancs et d'une matrasse, ne se servant jamais d'autre, ne se dépouillant jamais, dormant toujours en ses habits, changeant seulement le matin de chemise (1).

Dans un temps où la corruption à prix d'argent était générale, et où Wallenstein ne craignait pas de la laisser pratiquer publiquement et à son profit par ses secrétaires, Tilly fut toujours inaccessible aux séductions des présents. Le protestant Keller rapporte à ce sujet, le trait suivant :

« A la fin de l'année 1622, Tilly avait son quartier général à Assenheim, dans le comté de Nassau-Diez, dont le titulaire, Ernest Casimir, servait sous les drapeaux hollandais. Outre la charge de ce quartier général, le pays avait encore à subir celle de quelques régiments formant le corps du comte de Furstenberg. En l'absence d'Ernest Casimir, le comte Jean Louis de Nassau-Hadamar essaya de procurer quelques soulagements aux habitants du pays de Diez. Il se rendit à Assenheim, muni d'une chaîne d'or de la valeur de 2400 florins, qu'il se proposait d'offrir à Tilly. Mais les amis qu'il comptait dans l'entourage du général lui déconseillèrent vivement de porter ce présent, s'il ne voulait s'exposer à perdre sa cause. Beau côté du caractère de ce général si diversement jugé, ajoute l'historien calviniste, et que ses ennemis les plus acharnés n'osèrent jamais accuser de cupidité et de corruption par ce temps de cupides et de corrompus. »

Élevé dans les traditions de la discipline espagnole, il les continua dans son armée, et, dit un contemporain, nul ne fut

1. Archives du Royaume. Collection de Routart, tom. XII, p. 195.

plus absolu que lui. Sa justice impartiale et égale pour tous frappait sans ménagement le chef comme le subalterne, le gentilhomme comme le manant. Il regardait la religion comme le fondement le plus solide du bon soldat, et ne tolérait dans son camp aucune de ces dissolutions si communes dans celui de Wallenstein. Mais il portait à ses soldats une affection de père, les entourait d'une sollicitude constante, s'identifiait avec leurs besoins, leurs désirs, leurs pensées, devenait pour eux importun et difficile, osait se plaindre et demander, partageait leurs privations et leurs peines, s'affectait de leur détresse au point d'en tomber malade, et jouissait plus qu'eux-mêmes de leur bien-être. Aussi était-il populaire et extrêmement aimé dans l'armée. Ses soldats l'appelaient « leur père », et en parlant de lui, le nommaient familièrement « le vieux Jean ». Ils lui portaient autant de respect que d'attachement et redoutaient ses réprimandes plus encore que le glaive du grand prévôt. A Breitenfeld, ses vétérans lui firent de leurs corps un infranchissable rempart et se laissèrent hacher plutôt que de l'abandonner.

Sa bravoure était impétueuse et entraînante. A Lutter, les régiments de la Ligue pliaient sous le choc furieux de la cavalerie danoise. Tilly accourt, rallie ses soldats, charge à leur tête l'ennemi déjà victorieux, et à force de valeur, le rompt et le culbute.

Prompt dans ses mouvements, infatigable à la marche, il avait, comme Fabius Cunctator, l'art de savoir attendre, et de prendre son avantage. Il donnait peu au hasard, beaucoup aux calculs de l'expérience et de la circonspection, et après avoir mûri ses décisions, les exécutait avec autant de rapidité que de vigueur.

Sous les apparences de l'austère dignité, il cachait une âme tendre et un cœur accessible aux plus généreux dévoûments. A Prague, il n'hésita pas à se compromettre pour sauver plusieurs proscrits.

Partout sur son passage, ses hôtes vantaient sa modération, sa douceur, la facilité de son commerce, l'aménité et la discrétion de ses procédés. Sa charité pour le malheur était sans bornes, il ignora toujours le charme amer de la vengeance. Parmi ses principaux officiers, il s'en trouva plus d'un qui ne craignit pas de le blesser et de méconnaître son autorité. Au lieu de s'en plaindre, il ne négligea aucune occasion de faire valoir leurs services et de les signaler aux faveurs du souverain. Anholt et Lindeloo en sont des exemples. Plus tard, Pappenheim, ne pouvant lui pardonner d'avoir fait échouer le rêve de son ambition, et emporté par la fougue de ses passions, osa l'accuser de basse envie. Tilly le sut ; à Breitenfeld, il sauva Pappenheim aux dépens de sa gloire, et jamais un mot ne sortit de la bouche du général contre l'ingrat lieutenant qui lui devait les succès de sa carrière.

Loin d'être sombre fanatique, il ne persécuta jamais personne pour cause de croyance, et se montra dans toute sa carrière, d'une large tolérance. Dans tout le cours de sa marche victorieuse dans le Palatinat, il fit respecter avec un soin particulier les églises des dissidents et, chaque dimanche, des factionnaires, posés par ses ordres aux portes des temples calvinistes, veillaient à la sécurité des auditeurs de prêches. Plus tard, dans le cercle de la Basse-Saxe, il maintint avec énergie et persistance, l'affranchissement de tous les ecclésiastiques protestants des lourdes charges de la guerre (1). Il pensait avec raison qu'il convenait de ne pas multiplier les officiers protestants dans une armée catholique, mais il ne s'inquiéta jamais de la couleur religieuse du mérite et le récompensa partout où il le trouva.

On connaît la jalousie dont l'honorait Wallenstein et les procédés altiers du généralissime à son égard. Néanmoins, cet orgueil envieux ne pouvait comprimer entièrement les élans de sympathie et d'estime secrète que soulevait, malgré lui, dans son cœur, le noble caractère du héros catholique.

En 1628, au plus fort de ses démêlés avec les princes de la Ligue, Wallenstein reçut d'un certain J. M. Slawata, protestant bohême, réfugié à Amsterdam, l'avis confidentiel que Tilly avait ordre de le faire saisir, pour le jeter en prison, et en cas d'obstacle grave, de se débarrasser de lui par tout autre moyen. L'esprit soupçonneux du duc de Friedlandt eut facilement trouvé dans cette communication ample matière à s'alarmer. Mais le nom seul de Tilly suffit pour le rassurer. Il écrivit au complaisant dénonciateur : « Je vous remercie de la marque d'attachement que vous voulez bien me donner, mais je m'étonne que vous vous préoccupiez de pareilles puérilités. Tilly est un cavalier qui s'entend à écraser les rebelles, mais non à les assassiner traîtreusement. Les maîtres du lieu d'où vous m'écrivez se sont en tout temps adonnés à

1. Mansfelder Rittersthaten, 119.

cette espèce d'inventions mensongères, ils apprendront bientôt si je suis captif, mort ou vivant. »

Tel était l'homme que la Providence avait mis en rapport avec Maximilien. Ses grandes qualités ne s'étaient pas encore complètement manifestées, mais la renommée de son courage, de son intelligence et de ses talents militaires l'avait déjà mis largement en lumière. Son héroïque dévouement à Rodolphe malheureux, l'esprit d'organisation qu'il avait déployé dans la création des régiments de Mercœur et dans ses fonctions de major-général, la fertilité de ressources qu'il avait montrée dans les derniers temps de sa lutte contre Mathias, devaient naturellement le recommander à l'attention du chef de la Ligue catholique. Les négociations furent rapidement menées à terme, car le 1er mai 1610, Tilly écrivit de Prague à l'archiduc Albert une lettre dont voici le passage principal :

« Je ne puis ne pas informer humblement Votre Altesse que, sur ma demande, S. M. I., mon auguste souverain, a daigné m'accorder démission honorable de mes fonctions et me permettre d'accepter la position que S. A., le duc de Bavière, veut bien m'offrir dans son armée. J'ai l'espoir que Votre Altesse daignera approuver cette mienne résolution, surtout, en considérant que, dans ce nouveau poste, je pourrai servir la maison d'Autriche et la chrétienté, en général, aussi bien que si j'étais au service actif de Votre Altesse. Je n'en serai pas moins fidèle à mon dévouement à l'auguste maison d'Autriche, et toujours je m'estimerai heureux de pouvoir verser mon sang pour elle. Je prie donc humblement Votre Altesse de me continuer ses bonnes grâces. »

En agissant ainsi, Tilly remplissait ses devoirs de vassal, comme il le dit lui-même, dans une autre lettre de la même date, qu'il adresse à Fleckamer, secrétaire de l'Archiduc. L'autorisation qu'il sollicitait lui fut accordée, mais, des difficultés d'argent retardèrent son départ. Durant les troubles causés par les démêlés de Mathias et de Rodolphe, il avait été obligé d'engager sa parole pour obtenir les fonds nécessaires à la solde de ses troupes. Après deux années de démarches incessantes, il n'avait pu parvenir à se faire rembourser la moindre partie de ses avances ; ses créanciers, las d'attendre, le pressaient, et son honneur ne lui permettait pas de quitter Prague avant d'avoir satisfait à ses engagements. Il exposa loyalement ses embarras à Maximilien, qui s'empressa de lui envoyer 30,000 florins, somme suffisante pour désintéresser ses créanciers. Aussitôt après, il partit pour Munich, et remplissait déjà ses fonctions de lieutenant-général, à l'époque de l'assemblée fédérale du 16 août 1610, qui le confirma dans cette charge.

A son arrivée en Bavière, il fut mis à la tête d'une commission chargée d'élucider toutes les questions relatives à l'organisation militaire de la Ligue, d'indiquer les mesures à prendre et d'en diriger l'exécution. Cette commission renfermait, outre le lieutenant-général, Alexandre de Haslang, le colonel Viebeck, Englebert Benninghausen et Alexandre de Groote. Ses attributions ne se bornaient pas à la création d'un simple corps d'armée, mais comprenaient le plan général de défense du pays, ainsi qu'un ensemble de législation militaire, destiné à servir de base pour l'avenir, et tous les détails que doit embrasser une organisation quelconque pour être complète.

Elle se mit immédiatement à l'œuvre. L'appel du trentième et du dixième donna quatorze mille hommes qui furent classés par régiments, habillés et armés d'une manière uniforme. Ils devaient former le noyau d'une armée toujours prête à entrer en campagne. Ce fut le premier essai d'une véritable armée permanente en Allemagne. Le reste des hommes, aptes au service, reçut des armes et fut soumis à l'obligation de s'exercer les dimanches et jours de fête. On obtint ainsi une réserve constamment en état de combler les vides de l'armée régulière. La noblesse équipa deux mille cavaliers, auxquels on donna des instructeurs capables et habiles. Le chiffre de 20,000 hommes, indiqué par l'assemblée de Munich, fut complété par l'enrôlement de régiments étrangers. La commission fixa les cadres et les appointements de l'état-major général ; elle créa un corps d'artillerie très remarquable pour l'époque.

La commission consacra également ses soins à l'étude de la défense du duché ; elle adopta un système de travaux de fortifications dont l'exécution fut immédiatement poussée avec activité par de Groote. Deux vastes camps furent établis l'un, près de Straubing, l'autre, aux environs de Schrobenhausen, et les points stratégiques les plus importants furent fortifiés, d'après la méthode des Pays-Bas. Enfin, la commission réunit les éléments d'un code militaire, que Tilly compléta et promulgua quelques années plus tard.

Les talents et surtout les rares qualités morales de Tilly,

l'avaient placé très haut dans l'estime et l'affection de Maximilien. Ce prince lui en donna une nouvelle preuve en lui confiant le principal rôle de la mission chargée de soutenir les intérêts de la Ligue, dans les conférences qui eurent lieu à Munich, au mois d'octobre 1610, avec les plénipotentiaires de l'Union Évangélique.

Ces conférences entre deux partis également peu disposés à entrer en lutte, parce qu'ils ne s'y sentaient pas suffisamment préparés, n'eurent d'autre résultat que de prolonger leur trève, sans rapprocher les esprits. Elles donnèrent occasion à Tilly de déployer des aptitudes diplomatiques peu communes chez les hommes de guerre. Sa réputation s'en accrut, et nous le retrouverons désormais activement mêlé aux négociations les plus importantes et les plus épineuses de son temps.

Les mesures d'organisation militaire que nous avons indiquées plus haut étaient en pleine voie d'exécution, lorsque l'occasion se présenta pour Maximilien d'essayer ses forces.

Depuis longtemps, il était en différends avec l'archevêque de Salzbourg, Dietrich de Raitenau, dont les États confinaient au Sud de la Bavière, sur une certaine étendue. Ce prélat doué de belles qualités, mais d'un caractère fier et irascible, débauché dans ses mœurs et bien plutôt prince qu'évêque, n'avait cessé de témoigner du mauvais vouloir aux ducs de Bavière. Il avait fermé ses États aux Jésuites, parce qu'ils étaient appuyés et recommandés par le duc Guillaume. Dans les assemblées de la diète impériale il s'était montré hostile à Maximilien, et plus tard, il refusa obstinément d'entrer dans la Ligue, tant que l'empereur n'en serait pas le chef. A tous ces griefs, il ajouta celui beaucoup plus grave de gêner par toutes sortes de vexations l'exploitation des salines bavaroises, situées près de son territoire, qui formaient une des principales ressources financières de Maximilien. Celui-ci essaya d'abord les négociations. Tilly et Haslang eurent mission de se rendre à Salzbourg, pour tâcher d'y ménager un accommodement. Mais leurs efforts échouèrent, et loin de se modérer, l'archevêque commit l'imprudence de prendre de vive force Berchtesgaden, ville appartenant à l'électeur de Cologne, et chef-lieu d'un district salin important, d'où la Bavière tirait de grands approvisionnements.

Cet acte de violence ne pouvait manquer de blesser le gouvernement bavarois et de motiver des représailles. Maximilien fit sommer l'archevêque d'évacuer sous deux jours

Berchtesgaden et de signer un accord relatif aux salines. La réponse de Dietrich n'ayant pas été satisfaisante, il envahit, le 22 octobre 1611, le territoire de Salzbourg, à la tête de 10,000 hommes et le même jour il occupa, après une petite escarmouche, le château de Tittmoning. Cette démonstration armée suffit pour effrayer l'archevêque qui s'enfuit de sa capitale, emportant avec lui de grosses sommes d'argent et un grand nombre d'objets précieux. Le 23, le duc continuant sa route, rencontra une députation du chapitre, qui venait lui offrir les clefs de Salzbourg et se mettre à sa discrétion. En apprenant le départ de l'archevêque, son premier soin fut de dépêcher sur les traces du prélat fugitif le capitaine Herzelles avec 200 mousquetaires et 100 cavaliers. Un léger retard de Dietrich, un pont qu'il négligea de rompre derrière lui causèrent sa perte. Herzelles l'atteignit tout près des frontières du diocèse, sur les terres de la Carinthie, fit tourner les voitures et les fourgons de bagages et, laissant en liberté toute la suite du prélat, emmena celui-ci prisonnier à la forteresse de Werfen, tandis que Maximilien faisait son entrée triomphale à Salzbourg.

Cette guerre, dont la victime intéressait par sa faiblesse, souleva contre Maximilien un violent orage qu'il ne put conjurer qu'en évacuant le territoire de Salzbourg. Le pape lui adressa de vifs reproches de la violence commise sur un prince de l'Église et réclama la liberté de l'archevêque. Des négociations se nouèrent à la suite desquelles Dietrich déposa la dignité épiscopale, moyennant certaines conditions. Néanmoins, en dépit des instances de l'empereur et du pape, jamais Maximilien ne consentit à lui rendre la liberté, pas même à lui donner une autre prison que celle de Werfen. L'infortuné Dietrich y languit encore cinq ans et y termina misérablement sa vie en 1617.

Tilly avait ramené en Bavière les troupes de Maximilien ; de retour à Munich, il s'occupa sans relâche de son œuvre d'organisation, non sans avoir à lutter contre de grands obstacles. Le peu d'exactitude des membres de la Ligue à payer leurs contributions d'argent ou de matériel de guerre retardait à chaque instant l'exécution de ses mesures. Aux lenteurs succédèrent les tiraillements, produits de la jalousie qui s'était élevée entre les maisons d'Autriche et de Bavière au sujet de la direction de la Ligue. Maximilien, abandonné de quelques-uns de ses confédérés et irrité des difficultés que lui suscitait la rivalité ombrageuse de la cour impériale, déposa son commandement et sa démission entraîna la dissolution de la Ligue.

Toutefois, cette circonstance n'arrêta point les travaux de la commission militaire présidée par Tilly. La haute intelligence politique de Maximilien prévoyait trop clairement les dangers de l'avenir pour qu'il cessât de s'y préparer ; il n'ignorait pas que la crainte qu'il inspirait aux calvinistes de l'Union, avait seule empêché jusqu'à présent ceux-ci de se jeter sur les États ecclésiastiques et sur les évêchés, dont d'avance ils s'étaient partagé les dépouilles. Tout en cédant à un mouvement d'irritation momentanée, il demeurait fermement résolu à soutenir, de toutes ses forces, le catholicisme hautement menacé en Allemagne, et à ne reculer devant aucun sacrifice pour la défense de sa foi. Il sentait les lentes approches du terrible orage qui s'amassait sous le sol déchiré et miné de l'Empire et se disposait en silence à en supporter bravement l'explosion. Tilly, digne lieutenant de ce sage et illustre prince, partageant sa prudente activité, sa silencieuse patience, animé d'un même dévouement à la même foi, puisant dans la même pureté de cœur la même hauteur de vues, lui apporta le précieux concours de ses talents militaires, de sa profonde expérience et de sa complète abnégation dans l'idée du devoir. Désormais plus limité, mais aussi plus libre dans ses moyens d'action, Maximilien s'attacha à mettre ses États sur un pied militaire formidable, et lorsque sonna l'heure de la fatale lutte, lui seul se trouva prêt et mérita que la victoire se fixât à ses drapeaux.

Déjà les premiers grondements de la tempête se faisaient entendre en Bohême. Après la mort de Mathias, le nouveau roi Ferdinand avait fait une tentative d'accommodement avec les rebelles. Mais, quelque larges que fussent ses propositions, elles n'avaient pas suffi à l'orgueil et à l'ambition des chefs du mouvement. Loin de les accueillir, ils ordonnèrent une levée générale, et, tandis que le comte Ernest de Mansfeldt occupait les généraux du roi, le comte de Thurn, à la tête d'une armée nombreuse, envahit la Moravie, propagea l'insurrection sur ses pas et vint camper sous les murs de Vienne. Mais au moment où il savourait déja la joie d'une victoire certaine, il reçut la nouvelle d'un grave échec des rebelles en Bohême et l'ordre pressant des États d'accourir à marches forcées au secours de Prague menacée par Bucquoy.

Sa retraite précipitée ouvrit à Ferdinand la route de Francfort, où les électeurs de l'Empire étaient appelés pour procéder au choix du successeur de Mathias sur le trône impérial.

Le 28 août 1619, Ferdinand fut élu empereur et les plans si laborieusement édifiés par les princes calvinistes se trouvèrent réduits à néant.

Après quelques hésitations, l'électeur palatin avait accepté la couronne de Bohême. Ni les conseils de son beau-père, le roi d'Angleterre, ni les sévères avertissements des électeurs et de ses propres coreligionnaires, ni les supplications inquiètes de sa mère n'avaient pu contrebalancer dans cet esprit léger, et superficiel les excitations fanatiques du prédicant Scultetus, et les visées ambitieuses de la jeune électrice fière de porter un diadème royal. Il fit son entrée solennelle à Prague, le 4 novembre, et s'empressa de chercher les moyens de consolider son trône. Le principal appui sur lequel il croyait pouvoir compter était l'Union Evangélique ; il en convoqua les membres à Nuremberg où il se rendit lui-même. De cruelles déceptions l'y attendaient. L'envie avait brisé les derniers ressorts de la confédération protestante. Les princes jalousaient l'élévation de Frédéric, naguère leur égal; les luthériens voyaient avec dépit le calvinisme triompher dans sa personne ; les villes impériales se plaignaient de ce que leur argent ne servît qu'à satisfaire d'illustres ambitions. Loin de s'imposer le moindre sacrifice pour Frédéric, l'Union lui témoigna beaucoup de froideur et refusa de se mêler des affaires de Bohême. Tout ce que put obtenir le nouveau roi fut que ses possessions du Palatinat seraient protégées contre toute attaque du dehors.

Les catholiques procédèrent avec une vigueur bien différente de la mollesse des Unis. Ils se réunirent à Wurzbourg et y reconstituèrent formellement la Ligue, sous deux directoires, celui de l'électeur de Mayence ou du Rhin, et celui du duc de Bavière. L'assemblée ordonna la mobilisation d'une armée de vingt et un mille hommes d'infanterie et de quatre mille chevaux, elle s'imposa pour des sommes énormes et décréta l'organisation dans chaque état de milices sédentaires soumises à l'obligation d'exercices fréquents, à l'instar des réserves bavaroises. Le commandement général de l'armée, avec de pleins pouvoirs pour tout ce qui concernait l'administration militaire et les relations avec les puissances étrangères, fut confié au duc, qui reçut également mission de faire auprès du Pape, de l'Espagne, de la France et de toutes les puissances catholiques les démarches les plus pressantes pour obtenir leur appui en faveur de la Ligue.

Parmi les attributions du duc comme général en chef de l'armée de la Ligue, était celle de conférer les hauts grades de l'état-major. Jusqu'alors, Tilly avait rempli les fonctions de lieutenant-général et la grande part prise par lui aux travaux d'organisation militaire de Maximilien, lui avait créé de nouveaux titres à la confiance de ce prince et à celle de ses alliés. Il allait être confirmé dans sa charge, lorsque surgit tout à coup un nouveau candidat. Le prince François de Vaudémont, déjà lieutenant-général du directoire rhénan, envoya à Munich le comte de Marquesan, un de ses officiers, pour faire valoir auprès du duc les droits qu'il croyait avoir au second poste de toute l'armée. Maximilien se trouva fort empêché de cette prétention. De graves motifs lui commandaient de ménager la maison de Lorraine, dont il attendait de grands secours, et il lui répugnait d'infliger à un habile et vaillant général une humiliation imméritée. Tilly apprit ce qui se passait. Il se rendit aussitôt près du duc, et lui déclara avec simplicité que, pourvu qu'il pût servir utilement sa foi et son prince, peu lui importait le rang, et qu'il était prêt à se contenter de la place de maréchal de camp ou de toute autre moindre encore (1): rare modestie dont cet exemple n'est pas unique dans la vie de ce grand homme. Son sacrifice avait été accepté par le duc de Bavière, mais bientôt Vaudémont, mieux éclairé, renonça de lui-même à ses prétentions, et la charge de lieutenant-général fut rendue à Tilly.

A Vienne, l'empereur faisait de grandes levées de troupes. Dès l'année précédente, Wallenstein avait reçu mission de lever un régiment de mille cuirassiers aux Pays-Bas, outre un autre régiment d'infanterie de trois mille hommes, qu'il s'était déjà engagé à mettre sur pied en Allemagne. D'autres secours furent également demandés à l'archiduc Albert, qui se mit en mesure de soutenir de tous ses efforts la cause du catholicisme et de la maison d'Autriche. Le pape accorda de larges subsides, le roi de Pologne promit des troupes, l'électeur

1. Archives de Vienne. Lettre de Maximilien à l'Électeur de Mayence en date du 3 février 1620.

de Saxe, gagné par l'appât habilement offert de la Lusace, embrassa chaudement le parti de l'empereur et fit des préparatifs considérables pour l'assister efficacement. La position de Ferdinand, naguère désespérée, s'améliorait sensiblement; il venait de conclure un armistice avec Bethlen Gabor et d'obtenir du roi d'Espagne l'ordre à l'archiduc Albert de s'entendre avec le duc de Bavière, pour que Spinola entrât dans le Bas-Palatinat à la tête d'une armée espagnole, au moment où l'armée de la Ligue attaquerait les pays rebelles. De son côté, Maximilien mit ses troupes en mouvement et concentra un corps de trente mille hommes aux environs de Donauwerth. Le 10 juin, Tilly arriva à Dillingen, où il établit son quartier-général. Dans la nomenclature des régiments placés sous ses ordres, on remarque un grand nombre de noms appartenant à l'aristocratie des Pays-Bas. Beninghausen commandait un régiment de cinq cents cuirasses ; Van der Nersen, baron de Firmont, trois cents ; Lindeloo, quatre cents ; le baron de Moriamé, quatre cents ; et Jacques de Bronckhorst, baron d'Anholt, un régiment de trois mille hommes. A ces noms illustrés depuis par la guerre, il faut ajouter celui déjà glorieux du duc Charles de Croy, qui rejoignit l'armée de la Ligue, au mois de juillet, suivi de son régiment de cinq cents cuirasses et d'une partie des régiments wallons de Wallenstein et Jean de Nassau.

A la nouvelle de ces mouvements militaires, l'Union parut enfin sortir de sa torpeur. Le margrave de Brandebourg Anspach, son lieutenant-général, réunit un corps de treize mille hommes, avec lequel il vint se poster en observation aux environs d'Ulm, si près du camp de la Ligue que les sentinelles avancées pouvaient facilement se parler. En même temps, un corps de huit mille hommes, sous les ordres du margrave Georges-Frédéric de Bade, s'établit sur le Rhin, afin de barrer le passage aux renforts envoyés de la Lorraine et des possessions espagnoles au camp bavarois. La lutte paraissait inévitable, lorsque la situation se dénoua d'une manière imprévue. Les membres de l'Union s'étaient rassemblés à Ulm, mais ils y avaient apporté le même esprit d'étroite jalousie, de pusillanimité et d'indécision qui avait paralysé la réunion de Nuremberg. Sous l'influence du duc d'Angoulême, ambassadeur français, envoyé par Louis XIII avec mission de rétablir la paix en Allemagne, ils consentirent à sacrifier complètement leur allié le roi de Bohême et ne firent que de molles réserves en faveur du Palatinat. Le scandale de ce traité fut tel parmi les révolutionnaires de l'époque, qu'on accusa ses principaux promoteurs, le margrave d'Anspach et le duc de Wurtemberg, de s'être laissé corrompre par l'or français.

Pendant ses négociations avec l'Union, le duc de Bavière avait concerté avec Tilly les plans de la campagne qu'il se proposait d'ouvrir contre les Bohêmes. Des considérations de haute importance le décidèrent à envahir d'abord les pays autrichiens insurgés au lieu de marcher droit sur la Bohême. La facilité des communications pour l'approvisionnement de son armée, l'espoir de diviser les forces des rebelles en les attirant au midi, tandis que l'électeur de Saxe attaquerait le nord de la Bohême, le voisinage de Budweis et de l'armée impériale, enfin la conviction que la Haute-Autriche était le véritable foyer révolutionnaire des États héréditaires et que le coup porté là aurait un retentissement considérable parmi les autres provinces insurgées, tels étaient les principaux motifs de sa détermination, et le résulat en prouva la sagesse.

Débarrassé de tout souci sur ses derrières par le traité d'Ulm, le duc de Bavière se mit en marche le long du Danube, tandis que l'armée des Unis descendait vers le Bas-Palatinat, menacé par Spinola. Il était accompagné d'un brillant état-major composé en grande partie de jeunes volontaires de haute noblesse parmi lesquels on remarquait le duc d'Elbeuf et le prince de Vaudémont, tous deux de la maison de Lorraine, le duc de Teschen et Virginius des Ursins. Les besoins spirituels de l'armée avaient été l'objet d'une sollicitude particulière. Le soin en fut confié principalement à neuf jésuites, auxquels vint se joindre, à Schœrding, le père Dominique de Jesu Maria, carme en grande réputation de sainteté, dont la présence dans le camp releva singulièrement la confiance du soldat, et eut une grande influence sur l'heureuse issue de cette campagne.

Au premier bruit de la marche de Maximilien, les États de la Haute-Autriche s'empressèrent d'envoyer des députés au duc pour le supplier de ne pas porter la guerre dans leur pays. Leur intention était de gagner du temps pour se mettre en mesure de se défendre, mais Maximilien refusa de leur faire connaître ses intentions ailleurs qu'à Linz. Il dépêcha ensuite Laurent Weser et le capitaine Reinach avec mission de signifier aux États qu'ils devaient se soumettre, purement et simplement, à l'autorité de l'empereur, congédier leurs troupes, ouvrir leurs forteresses et renoncer à leur confédération avec la Bohême. Cinq jours leur furent accordés pour répondre. Dans l'intervalle, le conseil de guerre de la Ligue fut appelé à délibérer sur la question de savoir si l'on attendrait, pour franchir la frontière, le délai fixé, ou si l'on s'emparerait immédiatement des passages. La question ayant été résolue dans ce dernier sens, Haslang fut détaché avec six mille hommes d'infanterie et deux mille chevaux pour prendre position sur le territoire autrichien ; Tilly le suivit de près, à la tête de deux régiments d'infanterie et de mille cuirassiers. Ils ne rencontrèrent d'autre résistance que celle de quelques bandes de paysans qui furent facilement dissipées. Néanmoins, le meurtre de plusieurs soldats isolés et l'assassinat commis sur le duc Ernest-Louis de Saxe-Lauenbourg, qui, étranger à l'armée, voyageait pour se rendre à Vienne, devinrent l'occasion d'excès déplorables de la part des troupes de la Ligue. Quantité de villages furent pillés et brûlés. Tilly prit des mesures sévères pour arrêter ces dévastations et réprimer l'indiscipline de ses gens, il n'y parvint qu'à force d'énergie, et de vigueur (1). Deux faits suffiront pour montrer les difficultés qu'il eut à vaincre.

Un jour on menait au gibet dix Wallons, surpris en flagrant délit de vol ou de meurtre. Ces malheureux, accompagnés de leurs confesseurs, qui tâchaient de les préparer le mieux possible à la mort, s'avançaient en fendant la foule, sous l'escorte de quelques *Trabans* du grand prévôt. Déjà l'un d'eux avait atteint l'échelle fatale, lorsque six autres Wallons, excités par un gentilhomme de leur nation, écartent la garde en criant : « Grâce! grâce! » coupent les liens des condamnés, leur donnent des habits pour empêcher qu'on ne les reconnaisse, et favorisent leur fuite vers le camp avec l'aide d'un grand nombre de leurs camarades. Tilly, qui, des fenêtres d'une maison voisine, assistait avec Haslang à l'exécution, s'indigne d'un acte aussi audacieux d'insubordination. Il se jette, l'épée à la main, au milieu des mutins ; mais sa voix est étouffée par leurs cris, les piques s'abaissent devant lui et menacent sa poitrine; une révolte est imminente. Tilly saute à cheval, court au camp, fait prendre les

1. Archives du royaume. Secrétairerie d'État allemande. Carton 136. Lettre de Maximilien du 30 juillet 1620.

armes aux régiments allemands, se rend seul en avant au quartier des Wallons, et après avoir fait ranger les officiers en cercle autour de lui, leur déclare que si condamnés et libérateurs ne lui sont immédiatement remis, il fera pendre dix hommes par compagnie. Ce langage énergique intimide les plus turbulents. Neuf des coupables sont livrés et pendus sur l'heure au milieu d'un développement imposant de forces. Dans la nuit qui suivit, des symptômes d'agitation se manifestèrent parmi les Wallons. Tilly, décidé à faire respecter son autorité, fit braquer des canons contre leur quartier, qu'enveloppa la cavalerie. Cette démonstration apaisa la mutinerie ; le reste des coupables fut livré et exécuté le lendemain.

Quelque temps après, il arriva qu'un gentilhomme volontaire commit un assassinat suivi de vol sur un Croate du comte de Wartemberg. Les camarades du mort brûlant de le venger, sonnèrent le boute-selle, mirent le camp en rumeur et se lancèrent à la poursuite du meurtrier. Tilly accourait pour rétablir l'ordre, lorsque le volontaire, prêt d'être atteint, se jette à ses pieds, embrasse ses genoux et le conjure de lui sauver la vie. Tilly risqua la sienne pour le protéger; sa contenance résolue imposa aux Croates, qui, après avoir expliqué le sujet de leur furie, obéirent à l'ordre de rentrer dans leurs quartiers. Le coupable, remis aux mains du grand prévôt, expia le lendemain son crime de sa tête. Ces actes de justice et de vigueur augmentèrent singulièrement le respect et l'attachement des soldats pour leur sévère et intrépide général.

Le 3 août, le corps de Tilly prit possession de Linz ; le lendemain, 4, Maximilien fit son entrée dans la ville ; après avoir reçu le serment sans condition des États, il fondit dans son armée les deux seuls régiments de troupes régulières que les rebelles eussent dans le pays. Le 23, il quitta Linz avec Tilly, et s'avança vers Freistadt où l'attendait Balthazar de Marradas [1] avec deux régiments espagnols venus du Milanais. Il s'y arrêta quelque temps, afin d'y réparer son matériel d'artillerie, et publia une proclamation aux États de Bohême pour les engager à rentrer dans le devoir. Il écrivit

1. Don Balthazar, comte de Marradas, issu d'une noble famille du royaume de Valence. Il fit les guerres de Hongrie et de Transylvanie. Lors de la révolte des Bohêmes il était colonel au service de la Ligue. Après être parvenu au grade de général de cavalerie il fut nommé feld-maréchal, chambellan et conseiller du cabinet impérial. Il mourut à Prague à l'âge de 78 ans,

en même temps une lettre particulière à l'électeur Palatin, dans le même but; mais, comme il était facile de le prévoir, cette tentative de conciliation demeura sans résultat.

La position de Frédéric et de ses adhérents était cependant loin d'être satisfaisante. L'envie, ce moteur et aussi cette plaie des révolutions, avait profondément divisé leurs rangs. Aux jalousies égoïstes s'étaient mêlées des dissensions religieuses. Frédéric était arrivé à Prague entouré d'influences étrangères qui n'avaient pas tardé à mécontenter les seigneurs bohêmes. Son esprit faible et léger, dominé par Christian d'Anhalt et par le prédicant calviniste Scultetus, ne s'attachait qu'au côté superficiel des choses et ne lui permettait pas de comprendre la portée de ses actes. Il ne s'occupait que de fêtes et de plaisirs. A Nuremberg, où se traitaient ses intérêts les plus importants, il faisait fermer les portes de son logis et dansait joyeusement jusqu'à deux heures du matin, en compagnie de huit femmes ou filles de bourgeois auxquelles il apprenait les danses anglaises (1). Il laissait volontiers le soin des affaires politiques et militaires à Christian et suivait sans réflexion les suggestions imprudentes de Scultetus. Odieux aux catholiques que, malgré ses promesses formelles, il opprimait ou laissait opprimer, il s'était rendu plus odieux encore aux Luthériens scandalisés de scènes calvinistes qu'il tenait publiquement et blessés de ses débordements d'iconoclaste. Les grands seigneurs bohêmes (2), qui s'étaient flattés de gouverner sous son nom, ne lui pardonnèrent pas de s'entourer d'étrangers qu'il avait revêtus des commandements militaires les plus importants. Ils murmuraient des sacrifices qu'il leur demandait pour la guerre et ne se montraient pas même disposés à payer de leur personne. Les questions de préséance les plus futiles leur servaient de prétexte pour s'abstenir. Mansfeldt, mécontent de s'être vu préférer le comte de Hohenlohe pour la charge de maréchal de camp, refusait de se joindre à l'armée et prétendait opérer isolément; Thurn et Hohenlohe, à leur tour, jalousaient le prince d'Anhalt et ne manquaient jamais de contrecarrer ses

1. Extrait d'une lettre tirée de la correspondance de Mayence du 10 décembre 1619. Archives du royaume. Carton 136.

2. Voici un exemple curieux du zèle déployé pour le bien public par ces fougueux partisans de la liberté. Un jour, le roi Frédéric les ayant fait appeler en conseil au palais, à sept heures, ils lui firent répondre que l'heure était trop matinale pour eux, que l'homme avait besoin de repos après le travail, et que d'ailleurs *cela était contraire à leurs privilèges.*

plans et ses mesures.. Les soldats mal payés ne gardaient aucune discipline, pillaient indifféremment amis et ennemis et soulevaient, par leurs brigandages, le ressentiment et les colères des populations contre le nouveau régime. L'alliance avec Bethlen Gabor n'avait guère servi qu'à jeter une grande défaveur sur la cause du palatin, accusé de rechercher l'appui des Turcs. Toutes les grandes promesses du prince Transylvain n'aboutirent qu'à l'envoi de quelques milliers de Hongrois qui, loin d'être une force pour l'armée bohême, devinrent une cause efficace de dissolution, par leur insubordination et leurs querelles avec les indigènes. Il n'y avait enfin dans le commandement ni unité, ni résolution, ni plan formé.

La honteuse défection de l'Union Évangélique avait porté un coup terrible aux espérances des rebelles. Ils ne pouvaient pas même espérer d'assistance de leurs plus fidèles alliés ; car les Silésiens avaient été obligés de rappeler leurs troupes, commandées par le margrave de Jœgerndorf, pour se défendre eux-mêmes contre l'électeur de Saxe.

La confiance présomptueuse de Christian d'Anhalt, général de l'armée bohême, n'avait cependant pas été ébranlée. Tandis que Mansfeldt menaçait les frontières de la Bohême, il s'était rapproché de l'armée de la Ligue, avec 30,000 hommes. C'était trop peu pour attaquer, mais il comptait sur l'aide de la famine et les rigueurs de la saison, et il espérait, à force de marches et de contremarches, dans un pays difficile, montueux, dévasté, épuiser les Bavarois, en reculant sans cesse devant eux, jusqu'à ce qu'ils fussent devenus une proie facile à écraser.

Maximilien et Tilly étaient trop habiles pour ne pas deviner sa tactique et la déjouer. Après un faux mouvement vers les frontières de la Bohême, destiné à tromper l'ennemi et à lui faire retirer ses forces de la Basse-Autriche, ils se détournèrent tout à coup, envahirent cette dernière province, dégarnie de troupes, et, le 8 septembre, firent leur jonction, non loin de Budweiss, avec l'armée impériale, sous les ordres du comte de Bucquoy. Dans le même temps, un fort détachement, commandé par Don Balthasar de Marradas et Herleberg, passa la frontière bohême, près de Furt et, poussant devant lui Mansfeldt, le rejeta jusque dans Pilsen. Christian, trompé par les manœuvres des Bavarois, avait donné dans le piège ; il cherchait depuis lors à attirer Maximilien sur la Moravie, pour détourner son attention de Prague. Bucquoy, peu porté par sa nature aux coups décisifs, inclinait à le suivre ; mais, Maximilien et Tilly insistèrent fortement pour aller droit à Prague, afin de ne pas laisser à 'ennemi le temps de se reconnaître et de le forcer à accepter la bataille. D'ailleurs, Prague prise, la Bohême était conquise.

Leur avis prévalut. Les deux armées réunies, formant un effectif d'environ 50,000 hommes, prirent la route de Budweis, où elles arrivèrent le 11 septembre. Elles y rallièrent un régiment wallon, commandé par Guillaume Verdugo, espagnol plein de mérite et de bravoure, et le contingent de l'évêque de Wurzbourg, fort de 3,000 hommes.

Le 15 septembre, elles quittèrent Budweis, dans deux directions différentes. Les Bavarois, sous Tilly, marchèrent sur Wodnian, et les Impériaux sur Prachaditz. Wodnian composa, après un simulacre de défense ; Prachaditz, pris d'assaut, expia, dans le sang, l'opiniâtre valeur de ses habitants. Les deux corps d'armée se réunirent de nouveau, sous les murs de Piseck, qu'ils assiégèrent. La garnison, réduite à une poignée d'hommes, mais commandée par un officier brave et hardi, se défendit avec beaucoup de courage. Elle espérait être secourue par le prince d'Anhalt. Au bout de quelques jours, le commandant se voyant déçu dans son attente, avait consenti à traiter et une trève de trois heures lui avait été accordée pour dresser les articles de la capitulation. Pendant qu'il discutait avec Tilly, les soldats wallons s'approchèrent, sans bruit, des murailles, les escaladèrent et, secondés par les cosaques, commencèrent à piller, en massacrant tout ce qu'ils rencontraient. Aux cris des habitants, Maximilien, Tilly et Bucquoy accoururent l'épée à la main, pour empêcher le désordre, mais les soldats, emportés, demeurèrent sourds à la voix de leurs chefs et d'irréparables excès étaient déjà commis, lorsqu'on parvint à leur faire quitter la ville.

Cependant, les difficultés matérielles augmentaient sensiblement. Les chemins étaient défoncés, l'artillerie avançait péniblement, et, à chaque instant, la marche des troupes était arrêtée par quelque château ou quelque fort qu'il fallait enlever successivement, avec perte de beaucoup de gens. On manquait de vivres. Le corps de Bucquoy, habitué de longue main à la maraude et à la licence d'une guerre de partisans, brûlait et détruisait bien loin, à la ronde, tout ce que l'ennemi avait laissé debout. Les maladies épidémiques, suite de la misère et des privations du soldat, enlevaient des centaines d'hommes par jour ; et la disette devint si forte qu'un jour Tilly, rencontrant le père Dominique de Jesu Maria, qui tenait une pomme à la main, la lui arracha, en s'écriant : « Mon père, je meurs de faim. »

Le froid vint augmenter les souffrances des catholiques. Dans le courant d'octobre, la neige tomba en abondance, et la température s'abaissa, au point que chaque nuit quantité d'hommes et d'animaux gêlaient sur place. Les deux armées avançaient avec lenteur et se traînaient péniblement, à travers les montagnes glacées de la Bohême. Avant l'approche de Prague, elles avaient déjà perdu plus de 14,000 hommes ; mais, grâce à des mesures prises avec une précision de prévoyance, peu ordinaire à cette époque, Maximilien réussit à combler les vides faits par la faim et le froid dans les régiments catholiques. Malheureusement, il éprouva, parmi ses meilleurs officiers, des pertes d'autant plus sensibles qu'elles étaient irréparables. Celle d'Haslang l'affecta particulièrement Ce vaillant général, frappé par l'épidémie, s'était vu obligé de quitter l'armée et de rentrer en Bohême, sous une escorte de mousquetaires commandée par son fils. Le 17 octobre, comme il n'était plus qu'à une courte distance des frontières bavaroises, il crut pouvoir partir sans attendre le jeune homme, attardé par une partie de jeu, prolongée trop avant dans la nuit. Au moment où il venait de s'engager dans une forêt profonde, il fut attaqué soudainement par les coureurs hongrois qui l'enlevèrent de sa litière, le jetèrent sur un cheval et s'enfuirent au galop avec leur proie. Le jeune Haslang, arrivé quelques minutes après sur le théâtre de l'action, poursuivit inutilement les ravisseurs. Maximilien, instruit de ce triste événement, mit tout en œuvre pour obtenir l'échange de son vieux général ; mais, avant que ses démarches eussent pu réussir, Haslang succomba de la maladie qui le minait.

De Piseck, le duc s'était dirigé sur Pilsen, suivi à quelque distance par Bucquoy, et cotoyé constamment par l'armée bohême, qui guettait les occasions de le surprendre. Cette occasion ne s'offrit pas pour l'armée de la Ligue, grâce à la discipline sévère que Tilly y faisait régner ; mais Bucquoy, moins prudent, fut aussi moins heureux. Le 6 octobre, le prince d'Anhalt tomba à l'improviste sur son arrière-garde, la mit en désordre et allait la tailler en pièces, lorsque Tilly arriva à la tête de 2,500 chevaux, culbuta l'ennemi et le mit en fuite. Peu de jours après, le 12 octobre, l'armée arriva devant Pilsen. Bucquoy s'était flatté qu'Ernest de Mansfeldt, dont la conduite, dans toute cette campagne, fut très équivoque, qu'on savait mécontent et qu'on connaissait vénal, lui rendrait la forteresse sans coup férir. A la vérité, Mansfeldt ne fit point le moindre mouvement pour inquiéter la marche des Impériaux ; il refusa même de recevoir, dans la place, un renfort de garnison bohême, laissa ses canons silencieux et fit passer à Bucquoy d'utiles avis. Mais, soit que le prix offert pour sa trahison ne répondît pas à ses exigences, soit autre calcul, il borna là l'effet des promesses qu'il avait, disait-on, faites au général de Ferdinand, et se conduisit en spectateur désintéressé de la lutte. Bucquoy, furieux de sa déception, voulait assiéger Pilsen. Tilly, fidèle à son système, s'y opposa, en représentant que le siège d'une place aussi forte exigerait tout l'hiver, et que le succès de la campagne dépendait de la rapidité des opérations. Prague, Prague, répétait-il avec une impatience fébrile. L'insistance de Bucquoy l'exaspéra au point qu'il l'eût provoqué en duel et donné sa démission, si Maximilien n'avait interposé son autorité. Le général de l'empereur céda enfin, et après onze jours d'attente inutile sous les murs de Pilsen, le duc de Bavière leva le camp et prit la grande route de Prague, marchant parallèlement avec l'armée impériale, celle-ci à droite et les Bavarois à gauche.

Pendant ces opérations, l'électeur de Saxe avait pénétré dans la Lusace, dispersé les troupes du Margrave de Jœgerndorf et pris, après un siège de quatre mois, la ville de Bautzen, capitale de cette province. En même temps, Ambroise Spinola, marquis de Los Balbaces, avait envahi le Palatinat avec une armée espagnole et s'en était emparé, sans que l'Union, déjà agonisante, lui eût opposé une résistance sérieuse. Tandis que les armes impériales triomphaient sur tous les points, Frédéric ne voyait autour de lui que défections, discordes et rivalités égoïstes. La faveur du prince d'Anhalt qui touchait la somme énorme de cent quatre-vingt mille florins par an, comme lieutenant-général, avait blessé au cœur la cupidité des seigneurs bohêmes. D'autre part, le soldat était exaspéré contre les directeurs, à l'avarice et à l'incurie desquels il attribuait avec raison les privations, la famine et toutes les souffrances qu'il endurait. L'indiscipline affaiblissait les derniers ressorts de cette armée désorganisée par la méfiance et la haine. On se déchirait, au lieu de s'unir contre le péril. Le nouveau roi, cédant à un mouvement de découragement, fit demander à Maximilien une entrevue personnelle par le lieutenant-colonel Balthasar de Schlammersdorf. Cet officier reçut pour toute réponse que le duc de Bavière était fermement décidé à n'entamer aucune relation avec l'électeur palatin, tant que celui-ci n'aurait pas déposé sa couronne usurpée.

Le sort en était donc jeté. L'épée seule allait décider des destinées de la Bohême. A tout instant, des escarmouches, prenant parfois les proportions de véritables combats, avaient lieu entre les deux armées. Peu s'en fallut un jour, qu'un coup de main heureux des Bohêmes ne tranchât brusquement la question au profit de Frédéric. Maximilien, Bucquoy, Tilly, Verdugo et quelques autres généraux étaient allés faire une reconnaissance, suivis seulement d'une escorte de 48 cuirassiers bavarois. S'étant avancés un peu loin, ils tombèrent dans une embuscade de 350 cavaliers bohêmes qui s'élancèrent sur eux avec d'effroyables clameurs. Mais Tilly, se mettant à la tête de sa poignée de cuirassiers, chargea les ennemis avec tant de furie, que ceux-ci saisis d'une terreur panique s'enfuirent de tous côtés. Dans une autre rencontre (3 novembre 1620), où furent tués les comtes Fugger et Aquaviva, Bucquoy pensa perdre la vie. Échappé avec une blessure assez grave, il fut obligé de suivre l'armée en litière. Le lendemain matin, 4 novembre, le colonel wallon Gaucher surprit dans un village huit cents heiducques et les tailla en pièces jusqu'au dernier. Cet exploit répandit parmi les troupes hongroises une impression de terreur qui les démoralisa complètement. Après plusieurs tentatives inutiles pour attirer l'ennemi à une bataille rangée, le duc de Bavière poursuivit sa marche sur Prague. La nouvelle de ce mouvement parvint au camp bohême le même jour, 5 novembre, vers deux heures de l'après-midi. Christian d'Anhalt proposa de se mettre immédiatement en route pour couvrir la capitale; mais le comte de Thurn affirma sur sa tête que l'ennemi n'en voulait pas, ne pouvait même en vouloir à Prague et insista pour que l'armée conservât ses positions. Cet avis soutenu avec chaleur et opiniâtreté prévalut. Dans la soirée, alors qu'un temps précieux était irréparablement perdu, on apprit, à n'en pouvoir douter, que les Bavarois s'avançaient directement sur la capitale et l'on fit en toute hâte les préparatifs nécessaires pour les prévenir. Le vieux comte de Thurn partit dans la nuit même avec le régiment d'infanterie de son fils et quelque cavalerie, dans l'intention de renforcer la garnison de Prague et d'occuper le château dont la garde lui appartenait comme conservateur de la couronne. Le gros de l'armée le suivit à marches forcées par des chemins épouvantables qui ne lui permirent d'arriver que fort avant dans la soirée du 7 à Anhost, village distant de Prague de deux lieues. Les troupes bohêmes harassées, furent forcées de s'arrêter là pour prendre un peu de repos. Dans l'intervalle, Frédéric se rendit à Prague, afin d'y hâter l'envoi des objets nécessaires à l'alimentation et au campement de son armée.

Malgré toute leur promptitude, les Bohêmes n'avaient pu gagner qu'une demi-journée de marche sur le duc de Bavière. Dans la matinée du 6, le duc était arrivé au point de ralliement convenu entre lui et Bucquoy. Il y attendait les Impériaux depuis quelques heures lorsque ses éclaireurs lui annoncèrent le voisinage des forces rebelles. Il se disposa aussitôt à les assaillir et fit dire à Bucquoy de se hâter pour ne pas perdre l'occasion de livrer bataille. A son grand chagrin, les Impériaux n'arrivèrent que le soir fort tard ([1]). Il fallut remettre l'attaque au lendemain, mais, dès l'entrée de la nuit, Christian avait quitté ses positions pour se rapprocher de Prague. A minuit il arriva à la Montagne Blanche, devant la ville, et après une courte halte donna l'ordre de commencer des retranchements. La position qu'il occupait était excellente; appuyé sur la ville de Prague, qui assurait et protégeait sa retraite en cas d'échec, il était couvert à droite par le Parc Royal que défendaient ses mousquetaires, et à gauche par la pente escarpée et peu accessible de la montagne. Son front, seul point par où il pût être attaqué, allait être couvert par des retranchements élevés à grand renfort de bras et pouvait facilement être rendu inexpugnable. Le vieux comte de Thurn lui-même, tout porté qu'il fût à contredire les mesures d'Anhalt, les trouva pour cette fois si bien prises, qu'il revint se mettre sous ses ordres avec le régiment de son

1. Bucquoy, dans son rapport, se plaint amèrement de Tilly, qui aurait — selon lui — changé, brouillé tous les ordres, et pris indûment le commandement de l'avant-garde. (Archives de Simancas.)

fils. Les forces bohêmes ne s'élevaient guère au-dessus de vingt-et-un mille hommes, mais l'avantage de la position compensait largement l'infériorité du nombre. Malheureusement le désordre et le découragement régnaient parmi les soldats, comme la jalousie parmi les chefs. Anhalt ne pouvait faire aucun fond sur les Hongrois qui, mécontents de n'être pas payés depuis longtemps, se répandaient en murmures amers contre leurs alliés et avaient même manifesté l'intention de mettre la ville au pillage. Le reste des troupes n'était guère mieux disposé, et la fatigue avait abattu les plus vigoureux.

Il n'en était pas de même dans le camp bavarois. A la nouvelle de la retraite précipitée des rebelles, Maximilien monta à cheval et donna l'ordre du départ; son armée, avide de combattre, fière des succès déjà obtenus, confiante dans ses chefs, secondait admirablement son ardeur. A peine hommes et chevaux eurent-ils pris un instant de repos, qu'ils se mirent en marche, résolus de ne pas laisser respirer l'ennemi. Bucquoy invité par Maximilien à suivre ce mouvement, s'excusa d'abord sur la dispersion de ses quartiers et sur la fatigue de ses gens; mais devant de nouvelles injonctions du duc, il cessa de résister et obéit sans plus d'hésitation. Le 8 novembre, vers huit heures du matin, Tilly fut informé que ses coureurs avaient atteint l'arrière-garde bohême et engagé une escarmouche avec elle. Il donna aussitôt l'ordre de faire halte, envoya le baron d'Anholt, major-général de l'armée, avec deux cents chevaux pour soutenir ses éclaireurs, et poussa lui-même en avant, afin de reconnaître le terrain. Il aperçut devant lui un village au-delà duquel s'étendait une vaste plaine très favorable au déploiement de ses troupes. A l'extrémité de la plaine coulait un ruisseau marécageux et assez large, traversé par un pont étroit, encore occupé par les Bohêmes. Plus loin et au-delà du ruisseau s'élevaient des hauteurs reliées à la Montagne Blanche par une série de mamelons étagés en amphithéâtre. Il fit immédiatement son rapport au duc et proposa de faire avancer l'armée au-delà du village pour la mettre en bataille et marcher immédiatement sur l'ennemi. Bucquoy, qui se trouvait alors avec le duc, fut d'avis qu'il serait imprudent d'aller plus avant avec des troupes fatiguées; il fit observer que les régiments impériaux n'étaient pas encore arrivés et qu'il valait mieux en tous cas former l'ordre de bataille en-deçà du village. Verdugo combattit vivement cette opinion; il soutint, en s'appuyant sur le rapport du lieutenant-général, que l'espace en-deçà du village serait insuffisant; qu'en outre la traversée de ce même village romprait les rangs des soldats et risquerait d'y jeter une confusion funeste. Ses paroles chaleureuses entraînèrent Maximilien. Le plan de Tilly fut adopté et l'armée bavaroise commença à manœuvrer pour prendre ses positions de bataille. Dans ce moment Tilly s'aperçut que l'ennemi avait abandonné le pont et qu'Anholt qui avait traversé le ruisseau à sa suite, commençait à occuper les collines vis-à-vis du camp bohême. Il fit aussitôt avancer le régiment de Rouville, et à mesure que l'armée se formait, lui fit traverser le pont. L'opération était critique; si, à ce moment, l'ennemi eût attaqué les Bavarois séparés les uns des autres par le ruisseau et ses marécages, nul doute que ceux-ci n'eussent éprouvé de grandes pertes (1). Christian d'Anhalt en fit la remarque et proposa de charger les troupes de Tilly, mais sur l'opposition d'Hohenlohe, il y renonça et massa tous ses gens dans les retranchements. Bientôt l'armée bavaroise couronna les hauteurs qu'il venait de quitter. L'enthousiasme était général parmi les soldats. Pour les retenir, il fallut que le duc de Bavière vînt lui-même donner l'ordre d'attendre les Impériaux. Ceux-ci arrivèrent lentement, et il était midi quand leurs derniers régiments se trouvèrent réunis aux Bavarois. Les armées alliées formaient un total d'environ trente mille hommes. Elles se partageaient en trois groupes distincts : l'avant-garde, le corps de bataille et l'arrière-garde, rangés sur trois lignes dont la seconde s'étendait moins que la première et la troisième moins que la seconde. La cavalerie s'échelonnait entre les différentes masses d'infanterie, que les mousquetaires flanquaient en échiquier. A gauche étaient les Impériaux, à droite les troupes de la Ligue. En face des soldats et des alliés de l'empereur, les Bohêmes s'étaient également mis en bataille à l'abri de leurs retranchements défendus par une nombreuse artillerie. Ils étaient rangés sur trois lignes figurant un arc tendu, c'est-à-dire que ces lignes s'éloignaient par leur centre et se rejoignaient par leurs extrémités. Les Hongrois, au nombre de six mille, formaient la réserve.

Autour du commandant en chef se pressaient une foule de vaillants capitaines, dont l'expérience, les talents, la jeunesse et l'audace semblaient devoir enchaîner la victoire : le jeune

1. Archives de Simanure. Rapport de Bucquoy.

prince d'Anhalt, les comtes de Hohenlohe, de Thurn, de Solms, de Schlick, de Styrum, le duc Ernest de Saxe Weimar et ses deux frères, etc., etc.

La matinée s'avançait. Le brouillard épais qui régnait depuis plusieurs jours venait de disparaître. Les soldats de la Ligue étaient impatients de combattre ; mais avant de donner le signal si ardemment désiré, Maximilien réunit encore autour de lui, en conseil, Tilly, Anholt, Bucquoy et les principaux officiers impériaux. La discussion fut vive ; Bucquoy taxa Tilly de témérité, le critiqua d'avoir exposé si imprudemment ses troupes, et se prononça ouvertement contre un engagement immédiat. Il valait mieux, selon lui, tourner l'ennemi et l'attirer hors de ses formidables positions, en dirigeant une fausse attaque contre Prague. Maximilien et Tilly firent valoir avec beaucoup de force les raisons qui militaient en faveur de leur opinion. Ils représentèrent qu'au rapport même du lieutenant-colonel de La Motte (1), envoyé en reconnaissance, les retranchements de l'ennemi à peine ébauchés ne pouvaient offrir une résistance sérieuse; que l'armée bohême était fatiguée, démoralisée, inférieure par le nombre, son artillerie défectueuse, insuffisante ; que tarder plus longtemps serait laisser aux rebelles le temps de rendre leur position inexpugnable, de s'adjoindre des renforts, de relever le moral abattu du soldat. Le débat s'animait lorsque tout à coup parut au milieu des généraux le père Dominique de Jesu Maria, une croix à la main, une image mutilée de Marie sur la poitrine. « Quoi ! s'écrie-t-il, est-ce donc le moment, d'hésiter et de discuter ? Chers fils de l'Église ! comment, alors que Dieu vous livre vos ennemis qui sont les siens, vous pourriez ne pas les attaquer, eux, que nous sommes aussi certains de vaincre que nous le sommes de vivre ? O heureux qui combat pour le Seigneur ! Oui, mes frères, il s'agit ici de la cause de Dieu, sus donc, sus donc, en avant, défendez-la vaillamment et soyez sûrs qu'il nous donnera la victoire ! Nos ennemis s'appuient sur leur orgueil, et nous sur la toute-puissance de Dieu ! Voyez, ajouta-t-il, en leur montrant l'image mutilée de Marie, comment ils ont traité la sainte Mère de Dieu ! Oui, elle vous protégera; oui, Dieu vengera son honneur. Confiez-vous en Dieu et marchez hardiment à la bataille ! Dieu combattra pour vous ! Dieu vous donnera la victoire ! »

1. Lieutenant-colonel du régiment de Wallenstein.

Enflammés par ces ardentes paroles, les généraux se lèvent d'un commun élan ; la bataille est décidée, le mot d'ordre est : « Sainte Marie », et tous sortent pour se mettre à la tête des troupes. Bucquoy lui-même, malgré sa blessure, monte à cheval. Il était midi, et ce jour-là, qui se trouvait être un dimanche, octave de la Toussaint, on chantait dans l'Évangile ces paroles qui furent considérées comme d'heureux présage : « Rendez à César ce qui appartient à César. »

L'enthousiasme des chefs se communiqua promptement aux soldats, dont le père Dominique ne cessa durant toute la bataille de parcourir les rangs, consolant les blessés, bénissant les mourants, ranimant les timides, exaltant les braves. Tilly et Rodolphe de Tiefenbach prirent la pointe, l'un à l'aile droite, l'autre à gauche, et au signal donné par les douze apôtres (1), ils gravirent la montagne au pas de course, sous une pluie de fer. Les Bavarois plus particulièrement exposés à l'action meurtrière de l'artillerie, essuient sans s'ébranler trois décharges successives. Arrivés près des retranchements ennemis, ils les abordent avec un élan irrésistible, les franchissent, s'emparent des canons qu'ils tournent immédiatement contre les Bohêmes, taillent en pièces le corps qui leur est opposé. A gauche, les Impériaux sont moins heureux; après une demi-heure de lutte acharnée, ils semblent hésiter (2); le prince Christian d'Anhalt, qui remarque leur trouble, veut lancer sa réserve sur eux pour achever leur défaite, mais il est mal secondé, mal obéi ; les Hongrois demeurent sourds à ses ordres réitérés ; le régiment de Hohenlohe se trouve sans colonel ni lieutenant-colonel et rompt ses rangs ; celui de Thurn décharge ses mousquets en l'air, à plus de trois cents pas de l'ennemi, et saisi d'une terreur panique, prend honteusement la fuite. La cavalerie ébranlée va suivre cet exemple : Christian d'Anhalt se met à sa tête et l'entraîne à l'attaque. Mais cette charge molle et sans vigueur est facilement repoussée, et la cavalerie bohême débandée ne se reforme plus. A ce moment, accourt le jeune d'Anhalt avec ses cuirassiers. Il charge à son tour le régiment de Tiefenbach avec tant de furie qu'il le met en désordre, le rejette sur le

1. On appelait ainsi 12 pièces de canon que Maximilien avait fait couler dans les arsenaux de Munich.

2. Archives de Simanure. Rapport de Bucquoy. Le général impérial attribue ce commencement d'échec à une fausse manœuvre des Bavarois qui, ayant trop appuyé sur la gauche, l'avaient forcé de se présenter devant les Bohêmes dans une position désavantageuse.

régiment de Breuner qu'il culbute, fait prisonnier Breuner lui-même, et va peut-être décider la victoire quand-il rencontre les Wallons de Verdugo. C'est contre cette troupe d'élite un moment seule exposée à ses coups, que viennent se briser tous ses efforts. En vain, il multiplie ses attaques et redouble de valeur, rien ne peut ébranler cette immobile muraille de fer. Bientôt, le combat change de face ; les fuyards, ramenés l'épée à la main, par Maximilien et Bucquoy, se rallient, Tilly, vainqueur sur la droite, détache en toute hâte le régiment du colonel Cratz au secours des Impériaux. Cratz prend les cuirassiers d'Anhalt en flanc, rompt leurs files et les renverse sur l'infanterie bohême, qu'elles jettent dans un affreux désordre. Breuner est dégagé ; le jeune d'Anhalt blessé est fait prisonnier à son tour. A cet instant, Maximilien et Bucquoy ordonnent un mouvement général de toute leur ligne. Ils s'avancent, écrasent de leurs masses les milices autrichiennes dont l'inutile bravoure stimulée par Hofkirchen, Schlick et le jeune Thurn essaie de les arrêter ; les retranchements sont enlevés, Hofkirchen et Schlick tombent, le premier mort, le second blessé ; de toute l'armée rebelle, il ne reste plus sur le champ de bataille que la réserve hongroise, jusque-là immobile ; mais à l'approche des Impériaux, elle tourne le dos sans combat et prend la fuite. Le duc de Weimar essaie en vain de la retenir, ses supplications et ses menaces auprès de leur commandant Cornis, demeurent sans effet. *Germani currunt*, lui répond laconiquement le colonel. *At vos estote Hungari*, réplique le duc, *et ego ero Hungarus. Nolo esse Germanus, hac die, mane tantum mecum.* Cris inutiles ! Quand même Alexandre le Grand, Jules César et Charlemagne eussent été là en personne, ils n'auraient pu arrêter les Hongrois, dit un rapport allemand. La bataille n'avait pas duré une heure et déjà la déroute des Bohêmes était complète. Jamais plus horrible confusion n'accompagna semblable défaite. Des milliers d'hommes trouvèrent dans la *Moldau*, la mort qu'ils avaient voulu éviter sur le champ de bataille, et le reste fut tellement dispersé dans toutes les directions, qu'Anhalt rentra lui seizième à Prague. Les rebelles laissèrent sur le terrain plus de quatre mille morts, sans compter tous ceux qui se noyèrent, et plus de quinze mille prisonniers, parmi lesquels on comptait le jeune prince d'Anhalt, le comte de Schlick et plusieurs colonels. Dix canons, cent drapeaux, et un immense butin tombèrent entre les mains des Alliés, dont la perte se monta à peine à 400 hommes. Malheureusement, plusieurs officiers de marque étaient au nombre des morts ; entre autres, le baron de Petersheim, de la maison de Mérode et Pierre de la Motte. D'autres y furent blessés grièvement, tels que le baron de Suys, le vicomte de Gand et le baron d'Inchy, de la maison de Gavre. Peu s'en fallut que Pappenheim ne restât sur le carreau. Il était tombé à terre, percé de vingt coups ; les Croates allaient le dépouiller et l'achever, lorsqu'un de ses soldats le reconnut, l'arracha aux mains des pillards et lui sauva la vie. Malgré la gravité de ses blessures, il ne tarda pas à se rétablir et à rentrer dans la carrière qu'il devait illustrer par tant d'exploits ([1]).

Frédéric était à table quand on vint lui annoncer la défaite de son armée. Il monta aussitôt à cheval, dans l'intention de couvrir au moins la retraite avec un régiment de cavalerie, mais il ne put qu'assister du haut des remparts au spectacle lamentable de la fuite désordonnée de ses partisans. L'ordre d'ouvrir les portes aux fuyards ne put être exécuté ; car ceux-ci étaient poursuivis de si près par les Impériaux, que sans la crainte d'une embuscade, Maximilien serait entré, le même jour, dans la ville. Dans son trouble, le Palatin fit demander au duc de Bavière un armistice de quarante-huit heures. Maximilien ne lui en accorda que huit, en exigeant la déposition de la couronne de Bohême comme condition préalable de toute négociation. Frédéric profita de ce court délai non pour rallier son armée, relever le moral de ses adhérents ou se préparer à défendre Prague, chose convenue dans les conseils précédents, mais pour mettre sa personne à l'abri. Le 9 novembre, de grand matin, il quitta Prague dont les habitants lui étaient devenus suspects, suivi de la reine sa femme, de Christian d'Anhalt, de Hohenlohe, de Ruppa et du vieux comte de Thurn, et alla se réfugier en Silésie où il ne devait pas être longtemps en sûreté.

1. Westenrieder raconte que dans la torpeur où l'avait jeté la perte de son sang, Pappenheim aurait eu l'hallucination de se croire mort et transporté dans l'autre monde. Dans cette pensée, il chercha à se rendre compte du lieu où il était; ce ne pouvait être ni dans le ciel ni dans l'enfer, puisqu'il ne ressentait ni bien-être, ni douleur; ce devait donc être dans le purgatoire. L'idée de voir en quelle compagnie il s'y trouvait, le pressa si vivement que, réunissant toutes ses forces, il fit un violent effort pour se retourner. Ce mouvement fut remarqué des soldats amenés là pour enterrer les morts, et fut cause qu'on le retira du milieu des cadavres qui l'entouraient, pour le porter à Prague, où ses blessures, habilement traitées, furent promptement guéries.

Sa précipitation fut telle que des voitures, toutes chargées d'avance des bijoux de la couronne, de la garde-robe de la reine, d'objets précieux et de la chancellerie secrète du prince d'Anhalt, demeurèrent oubliées dans la rue et faillirent être pillées.

Au moment où celui qu'on nomma *le roi d'Hyver* fuyait éperdu, les habitants du *Petit côté* de Prague envoyèrent informer le duc que les principaux meneurs de la rébellion s'étaient réfugiés dans la vieille ville et se mirent sous sa protection. En même temps que leur député, arrivait au camp bavarois un message de deux agents diplomatiques anglais demandant audience et sauf-conduit sous prétexte de venir proposer une capitulation (1). Maximilien ne leur laissa pas le temps de se présenter. Le même jour, dans la soirée, il fit son entrée dans Prague au milieu des acclamations des habitants et surtout des catholiques. La joie de ceux-ci était naturelle; quant aux protestants, ils cherchaient à faire oublier, à force de soumission, voire même de larmes, la part prise par eux à la rébellion. Les seigneurs, naguère si altiers, s'humilièrent, et Wenzel de Lobkowitz, le principal auteur de la rébellion, vint à leur tête, baiser la main du duc, en répandant des torrents de pleurs. Ils hasardèrent timidement quelques demandes d'amnistie et d'*assécuration* de leurs privilèges. Mais Maximilien refusa de prendre le moindre engagement; il les contraignit de prêter serment sans condition et se fit livrer les actes originaux de leurs privilèges, de la lettre de majesté et de leur confédération. Le 17, il retourna dans ses états, laissant une partie de son armée à Prague, sous les ordres de Tilly, chargé en même temps des fonctions de gouverneur militaire de la Bohême, tandis que le prince Charles de Lichtenstein était revêtu de celles de gouverneur civil.

Après la victoire, les dissidences, un moment assoupies, s'étaient réveillées avec plus de force dans l'état-major des armées catholique et impériale. Wallenstein, reprenant le thème de Bucquoy, avait à plusieurs reprises énoncé d'acerbes critiques sur les opérations militaires de Tilly. De nombreux pamphlets, que les bruits de l'époque attribuèrent aux inspirations du futur duc de Friedland, recueillirent et propagèrent mille calomnies contre le lieutenant-général de la

1. Archives du Royaume. Secrétairerie d'État allemande. Correspondance de l'électeur de Mayence. Carton 135. Lettre de Maximilien du 9 novembre 1620.

Ligue catholique. Ces attaques produisirent assez d'effet pour que Tilly se crût obligé de publier une espèce de mémoire justificatif qu'il fit imprimer en allemand et en latin, et répandre à profusion parmi les troupes. Telle fut, dit-on, la cause première de la sourde animosité que Wallenstein ne cessa de nourrir contre Tilly ; en tout cas, ce recours à la publicité est un incident assez curieux des mœurs militaires de l'époque.

Chapitre troisième.

La soumission de la Bohême fut plus prompte encore que sa révolte. Quarante villes envoyèrent leurs clefs aux généraux de l'empereur. Déjà la Lusace était domptée ; la Moravie se soumit et la Silésie se hâta d'entrer en accommodement. Bethlen Gabor occupait encore la Hongrie et menaçait de rallumer la guerre en Bohême; Bucquoy marcha contre lui, emporta Presbourg et allait achever la compression des rebelles hongrois, lorsqu'il fut tué dans une escarmouche, où sa bouillante nature l'avait emporté loin des siens. Tilly, demeuré seul dans la capitale de la Bohême, n'avait conservé que le nombre de troupes nécessaires pour y maintenir l'ordre, et sa main compatissante s'efforçait d'adoucir aux vaincus les conséquences désastreuses de leur défaite. L'histoire a conservé un trait remarquable de cette générosité de caractère, fruit de sa piété sincère et éclairée. Lors de l'entrée victorieuse de Maximilien, les directeurs qui n'avaient pas suivi Frédéric, et d'autres personnages marquants avaient été mis en état d'arrestation provisoire dans leurs propres maisons, et sous la garde de quelques capitaines. Vers la fin de février 1621, ces officiers furent retirés. Les notables compromis crurent voir dans cette mesure un préliminaire d'amnistie et s'endormirent dans une décevante sécurité. Tilly, qui connaissait les résolutions du cabinet de Vienne, les fit presser secrètement à trois reprises de s'évader au plus tôt, en les prévenant qu'il favoriserait leur fuite. Soit aveuglement, soit crainte de perdre leurs biens, tous demeurèrent sourds à ces charitables avis, et n'en tinrent aucun compte. Ils en furent cruellement punis. Dans la nuit du 28 février, le prince de Lichtenstein fit incarcérer quarante-huit des anciens partisans du palatin et en cita trente autres, contumaces, à comparaître devant une commission spéciale. Leur procès dura quatre mois et se termina par de nombreuses condamnations capitales. La clémence de Ferdinand s'étendit sur plusieurs des coupables, elle n'attendait pour gracier les autres qu'un signe de repentir, une simple expression de regret. L'orgueil des rebelles l'emporta sur la crainte de la mort et leur obstination triompha des hésitations du souverain. L'arrêt de mort, jusque-là toujours repoussé, fut enfin signé et le 21 juin les échafauds dressés sur les différentes places de Prague annoncèrent au peuple consterné la sanglante expiation. Vingt-quatre des principaux rebelles, le comte de Schlick en tête, furent exécutés publiquement ; les autres jugés moins criminels, furent bannis à perpétuité du royaume, et leurs biens confisqués.

Tilly n'assista point au spectacle de ces scènes tragiques dont son grand cœur avait inutilement cherché à sauver les victimes. Aux premières approches du printemps, il était sorti de Prague, à la tête de 10,000 hommes de vieilles troupes, afin d'achever la pacification de la Bohême et d'y comprimer les derniers éléments de l'insurrection, réfugiés avec Ernest de Mansfeldt, dans les villes de Pilsen et de Tabor. D'abord, il avait conçu l'espoir d'atteindre son but sans coup férir, car Mansfeldt, adroitement sondé, avait manifesté les meilleures dispositions et demandé une trève préliminaire de six semaines, qui lui fut immédiatement accordée. Mais bientôt Tilly apprit que son adversaire n'avait profité de ce répit que pour aller chercher de nouvelles ressources auprès des princes de l'Union, et que ses lieutenants ravageaient, au mépris de la trève, les domaines des seigneurs catholiques. Il accourut aussitôt devant Pilsen, s'empara de la ville par composition, lança Balthasar de Marradas avec une forte colonne contre Tabor et remonta vers le nord pour donner la main aux Saxons, qui venaient de soumettre Egger et assiégeaient Falckenau.

Rien ne résista à sa marche victorieuse, et cette première partie de la campagne fut couronnée par la prise successive de Falckenau et d'Ellnbogen.

De tous les alliés sur lesquels s'appuyait naguère l'électeur palatin, il ne lui restait plus que Ernest de Mansfeldt. Mais cet aventurier cherchait du moins à compenser son isolement par la prodigieuse activité et les ressources infinies de son esprit. Pendant que Frédéric errait en Allemagne en quête de quelque protecteur, Mansfeldt courait l'Europe afin de se procurer de l'argent et les moyens d'entretenir la guerre. Son voyage fut rapide, car, au mois de mars, il était de retour en Bohême. Ses espérances s'étaient réalisées. Grâce aux subsides du roi Jacques et des Hollandais, il eut bientôt une nouvelle armée. Les princes Guillaume et Frédéric de Saxe-Weimar lui amenèrent des troupes qu'ils venaient de lever, avec l'aide de Maurice d'Orange. Le licenciement de l'armée de l'Union vint à point pour le succès de ses plans. Les soldats congédiés accoururent en foule sous ses drapeaux et Mansfeldt n'eut pas de peine à réunir, autour de lui, dans son camp de Weidhausen, un corps de 13,000 hommes de pied et de 7,000 chevaux. C'était une véritable armée de brigands. Leur général n'exigeait d'eux que de se bien battre, ce qu'il n'obtenait pas toujours, et leur laissait complètement le soin de pourvoir eux-mêmes à leur subsistance. Aussi se livraient-ils aux plus effroyables excès. La maraude et le vol étaient passés chez eux en habitude. C'était leur moyen régulier d'existence. Par passe-temps, ils incendiaient les villages, jetaient les paysans dans les brasiers ardents, mutilaient leurs victimes au milieu des plus abominables raffinements de tortures, profanaient les sanctuaires, commettaient mille sacrilèges sur les saintes espèces. On n'oserait répéter ici ce qu'en racontent les historiens contemporains. Loin d'essayer de les contenir, leurs chefs avaient fait de cette épouvantable licence une théorie qu'ils développaient avec un scandaleux cynisme. Ils y trouvaient l'avantage de rallier sans cesse autour d'eux tout ce que l'Allemagne et l'étranger comptaient de scélérats endurcis au vice, de jeunes gens perdus de dettes et de scélératesse, de soudards incapables de supporter aucune subordination. La lâcheté est la compagne ordinaire de tels débordements; aussi, ce ramassis de bandits fut-il toujours plus remarquable par ses sanguinaires cruautés que par sa vaillance dans les combats. La défaite ou la honte s'attachèrent comme un châtiment divin à leurs pas et si, quelque succès de surprise couronna parfois leurs attaques, jamais la victoire ne s'abaissa jusqu'à eux.

La lutte recommençait donc plus vive, au moment où on la pouvait croire terminée. Tilly, inquiet des rassemblements armés qui se groupaient à Weidhausen, comprit la nécessité de les disperser, avant qu'ils ne devinssent redoutables, et réclama, avec instance, des renforts du duc de Bavière. Tandis que Maximilien se rendait lui-même à Straubing, afin d'organiser un nouveau corps d'armée, le général de la Ligue rallia le contingent de Wurzbourg, commandé par le colonel Bauer de Eisenech, et vint prendre position sur les confins de la Bohême et du Palatinat, tout près de Weidhausen. Mansfeldt, prévenu qu'il allait être assailli dans son camp, prit hardiment les devants et réussit, le 22 juillet, à enlever quelques avant-postes bavarois qu'il massacra sans pitié. Il surprit également un convoi considérable destiné aux troupes de Tilly et incendia tous les villages des environs. Le 24 juillet, il fit une démonstration plus sérieuse. Dès huit heures du matin, il ouvrit un feu violent de mousqueterie et d'artillerie contre les Bavarois, qui, mal protégés par des retranchements élevés à la hâte, essuyèrent de grandes pertes. Une de ses batteries, composée de quatorze pièces de canons habilement postées, incommodait surtout les soldats catholiques. Tilly essaya de la réduire au silence; mais son artillerie se trouva mal en ordre et hors d'état de lutter contre celle de Mansfeldt. De Groote, qui la commandait, avait mis plus de soin à s'enrichir aux dépens des Bohêmes, ainsi que le lui reprocha Maximilien, qu'à bien remplir ses fonctions (1). Son incurie eût pu avoir les suites les plus désastreuses, si l'ennemi plus hardi, avait profité de ses avantages pour attaquer résolument, sous l'abri de ses pièces, les positions bavaroises. Mansfeldt se contenta de les couvrir d'une grêle de boulets, et la journée se passa sans autre incident grave que la mort du colonel Bauer, emporté d'un coup de canon (2).

Le léger échec essuyé par Tilly, dans la canonnade du 24, ne l'empêcha pas de resserrer de plus en plus le blocus qu'il avait établi autour de Mansfeldt. Celui-ci, coupé de toutes ses communications et de ses convois, essaya d'obtenir un peu de répit par ruse. Il dépêcha à Tilly le comte de Solms, ancien gouverneur du Haut-Palatinat, avec mission de faire des ouvertures d'accommodement et de demander une conférence entre les chefs des deux armées. Tilly accepta, sous la condition expresse de n'avoir pas à traiter personnellement avec Mansfeldt, qu'il méprisait profondément, à cause de sa double apostasie. Au jour marqué, le général bavarois, accompagné de plusieurs officiers, se rendit au lieu convenu. Le comte de Solms et d'autres seigneurs protestants l'y attendaient déjà.

Une trêve de six jours fut arrêtée de commun accord, et l'on allait entrer plus avant dans les clauses de l'arrangement,

1. Westenrieder, VIII, p. 150.

2. La mort ne termina pas les aventures de ce brave officier. Son corps ayant été embaumé et dirigé sur Wurzbourg pour y être enterré, les coureurs palatins surprirent le convoi funèbre, sabrèrent l'escorte et ramenèrent le cadavre de Bauer à Mansfeldt, qui ne le rendit qu'avec difficulté à sa famille.

lorsque Mansfeldt parut, s'avançant au petit galop de son cheval, pour prendre part à la conférence. A sa vue, Tilly rompit brusquement l'entretien, tourna bride, et regagna son quartier-général. Mansfeldt dévora l'affront, sans en paraître ému, et alla saluer les seigneurs catholiques, qui étaient demeurés avec le comte de Solms; mais la froideur de leur accueil le déconcerta et il revint sur ses pas, sans avoir obtenu rien au-delà du court armistice de six jours. Ce temps passé, les partis des deux armées recommencèrent à escarmoucher. Dans un de ces engagements, un boulet faillit emporter Tilly, et la même chose arriva à Mansfeldt, pendant qu'il s'entretenait avec les deux princes de Saxe-Weimar.

Le 1er août, on amena à Mansfeldt un Napolitain qui prétendait avoir été chargé par Tilly de l'assassiner. L'aventurier fit grand bruit de cette affaire; il ne manqua pas d'en tirer parti, pour jeter de l'odieux sur le général bavarois, et d'attribuer le noir complot aux Jésuites, boucs émissaires habituels d'iniquités, en telles occasions. La réputation de loyauté et de droiture de Tilly était trop bien établie, pour que la calomnie pût l'atteindre; personne n'y crut, et le malheureux Italien, devenu inutile, sinon gênant, fut pendu sans autre forme de procès.

Jusqu'au 17 août, les Bavarois firent un feu si opiniâtre sur les retranchements de Mansfeldt, qu'aucun de ses soldats n'osait plus s'y montrer. La position du général palatin devenait fort critique. Ses forces s'épuisaient; son camp, encombré de cadavres de chevaux et de bêtes de somme, fut envahi par de violentes épidémies, qui enlevèrent jusqu'à trente et quarante hommes par jour. L'air était tellement vicié, que la contagion atteignit l'armée même de Tilly. Dans ces circonstances, Mansfeldt imagina plusieurs stratagèmes pour se dégager. Le 18 août, il sortit vers minuit de ses positions, dans le plus grand silence, avec 3,400 mousquetaires, qui cachaient, avec soin, leurs mèches allumées sous leurs chapeaux. Il allait atteindre les avant-postes bavarois, lorsque le mousquet d'un soldat français partit par mégarde. Aussitôt, l'alarme fut sonnée et Mansfeldt, voyant son entreprise manquée, se hâta de regagner ses retranchements. Le lendemain, il essaya d'incendier la forêt qui couvrait le camp bavarois, au moyen de poix et de soufre, mais une forte pluie qui survint, mit encore cette tentative à néant.

Tilly continuait à réclamer des renforts au duc de Bavière,

et le sollicitait vivement de venir en personne à l'armée; mais ce prince ne voulait pas se mettre en mouvement, avant d'avoir la certitude que l'armée espagnole, commandée, depuis le départ de Spinola, par don Gonzalès de Cordova [1], ferait concorder ses opérations dans le Bas-Palatinat, avec celles que lui-même projetait dans la partie haute. Lorsque toutes choses eurent été disposées, comme il le désirait (29 août 1621), il lança une proclamation adressée aux habitants du Haut-Palatinat, pour les engager à se soumettre sans résistance (16 sept. 1621) et franchit la frontière près de Furt, avec une petite armée, se dirigeant sur Amberg, où se trouvaient les dépôts et les grands magasins de Mansfeldt. Il s'empara des couvents de Wallenbach et Reichenbach, transformés en forteresses par les palatins, et mit le siège devant Cham, qui se défendit d'abord assez bien. Mais la brèche ayant été ouverte, le commandant perdit courage et rendit la place, « aimant mieux sortir avec tous ses membres sains et saufs, que d'en risquer inutilement un seul par une plus longue résistance » (25 septembre) [2]. La chute de Cham entraîna la soumission volontaire de Bruck, Kœtz, Neubourg, Waldmunchen et d'autres petites villes. Le 10 octobre, Amberg tomba entre les mains du duc et Mansfeldt, investi de tous côtés, se vit bientôt sans secours, sans vivres, sans retraite, dans un pays devenu tout à coup hostile, avec une armée affaiblie et dépourvue de tout élément de sérieuse résistance. Dans cette extrémité, il eut recours à l'arme des traîtres, le mensonge, et feignit de vouloir se réconcilier avec l'empereur.

Dès le mois de juin 1621, Mansfeldt avait sollicité l'intercession de l'archiduc Albert, par le moyen de son neveu, René de Châlons, colonel au service d'Espagne et grand bailli du comté de Vianden, qui, plus âgé que Mansfeldt, avait veillé sur ses premières années. Albert, heureux de l'espoir de procurer la paix à l'empire, accueillit, avec empressement, les avances de Mansfeldt, et René de Châlons eut ordre de se rendre à Nuremberg, pour y suivre les négo-

1. Don Gonzalès Fernandès de Cordova dit le *second grand capitaine*, prince de Maratra, était fils d'Antoine Fernandès de Cordova et de Requesens et de Jeanne de Cordova et Aragon, fille de Diego, surnommé l'*Africain*. Don Gonzalès fit, tout jeune encore, la campagne de Savoie. Plus tard, il est un des lieutenants les plus distingués de Spinola dans le Palatinat et les Pays-Bas. Le gouvernement des Milanais lui fut donné en 1627. Il mourut en 1645.

2. Théât. Europ., 534.

ciations avec son oncle, d'accord avec le duc de Bavière et l'empereur. Une correspondance s'engagea, dans laquelle l'aventurier témoigna un repentir si sincère en apparence de ses égarements passés, que tout le monde y fut trompé. Au mois d'octobre, les conditions de l'accord furent arrêtées, et les otages échangés. Mansfeldt devait recevoir pour lui-même 600,000 florins, et 750,000 pour ses troupes. Une amnistie générale, applicable à tous ses adhérents, fut envoyée à la signature de l'empereur ; par contre, le général de Frédéric s'était engagé à remettre entre les mains des Impériaux toutes les places qu'il possédait, soit en Bohême, soit en Allemagne, et à entrer au service du roi d'Espagne avec 4,000 hommes d'infanterie et 4,000 chevaux. Comme commencement d'exécution de ses promesses et en échange d'un fort à-compte sur ces 600,000 florins, il livra son camp retranché de Weidhausen au duc de Bavière et distribua son armée dans les villages voisins, au milieu même des Bavarois. Déjà l'empereur se réjouissait de cet heureux succès, déjà on chantait, à Prague, un *Te Deum*, lorsque, par une nuit d'orage, Mansfeldt s'échappa tout à coup avec ses gens et gagna rapidement le Bas-Palatinat. Le chevalier Digby, envoyé par le roi Jacques d'Angleterre à Vienne, pour solliciter en faveur du palatin, ne fut pas étranger à cet acte insigne de déloyauté.

Afin d'exciter Mansfeldt à continuer la guerre, il lui avait remis quarante mille livres sterling, avec promesse d'autres secours d'hommes et d'argent plus efficaces encore. Jacques confirma lui-même par écrit les engagements de son ambassadeur, preuve du peu de sincérité de ses démarches de paix et de réconciliation auprès de l'empereur (1). Une fois en sûreté, Mansfeldt déchira le traité et renvoya les commissaires bavarois en leur déclarant qu'il n'avait jamais cessé sérieusement d'être l'ennemi de l'empereur, et de la Ligue catholique (2).

La course de Mansfeldt avait été si rapide, qu'en trois jours il atteignit le premier bailliage du Bas-Palatinat. Le

1. Archives du royaume. Liasses de l'audience.

2. Malgré cette preuve éclatante de mauvaise foi, Mansfeldt ne craignit pas de renouer, dès le mois de novembre de la même année, ses négociations avec la cour de Bruxelles, par l'intermédiaire du sieur de Raville, sénéchal de Luxembourg, en excusant sa perfidie sur ce que René de Châlons était son ennemi déclaré. Les négociations durèrent deux ans, sans utilité pour aucun des deux partis, et n'aboutirent pas plus que les premières.

23 octobre, il fit son entrée à Manheim à la tète de cent huit bataillons et de cinquante-six escadrons, en tout dix mille hommes, et y fit sa jonction avec les quatre mille deux cents hommes du colonel palatin Obentraut et deux mille anglais, commandés par Horace de Vere. Le Bas - Palatinat était alors presque entièrement aux mains des Espagnols, à l'exception de Manheim, de Heidelberg et de Franckenthal. Encore, cette dernière ville se trouvait-elle serrée de près par Gonzalès de Cordova. Ses habitants offrirent une forte somme à Mansfeldt pour l'engager à leur porter secours. Mansfeldt se mit aussitôt en devoir de les dégager; au seul bruit de son approche, Cordova, beaucoup plus faible que ses adversaires, leva le siège et occupa une forte position près de Stein, en attendant l'arrivée des Bavarois. Le duc de Bavière avait en effet commandé à Tilly de se mettre à la poursuite de Mansfeldt avec un corps de douze mille hommes formant quatre-vingt-cinq bataillons et quarante-sept escadrons. Les instructions du lieutenant-général de la Ligue portaient qu'en mettant le pied sur les terres du directoire rhénan, il devait se mettre sous les ordres directs de l'électeur de Mayence, chef de ce directoire. Mais l'électeur déclina une responsabilité si peu en rapport avec son âge et son ministère et pria le duc de Bavière de vouloir bien continuer à s'en charger. Déjà Tilly avait traversé la Franconie, suivant pied à pied les traces de son ennemi et prenant, chemin faisant, toutes les places où Mansfeldt avait laissé garnison. Il passa le Neckar à Ladenbourg, petite ville voisine de Heidelberg, et pendant que les détachements de son armée achevaient de prendre possession de tout ce qui appartenait à l'électeur Frédéric, entre le Neckar et le Mein, il fit sommer les magistrats de Heidelberg de rentrer dans l'obéissance due à l'empereur.

Henri Van der Merven, gouverneur de la ville pour l'électeur, repoussa résolument la sommation, et Tilly pressé d'aller dégager Cordova, remit à plus tard le soin de la vengeance impériale.

Franckenthal délivré, Mansfeldt eût facilement pu écraser la faible armée de Cordova; mais l'égoïste aventurier s'inquiétait plus de ses propres intérêts que de ceux de son maître; d'ailleurs, comme il ne donnait pas de solde à ses routiers, il devait bien se mettre en quête de butin plutôt que de batailles. Il fit largement payer aux habitants de Franckenthal les frais de leur délivrance, et après s'être séparé de

Vere et d'Obentraut, il se jeta dans l'évêché de Spire, qu'il ravagea horriblement, pillant et rançonnant indifféremment catholiques et protestants ; ses soldats commirent les plus cruels excès et tout ce qui ne put se racheter fut livré impitoyablement au fer et à la flamme. Lorsqu'il n'y eut plus rien à prendre dans l'évêché de Spire, Mansfeldt tourna ses armes contre les États de l'archiduc Léopold, évêque de Strasbourg. Il s'empara de Landau, de Weissenbourg et de Haguenau qu'il se contenta de rançonner, parce qu'il comptait en faire le noyau d'une principauté pour lui-même, et força la ville d'Elsass-Zabern de lui payer cent mille écus pour éviter l'assaut dont il la menaçait. Enfin, fatigué de ces exploits, il mit ses troupes en quartiers d'hiver, non sans continuer de fréquentes incursions dans le reste de l'Alsace. On remarqua avec étonnement que Tilly et Cordova, qui, après leur jonction, se trouvaient en force, ne firent rien pour arrêter les violences de Mansfeldt. Un écrivain distingué, Gfrœrer, va jusqu'à supposer que Tilly avait des ordres secrets du duc de Bavière de laisser libre carrière à Mansfeldt, afin que les membres de la Ligue, alors fort en retard de leurs contributions, apprissent, par l'exemple de quelques-uns d'entre eux, ce qu'il en coûtait de négliger leurs obligations envers la caisse militaire de la Confédération. Il n'est pas besoin d'attribuer à Maximilien des calculs peu dignes de lui pour expliquer cette inaction. La rivalité qui divisa les deux généraux en fut la véritable cause. Cordova, jaloux de Tilly, se sépara de lui presque aussitôt après leur jonction et, sous prétexte que la saison avancée ne permettait plus d'entreprendre aucune opération militaire, il se retira dans ses cantonnements d'hiver. Tilly, fort affaibli par la nécessité de laisser des garnisons dans diverses places fortes du pays, ne se trouva plus en mesure de lutter contre Mansfeldt, et d'ailleurs son attention fut bientôt attirée d'un autre côté.

Il est des hommes que la Providence suscite, comme des fléaux publics, pour châtier les crimes des nations. Nul n'a plus mérité d'être rangé parmi ces créations de la colère divine que Christian de Brunswick, dit d'Halberstadt, Attila au petit pied, dont les atroces brigandages vinrent mettre le comble aux maux de l'Allemagne. « C'était, dit le père Bougeant, un de ces caractères outrés, en qui les vertus mêmes deviennent des vices par l'excès où ils les portent. Il fit la guerre, comme si tout l'art militaire consistait à piller, à ravager et à exterminer, n'épargnant ni âge, ni sexe, ni condition, ni religion et sans respecter aucune des lois d'humanité que les ennemis, même les plus cruels, ont coutume de respecter... Il avait beaucoup de courage et d'intrépidité, mais il modéra si peu l'un et l'autre que ces qualités dégénérèrent souvent en une férocité barbare et une témérité aveugle. » Il dépassa Mansfeldt lui-même en brigandages et en cruautés. Il s'intitulait *l'ami de Dieu et l'ennemi des prêtres*. Dans son armée, il avait des maîtres incendiaires en titre, particulièrement habiles à mettre le feu aux villes et aux villages. La plume se refuse au récit des hideux exploits de ce chef de bandits, à qui ses contemporains donnèrent le surnom d'*enragé*.

Christian était le frère cadet du duc régnant Frédéric Ulrich de Brunswick Wolfenbuttel. Élevé d'abord à la cour de Danemarck, il se rendit ensuite en Hollande, pour y apprendre le métier des armes, et y obtint en effet une compagnie de dragons. La trêve de douze ans, qui survint, ne lui permit pas d'atteindre son but et, vers cette époque, son frère Rodolphe, évêque luthérien d'Halberstadt, étant mort, le chapitre l'élut pour successeur du défunt. Il avait alors dix-sept ans à peine. L'année suivante, on accumula d'autres bénéfices sur sa tête. Les fonctions des évêques luthériens consistaient simplement à dépenser les revenus de leurs évêchés, sans autre devoir à remplir ; la mitre n'étant plus le signe d'une haute dignité spirituelle, d'un pouvoir responsable, d'une charge d'âmes, devenait un simple apanage des cadets de maisons princières, l'insigne envié de sinécures largement rentées. Telle était la réforme que les disciples de Luther avaient appliquée aux institutions épiscopales du catholicisme et qu'ils destinaient à celles que la *Réserve ecclésiastique* avait jusqu'alors préservées de leur rapacité. La part de Christian était belle, mais pour en jouir pleinement il avait besoin de la confirmation impériale. Ferdinand la lui refusa avec raison et le jeune prince en conçut un violent dépit ; aussi embrassa-t-il avec ardeur la cause de Frédéric, bien qu'il eût blâmé ce prince d'avoir usurpé la couronne de Bohême. Il assista aux assemblées de la Basse-Saxe, en 1621, et se montra l'un des plus actifs à seconder les armements du roi de Danemark.

Après le désistement de Christian de Danemark, il assembla en Westphalie, à l'aide de l'argent hollandais, un corps de 5 à 6,000 hommes qu'il entretint aux dépens des évêchés voisins. L'empereur, informé de ces mouvements, l'admonesta sévèrement. Christian n'en continua pas moins ses levées et la cour de Wolfenbuttel imagina, pour se justifier aux yeux de l'empereur, de publier deux lettres imprimées, prétendûment adressées à l'administrateur d'Halberstadt, l'une par sa mère, l'autre par son frère le duc régnant, et dans lesquelles tous deux le suppliaient, en termes émouvants, de renoncer à sa criminelle entreprise. Poussant plus loin l'hypocrisie, Frédéric Ulrich et le duc Christian, l'aîné, de Lunebourg, feignirent de vouloir s'opposer de force à ses desseins et envoyèrent quelques troupes sur les frontières. L'administrateur joua son rôle à merveille, il évacua le pays et se dirigea sur la Hesse dans l'intention d'aller rejoindre Mansfeldt au Palatinat, après avoir durement châtié le landgrave Louis de Hesse-Darmstadt de sa fidélité à l'empereur. Louis, effrayé, essaya de détourner le danger en s'adressant à la fois à Christian lui-même et au landgrave Maurice de Hesse-Cassel, qu'il savait lié avec ce dernier. Mais il ignorait que cette liaison allait jusqu'à la complicité et que Maurice, à la solde de la Hollande comme Christian, n'attendait qu'une circonstance favorable pour se révolter ouvertement contre l'empereur. Christian répondit par un défi et préluda à son attaque contre la Hesse par des ravages sur les terres de l'électeur de Mayence. Maurice, de son côté, prétexta qu'il n'avait pas le droit de fermer le passage à un prince revêtu du titre de général du roi de Bohême et des États-Généraux, puis il envahit et dévasta, sous un futile prétexte, les domaines du comte de Waldeck. Heureusement pour les deux princes opprimés, ils trouvèrent dans Tilly un appui aussi actif qu'énergique. A la première nouvelle de l'approche de Christian, le général catholique détacha contre lui le baron d'Anholt, major-général de son armée. Anholt rallia les contingents de Wurzbourg et de Bamberg, ainsi que le petit corps du landgrave Louis de Hesse et marcha droit à Christian. Il le rencontra près de Giessen, dans la vallée de Buseck, le battit et le chassa du pays. Christian se vengea de son échec en brûlant tous les villages qu'il rencontra dans sa retraite et « son armée, comme un torrent qui a forcé ses digues, se répandit dans les évêchés de Munster et de Paderborn où elle porta partout la désolation et le carnage [1]. » Il y passa

1. Bougeant, *Hist. du traité de Westphalie.*

l'hiver et ne les quitta qu'après en avoir sucé jusqu'à la dernière substance. Les dépouilles de ces malheureuses contrées lui servirent à pousser ses forces jusqu'à vingt mille hommes, avec lesquels nous le verrons apparaître, en 1622, dans le Palatinat rhénan.

Chapitre quatrième.

Ce n'était pas assez de Mansfeldt et d'Halberstadt contre Tilly. Un nouvel ennemi plus redoutable encore se préparait à venir en aide à ces deux aventuriers. Le markgrave Georges Frédéric de Bade-Durlach avait vu en frémissant la dissolution de l'Union. Loin de licencier ses troupes, il chercha à s'attirer la plupart de celles qu'avait congédiées le général de la confédération protestante; les subsides hollandais, qu'on retrouve partout, dans cette première phase de la guerre de Trente Ans, suppléèrent au défaut de ressources personnelles. Il détermina le jeune prince Guillaume de Saxe Weimar à entrer à son service et le chargea de lever, en Thuringe, 3,000 hommes de pied et 1,000 cuirassiers. Guillaume s'acquitta parfaitement de sa mission et ramena au margrave, vers la fin de février, les deux régiments d'infanterie et de cavalerie qu'il venait de former. Son jeune frère Bernard, alors âgé de 18 ans environ, ne tarda pas à le rejoindre et vint faire, comme capitaine, ses premières armes dans l'armée badoise. Au printemps, Georges Frédéric avait organisé une armée de plus de 30,000 hommes, la plus belle, disent les contemporains, qui se fût encore vue, avec une cavalerie admirablement montée, une artillerie prodigieuse pour le temps, merveilleusement pourvue de toutes ses dépendances, d'attirails de trains, et d'équipages de guerre, tels que nul auparavant n'en avait eus. Néanmoins, il gardait encore certaines apparences, et justifiait ces armements par les nécessités de la défense de son pays. Il protestait avec tant de chaleur de la loyauté de sa fidélité envers l'empereur, que le comte de Hohenzollern, ambassadeur de Ferdinand, y fut complètement trompé, et ne craignit pas de se porter son garant près de la cour de Vienne. Tilly lui avait fait également demander des explications, au nom du duc de Bavière, par le lieutenant colonel de Schœnberg, et en avait obtenu les assurances les plus positives de neutralité: cependant les méfiances du général catholique n'avaient pu être calmées. Sa position était d'ailleurs de nature à lui inspirer les plus légitimes inquiétudes. De tous les points de l'horizon, s'élevaient autour de lui de sombres et menaçantes nuées d'orage. Déjà, s'agitaient dans l'ombre, impatients de sa chute et prêts à se jeter sur les dépouilles de la Ligue, les membres naguère si humbles et si contrits de l'Union. Le duc de Wurtemberg et l'électeur de Brandebourg levaient sous main des soldats; le margrave d'Anspach sentait se réveiller en lui des velléités de reprendre son ancien rôle, c'est-à-dire, de défendre, moyennant cent mille francs par an, la liberté de l'Allemagne et la « pure parole de Dieu ». Maurice de Hesse-Cassel avait toute une petite armée sur pied et, à leur exemple, quantité d'autres moindres princes et seigneurs n'attendaient qu'un échec des armées impériales pour lever, avec le masque, l'étendard de la révolte contre le souverain à qui ils ne cessaient, entretemps, de prodiguer leurs mensongères protestations de fidélité. En présence de tant de forces hostiles, et de tant de périls, Tilly ne pouvait guères compter que sur lui-même. L'empereur était hors d'état de lui donner du secours; le peu de troupes dont pouvait disposer ce titulaire de tant de couronnes suffisait à peine pour lutter d'une part en Hongrie contre Bethlen Gabor et, de l'autre, pour aider l'archiduc Léopold à conserver quelques débris des possessions autrichiennes en Alsace [1]. Le roi d'Espagne et l'infante Isabelle, gouvernante des Pays-Bas, prétextaient les nécessités de la guerre avec les Hollandais pour résister aux pressantes instances du duc de Bavière. Vainement, Maximilien représentait, en termes émouvants, l'épuisement des États de la Ligue, les sacrifices faits pour les membres de la maison d'Autriche; vainement, faisait-il valoir qu'il y allait des plus chers intérêts de la religion catholique en Allemagne, et de l'existence même de la maison de Habsbourg; vainement, évoquait-il l'anathème de la postérité sur cette immense ingratitude d'une race royale, indifférente aux besoins et aux cris de détresse de ceux qui, pour elle, ont exposé leurs biens, leur vie et leur honneur, spectatrice impassible de la ruine et de la désolation de ses plus fidèles alliés. — La cour de Bruxelles répondait froidement qu'il lui était impossible d'augmenter, si peu que ce fût, l'armée espagnole du Palatinat et que tout ce qu'elle pouvait faire était de recommander sévèrement à Cordova

1. Archives du Royaume, Corresp. de Maximilien. Lettre du 5 février 1622, en chiffres.

d'entretenir bonne intelligence avec Tilly. Cette froideur n'était qu'apparente, et au fond l'infante Isabelle désirait simplement profiter de la circonstance, pour obliger le duc de Bavière à se montrer plus accommodant aux propositions conciliatrices du roi Jacques. Depuis qu'il était sérieusement question d'une alliance matrimoniale entre les cours de Londres et de Madrid, le roi d'Espagne se montrait beaucoup plus favorable à la restauration de l'électeur palatin et appuyait les démarches de Jacques Ier pour obtenir au moins une suspension d'armes au palatin. Maximilien comprit, sans doute, le véritable mobile de cette conduite ; car il se déclara tout disposé à approuver ce que l'empereur déciderait relativement au palatin. Grâce à ces concessions et surtout à l'intervention de Ferdinand II, ses demandes trouvèrent plus d'accueil à Bruxelles. Le comte Henri de Bergh reçut ordre de soutenir le baron d'Anholt dans ses opérations contre Halberstadt; en outre, divers régiments espagnols, revenant de Bohême et primitivement destinés à renforcer le corps de l'archiduc Léopold, en Alsace, furent dirigés sur celui de Gonzalès de Cordova. Mais Maximilien ne se contentait pas d'implorer l'appui de ses alliés ; lui-même faisait les plus grands efforts pour mettre l'armée de Tilly, qui hivernait dans les évêchés de Wurzbourg et de Bamberg, sur un pied respectable. Au mois de mars 1622, le lieutenant général de la Ligue ne comptait cependant pas plus de 20,000 hommes sous ses ordres, outre le corps du baron d'Anholt fort de 12,000 hommes environ, qui agissait isolément et couvrait les principautés ecclésiastiques contre les attaques éventuelles de Halberstadt. Mais l'infériorité du nombre était largement compensée par la discipline, la valeur morale et le bon esprit de ces troupes.

La campagne fut ouverte par l'infatigable Mansfeldt. Jaloux des cruels exploits de Christian d'Halberstadt, en Westphalie, il sortit d'Hagenau, dont il avait fait sa place d'armes, et se jeta encore une fois sur l'évêché de Spire. De nombreux sacrilèges signalèrent cette barbare expédition, où il recueillit plus de butin que de gloire, car ses soldats furent, en plusieurs circonstances, repoussés et battus par les garnisons espagnoles. De son côté Tilly se mit en mouvement et s'avança vers le Neckar, se saisissant de plusieurs petites places, entre autres de Wimpfen et de Ladenbourg qu'il fit fortifier pour s'assurer le passage de la rivière. Son intention était de bloquer Heidelberg. Dans le but de faciliter cette entreprise, il fit arracher les haies, couper les arbres et démolir quelques maisons aux approches de la ville. Le 3 avril, il attaqua Neckargmund, petite forteresse sur le Neckar, au-dessus de Heidelberg. Le commandant ayant refusé de se rendre, la place fut emportée d'assaut et la garnison passée au fil de l'épée. Ce succès fut suivi d'un autre plus important. Le 14, Tilly reçut avis qu'un corps de cavalerie ennemie, fort de 38 escadrons, avait été vu dans le voisinage, se dirigeant sur Bruchsal; c'étaient de nouvelles levées qu'amenait à Mansfeldt le général de sa cavalerie, Straiff, accompagné de deux princes de Saxe Weimar et Lauenbourg. Tilly, résolu de les écraser, avant qu'elles eussent pu atteindre leur destination, se mit à leur poursuite dans la nuit même avec une partie de son armée. Le lendemain, au déclin du jour, l'avant-garde catholique commandée par le lieutenant colonel Pappenheim, surprit et enleva à Ubstadt quelques officiers palatins, tranquillement occupés à rançonner cette petite ville. On apprit par eux que Straiff avait déjà dépassé Bruchsal et qu'il devait prendre sa couchée à Weingarten. Quoique la soirée fût déjà avancée, Tilly ne voulut pas renoncer à son dessein et il pressa tellement sa marche, qu'il atteignit Weingarten avant la nuit. L'ennemi pris au dépourvu fut culbuté et s'enfuit, laissant aux mains des Impériaux quantité de prisonniers, tous ses bagages et la totalité des riches dépouilles extorquées sur sa route. La victoire eût été plus complète, si l'obscurité et le mauvais temps n'avaient empêché la cavalerie de la Ligue de pousser plus loin sa poursuite.

Le lendemain, Tilly s'empara d'Eppingen où il mit garnison. Hilspach, ayant voulu résister, subit les horreurs d'une prise d'assaut. Quelques jours après, l'armée de la Ligue parut devant Dilsberg, que défendait un brave officier calviniste de Sédan, nommé Barthélemy Schmidt. Aux sommations ordinaires, il répondit par un feu bien dirigé qui incommoda vivement les assiégeants. La nuit suivante, vers onze heures, les Bavarois livrèrent à la place un assaut général ; mais au bout de six heures de lutte acharnée, ils furent repoussés avec perte. Une courte suspension d'armes permit aux deux partis d'enterrer leurs morts et d'enlever leurs blessés ; à cette occasion, on convint de part et d'autre que la ville serait mise hors de cause et que la citadelle seule continuerait à subir le siège. A dix heures, l'attaque recommença par une canonnade vigoureuse, et, dans la soirée, une brèche s'étant formée, Tilly somma le gouverneur de capituler, lui offrant de le prendre à quartier. Schmidt demanda et obtint quelques jours de réflexions, dont il profita pour faire demander du secours à Mansfeldt, par son chapelain David Forgeon. Le 24 avril, Forgeon revint avec la nouvelle que l'électeur Frédéric était arrivé au camp de Mansfeldt, et que tous deux accouraient pour délivrer Dilsberg. Le même jour, Tilly, informé de l'approche de l'ennemi, leva le siège et alla prendre position à Wisloch, afin d'entraver autant que possible la jonction de Mansfeldt et du margrave de Durlach.

La nouvelle apportée par Forgeon était vraie de tous points. Les Hollandais, principaux moteurs de cette guerre, connaissaient trop bien les instruments qu'ils employaient pour n'en pas voir les défauts. Non contents d'avoir mis sur pied trois puissantes armées, ils désiraient encore rattacher les chefs indociles à leur solde par un lien commun et donner à leurs efforts l'unité qui leur manquait. On n'ignorait pas à La Haye que Mansfeldt se considérait comme trop grand homme de guerre pour se soumettre soit au jeune Christian d'Halberstadt, soit au vieux margrave de Bade, et que ceux-ci, à leur tour, fiers de leur naissance princière, ne consentiraient jamais à plier sous un aventurier. On avait cru que la présence du palatin à l'armée de Mansfeldt ferait disparaître ces difficultés d'amour-propre, rallierait davantage les esprits et donnerait en Allemagne un relief plus honorable aux entreprises des trois généraux. Cédant donc aux sollicitations de ses alliés et plein de nouvelles illusions, Frédéric partit de la Haye, sous un déguisement, traversa sans encombre la France et la Lorraine, et, le 22 avril, atteignit le camp de Mansfeldt. Il informa aussitôt le margrave de son arrivée, en l'engageant à joindre les troupes badoises à celles du comte. Le lendemain il passa le Rhin à Gemersheim et, le 25, le margrave, jetant enfin le masque, se mit en mesure de répondre à l'appel du palatin. Afin de concilier ses intérêts avec ses passions politiques, il avait eu la prudence de céder par acte authentique tous ses États à son fils aîné, auquel il fit prêter serment par ses sujets, déclarant *estre résolu de vivre et mourir soldat et de ne cesser jusqu'à ce que les héritiers du marquis Edouard soient extirpez, les Espagnols chassez hors de l'Empire, le palatin restitué en son entier et les catholiques privés de tous pouvoir et pays, la religion catholique du tout exterminée, et allencontre l'évangélique du tout restablie.*

Il débuta par assiéger Eppingen, qui se rendit bientôt. De son côté, Mansfeldt s'était avancé jusqu'à Mingolsheim, épiant l'occasion de venger la défaite de sa cavalerie à Weingarten. Le 27, il envoya quelques escadrons faire une fausse attaque sur le camp de Tilly. Les Bavarois sortirent impétueusement avec du canon et balayèrent facilement les assaillants, dont la fuite simulée excita leur ardeur et leur témérité. Emportés par la chaleur de la poursuite, ils dépassèrent Mingolsheim, et tombèrent dans une embuscade de Mansfeldt. Enveloppés de toutes parts, attaqués par une nuée de cavalerie, écrasés par la mitraille, les Bavarois se voient couper la retraite par les flammes qui dévorent Mingolsheim que Mansfeldt a fait incendier derrière eux. Ils auraient péri jusqu'au dernier, si Tilly n'eût fait lui-même une sortie vigoureuse pour les dégager. Il ne put en sauver néanmoins qu'un bien petit nombre, et cette affaire lui coûta plus de 2,000 hommes et quatre pièces de canon. Le colonel de Herzelles, belge, alors commandant du contingent de Wurzbourg, demeura prisonnier avec le baron de Hersbersdorf et le major général de Tungen. Mansfeldt n'éprouva qu'une perte insignifiante, mais le colonel Obentraut fut grièvement blessé. Après ce succès, il s'empara de plusieurs petites places, entre autres de Ladenburg, qui défendu avec vigueur par son brave gouverneur, le lieutenant colonel d'Eynatten, ne fut pris que par trahison.

Tout semblait sourire au palatin, la victoire avait salué ses premiers pas, et les événements dépassaient déjà la mesure de ses espérances. Tilly, rejeté à l'extrémité du Bas-Palatinat, paraissait désormais incapable de nuire, et l'on pouvait croire l'instant venu de tirer enfin une vengeance éclatante des humiliations passées. Déjà l'on parlait de partager la Bavière, d'emprisonner les électeurs ecclésiastiques et d'exécuter les évêques de Wurzbourg et de Spire, accusés d'être l'âme de la Ligue. Malheureusement, avec la prospérité se réveillèrent les prétentions et partant les rivalités, Mansfeldt et le margrave, incapables de se subordonner l'un à l'autre et de demeurer unis même sous le manteau de l'électeur palatin, crurent pouvoir se séparer sans péril. Mansfeldt entreprit de chasser les Impériaux de toutes les places de la Bergstrasse et d'occuper Cordova. D'autre part, le margrave, renforcé de quelques régiments, que lui céda Mansfeldt, se dirigea vers les frontières du Wurtemberg, afin d'obliger le duc à se déclarer hautement contre l'empereur. Tilly s'était retiré de Wisloch à Wimpfen, petite ville sur le Neckar. Il y occupait une position avantageuse, où il pouvait tenir en bride le duc de Wurtemberg et empêcher toute jonction des troupes, que ce prince venait de concentrer sur ses frontières, avec celles du margrave. Se sentant trop faible contre ses ennemis, il manda de la manière la plus pressante à don Gonzalès de Cordova de le venir trouver avec bonne partie de ses gens, « le salut de l'Empire étant, disait-il, en jeu ». Cordova justifia dignement la confiance du général de la Ligue, et, mettant de côté tout esprit étroit de rivalité, partit immédiatement avec 4,000 hommes d'infanterie et vingt-deux escadrons pris dans l'élite de son armée. Par des mouvements habiles, il réussit à dérober sa marche aux deux chefs protestants, et arriva le 5 mai au camp bavarois. Presqu'en même temps, le margrave s'établissait à Biberach avec l'intention d'attaquer Tilly le lendemain. Ses forces s'élevaient à 20,000 hommes, divisés en six régiments d'infanterie et 24 escadrons de cavalerie. Outre deux de ses fils, Charles et Christophe, il menait avec lui le duc Magnus de Wurtemberg, les ducs Guillaume et Bernard de Saxe-Weimar, ainsi que plusieurs autres princes de l'Empire. Son artillerie, aussi remarquable par le nombre que par le calibre, se composait de quarante bouches à feu, dont deux de 60 livres de balles, un grand mortier de 70, six canons neufs, ornés de ses armes, et vingt-neuf autres pièces de différents calibres. Ce chiffre élevé pour l'époque était singulièrement augmenté de soixante-dix chariots de l'invention du margrave, portant chacun un petit pierrier avec son caisson. Ces chariots portés, les uns sur quatre, les autres sur six roues, étaient garnis d'un côté de longues pointes de fer, afin de pouvoir servir de retranchement, dans un cas donné, tandis que les obusiers posés en travers eussent vomi la mitraille sur l'ennemi. Enfin, dix-huit cent chariots de transports également armés de pointes de fer, formaient dans les campements une véritable redoute et traînaient dans les marches un immense attirail de guerre. Fier de ce grand appareil de force, le margrave dédaigna de prendre les avantages qu'offrait le terrain et rangea son armée en bataille dans une plaine découverte, sans autre défense que les chariots, à l'abri desquels il posta son infanterie. Sa droite était couverte par le Neckar, et derrière lui coulait le Belligerbach, ruisseau assez profond et, dans certains endroits, marécageux, sur lequel il n'existait qu'un seul pont. Son front très étendu était commandé par des hauteurs qu'il négligea d'occuper. Au delà de ces hauteurs, dans l'épaisse forêt d'Oberensisheim, était campée l'armée hispano-bavaroise, forte de six régiments d'infanterie et de quarante escadrons, en tout 20,000 hommes. Averti de l'approche des Badois, dès la pointe du jour, Tilly disposa ses troupes en ordre de bataille et, après avoir fait distribuer une demi-mesure de vin à chacun de ses hommes, il sortit de la forêt en deux lignes. Son premier soin fut de s'assurer des mamelons en face du Belligerbach; il y établit son artillerie, et ouvrit aussitôt un feu violent sur l'ennemi. La cavalerie badoise, qui se trouvait plus à découvert que le reste de l'armée, écrasée de boulets, se replia derrière l'infanterie, tandis que l'artillerie s'avançait en toute hâte pour répondre à celle des Bavarois. A plusieurs reprises, le margrave essaya inutilement d'attirer Tilly hors de ses positions. Le général de la Ligue demeura immobile sans cesser de faire jouer ses puissantes batteries sur les Badois, insuffisamment protégés par leurs chariots. La canonnade se prolongea ainsi jusqu'à midi. Sur ces entrefaites, une forte reconnaissance de cavalerie bavaroise fut si maltraitée par les cuirassiers du margrave, qu'elle prit honteusement la fuite, et se sauva, en désordre, au delà du Neckar. Ce succès partiel anima les troupes badoises; les colonels demandèrent avec instance l'ordre de marcher en avant et de déloger les Bavarois, mais le margrave qui, ignorant l'arrivée de Cordova, méprisait la faiblesse numérique de Tilly et se croyait sûr de l'écraser à sa volonté, jugea préférable de laisser l'ennemi épuiser ses forces, avant de l'attaquer. Vers midi, la chaleur devint tellement forte que le combat fut suspendu spontanément par une trêve tacite de deux heures. Tilly en profita pour faire prendre de la nourriture et du repos à ses soldats, sous les ombrages de la forêt qu'ils occupaient; le margrave, au contraire, fatigua ses troupes, exposées aux ardeurs d'un soleil brûlant, en manœuvres prétendûment destinées à améliorer ses chances de victoire. Sur les deux heures, des tourbillons de poussière s'élevant de la route qui longeait les derrières de l'armée de la Ligue, firent supposer au margrave que Mansfeldt, par une de ses marches imprévues qui lui étaient familières, avait tourné Tilly et se disposait à le mettre entre deux feux. Il fit sonner aussitôt le boute-selle et lança sa cavalerie contre les positions bavaroises, en l'appuyant d'un feu d'artillerie formidable. La supposition de Georges Frédéric était étrangement erronée: ce qu'il avait pris pour le signe de l'arrivée soudaine de Mansfeldt était causé par un mouvement de concentration des Espagnols se massant à la droite des Bavarois, derrière un pli de terrain boisé, qui cacha leur approche au margrave. Tilly reçut la cavalerie badoise par une triple salve de mousqueterie et d'artillerie, la mit en désordre, et la fit immédiatement charger par ses cuirassiers. Une mêlée effroyable s'ensuivit. La terre tremblait sous les décharges multipliées du canon, et la fumée devint si intense, que les combattants ne pouvaient voir à cinq pas devant eux. Le duc Magnus de Wurtemberg déploya, dans cette rencontre, un courage héroïque. Blessé en plusieurs endroits, il refusa de se rendre et continua à combattre jusqu'à ce qu'il tombât tellement criblé de coups, que sans un médaillon qu'on retrouva sur lui, son corps défiguré n'aurait pu être reconnu. Malgré ces prodiges de valeur, imités par d'autres officiers, la cavalerie badoise rompue, se reforme à grand'peine, à l'aide des renforts que lui envoie le margrave. Elle est de nouveau culbutée. Georges Frédéric quitte alors ses retranchements, et mène son infanterie à l'attaque des catholiques; sa présence rétablit le combat; les soldats de Tilly, arrêtés par cette barrière vivante et compacte, s'efforcent en vain de l'enfoncer. Leurs charges répétées les épuisent sans amener de résultat. Désespérant de réussir par la force seule, Tilly emploie la ruse; par une manœuvre habile, il simule un commencement de retraite ; les Badois tombent dans le piège, se précipitent en avant aux cris de victoire, et rompent leur ordre de bataille. C'est ce qu'attendait Tilly. Il se retourne contre les Badois, tandis qu'à son signal Cordova sort de son embuscade, avec le régiment de Naples, et les prend en flanc. Le margrave envoie à la hâte du canon pour arrêter ce nouvel ennemi. Ses boulets bien dirigés ouvrent des rues entières dans les rangs espagnols, dit un témoin oculaire. Il lance alors ses derniers escadrons pour achever la défaite de l'infanterie espagnole. Celle-ci cède effectivement devant la vigueur de l'attaque et jette le désordre dans la cavalerie de soutien. Dans la mêlée, Cordova, qui combat à la tête des siens, se trouve enveloppé par deux groupes de cavaliers badois et entraîné jusqu'à son régiment, sans être reconnu, ni blessé, ni même frappé (1). Sa

1. On lit dans le récit envoyé le 7 mai 1622 par Cordova à sa femme. « Malgré

présence ranime ses cuirassiers, et Tilly gagne le temps d'accourir à son aide. Le combat change aussitôt de face. Les escadrons badois sont définitivement défaits et dispersés. Cordova et Tilly les refoulent jusque sur l'artillerie du margrave, sabrent les artilleurs et s'emparent des canons. Les Badois cherchent alors un refuge derrière leur rempart roulant; dans ce moment, le feu prend à cinq de leurs caissons de poudre, qui font explosion, et tout ce qui se trouve dans l'espace de deux arpents de terre aux environs, hommes, bêtes et chariots, est lancé dans les airs avec un horrible fracas. La panique se met parmi les troupes du margrave qui se croient attaquées en queue. Ce qu'elles avaient encore de cavaliers s'enfuit à toute bride en criant: sauve qui peut; l'infanterie démoralisée suit cet exemple et va s'abîmer dans un affreux pêle-mêle, au milieu des marais du Belligerbach. Le régiment blanc, commandé par Philippe de Helmstadt, fait seul une glorieuse exception. Cette vaillante phalange, s'aidant des chariots armés du margrave, soutient, avec un admirable courage, tout l'effort de l'armée catholique ; deux régiments, lancés contre elle par Tilly, sont presque entièrement détruits; mais elle est trop faible pour sauver encore l'honneur de la journée, et ses rangs éclaircis livrent passage aux piquiers espagnols; bientôt accablée par le nombre, privée de son chef et de ses principaux officiers, elle est enfin taillée en pièces et mise en pleine déroute, comme tout le reste de l'armée badoise. Il était 8 heures du soir, quand la dernière résistance cessa ; le margrave avait déjà pris la fuite, après avoir réfugié quelques-uns de ses bagages les plus précieux à Heilbronn. Il laissait, sur le champ de bataille, 5,000 morts, parmi lesquels le duc Magnus de Wurtemberg, le jeune comte palatin de Birkenfeld, Philippe de Helmstadt, et quantité d'autres gentilshommes et officiers de distinction. Sa caisse, son artillerie, ses bagages, ses fameux chariots à pointes tombèrent entre les mains des généraux de la Ligue, avec un

« tous mes efforts, notre cavalerie ne s'est pas comportée aussi bien que je l'aurais « désiré. Je me suis trouvé englobé dans deux groupes de chevaux de l'ennemi « qui m'entraînèrent jusqu'à ce que nous nous heurtâmes à mon régiment, où ils « trouvèrent une résistance énergique, ce qui me permit de m'échapper d'eux et « de rejoindre les miens. Je considère comme prodigieux que non seulement « aucun d'eux ne m'a blessé et même frappé; seulement la chaîne du costume que « vous avez bien voulu me donner, je crois qu'ils l'ont voulu me l'enlever, parce « que j'ai senti qu'on la tirait et je l'ai trouvé cassée. Malgré cela ils n'ont pu « l'avoir parce qu'elle était embarrassée dans le col.»

millier de prisonniers et sept étendards ou drapeaux. Grâce au voisinage de la frontière wurtembergeoise, les débris de l'armée badoise échappèrent à une destruction complète. Les vainqueurs, d'ailleurs, affaiblis par des pertes considérables, respectèrent la neutralité du duc de Wurtemberg et ne poussèrent pas plus loin que Neckar-Garstach.

Le lendemain, 7 mai, vers le soir, le margrave arriva à Stuttgard, dans un tel état de fatigue et de prostration, qu'il fallut le mettre immédiatement au lit. Il y reçut la visite du duc Jean Frédéric, qu'il supplia d'intervenir, pour lui, près de Tilly. Le duc y consentit, mais ses démarches demeurèrent sans effet. Au bout de quelques jours cependant le margrave reprit courage, il s'occupa de rassembler les débris de ses troupes, et put réunir encore, à la fin de mai, 6,000 hommes d'infanterie, et 1,500 chevaux, qu'il amena à Mansfeldt.

Après la défaite du margrave, Tilly et Cordova descendirent lentement le Neckar, pour observer Mansfeldt, qui assiégeait Ladenbourg. Des ordres positifs, venus de Munich, leur interdisaient toute opération offensive et paralysaient leurs mouvements. Ils eurent bientôt le chagrin d'apprendre que Ladenbourg avait été emporté par surprise.

Dans l'intervalle, l'archiduc Léopold avait profité de l'absence de Mansfeldt et assiégé Haguenau, avec quelques troupes réunies à la hâte. Déjà il s'était emparé de quelques ouvrages extérieurs, et il se flattait d'être maître de la ville dans deux jours, lorsque Mansfeldt, inquiet pour sa principale place d'armes en Alsace et rendu libre par la prise de Ladenbourg, accourut, tailla en pièces les gens de l'archiduc et délivra Haguenau. Le but de cette expédition atteint, l'infatigable aventurier parut de nouveau avec son armée devant Manheim, y passa le Rhin et commit un de ces actes de haut brigandage, dont il était coutumier.

Depuis longtemps, le landgrave Louis de Hesse s'était attiré la haine des princes calvinistes par sa fidélité inébranlable envers l'empereur et ses efforts aussi constants que loyaux pour amener une conciliation générale. L'occasion de lui faire expier sévèrement cette conduite, qualifiée de trahison envers les amis du libre examen, était impatiemment attendue par les chefs avides et sanguinaires qui dirigeaient alors ce parti. La cupidité de Mansfeldt convoitait les richesses du landgrave; les rancunes du palatin déchu et du margrave vaincu, voyaient, dans ce même prince, une victime sur laquelle elles pouvaient s'assouvir à leur aise. Le droit des gens, la neutralité, les constitutions de l'empire étaient des considérations de trop médiocre valeur pour arrêter des hommes,qui n'avaient reculé, ni devant l'apostasie, ni devant l'usurpation, quand leurs passions y trouvaient leur compte. Déjà, l'année précédente, les États du landgrave Louis n'avaient été sauvés des dévastations de Christian de Brunswick que par la bravoure du baron d'Anholt. Cette fois, les circonstances étaient plus favorables pour Mansfeldt. Anholt était loin. Tilly et Cordova venaient de se séparer, l'un, pour couvrir la Bavière et aller au devant du général impérial Caracciolo (1), l'autre, pour chercher les renforts que lui amenait le duc Frédéric de Saxe (2), et purger, avec leur aide, l'évêché de Spire des garnisons palatines. Enfin, Christian de Brunswick approchait ; la Hesse seule séparait les deux armées, et il leur importait de s'assurer du passage, afin de faciliter leur jonction. Les trois généraux protestants décidèrent donc l'expédition contre le pays de Hesse Darmstadt et se mirent immédiatement à l'œuvre, sans prendre la peine de faire la moindre déclaration de guerre préalable au landgrave Louis. Dans la nuit du 23 au 24 mai, l'armée palatine se mit silencieusement en marche sur Darmstadt, s'en empara par surprise, fit prisonnier le landgrave et son fils et désola impitoyablement le pays. Des richesses immenses furent enlevées, en peu de jours, et cette petite principauté, naguère si opulente, fut réduite à la plus affreuse misère.

La situation des catholiques en Allemagne devenait des plus fâcheuses, si Mansfeldt et Halberstadt parvenaient à unir leurs forces. Or cette jonction paraissait inévitable. Le 8 juin, Mansfeldt sortit de Darmstadt et marcha sur Diebourg, avec l'intention de poursuivre sa route vers Aschaffenbourg, où il comptait passer le Mein. Il discutait avec les habitants de Diebourg du prix de leur rançon, lorsqu'il apprit que Tilly qu'il croyait bien loin à l'Est, menaçait Manheim. Ce fut un coup de foudre pour l'aventurier. Manheim était le dépôt de ses richesses, le refuge des trésors arrachés aux malheureux habitants de l'Alsace, du Palatinat, de l'évêché de Spire, le pivot de ses mouvements, l'arsenal de son armée. Dès lors il

1. Archives du Royaume, Secrétairerie d'État allemande. Lettre de l'Infante, 24 mai 1622.

2. Archives du Royaume. Secrétairerie d'État allemande. Lettre de l'Infante, 30 mai 1622.

oublia tout, même la rançon de Diebourg, qu'on allait lui payer, pour tourner tête sur Manheim. Les instances du margrave de Bade, les supplications de Frédéric pour le retenir furent inutiles. Qu'importait au bâtard la cause d'autrui, la liberté allemande, l'intérêt même du calvinisme quand son avoir était en jeu ? Sa retraite fut hâtive et précipitée ; on le vit courir à la tête de son avant-garde, comme une âme en peine, laissant au margrave de Bade le soin exclusif de conduire le reste de ses bandes, alourdies du fruit de leurs pillages et marchant dans le plus grand désordre.

Un succès complet couronnait les plans de Tilly. A la nouvelle de l'invasion du landgraviat de Darmstadt, l'habile général, qui connaissait à fond ses adversaires, avait quitté les frontières de la Bavière, sans plus attendre les renforts que lui amenait Caracciolo, et rallié le corps d'armée du baron d'Anholt. Descendant le Mein, il joignit, entre Ostheim et Heybach, la cavalerie espagnole que, sur sa demande, Cordova lui avait envoyée et se dirigea à marches forcées sur Manheim, tandis que Cordova remontant le cour du Rhin, d'Oppenheim à Stein, manœuvrait pour venir lui donner la main. Le 10 juin, la cavalerie de Tilly surprit, dans les défilés de la forêt de Lorsch, la queue de l'armée mansfeldienne et la tailla en pièces, emmenant prisonniers, le lieutenant général de Golstein, blessé, un comte de Mansfeldt, de la branche allemande, et un jeune palatin de Birckenfeld. Excitée par ce brillant exploit, la cavalerie bavaro-espagnole chargea les régiments du corps commandé par le margrave et les mit en pleine déroute. L'armée palatine aurait été entièrement détruite si Cordova eût passé le Rhin à Stein, au temps marqué. Malheureusement, il perdit du temps et son infanterie n'arriva que pour voir fuir les derniers soldats du palatin [1]. Dans cette affaire, Mansfeldt perdit 3000 hommes et ce qui dut lui être encore plus sensible, la plus grande partie de l'immense butin fait dans le landgraviat de Darmstadt. La perte des catholiques fut insignifiante, quant au nombre, mais ils eurent à regretter plusieurs de leurs meilleurs officiers, et parmi ceux-ci deux belges, le capitaine d'Aubermont, tué, et le comte d'Hannape, Alexandre de Robles grièvement blessé. Le lendemain de ce glorieux combat

1. Archives de La Haye. Duitsland, Lettre du général Veer à l'ambassadeur Carleton du 30 juin 1622.

Cordova et Tilly opérèrent leur jonction auprès du château de Staukenberg [1].

Laissant les débris des bandes palatines continuer leur retraite en désordre vers Manheim, Cordova et Tilly allèrent s'établir à Diebourg. La position était excellente, car, d'une part ils coupaient les communications de l'administrateur et de Mansfeldt, de l'autre ils tenaient ouverte la route de Wurzbourg par où Caracciolo s'acheminait vers eux, avec 5000 hommes d'infanterie et 800 chevaux.

Cependant l'administrateur avait passé l'hiver en Wesphalie, occupé à toutes espèces de rapines et de cruautés. Serré de près par le baron d'Anholt,que soutenait le comteHenri de Berg, avec un corps d'armée espagnol, il se jeta sur l'évêché de Paderborn, le mit à feu et à sang, puis passa le Weser à Hœchster et essaya de se jeter sur la Saxe. La présence d'un corps de 12000 hommes, rassemblé par l'électeur de Saxe sur ses frontières, lui fit changer de projet, car l'impitoyable routier n'aimait que les victoires faciles. S'il avait été uniquement guidé par un sincère dévouement à la cause du palatin et du protestantisme, il aurait aisément pu par une marche rapide, donner la main à Mansfeldt, avant que Tilly eût été en état de lui fermer le passage. Mais il tenait surtout à satisfaire sa cupidité et sa haine contre les prêtres. Il prit donc le chemin le plus long afin de piller les domaines de la riche abbaye de Fulde et de l'évêque de Wurzbourg. Anholt rappelé par Tilly, n'était plus en mesure de lui faire résistance. Les instincts féroces de Christian, délivrés de toute entrave, eurent donc pleine carrière pour s'exercer.

Partout l'épouvante et la fuite des populations annonçaient son approche et les incendies, le carnage, la désolation marquaient tous les lieux où il avait passé [2]. Arrivé près de Francfort, dont les habitants avaient inondé les environs pour se garantir de ses violences, Christian de Brunswick songea à passer le Mein dans l'espoir de rejoindre vers Darmstadt Mansfeldt, dont il ignorait la retraite.

Le 15 juin, il envoya le colonel Knyphausen, avec 5,000 mousquetaires, quatre escadrons de cavalerie et deux pièces de canon, contre la petite ville d'Hœchster, située sur la rive droite du Mein et appartenant à l'électeur de Mayence. Les habitants se défendirent avec tant d'adresse et de courage,

1. Archives de Simancar Estado. 2139 f., 300. Rapport de Spinola.
2. Bougeant, *Histoire du traité de Westphalie*, t. I, p. 88.

que tous les artilleurs de Knyphausen furent mis hors de combat et cet officier fut lui-même assez grièvement blessé. Knyphausen demanda des renforts que l'administrateur lui amena lui-même, en personne. A cette vue, la garnison et les bourgeois, se jugeant incapables de tenir contre des forces aussi considérables, s'embarquèrent avec leurs familles et leurs effets les plus précieux, et évacuèrent la place. Les assiégeants ne tardèrent pas à y entrer et, par une lâche vengeance, firent main basse sur tout ce qu'ils rencontrèrent, sans épargner l'âge ni le sexe. Christian établit son quartier-général dans la ville, d'où il envoya battre et ravager la campagne. Il s'occupait de faire construire un pont sur le Mein, lorsqu'il apprit tout à coup la présence de Tilly dans le voisinage. En effet, sur la nouvelle de l'approche de Christian, Cordova et Tilly s'étaient avancés jusqu'à Aschaffenbourg, où Caracciolo les rejoignit. Le 17 juin, ils passèrent le Mein et campèrent dans les environs de Francfort (1).

Dans la nuit du 19, le pont d'Hœchster fut achevé, tant bien que mal, et Christian, plus pressé aussi de sauver son butin que son armée, s'empressa de faire transporter ses plus riches bagages de l'autre côté du Mein. En même temps, pour mieux indiquer sans doute sa route aux généraux de la Ligue, il fit allumer, par ses maîtres incendiaires, quatre ou cinq villages des environs, dont tous les habitants avaient déjà été massacrés par ses gens. Cet affreux spectacle ne pouvait que stimuler l'ardeur des alliés. Le 20 juin, de bonne heure, les soldats de Christian s'apprêtaient à traverser le pont d'Hœchster, quand Tilly apparut inopinément devant eux, avec 15 régiments d'infanterie, 140 escadrons et 18 canons. Ses lignes s'étendaient, depuis les sources de la Nidda, ruisseau affluent du Mein, jusqu'à Susenheim, village situé un peu au-dessus d'Hœchster. Son artillerie était rangée en demi-cercle, au centre de la bataille. L'armée de Christian, à peu près aussi forte que celle des alliés, était aussi encombrée d'équipages de train et de bagages que pauvre en canons. Toute son artillerie se composait de trois pièces. Sa droite s'appuyait sur Hœchster et couvrait le pont nouvellement construit ; sa gauche, sur un petit ruisseau, guéable en plusieurs endroits.

Dès que Tilly fut à portée de l'ennemi, il fit ouvrir un feu si bien dirigé, que la cavalerie de Christian, fort maltraitée, fut obligée de se replier derrière une hauteur et que deux des

1. Archives de Simancare. Estado 2139, f. 301, rapport de Cordova.

trois canons brunswickois furent, dès les premiers coups, réduits au silence. Susenheim devint le point où se concentra tout l'effort de la lutte. Tandis que la droite de l'armée catholique engageait de légères escarmouches avec la cavalerie de l'administrateur, la gauche, commandée par Anholt, enlevait, après six heures de combat acharné, les fortes redoutes, élevées par Christian auprès de Susenheim et défendues par son infanterie. Une attaque générale des Brunswickois, pour reprendre cette position importante, fut repoussée avec perte. Cet échec découragea Christian, qui, craignant de se voir couper le passage du Mein, ordonna la retraite et en prêcha l'exemple lui-même; sans prendre la peine de regagner Hœchster, il traversa la rivière, avec cinq escadrons, à un endroit guéable que lui indiqua un paysan. Les troupes brunswickoises, abandonnées à elles-mêmes, opérèrent en désordre leur retraite sur Hœchster. Une manœuvre des Bavarois, évidemment dirigée contre ce point important, causa une telle frayeur parmi ces soldats démoralisés, que, perdant toute mesure et tout ordre, ils se précipitèrent en masse vers la rivière. Le pont, encombré, se trouva insuffisant pour livrer passage à la foule des fuyards, qui, se poussant les uns sur les autres, culbutèrent dans le Mein. Dans cet horrible pêle-mêle, l'eau fit infiniment plus de victimes que le feu des catholiques. Le comte Jean Casimir de Lœwenstein y perdit la vie, au milieu de la presse. Quantité d'autres officiers eurent le même sort. Au plus fort de la confusion, un gros de Croates réussit à franchir la rivière, en amont, se précipita sur les Brunswickois déjà passés et les tailla en pièces. Les paysans de ces localités, si horriblement dévastées la veille, achevèrent l'œuvre de carnage et de cette armée, deux heures auparavant si nombreuse, si bien pourvue, si brillante de luxe, si riche de butin, il ne restait plus que quelques milliers de soldats sans armes, sans vêtements, et complètement découragés. Presque tous les bagages, les munitions, les armes, les drapeaux étaient restés au pouvoir de Tilly, avec un nombre considérable de prisonniers; et, chose extraordinaire, cette belle victoire qui détruisait pour longtemps les espérances du palatin et consacrait la suprématie de l'autorité impériale sur le fractionnement protestant, n'avait coûté à l'armée catholique que trente-cinq morts. Dans la soirée de ce jour mémorable, Hœchster se rendit, à condition que ses défenseurs sortiraient du fort, un bâton blanc à la main, et se retireraient où ils voudraient. Mais, comme ces clauses allaient recevoir leur exécution, le lieutenant-colonel Eynatten fut averti que ces mêmes hommes avaient inhumainement massacré, en entrant à Hœchster, des femmes et des enfants, et mutilé un prêtre. Le fait s'étant trouvé vrai, il fit pendre une partie des soldats et força les autres à prendre du service parmi les Espagnols.

Christian, après sa défaite, courut jusqu'à Bensheim, au delà de Darmstadt, où il rencontra Mansfeldt, qui découvrant trop tard les véritables projets de Tilly, accourait au secours de son digne compagnon d'armes. Ils s'y arrêtèrent quelques jours pour rallier les débris de l'armée brunswickoise, puis rejoignirent l'électeur palatin à Manheim. L'abattement et la consternation régnaient parmi tous ces princes, la veille encore si présomptueux et si téméraires dans leurs projets. Déjà le margrave avait disparu silencieusement, sans prendre congé de personne. Voyant la cause du palatin perdue, il avait cru prudent de l'abandonner juste à temps pour pouvoir encore se faire de cette perfidie un motif de grâce auprès de l'empereur. Arrivé à Calsbourg, il envoya, le 22 juin, au commandant de ses troupes, Pleickart de Helmstadt, l'ordre de les licencier immédiatement et de ramener tout son matériel de guerre dans le pays de Bade.

Son fils, le margrave régent, se hâta de congédier également le peu de gens de guerre qu'il entretenait, afin de se mieux faire venir des vainqueurs, et, dans la crainte que Tilly ne fît pas grand cas de l'équivoque cession du 22 avril, il lui écrivit que son père s'était décidé à faire acte de soumission.

La démarche du jeune margrave n'atteignit son but que partiellement. Le margraviat supérieur de Bade que Georges Frédéric avait usurpé sur les enfants du margrave Édouard, mort catholique, leur fut restitué judiciairement et les frontières badoises souffrirent beaucoup des dernières convulsions de la guerre dans le Palatinat. Toutefois, le vieux margrave put se retirer tranquillement à Hochberg. La clémence de Ferdinand II s'étendit sur lui et lui épargna la proscription qu'il avait non moins méritée que le palatin, Anhalt et tant d'autres.

La défection de Georges-Frédéric porta un coup sensible à l'électeur palatin, déjà assiégé de sombres inquiétudes. L'expédition de Darmstadt avait soulevé contre ce prince un cri de réprobation dans toute l'Europe, et son beau-père le roi Jacques d'Angleterre, lui avait écrit à cette occasion des lettres extrêmement vives. Cette audacieuse violation du droit des gens était venue en effet on ne peut plus malencontreusement au travers des négociations que le monarque anglais poursuivait, de concert avec l'électeur de Saxe et le roi de Danemark, près de l'empereur, par l'intermédiaire de l'infante Isabelle, afin d'obtenir le pardon de son gendre et une suspension d'armes. La proposition de Jacques se résumait à demander une neutralité absolue pour le Palatinat en attendant les décisions impériales, sans permettre toutefois que les bons effets de l'armistice s'étendissent au reste de l'Allemagne. L'empereur, trop engagé vis-à-vis du duc de Bavière, évitait de se prononcer et l'infante se révoltait contre une proposition qui exposait les états catholiques à tous les ravages de Christian et de Mansfeldt, toujours assurés de trouver dans le Palatinat confié à la protection anglaise un secours et un refuge, en cas de besoin. Les commissaires de l'infante Isabelle représentèrent même au chevalier Weston, ambassadeur de Jacques à Bruxelles, qu'il était difficile de croire sérieusement à ses vues pacifiques et aux dispositions qu'il prêtait au palatin, tant que celui-ci continuerait à rester témoin et complice des barbares expéditions de Mansfeldt et de Halberstadt (1). Weston, serré de près, finit par déclarer qu'il demanderait de nouvelles instructions. Les choses en étaient là, lorsque survint la nouvelle de l'emprisonnement du landgrave de Hesse, qui irrita profondément l'infante. Presque aussitôt elle apprit, par ce même landgrave prisonnier, que, loin de manifester les sentiments que lui attribuaient ses protecteurs, l'électeur avait hautement repoussé toute idée de conciliation et avait nettement déclaré qu'il ne ferait aucune soumission (2). La négociation courait risque d'échouer brusquement, mais, sur les instantes sollicitations de l'électeur de Saxe et du duc de Bavière, l'empereur consentit à soumettre la question à un congrès de princes de l'empire convoqué à Ratisbonne.

Cependant, soit que les reproches de Jacques eussent produit quelque effet sur l'esprit démoralisé de l'électeur,

1. Archives du Royaume. Relation de la conférence commencée en la ville de Bruxelles entre le chevalier Weston et les commissaires de S. A. — Liasses de l'audience.
2. Archives du Royaume. Correspondance de l'électeur de Mayence.

soit plutôt que Frédéric, embarrassé de son prisonnier, honteux de ses violences et désespérant de l'avenir, obéit aux nécessités de la situation, il mit en liberté le landgrave Louis de Hesse, le 27 juin, après lui avoir fait signer et jurer par serment de ne jamais chercher à se venger et de s'employer de toutes ses forces auprès de l'empereur, en faveur des princes proscrits. A quelques jours de là, l'ex-roi quitta Manheim avec Mansfeldt et Halberstadt, car Tilly approchait, les vivres manquaient et les soldats, mécontents de n'avoir plus rien à piller, se mutinaient. Il laissa des garnisons, composées pour la plupart des soldats anglais, dans les villes de Heidelberg, de Manheim et de Fanckenthal, et passa le Rhin, suivi encore de près de 30,000 hommes, se dirigeant sur l'Alsace. On pouvait s'étonner qu'avec des forces aussi considérables, il ne cherchât pas à tenir tête à Tilly et à venger les défaites d'Hoechster et de Wimpfen. Mais, outre qu'il était lui-même fort abattu, il n'avait pas le pouvoir de faire ce qu'il jugeait convenable à ses intérêts. Mansfeldt et Halberstadt trouvaient beaucoup plus de bénéfice à ravager l'Alsace qu'à se battre contre Tilly. D'ailleurs, si leur armée était redoutable par le nombre, elle ne l'était guère par la valeur; ce qu'elle avait compté de troupes d'élite avait disparu avec les Badois et les Anglais. C'était plutôt une horde de bandits qu'un corps de soldats et jamais ils ne le prouvèrent mieux que dans cette marche sur l'Alsace. Le pillage, le meurtre, l'incendie, et tout ce que l'imagination peut rêver de brigandages et d'excès furent commis par ces féroces routiers dans chacune des localités qu'ils traversèrent.. Ce fut comme une trombe dévastatrice ne laissant derrière elle que des déserts et des cadavres. La terreur ouvrait toutes les portes devant eux; Elsass-Zabern seule leur résista. Mais déjà les soldats victorieux de la Ligue se pressaient sur leurs pas. Après la bataille de Hœchter, Tilly avait pris Ladenbourg et commencé à canonner Heidelberg dont il projetait depuis longtemps la conquête. Dès qu'il apprit que l'électeur et ses généraux assiégeaient Elsass-Zabern, il détacha le baron d'Anholt, avec 12,000 hommes, au secours de l'archiduc Léopold, qui se disposait à aller dégager sa résidence. Lui-même, interrompant le siège de Heidelberg, vint aider l'évêque de Spire à balayer de ses états les garnisons palatines, qui en occupaient les principales places.

Malgré leur supériorité numérique, Mansfeldt et Christian

étaient incapables de tenir contre le corps de l'archiduc; leurs soldats démoralisés se révoltaient à chaque instant contre eux, refusaient de se battre, et cessaient de garder le peu de subordination qu'ils avaient montré jusque-là. L'électeur, complètement déconsidéré, n'était plus même bon aux yeux de ses égoïstes et cupides généraux pour leur servir d'instrument ou de drapeau, sa présence les fatiguait et les gênait plus qu'elle ne leur était utile.

En se débarrassant de lui, ils avaient encore l'espoir de se vendre à l'empereur ou à tout autre prince, mieux en état que le palatin déchu de payer leurs services. Ils exigèrent donc du malheureux prince leur congé, et celui-ci, cédant à ces impérieuses instances, publia, le 13 juillet, un acte en vertu duquel il ordonnait le licenciement de ses troupes et dégageait chefs et soldats de toute obligation envers lui. Il se retira ensuite chez le duc de Bouillon, dont la réception splendide et la cour fertile en plaisirs firent bientôt oublier à ce prince frivole ses chagrins et ses revers.

A peine Mansfeldt se trouva-t-il libéré du service de Frédéric, qu'il s'empressa de faire une démarche auprès de Tilly pour offrir son armée à l'empereur ou à ses alliés. Dès le 14 juillet, lendemain du licenciement, un trompette porta au général de la Ligue une lettre dans laquelle il offrait ses services à l'empereur et demandait, en cas de refus, de pouvoir évacuer sans encombre les terres de l'Empire.

Ses offres furent repoussées avec mépris et les deux aventuriers, talonnés par les Espagnols, se virent obligés de quitter l'Alsace, sans avoir pu rien obtenir. Ils demandèrent au duc de Lorraine la permission de traverser ses terres, en promettant de n'y rester que quatre jours et de garder bonne discipline. Sans attendre la réponse, ils entrèrent dans la Lorraine et, profitant de ce que le pays était complètement dépourvu de troupes, ils y demeurèrent 14 jours et le mirent à feu et à sang. Chassés par la disette, ils envahirent les évêchés de Metz et de Verdun et menacèrent les frontières françaises, qui se trouvaient alors dégarnies. L'inquiétude fut un moment vive au Louvre; mais l'adresse et l'habileté du duc de Nevers détournèrent le danger. Il sut amuser Mansfeldt jusqu'à ce qu'ayant réuni un nombre imposant de troupes, il se trouvât en mesure de prendre à son tour un langage impérieux et d'effrayer l'aventurier. Dans ce moment, l'infante Isabelle, le duc de Bouillon et les États-Généraux de la Hollande le sollicitaient, chacun de leur côté, de se mettre à leur service. Il finit par accepter, ainsi que Christian, les offres des Hollandais, traversa les Pays-Bas espagnols et, se frayant un passage sanglant au travers de l'armée de Cordova, il arriva en Hollande assez à temps pour aider le prince Maurice de Nassau à faire lever le siège de Berg-op-Zoom.

Le Palatinat se trouvait donc tout à fait au pouvoir des catholiques, à l'exception des trois villes importantes de Heidelberg, de Manheim, et de Franckenthal, que le roi d'Angleterre avait déclaré prendre sous sa protection spéciale et que défendaient des garnisons anglaises. La campagne était parfaitement libre; désormais Tilly pouvait consacrer tous ses soins et toutes ses forces à la conquête de ces trois forteresses.

Nous avons vu qu'il avait commencé le siège de Heidelberg, le 22 juin. Ce même jour, il prit possession de quelques ouvrages extérieurs sur la rive droite du Neckar, abandonnés depuis longtemps par la défense et y établit des batteries qui causèrent de grands dégâts dans la ville. Le jour suivant, il dirigea ses attaques contre le pont fortifié du Neckar et les continua pendant plusieurs jours. Des sorties de la garnison, une seule, opérée le 24, eut quelques résultats favorables pour les assiégés. Toutefois le siège faisait peu de progrès, lorsque, le 8 juillet, Tilly alla passer le Neckar à Ladenbourg et bloqua Heidelberg, du côté de la rive gauche. C'est alors qu'il interrompit ses opérations pour se porter à la poursuite de Mansfeldt. Au commencement du mois d'août, Cordova qu'il avait eu beaucoup de peine à retenir près de lui jusqu'alors, fut appelé à protéger les frontières des Pays-Bas contre les entreprises des ex-généraux du Palatin. Tilly put heureusement combler cette lacune fâcheuse dans ses forces, en ralliant à lui les troupes de l'archiduc Léopold, désormais sans emploi utile. Il revint ensuite devant Heidelberg, d'autant plus décidé à poursuivre le siège avec énergie qu'il avait reçu à cet égard de pressantes recommandations du duc de Bavière.

L'entreprise était loin d'être facile. Heidelberg, capitale de l'Électorat palatin et célèbre par son Université, est située sur la rive gauche du Neckar, qui, de ce côté, lui forme une défense naturelle. A cette époque, elle était entourée de fortifications considérables, auxquelles on n'avait cessé de travailler depuis plusieurs années et qui inspiraient aux habitants une telle confiance que, dans un accès de folle présomption, ils avaient donné à deux des principaux ouvrages de la rive gauche les noms de Nargue-Empereur et de Nargue-Bavière. Une garnison nombreuse la défendait sous les ordres du brave Henri Van der Merven, l'un des meilleurs officiers du palatin. Le 15 août, Tilly établit son quartier général à Willingen et investit complètement la ville. Il entama ses approches du côté de la rivière, mais les sorties vigoureuses de la garnison et l'artillerie de la place ayant détruit à plusieurs reprises ses ouvrages, il changea de plan et dirigea ses opérations contre le côté méridional de la ville. Le 20 août, après une violente canonnade, il fit donner l'assaut au fort Nargue-Bavière et au vieux château. Dans la première furie de l'attaque, les soldats de Tilly pénétrèrent dans l'enceinte de Nargue-Bavière, mais ils en furent repoussés par un effort désespéré des Anglais et forcés à la retraite. Deux jours après, les catholiques essuyèrent un nouvel échec: Un convoi considérable, composé de 5 gros navires et de 14 petits bâtiments chargés de vivres et de matériel, fut surpris par les assiégés qui tuèrent ou jetèrent à l'eau la plupart des soldats de l'escorte et ramenèrent triomphalement le convoi à Heidelberg. Le 25 août, les batteries de gros calibre construites par les Impériaux sur le Geisberg, étant terminées, ouvrirent sur la place un feu terrible. En même temps, on commença la tranchée du côté du jardin des Faisans, et l'on essaya d'emporter une petite redoute placée au-dessus du vieux château et se reliant avec lui. Mais cette attaque fut encore repoussée.

Les travaux du siège marchaient lentement, parce qu'ils étaient sans cesse arrêtés par les sorties de la garnison, qui les détruisit plus d'une fois. Le tir de l'armée bavaroise, mal dirigé, produisait aussi peu de résultat et se trouvait dominé par le feu de la place. Van der Merven se multipliait sur tous les points, forçait les habitants de travailler eux-mêmes aux réparations des remparts et n'épargnait ni prières, ni menaces pour stimuler leur courage et s'assurer de leur concours.

Le 26, Tilly envoya au gouverneur un trompette chargé de deux lettres adressées, l'une aux magistrats de Heidelberg, l'autre au commandant lui-même. Toutes deux avaient pour but d'inviter la garnison et les habitants à reconnaître l'autorité de l'empereur. Cette démarche étant demeurée infructueuse, Tilly demanda à Van der Merven une entrevue personnelle. Le gouverneur déclina cette ouverture et répondit que son supérieur, le général Horace de Vere, qui se trouvait alors à Manheim, avait seul qualité pour recevoir les propositions du général catholique. Sur cette réplique, Tilly rompit la correspondance et déclara qu'il ne parlementerait plus qu'à coups de canon. L'effet suivit de près la menace. Le 29, le bombardement reprit avec une nouvelle vigueur, et les colonnes bavaroises donnèrent l'assaut au fort Nargue-Empereur. Une lutte acharnée s'engagea et, malgré leur bravoure, les assaillants furent rejetés dans leurs lignes. Ils n'en continuèrent pas moins leurs travaux et les tranchées, poussées avec activité, avancèrent rapidement. Le 6 septembre, une nouvelle batterie érigée, en dépit de tous les obstacles, sur le sommet de la montagne, ouvrit un feu plongeant sur les ouvrages situés en dehors de la porte de Spire et força les Anglais à les abandonner. Quelques jours plus tard, les Bavarois s'emparèrent d'une redoute dépendant du fort Nargue-Empereur. Le 10, ils attaquèrent sans succès le vieux château. La nuit suivante, le gouverneur sortit de ce point avec une centaine d'hommes déterminés, surprit les gardes des tranchées, qu'il massacra, détruisit les travaux des assiégeants et se logeait déjà dans un de leurs ouvrages, lorsque Tilly, rassemblant à la hâte six cents mousquetaires, les lança contre les Anglais, qui furent contraints de se retirer en désordre. Le gouverneur faillit être pris lui-même dans la mêlée, ainsi qu'un brave officier hollandais, le major Vermeire. Ce dernier, saisi au bras par un soldat bavarois, se dégagea par un brusque effort, tua son adversaire, renversa un second soldat qui se jetait sur lui et parvint à s'échapper.

Jusqu'alors le siège faisait peu de progrès et l'avantage était, dans presque toutes les occasions, demeuré aux assiégés. Mais loin de se décourager, Tilly redoubla d'efforts ; attribuant avec raison les échecs à l'insuffisance de son artillerie, il fit venir des canons de gros calibre des arsenaux bavarois. Le 12 septembre, une attaque partielle contre le fort Nargue-Empereur ayant encore été repoussée, il laissa deux jours de repos à ses troupes et ordonna un assaut général pour le 15. Ce jour-là, vers cinq heures du soir, au signal des fanfares, les Bavarois assaillirent la place sur tous les points à la fois. Un combat terrible s'ensuivit. Les assiégés vivement pressés se défendirent avec le courage du désespoir et parvinrent à se maintenir dans leurs positions, excepté sur la rive droite du Neckar où deux ouvrages furent emportés et un lieutenant-colonel tué avec presque tous ses soldats. Ce devait être la dernière victoire des Anglais. Ce même jour, la grosse artillerie demandée par Tilly étant arrivée, le général fit travailler avec tant de diligence à la mettre en position que dès le lendemain elle put jouer sur la place. Aussitôt l'opération terminée, toutes les batteries tonnèrent à la fois contre les ouvrages extérieurs de la place et continuèrent toute la journée sans interruption un feu des plus vifs. Vers le soir, Tilly massa ses troupes vis-à-vis des trois principaux bastions de la ville et les conduisit lui-même à l'assaut. Les Bavarois excités par la présence de leur chef firent des prodiges de valeur, mais ils avaient affaire à de dignes ennemis. Pendant une heure, on se battit avec une fureur indescriptible. Un moment, les assaillants, lassés par l'inébranlable énergie de la défense, cédèrent et, déjà sur un point, la garnison sortait à leur poursuite, lorsque six compagnies, dans un effort suprême, parvinrent enfin à pénétrer dans le fort Nargue-Bavière. Tout ce qui s'y trouva fut sabré ; le commandant, le brave major Vermeire, préféra se faire tuer que de demander quartier. De là, les Bavarois descendirent avec impétuosité sur le fort Nargue-Empereur qu'ils enlevèrent d'élan. Maître de ces importantes positions, Tilly fit dresser immédiatement quatre pièces d'artillerie contre les faces du ravelin qui couvrait la porte de Spire, tandis que 18 canons battaient sans relâche les flancs de cet ouvrage. Écrasés par cette pluie de fer, les assiégés se replièrent sur la ville, abandonnant enfin ces fortifications extérieures conservées jusqu'alors au prix de tant de fatigues et de sang. Ils furent poursuivis de si près par les Ligueurs, que Van der Merven, craignant que ceux-ci n'entrassent pêle-mêle avec ses gens, fit fermer la poterne qui communiquait de la ville au ravelin, sacrifiant ainsi quantité de soldats qui, n'ayant pu entrer à temps, tombèrent sous les coups des Bavarois. Mais ce moyen désespéré ne put le sauver. Vers la même heure, les Croates de l'archiduc Léopold, chargés d'une fausse attaque sur la rive droite du Neckar, remarquent que les fortifications de ce côté sont mal gardées. Ils passent la rivière à la nage sur leurs chevaux, entrent par surprise dans le faubourg, y mettent le feu et, attaquant les assiégés en queue, fraient un facile passage à l'infanterie de Tilly. Van der Merven essaie de se maintenir dans la vieille ville, mais le trouble et la confusion sont tels, qu'au milieu de l'encombrement de soldats et d'habitants qui, éperdus, cherchent un asile derrière les derniers remparts, il est impossible de fermer la porte. Ému du terrible péril qui menace la malheureuse cité, Van der Merven se hâte d'envoyer à Tilly une députation pour le supplier de préserver la ville du pillage et de prendre les habitants à quartier. Par malheur, les bourgeois députés perdent un temps précieux à chercher les clefs d'une poterne par laquelle ils veulent sortir et, lorsqu'enfin ils se présentent devant un officier bavarois, il est trop tard pour arrêter la furie des troupes. Durant cette heure si fatalement perdue, les assaillants ont toujours continué d'avancer ; favorisés par le désordre qui régnait partout, ils ont pénétré dans la vieille ville et se sont répandus comme un flot de lave. Cependant, à l'autre extrémité de la ville, la résistance dure encore. Les Anglais, chargés de défendre le bastion du jardin des Faisans, sous les ordres de l'héroïque commandant du château, le chevalier Herbert, s'y maintiennent avec cet opiniâtre, et solide courage particulier à leur nation. On se bat à cet endroit, alors que les régiments de la Ligue occupent déjà une partie de la ville ; mais une balle frappe Herbert et le jette sans vie par terre ; ses soldats harassés ne peuvent plus soutenir l'attaque furieuse des Bavarois exaltés par les houras victorieux qu'ils entendent dans la place. Tout cède enfin à l'élan des catholiques et le torrent une fois débordé des deux côtés envahit la ville entière. Van der Merven, échappé par miracle à la pertuisane d'un soldat bavarois, n'a plus d'autre ressource que de se réfugier dans le château avec 500 hommes et quelques bourgeois. Il est 9 heures du soir. La ville, livrée à la brutalité d'une soldatesque furieuse, subit les conséquences d'une prise d'assaut. Elle en eût épuisé les horreurs, si Tilly, usant de son autorité et de son ascendant sur les troupes habituées à sa sévère discipline, n'avait arrêté leurs excès. La nuit fut longue, surtout pour les malheureux habitants entassés dans les rues qui montaient au château. Impitoyablement repoussés de ce dernier asile, ils se croyaient à chaque instant sur le point d'être massacrés et le jour seul vint les délivrer de leurs angoisses.

Le 17, Tilly envoya le colonel Montigny au gouverneur, pour le sommer de se rendre. La discorde régnait au château. Van der Merven accusait les bourgeois de lâcheté et leur imputait la prise de la ville ; ceux-ci, à leur tour, se plaignaient amèrement d'avoir été abandonnés, sur plusieurs points, par les soldats et rappelaient qu'on avait vu des habitants combattre seuls, à leur poste, sur les remparts, alors que l'ennemi était déjà entré dans la ville, à la suite des troupes en fuite. Ils reprochaient au gouverneur, d'avoir entretenu, par avarice, une garnison trop faible pour défendre l'étendue des fortifications, d'avoir surchargé les habitants de corvées et de contributions, de s'être enfin plus préoccupé de ses intérêts pécuniaires que de la défense de la ville et surtout du sort des bourgeois. Des chefs, la division et le mécontentement s'étaient propagés dans les rangs des soldats, prêts à se mutiner. Quoique le château fût bien fortifié, on ne pouvait guère se flatter que, sous l'influence de pareilles dispositions chez ses défenseurs, il pût tenir longtemps. Cependant, Van der Merven demanda à Tilly l'autorisation d'envoyer un officier au général Vere à Manheim pour lui exposer la situation et demander des instructions. Tilly, désireux d'épargner le sang de ses soldats, y consentit. Le dimanche, 18 septembre, comme il revenait de la messe, le courrier, dépêché par le gouverneur, à Vere, revint avec une réponse de celui-ci qui laissait au commandant de Heidelberg, toute latitude d'agir selon sa conscience et comme il le jugerait bon. C'était lui dire assez clairement qu'il ne devait attendre aucun secours. Ainsi abandonné à lui-même et pensant qu'il avait assez fait pour mettre son honneur à l'abri, Van der Merven consentit à capituler ; il obtint de Tilly, digne appréciateur du vrai courage, les conditions les plus honorables. Le 20 septembre, la garnison palatine, composée d'environ 10 compagnies et d'une trentaine de cavaliers, sortit du château, avec armes et bagages, enseignes déployées, balle en bouche et mèches allumées, se dirigeant sur Francfort. Comme elle se déployait hors des portes de Heidelberg, quelques régiments de la Ligue firent mine de l'attaquer, au mépris de la capitulation, et se livrèrent à des manifestations inquiétantes. Tilly, averti de cet incident, accourut au galop, l'épée à la main, menaçant de faire pendre, haut et court, le premier qui toucherait un des soldats ennemis. Sa présence et ses paroles imposèrent aux mutins. Pour être certain qu'il ne serait attenté en rien contre les hommes placés sous la sauvegarde de son honneur, il les accompagna en personne jusqu'à Weinsheim, à quatre lieues de Heidelberg, et les fit escorter de là jusqu'à Francfort par quelques escadrons de cuirassiers.

Le jour même que Van der Merven sortit du château, Tilly en prit possession, et s'empressa de rendre grâces à Dieu de l'heureux succès de ses armes. Sans perdre un moment, il envoya des ingénieurs reconnaître les environs de Manheim et, en attendant leur rapport, s'occupa de faire réparer les dégâts du siège. A sa suite étaient entrés dans la ville, les Pères Personus et Agricola, jésuites, qui remplissaient, dans son armée, l'office d'aumôniers. Désireux de reconnaître leurs services et de poser dans le Palatinat les germes certains d'une véritable restauration catholique, il invita ces religieux à fonder, dans Heidelberg, un collège de la Compagnie, et leur fournit tous les bâtiments nécessaires à cette fin. D'un autre côté, loin de se montrer dur et persécuteur pour les protestants, il permit à plusieurs ministres de demeurer dans la ville, sous la seule condition de s'occuper exclusivement de leurs fonctions spirituelles.

La prise de Heidelberg fut très sensible au roi Jacques. Telle était l'importance que ce prince attachait à la conservation de cette capitale des états de son gendre, qu'en dehors de la voie toujours incertaine des armes, il avait employé celles de la diplomatie. Pendant le cours du siège, Weston, son ambassadeur à Bruxelles, avait fait les démarches les plus pressantes auprès de l'infante, pour en obtenir un ordre à Tilly de suspendre ses opérations. Le 6 septembre, cet ordre fut accordé et minuté. Mais on hésita trois jours à l'expédier. La minute ne fut effectivement transformée en dépêche que le 9; encore subit-elle des changements notables, qui prouvent le peu de créance qu'on avait dans son efficacité. L'hésitation était assez naturelle; on ne pouvait se faire illusion, à Bruxelles, sur le sort d'un ordre semblable. Tilly, lieutenant-général du duc de Bavière et de la Ligue catholique, ne devait rien de plus à l'infante qu'une déférence limitée; or, supposer que, sur une simple réquisition de cette princesse, il eût consenti à lever le siège, si avancé, de Heidelberg, et à attendre, l'arme au bras, la fin des négociations entamées, sans grande sincérité, par le roi Jacques, à Bruxelles, était bonnement inadmissible. D'ailleurs, les entraves qu'il mit aux communications du même Weston, avec Chichester, qui se trouva pendant quelques jours, enfermé dans la place, démontrent son peu de confiance dans la bonne foi des négociateurs anglais. Cette circonstance était connue de la cour de Bruxelles, près de laquelle Weston avait porté ses protestations. L'ordre du 9 septembre ne peut donc être considéré que comme une concession de fatigue, arrachée à l'infante, par des obsessions incessantes. Du reste, il eut l'effet qu'on devait en attendre; non seulement Tilly n'y prit aucun égard, mais il ne fit pas même de réponse (1).

Le 25, le général de la Ligue après avoir pourvu à la sûreté de la place, en y laissant une nombreuse garnison, rejoignit son armée qui, depuis le 21, était campée devant les murs de Manheim et en avait commencé le siège. Son arrivée donna une nouvelle impulsion aux travaux des Ligueurs; le vieux château et quelques positions fortifiées tombèrent entre leurs mains. Malheureusement, ces petits succès étaient plus glorieux que significatifs. Les progrès du siège ne répondant pas à son attente, Tilly jugea à propos de diriger son attaque sur un autre point et passa le Neckar, sur un pont dressé par son ingénieur. Les batteries construites avec une grande diligence, furent bientôt en état d'ouvrir le feu sur les murs de la place. Le 18, la brèche étant jugée assez grande, Tilly donna l'ordre à ses troupes de se disposer à l'assaut. Vere, qui commandait la garnison, informé de ces préparatifs, craignit de n'être pas assez fort pour soutenir le choc des Bavarois. Après avoir abrité, dans la citadelle, son matériel de guerre et les effets les plus précieux des habitants, il mit le feu aux maisons les plus voisines du château, et à celles qui formaient le coin de rues. Un vent du midi, très violent, propagea les flammes, et l'incendie dévora presque toutes les maisons de la ville. Cet acte de forcené, qui ne fut que trop bien imité, plus tard, à Magdebourg, n'eut pas même le mérite de l'utilité. Se croire vaincu, c'est l'être réellement. L'attaque des troupes de la Ligue rencontra une faible résistance ; Vere se retira précipitamment dans la citadelle, abandonnant la ville entière aux Bavarois, qui emportèrent aussi un nouvel ouvrage à cornes, construit sur le Rhin et contigu à la citadelle. Vere se trouva dans une position critique. Du haut des remparts de la ville et des maisons échappées à l'incendie, on dominait complètement l'intérieur du château. Les galeries de tranchées, poussées avec ardeur, arrivèrent bientôt jusqu'aux fossés, et comme le niveau de la ville se trouve plus bas que celui de la citadelle, il fut facile de faire écouler l'eau de ses fossés et de les dessécher presque entièrement. Les assiégés essayèrent de se dégager, en faisant

1. Archives du royaume. Liasses de l'audience.

une sortie, mais ils n'en tirèrent d'autre avantage que de tuer quelques hommes aux Bavarois. Leurs vivres, leurs munitions étaient à peu près épuisés; ils n'avaient ni bois, ni médicaments, ni même d'argent pour payer les soldats qui murmuraient. Pour comble de malheur, des fièvres, des épidémies éclatèrent parmi la multitude réfugiée dans la forteresse et obligée de camper en plein air. C'eût été folie que d'attendre l'assaut, dont les Ligueurs faisaient les préparatifs avec une certaine ostentation, et d'exposer, à une mort certaine, tant de malheureux. Vere demanda donc à capituler et rendit, le 30 octobre, la citadelle, aux conditions les plus honorables parmi lesquelles figure la suivante :

« Tous les meubles et effets réfugiés dans la citadelle, seront laissés à leurs propriétaires, et ceux-ci seront libres d'en disposer, sans entrave, comme bon leur semblera.

« Tous les théologiens et gens d'église pourront rester en toute sécurité à Manheim, jusqu'à ce qu'ils trouvent à s'établir ailleurs. »

Ce dernier article mérite une attention particulière en ce qu'il est une preuve éclatante de l'esprit de tolérance de Tilly. Jamais prince calviniste ou luthérien n'eût admis la possibilité de supporter, en pays conquis par lui, un prêtre catholique, moins encore un religieux. On sait comment Christian de Brunswick et Mansfeldt traitaient les ecclésiastiques qu'ils rencontraient, même en territoire neutre. Le contraste est trop frappant pour ne pas être signalé. Il est vrai que Christian et Mansfeldt, plutôt bandits que généraux, ne peuvent être pris comme types des amis du libre examen; mais les chefs eux-mêmes, les électeurs palatins et saxons n'agissaient pas autrement, quand l'occasion s'en présentait. Gustave-Adolphe fut le premier et le seul des princes protestants de cette époque qui osât garder parfois des ménagements envers les prêtres catholiques, et les admettre au droit commun. Il avait été précédé et largement dépassé dans cette voie de tolérance, qu'il fut d'ailleurs loin de suivre constamment, par le catholique Tilly qui, toujours égal à lui-même, n'en dévia jamais.

Voici encore, à l'appui de cette assertion, un fait aussi remarquable qu'il est peu connu, et qui, pour être postérieur de quelques mois à la prise de Heidelberg, n'en trouve pas moins sa place ici. L'authenticité en est incontestable, et il offre des particularités curieuses à d'autres égards. En sa qualité de général en chef, Tilly avait le commandement supérieur des villes et des pays conquis dans le Palatinat. Sous ses ordres, un fonctionnaire civil était chargé de l'administration et de l'expédition des affaires courantes. Au commencement de l'année 1623, Henri de Metternich, qui occupait le poste de président ou directeur des affaires, fut mis sur la trace de menées occultes tramées par les prédicants calvinistes dans un but favorable au palatin. Il en fit rapport à Tilly qui prit l'arrêté suivant :

« Savoir faisons à vous ministres et prédicants calvinistes se trouvant présentement dans ceste ville de Heidelbergh que plaintes nous ont été faites de quelques conventicules qui se font présentement dans ladite ville, esquels on tient divers discours et pratiques deffendues contre et au mépris de Sa Majesté Impériale: Commandons et ordonnons partant à tous les ministres et prédicants susdits qu'ils aient à se retirer au plus tôt de ladite ville et chercher aultre demeure là et ainsi qu'ils trouveront convenir. Et au cas qu'ils désobéissent à cestuy notre commandement, nous serons constraints d'user en ce des moyens convenables, selon quoi ils auront à se régler (1). Daté de Heidelberg le 28 de febvrier 1623. »

« Sur ce décret, écrivait au cabinet de Bruxelles un agent belge, ladite ville a envoyé deux personnaiges de l'armée vers ledit général (Tilly), lequel ayant entendu la *proposition* des dits envoyés, leur a accordé de pouvoir retenir deux des dits prédicants jusque à autre ordre. »

Cette concession froissa le président de Metternich qui se plaignit aux chefs de la Ligue et présenta les choses sous un jour tel qu'il obtint plein succès. Tilly fut désapprouvé et le président ne sut pas même sacrifier aux convenances la petite satisfaction vaniteuse de faire parade de sa victoire. Un arrêté simplement signé de lui parut en ces termes :

« Combien que Son Excellence le général de Tilly m'aye ces jours passés ordonné de permettre que ceux de ceste ville puissent retenir deux prédicants calvinistes jusque à autre ordre, si est-ce que pour en avoir eu reproche, il a révoqué ledit ordre et commandé de mettre à exécution le décret antérieur du 28 febvrier 1623. C'est pourquoy nous ordonnons par ceste que les dits prédicants ayent à obéir et satisffaire au dit décret, sur peine portée en iceluy, et s'abstenir des exercices qui leur ont été permis jusqu'à présent. » Sur quoi, continue l'agent bruxellois, ladite ville a derechef écrit au

1. Archives du royaume. Collection du secrétaire Routart. N° 1, p. 195.

dit général et prié de vouloir modérer cette rigueur, n'ayant cependant rien pu effectuer de façon que les dits prédicants ont été constraints le 22 mai 1623, *stylo veteri*, de se retirer de ladite ville et de chercher leur demeure ailleurs. »

La fin de ce rapport montre, du reste, que Tilly avait à lutter contre d'autres difficultés que des dissidences avec ses subordonnés et révèle les causes secrètes de la mollesse des généraux espagnols à seconder les troupes de la Ligue.

« Il y a si peu d'ordre et tant de mécontentement au dit quartier, que tous les subjets désirent grandement d'estre soubs les armes et obéissance du Roi (d'Espagne) et sont les affaires venus si avant qu'un prédicateur catholic en a presché publiquement au dit Heidelbergh par forme de reproche (1). »

Nous aurons occasion de vérifier plus d'une fois l'existence de cette rivalité de l'Espagne et de la Bavière à l'égard de la possession du Palatinat, et de constater qu'elle eut grande influence sur la marche de la guerre et sur les relations des deux alliés.

Des possessions de l'électeur palatin, il ne lui restait plus que la ville de Franckenthal. La protection du roi d'Angleterre n'avait pu sauver ni Heidelberg, ni Manheim. Elle n'aurait pas préservé Franckenthal du même sort, si la saison et la bravoure des défenseurs de la ville n'avaient suppléé aux lacunes du patronage anglais. En effet, Tilly avait investi la place peu après la prise de Manheim et avait fait commencer les approches. Mais la garnison résista si vigoureusement et avec tant de bonheur, que les travaux du siège, sans cesse détruits, n'avaient pu faire aucun progrès, lorsque survint la mauvaise saison. Tilly se vit donc forcé d'interrompre ses opérations. Il comptait les reprendre au printemps, mais le 29 mars 1623, le roi d'Angleterre signa, au nom de son gendre, une convention qui portait que la place serait remise en dépôt entre les mains de l'infante Isabelle, pendant 18 mois, à charge par la princesse de la restituer au palatin, si à cette échéance la paix n'avait pas été faite entre les parties belligérantes en Allemagne. Cet engagement fut fidèlement accompli par les Anglais et Franckenthal reçut une garnison espagnole.

Le quartier général de Tilly était établi, vers la fin de l'année 1622, à Assenheim, bourg du comté de Nassau-Dietz.

1. Archives du royaume. Collection du secrétaire Roulart. N° 1, p. 197.

Une circonstance remarquable se rattache au court séjour de Tilly dans cette localité. Le comte Ernest Casimir de Nassau-Dietz, alors au service des États-Généraux, était fort tourmenté des cantonnements pris sur ses terres par les troupes de la Ligue. Il désirait ardemment voir ses vassaux délivrés des lourdes charges qu'entraînait cet état de choses, même dans les meilleures conditions. Il s'adressa à son parent, le comte Jean Louis de Nassau Hadamar, qui jouissait d'une grande faveur auprès de l'infante Isabelle. Ce seigneur consentit volontiers à prêter ses bons offices à Jean Casimir et se rendit lui-même à Assenheim dans l'espoir d'obtenir de Tilly le dégrèvement du comté de Nassau-Dietz. Ses démarches échouèrent contre l'impossibilité d'assigner d'autres quartiers aux régiments du comte de Furstenberg qui s'y trouvaient cantonnés. Le comte ne se rebuta pas, et, s'imaginant avoir découvert le moyen infaillible de rendre le général plus traitable, il reprit la route d'Assenheim, muni d'une chaîne d'or du prix de 2400 florins. L'expédient était conforme aux mœurs du temps et n'emportait pas d'idée infamante aux yeux de Jean de Nassau ; mais des officiers protestants, qui connaissaient mieux les habitudes du général de la Ligue, avertirent le comte qu'il se gardât bien de mettre à exécution son projet de cadeau, attendu que Tilly était inaccessible à toute séduction. « Certes, dit le prédicant calviniste auquel nous empruntons ce détail, c'est là un beau côté du caractère si sévèrement jugé de ce général, dont les ennemis les plus ardents étaient contraints d'honorer l'abnégation et le rare désintéressement (1). »

Le contraste est frappant avec la conduite de Wallenstein dans les mêmes circonstances. Le conseiller de Haagen, chargé en 1627 par les comtes de Nassau-Dillenbourg et de Nassau-Sarbruck de demander au généralissime impérial une exemption de cantonnements militaires pour les terres de ces seigneurs, n'osa l'aborder que les mains pleines d'argent ; encore ne parvint-il qu'à emporter des promesses vagues, qui ne furent d'ailleurs pas tenues (2).

Dans cette campagne, si bien couronnée par la prise de Manheim, Tilly s'était couvert de gloire. Une circonstance augmente encore son mérite, c'est qu'il n'était pas libre. Outre les difficultés matérielles, outre les obstacles provenant du

1. C. J. Keller, *Drangsale des Nassauischen Volkes*, p. 47 et 48.
2. Ib., p. 87.

fait de ses ennemis, il eut de plus à lutter contre les difficultés et les obstacles d'un autre genre. Soumis à la fois à l'autorité du duc de Bavière et à celle de l'empereur, il était encore tiraillé par certains membres de la Ligue qui se croyaient au-dessus de lui, et la nécessité où il se trouvait de se faire assister des Espagnols, le plaçait dans une certaine relation de dépendance de l'infante Isabelle des Pays-Bas. Non seulement il avait mille ménagements à garder, mais il était encore contrarié dans ses opérations par les ordres contradictoires qu'il recevait de différents côtés. Les difficultés de cette position ne firent que croître avec le temps, et sa correspondance avec la cour des Pays-Bas fournit à cet égard les plus curieux et les plus instructifs renseignements; elles attristèrent ses dernières années et furent l'écueil de sa gloire militaire. Quand on réfléchit aux grandes choses qu'il accomplit dans des conditions si défavorables, sans laisser échapper ni un mot, ni le moindre mouvement d'amour-propre, ni la plus légère plainte, on est conduit à affirmer que Tilly fut plus qu'un heureux capitaine et que la grandeur de son âme dépassait celle de ses capacités militaires. C'est surtout en le voyant aux prises avec la fortune, puis avec le malheur, que nous pouvons comprendre tout ce qu'il y avait de vraiment fort, de réellement admirable dans la nature généreuse de ce fervent catholique, dont toute la force consistait dans sa foi.

Ainsi que le dit Gfrœrer, c'est la campagne du Palatinat qui jeta les fondements de la grande renommée de Tilly.

D'autant plus obscur avant 1622, qu'il était moins avide de paraître, il se plaça d'un seul bond au plus haut degré de l'échelle. La profondeur de ses conceptions, la rapidité de ses mouvements, la sagesse et la prudence de ses mesures, la modération et la loyauté de sa conduite envers les vaincus, chose malheureusement si rare alors, son abnégation devant ses alliés, sa bravoure froide ou impétueuse selon les circonstances, le succès amené de longue main et hardiment enlevé de ses opérations, étaient de nature à commander l'attention et à inspirer une profonde et sympathique admiration. L'empereur et les princes catholiques comprirent toute l'étendue des services que leur avait rendus le vaillant belge. Le 13 septembre, Ferdinand l'éleva au rang de comte du Saint-Empire, en étendant cette faveur à son frère, Jacques de T'serclaes de Tilly, et aux enfants de celui-ci; en outre la Ligue lui vota un présent de 18000 thalers qu'on promit de lui payer en écus après la pacification ou à la prochaine diète, si ce cas de paix ou de trève ne se réalisait pas d'ici là (1). A cette occasion Gfrœrer cite une observation piquante d'un contemporain qui peint parfaitement l'esprit des chancelleries allemandes : « En 1619, Tilly n'est encore que baron, et bien qu'il soit déjà lieutenant-général bavarois, il est seulement tutoyé. En 1620, on (le duc Maximilien) a commencé à lui écrire *manu propria* et à l'honorer du *vous*. Le préambule était : Salut, mon cher sieur de Tilly. C'est le 31 juillet 1622 que Tilly a signé pour la première fois du titre de comte. » Sur ce dernier point, le contemporain était mal informé, car ce n'est que trois mois plus tard que Tilly fut créé comte et sa profonde modestie ne permet pas de supposer qu'il ait anticipé d'un jour sur les décrets impériaux.

1. Archives de Vienne. Instruction aux députés de Mayence à la diète d'Augsbourg de la Ligue, 1624.

Chapitre cinquième.

L'EMPEREUR Ferdinand II avait convoqué à Ratisbonne, pour le 4 décembre 1622, une assemblée générale des électeurs et princes de l'empire, afin d'aviser aux moyens de rétablir une paix solide en Allemagne et de prendre une résolution définitive au sujet de l'électeur palatin. Outre ce but ostensible, Ferdinand en avait un autre qui lui tenait beaucoup plus au cœur, et dont le succès devait être précisément le plus grand obstacle au rétablissement de la paix. On se rappelle qu'en 1619, pour déterminer Maximilien à prendre les armes contre les rebelles Bohêmes, Ferdinand s'était engagé à lui transférer le bonnet d'électeur de Frédéric V. Fidèle à sa parole, il n'avait cessé de préparer les voies à l'exécution de cette promesse. Mais ses projets rencontraient de grands obstacles chez l'électeur de Saxe et à la cour d'Espagne. Aux approches de la réunion de la diète, il tenta un dernier effort auprès du premier et chargea le comte Jean Georges de Hohenzollern de la mission délicate de faire agréer au chef du protestantisme allemand un acte qui détruisait à jamais l'influence protestante dans le collège des électeurs. Hohenzollern le trouva dans les meilleures dispositions possibles, mais assez embarrassé. L'électeur s'était entremis au mois de mai précédent pour Frédéric et ne pouvait bonnement donner si vite les mains à la déchéance de son protégé, sans risquer de se faire accuser d'une honteuse palinodie et de perdre toute autorité parmi ses coreligionnaires. Pour se tirer de cette difficulté, il imagina un moyen tout à fait digne de la politique alors en honneur dans les cours évangéliques de l'Allemagne. Il protesta hautement et officiellement contre toute atteinte aux prérogatives et honneurs du palatin, mais en même temps il autorisa le comte de Hohenzollern à écrire à l'empereur : « Que Sa Majesté ne devait attacher aucune importance aux déclarations officielles de l'électeur de Saxe ; que celui-ci avait exprimé dans ses entretiens le vœu que l'empereur poursuivît sa victoire, châtiât exemplairement l'usurpateur du trône bohême et fît du bonnet palatin ce que bon lui semblerait. »

On savait à Vienne qu'au fond Jean Georges de Saxe désirait vendre son approbation publique le plus cher possible.

Des divers princes protestants convoqués par l'empereur, le landgrave de Hesse-Darmstadt seul vint en personne; les ducs Frédéric-Ulrich de Brunswick-Wolfenbuttel et Philippe-Jules de Poméranie s'abstinrent complètement; les électeurs de Saxe et de Brandenbourg se firent représenter par des députés. Quant aux princes catholiques, ils étaient tous venus, à peu d'exceptions près. Tilly fut appelé à prendre part aux délibérations de l'assemblée et se rendit à Ratisbonne dès le mois de décembre 1622, après avoir laissé le commandement de ses quartiers au baron de Herbersdorf. Les délibérations étaient commencées depuis plus d'un mois, lorsque, le 13 janvier 1623, l'empereur fit porter, devant l'assemblée, la grande question de savoir s'il convenait de donner au duc de Bavière la vacature créée dans le collège des électeurs par la proscription légale du comte palatin. Des bancs catholiques surgirent de graves objections; l'électeur de Mayence, sans contester le droit strict de l'empereur et les justes raisons qui le faisaient agir, trouva la mesure dangereuse, impolitique et propre à susciter des guerres sans fin en Allemagne. Néanmoins, la proposition impériale rallia la majorité des suffrages, et fut adoptée, avec réserve expresse des droits des enfants et des agnats du palatin. Le 25 février 1623, Maximilien fut solennellement investi de la dignité électorale; mais, comme en vertu de la résolution de la diète, cette investiture n'était donnée qu'à titre viager, le duc signa le lendemain un revers, par lequel il reconnaissait qu'après sa mort le bonnet électoral pourrait être rendu à celui des enfants de Frédéric que désignerait la première diète postérieure. L'archevêque de Mayence mécontent était retourné dans sa résidence, sans vouloir souscrire à la décision de l'assemblée. Ferdinand, qu'attristait profondément le refus du vénérable prélat, lui dépêcha son confesseur, le Père Buanus, jésuite fort aimé de Schweickard qui, après de longs efforts, parvint enfin à l'ébranler et à obtenir son assentiment (1).

Enfin, grâce à l'énergique intervention du pape et à l'habile diplomatie du comte Khevenhiller, ambassadeur de l'empereur, à Madrid, on obtint de Philippe IV l'engagement de continuer l'utile concours de ses forces à la cause catholique en Allemagne et, peu après, la reconnaissance du titre électoral

1. *Histoire de la Compagnie de* JÉSUS par Cordova.

de Maximilien. La rupture du mariage anglais, qui eut lieu dans le courant de l'année 1623, acheva de dissiper momentanément toute cause de différend, entre le roi d'Espagne et l'empereur.

Tilly n'assista point à la solennité qui consacrait l'élévation de Maximilien de Bavière à la dignité électorale ; il avait quitté Ratisbonne quelques jours auparavant et arriva, le 22 mars, à Heidelberg, dont la fameuse bibliothèque venait d'être donnée par le nouvel électeur au pape Grégoire XV, sur la demande du nonce apostolique, Caraffa.

Cependant, Mansfeldt et Christian, arrivés en Hollande, avec les débris de leur armée, écrasée à Fleurus, avaient été admis pour trois mois au service des États-Généraux et ils avaient payé leur bien-venue en délivrant Berg-op-Zoom, assiégé par les Espagnols. Mais les Hollandais comptaient employer les deux aventuriers, moins pour leur service direct, qu'en guise de machines de guerre contre l'empereur et les états catholiques de l'Allemagne. Entretenir le feu des dissensions intestines chez un voisin puissant, dont les forces, une fois libres, eussent pu s'unir à celles de l'Espagne, pour étouffer l'indépendance encore chancelante des Provinces-Unies, était une des règles de leur politique. Ils devaient être charmés d'avoir, sous la main, des princes allemands, toujours prêts à se jeter, pour un peu d'or, sur leur patrie, et à la déchirer impitoyablement, sous prétexte de zèle religieux. Peu importait à ce peuple calculateur, l'issue des expéditions entreprises par les condottieri à sa solde ; il applaudissait au succès et s'inquiétait médiocrement des revers, car il était toujours certain de trouver, dans l'aristocratie protestante de l'Allemagne, une pépinière féconde de sujets disposés à vendre leur épée au plus offrant. Dès la fin de novembre, Mansfeldt, lancé le premier en campagne, avec 10,000 hommes de pied, 2,000 chevaux et 7 pièces d'artillerie, pénétra dans l'évêché de Munster, qu'il mit, selon ses habitudes, à feu et à sang. De là, il passa dans la Frise orientale, contrée riche et fertile, où il eût facilement pu entretenir son armée, pendant plusieurs années. Mais ses bandes indisciplinées, habituées à la rapine et à toutes sortes de violences, gâtèrent à plaisir ce qu'elles ne pouvaient consommer et se livrèrent à des excès que la plume ne peut retracer. Leur chef fit fortifier Meppen, où il établit son quartier-général, et fixa sa résidence au château de Liéfort. Le comte Enno d'Ostfrise, seigneur du pays de ce nom, était désigné aux vengeances de l'aventurier par son dévouement héréditaire à la maison d'Espagne et par la proche parenté qu'une alliance de famille avait établie entre lui et le comte Jacques de Tilly. Mansfeldt, non content de ravager ses domaines, lui imposa une contribution de guerre de 300,000 écus; n'ayant pu être payé immédiatement, il mit des garnisons dans tous les châteaux du comte, le fit garder à vue, et le réduisit à ne plus avoir autour de lui que deux valets. Enno fut obligé d'emprunter la somme exigée, à gros intérêts, ce qui n'empêcha pas ses employés d'être pillés et rançonnés sans pitié. Mansfeldt rêva même un instant de s'approprier l'Ostfrise et s'empara réellement des rênes du gouvernement, sous prétexte qu'il était l'ancien seigneur du pays. Sur les instances de l'électeur de Cologne, évêque de Munster, le comte d'Anholt, soutenu par Cordova, passa le Rhin à Dusseldorf et se mit en devoir d'arrêter les brigandages du général calviniste. Il réussit à le chasser de quelques places, mais l'approche de Christian de Brunswick le força bientôt à se tenir lui-même sur la défensive. En dépit de toutes ses déprédations, Mansfeldt manquait d'argent et les dégâts insensés, commis par ses hordes incendiaires, avaient été tels que la disette le menaçait. Il ne se trouvait pas d'ailleurs, en force suffisante pour exécuter le plan de campagne que lui avaient assigné les Hollandais et qui consistait à porter la guerre en Bohême, de concert avec Christian, après avoir complètement dévasté les évêchés de Wurzbourg, de Mayence et d'autres états ecclésiastiques. La France, alors en guerre avec l'Espagne, désirait occuper cette puissance au dehors. Elle offrit à Mansfeldt des subsides qu'il s'empressa d'accepter, pour lever de nouvelles troupes et augmenter son armée.

Christian de Brunswick venait de faire, à son tour, sa réapparition sur la scène. Blessé au bras à Fleurus, il avait si mal soigné sa plaie que la gangrène s'y mit et rendit l'amputation indispensable. Il subit l'opération au milieu de fanfares guerrières et se fit forger un bras de fer, muni d'un mécanisme ingénieux, destiné à remplacer, dans certains usages, le membre coupé. Cette mutilation n'ôta rien à la fougue de ses passions. Au mois de janvier, il quitta la Hollande, avec une armée égale à celle de Mansfeldt, traversa Osnabruck, et s'avança jusqu'à Rinteln, où il se fortifia. Il s'assura également de tous les points de passage du fleuve, et y mit bonne garnison ; puis, il répandit sa cavalerie dans les évêchés d'Halberstadt et d'Hildesheim. Son arrivée fut le signal d'une vive fermentation, dans cette partie de l'Allemagne.

Tandis que le Cercle des états de la Basse-Saxe ordonnait des levées suspectes, les ducs Guillaume et Jean-Ernest de Saxe-Weimar rassemblaient un corps de 4,000 hommes d'infanterie et de 1,000 chevaux. Croyant l'électeur de Saxe indisposé contre l'empereur, à cause des dernières résolutions de la diète de Ratisbonne, ils lui offrirent la petite armée qu'ils avaient, disaient-ils, levée pour la défense de la vraie religion et de la liberté allemande. Mais l'électeur reçut fort mal ces étranges amis de la liberté et fit mine de disperser leurs troupes. Déçus dans leur espoir, les deux princes se tournèrent vers Christian de Brunswick, qui confia à Guillaume les fonctions de son lieutenant-général. Presque en même temps, le duc Frédéric de Saxe-Altenbourg amena à l'administrateur d'Halberstadt deux régiments, l'un d'infanterie, l'autre de cavalerie, qu'il avait créés avec l'argent et pour le service de l'infante Isabelle des Pays-Bas. L'armée de l'administrateur s'augmentait donc tous les jours, et semblait devoir servir de centre et de point de ralliement à tous les préparatifs hostiles contre l'empereur. Derrière lui, Mansfeldt offrait un point d'appui à sa retraite, en cas de besoin ; il n'avait rien à craindre d'Anholt qui, trop faible pour rien entreprendre contre des forces si supérieures, se maintenait, avec peine, dans les comtés de la Marck et de Ravensberg, déjà épuisés par l'ennemi.

Les nouveaux orages qui s'élevaient menaçants à l'horizon, obligèrent l'empereur et les états catholiques à se mettre promptement en mesure d'y faire tête. Dans une assemblée de la Ligue, à Ratisbonne, on décida que les quotes-parts contributives de chaque membre seraient maintenues sur le pied fixé, deux ans auparavant, à la réunion d'Augsbourg, et que des instances seraient faites auprès du pape et de l'empereur pour en obtenir des secours en hommes ou en argent. Le nonce promit, au nom du Saint-Père, un subside mensuel de 20,000 florins, plus l'entretien d'un régiment de cavalerie et d'un régiment d'infanterie de 2,000 hommes. Mais le pape trouva sans doute la charge trop lourde, car il se borna à verser dans les caisses de la Ligue, 6,000 florins par mois. De son côté, l'empereur s'engagea à fournir un contingent, composé de cinq régiments : trois d'infanterie, (comte Colalto, comte Jean de Nassau et comte de Schœnbourg), et deux de cavalerie, (duc de Holstein et duc de Saxe Lauenbourg). Ce corps, que commandait le comte de Colalto, renforcé du régiment de cavalerie Avandano, rejoignit, en effet, le camp de Tilly, au commencement du mois de juin. Enfin, l'agent Morœus fut dépêché à Bruxelles, pour y négocier l'envoi d'un renfort considérable, au comte d'Anholt.

Ces points vidés, on s'occupa des plans de campagne. Malgré les preuves de mérite et de prudence consommée que venait de donner Tilly, il n'en fut pas moins contraint de subir les prescriptions étroites d'instructions détaillées, qui laissaient peu de choses à son initiative et gênaient singulièrement la liberté de ses allures.

Les membres de la Ligue se flattaient encore de détourner pacifiquement une partie des périls qui les menaçaient. Ils voulaient moins écraser les protestants qu'assurer leur propre indépendance et leur liberté religieuse. La mission confiée à Tilly portait l'empreinte évidente de ces dispositions. Elle était à la fois diplomatique et militaire, exigeait autant de tact et d'habileté que de fermeté et de vigueur opportune, et le supposait négociateur aussi accompli que général distingué.

Maintenir les princes du nord dans une neutralité réelle, par un double jeu de persuasion et d'intimidation ; assurer la tranquillité des évêchés rhénans et du Palatinat, en réduisant le landgrave Maurice de Hesse-Cassel à l'impuissance, isoler Christian et Mansfeldt, les chasser de l'empire, ne frapper qu'à dernière extrémité, et encore avec ménagement, telle était la tâche qui lui était imposée. Afin d'en faire mieux comprendre l'importance et les difficultés, il est nécessaire de jeter un coup d'œil sur ce qui se passait au nord de l'Allemagne. D'étranges intrigues s'y croisaient. Le roi de Danemark, impatient de se voir en possession des évêchés opulents, objet de ses ardentes convoitises, n'avait pas cru trouver meilleur moyen d'y parvenir, que de créer des ennemis à l'empereur, afin d'avoir occasion de lui vendre sa neutralité. Sous prétexte d'assurer le pays contre les incursions des Espagnols et de Mansfeldt, il avait pressé le Cercle de la Basse-Saxe, de mettre sur pied une armée de 10,000 hommes. Personnellement, il avait grand soin de se tenir derrière le rideau, car, en même temps qu'il fournissait au duc Frédéric-Ulric de Brunswick-Wolfenbuttel les moyens de faire des levées de gens de guerre et qu'il promettait au duc de Brunswick-Celle un corps auxiliaire de 4,000 hommes, il refusait l'offre, que lui faisait l'électeur de Brandebourg, de mettre à sa disposition 15,000 hommes de troupes, à condition de déclarer ouvertement la guerre à l'empereur. La guerre, il voulait bien la laisser faire, il y poussait même efficacement, mais il ne croyait pas, dans son intérêt de la faire lui-même. Tandis que, à son instigation Frédéric-Ulric proposait aux princes du Cercle de prendre Halberstadt et son armée à leur service, il accablait l'empereur de protestations d'attachement et sollicitait même le pardon de ce même Halberstadt. Malheureusement pour ses plans machiavéliques, il rencontra un obstacle aussi formidable qu'inattendu. Le Cercle de la Basse-Saxe avait pour général le duc Georges de Brunswick-Lunebourg, prince doué de talents militaires éminents, partisan du palatin, mais trop imbu des rivalités de famille, existant entre les deux branches de la maison de Brunswick, pour ne pas être ennemi mortel de Christian. Autant il s'était montré belliqueux l'année précédente, dans ses relations avec le roi de Danemark, qu'il aurait voulu lancer dans l'arène, en faveur du palatin, autant il repoussait une guerre où Halberstadt aurait nécessairement joué le premier rôle et assuré la suprématie des Wolfenbuttel. Il s'opposa donc, avec beaucoup de chaleur, à la demande de Frédéric-Ulrich et la fit échouer une première fois. Mais l'aîné des Wolfenbuttel ne se rebuta pas ; il rassembla, à Gardeleben, la plupart des membres du Cercle et leur fit partager sa manière de voir ; ceux-ci en entraînèrent d'autres, et Georges, vaincu sur ce terrain, changea ses batteries. Il cessa de combattre la proposition de son cousin, mais il y fit insérer une clause qui en détruisait toute la portée. En effet, les États de la Basse-Saxe s'étayant de ce que, n'étant pas en force pour chasser Halberstadt de leur territoire, ils avaient, du moins, tout intérêt à le séparer de Mansfeldt, le prirent à leur service pour trois mois, sous la condition expresse qu'il demeurerait sur la défensive, qu'*il cesserait toute relation avec son ancien compagnon d'armes, et qu'il garderait fidèlement l'obéissance due à l'empereur*. Ce curieux traité, produit bizarre de l'enchevêtrement des mille menées souterraines, qui se pratiquaient parmi les membres du Cercle, fut envoyé par le duc Georges à l'approbation de l'empereur, qui eut l'habileté de le ratifier. Une singulière anomalie résulta de cette situation. Le Cercle de la Basse-Saxe se trouva avoir deux généraux, l'un de droit, mais sans troupes, l'autre de fait et maître d'une armée, mais sans autorité morale : tous deux complètement opposés dans leurs vues et dans leurs projets.

Pendant que le roi de Danemark s'efforçait de faire disparaître l'antagonisme des deux princes de Brunswick, pour les unir dans une entreprise commune contre l'empereur, le landgrave de Hesse-Cassel activait de son côté, ses armements et soufflait le feu de la rébellion dans les états protestants. De tout temps, Maurice de Hesse-Cassel avait été hostile aux catholiques et à l'empereur. Calviniste zélé et membre ardent de l'Union, en haine de son cousin le landgrave de Hesse-Darmstadt, luthérien et impérialiste décidé, il avait trempé dans tôutes les conspirations formées à l'intérieur ou à l'étranger, contre la maison d'Habsbourg. Mais le fanatisme de ses haines politiques et religieuses était encore dépassé par son égoïsme; il comptait au nombre de ces princes réformés, fort nombreux alors, qui, tout prêts à achever l'ennemi vaincu, à partager ses dépouilles, se souciaient médiocrement de courir les chances de la lutte et préféraient exploiter, sans danger, les victoires achetées au prix du sang de leurs amis. Lors de la première expédition de Christian au Palatinat, Maurice disposait de 20,000 soldats. S'il eût joint ces forces à celles de Christian, nul doute que Tilly n'eût pu en soutenir le poids; mais, bien qu'il en eût déjà trop fait pour n'être pas compromis, il n'osa pas aller plus loin et se borna à de stériles vœux. Comme le duc de Wurtemberg, il regarda tranquillement Tilly écraser, l'un après l'autre, Durlach, Mansfeldt, Halberstadt, et crut avoir esquivé le péril en adressant à l'empereur un mémoire justificatif, accompagné de chaudes et nombreuses protestations de fidélité. Ses tardives explications furent accueillis sévèrement et bientôt les cantonnements de l'armée de Tilly sur les frontières de ses états purent lui faire prévoir le châtiment qui l'attendait. Néanmoins, ses intrigues étaient restées si longtemps impunies, sa politique équivoque, également déloyale pour ses amis et ses ennemis, plus funeste encore aux premiers, avait si souvent réussi qu'il crut pouvoir persévérer, avec toute sécurité, dans cette voie dangereuse. Il continua à entretenir des relations suivies avec les princes ennemis de l'empereur, il se rendit même à Dessau, pour y conférer avec Halberstadt et Frédéric Ulrich. Ceux-ci le pressèrent vivement de s'unir à eux, et de jeter franchement le gant à l'empereur. C'était le seul parti honorable pour Maurice ; il s'y refusa, et demanda, au contraire, à Christian, de venir à ses risques et périls, chasser les troupes de Tilly des frontières de la Hesse. Ces prétentions excessives dans leur égoïsme ne pouvaient être agréées des princes de Brunswick, qui, de leur côté, se préoccupaient plus d'absorber le concours de la Hesse à leur profit, que de rendre au landgrave un service désintéressé, qu'il ne méritait certainement pas. « En général, s'écrie à propos de ces misérables intrigues un éminent écrivain protestant, jamais l'incapacité politique de l'Église princière allemande ne se révéla d'une manière plus déplorable. Tandis que les États catholiques, s'appuyant sur l'antique organisation de l'Église romaine, resserraient étroitement leurs rangs, les princes évangéliques, métamorphosés en petits dieux par la réforme, n'avaient plus la force de s'élever à une pensée supérieure d'unité. Chacun d'eux voyait dans son voisin, non plus un coreligionnaire, mais un instrument qu'il cherchait à exploiter de son mieux, dans son intérêt privé. »

Les dissensions intérieures des princes protestants du nord, les mystères de leurs mesquines conspirations, étaient parfaitement connus de Tilly. « Tout ce que dit le landgrave Maurice de Hesse lui est rapporté immédiatement, » écrit un Hessois contemporain. Il est vrai que le général de la Ligue payait largement les services des nombreux agents qu'il entretenait dans les cours protestantes, car il se plaint quelque part des énormes dépenses que lui cause ce système d'informations secrètes. De plus, il s'était mis directement en relation avec une partie de la noblesse hessoise qui, fatiguée des lourdes charges que lui imposait le pied de guerre exagéré du landgrave, avait facilement prêté l'oreille aux ouvertures du général. Il leur avait représenté que la mission de la noblesse allemande consistait, moins à se mettre au service des ambitions princières, qu'à défendre l'empire et l'empereur, ce chef suprême de la noblesse. Ces considérations, appuyées de la perspective de la *franchise d'Empire*, c'est-à-dire de la mouvance immédiate de la couronne, qu'il fit entrevoir aux gentilshommes hessois, firent sur eux une vive impression, dont les symptômes se manifestèrent par une résistance opiniâtre aux demandes de subsides et de levées du landgrave. Le seul fait de cette opposition enlevait à Maurice la plus grande partie de ses ressources ; il ne lui restait plus guère que ses troupes soldées, montant à 10,000 hommes environ, avec lesquelles il eût pu soutenir avantageusement la lutte, en les joignant à Christian, mais qui, isolées, ne surent même pas le défendre.

La position du landgrave de Hesse-Cassel devenait de jour en jour plus fâcheuse. Incapable de prendre une résolution hardie et de tirer courageusement l'épée pour succomber, du moins avec honneur, il n'avait pas la prudence de se maintenir, avec soin, dans une neutralité à l'abri de tout reproche. Sourd aux pressantes instances d'Halberstadt, comme aux injonctions de l'empereur, il flottait, hésitant, entre divers partis sans vouloir comprendre qu'il marchait plus sûrement à sa perte par cette voie tortueuse que par toute autre. Un événement important, qui survint alors, rendit cette position plus critique encore. Le 23 mars, l'infante Isabelle avait signé avec le roi d'Angleterre, un traité stipulant un armistice de dix-huit mois entre le roi et le palatin d'une part, l'empereur et ses alliés de l'autre. La ville de Franckenthal, alors assiégée par les Espagnols, devait être remise entre les mains de l'infante, à condition que, si dans l'intervalle, une paix générale était conclue, ladite ville serait restituée au palatin. Ce traité, que Ferdinand s'empressa de ratifier, coupa court, d'une part, aux secours d'hommes et d'argent des Anglais, et, en ôtant toute inquiétude à Tilly sur le Palatinat, lui donna beaucoup plus de latitude dans ses mouvements.

Au mois d'avril 1623, Tilly donna ordre au baron de Herbersdorf de rapprocher ses quartiers des frontières hersoises, et revint à son quartier-général d'Assenheim. De là, il écrivit au landgrave, pour l'inviter, au nom de l'empereur, à lui livrer passage par la Hesse. Sur le refus de Maurice, il lui dépêcha une nouvelle lettre accompagnée, cette fois, d'un ordre impérial. Mais le landgrave persista à s'excuser, par le motif que Mansfeldt et Christian de Brunswick l'avaient menacé de ravager ses états, s'il laissait passer un seul de leurs ennemis. A ce mauvais vouloir constaté, Tilly se contenta de répliquer qu'il saurait faire exécuter les ordres de Sa Majesté impériale.

Ces ordres enjoignaient au général d'empêcher, à tout prix, la jonction de Maurice de Hesse et de l'administrateur. Des instructions analogues arrivèrent également de Bruxelles, au camp de la Ligue. Tilly fut mandé à Aschaffenbourg par les électeurs de Mayence et de Cologne, pour y conférer sur les besoins de la situation. Les armements continuels d'Halberstadt alarmaient au plus haut point les princes catholiques. La nécessité de prévenir le danger se révélait, chaque jour, avec plus de force. Il fut décidé que Tilly envahirait la Hesse, forcerait Maurice à désarmer et se posterait de manière à pouvoir soutenir Anholt. D'autre part, Gonzalès de Cordova fut chargé de surveiller les mouvements de Mansfeldt et de lui barrer le chemin des états rhénans.

A son retour d'Aschaffenbourg, Tilly s'occupa de concentrer son armée, forte de 20,000 hommes, avec 14 pièces d'artillerie. Le 26 mai, il pénétra sur le territoire hessois, par différents côtés, dispersa facilement les milices de Maurice et porta son quartier-général à Hirschfeldt. Nous puiserons, dans une lettre de Cassel, en date du 26 mai (A. S.) 1623, écrite par un personnage de la cour de Maurice, de curieux détails sur l'entrée de Tilly à Hirschfeldt, sur sa personne, son armée, ainsi que sur les forces et les projets de ses adversaires.

« .... La présente servira pour vous confirmer notre misérable estat, estant arrivé M. Tilly, à Hirschfeldt, sans le consentement de Son Altesse, qui ne se trouve au pays. Messieurs les conseillers ont députe deux, pour s'informer de son intention et se plaindre de l'inobservation des promesses impériales et de celles qu'ils nous avait si souvent asseurées de ne désirer autre chose que le simple passage, pour poursuyvre son Altesse de Brunswick; je me suis trouvé en leur suitte, et vous peux affirmer pour véritable ce que je vous escriray, à sçavoir qu'il s'est saisy de tous les passages principaux qui luy pourraient servir, tant pour l'avancement de son voyage, que pour une disgratieuse retraitte, ayant arrière de soy toutes les villes pourvues de très-fortes garnisons, se fortifiant journellement en son nouveau nid, qui luy est propice pour les advantages qu'il reçoit des grandes montaignes et diverses rivières qui l'environnent. Y estant arrivés, on nous receut avecq toute sorte d'exterieures démonstrations de bienveillance, nous estimant luy debvoir servyr pour commissaires, pour luy servyr au recouvrement de vivres et aux aultres nécessités qui luy mancquent, mais oyant, au contraire, les plaintes et doléances qu'on lui fit, il nous respondit avecq peu de parolles, de ne se vouloir départir jusques à la déclaration de Son Altesse, s'il se voldrat submettre à l'obéyssance de Sa Majesté impériale, ou demeurer aux termes précédents pour luy desplaire. Pour la seconde, d'avoir charge de l'empereur d'avoir l'œil sur les actions du ducq Christian et de le réduire en sa dévotion, soit par amour ou par force. Et, pour le troisième, de ne se pouvoir desloger jusques à l'arrivée de ses restantes trouppes, que pour l'impossibilité de recouvrer les vivres, y avoir desja pourveu tellement que les siens n'y auraient pas grand mancquement, pour la grande provision de grains qu'il conduit avecq soy. Entretant que nos commissaires receurent leurs despesches, je me promenois par la ville et me renconstrois avecq le marquis Del Grano, qui se promenoit hors de la ville, au quartier de leur bagage, lequel je trouvois en très bon ordre de 180 chariots, tous très-bien rangés en guerre, et en chascun (quartier), trois grandes pièces de 10 à 12 livres, très-belles pièces, et en chascun est élevé un petit fort qui se continue de jour en jour. Le jour précédent, le général a fait recognoistre les montaignes à l'entour, avecq dessein de fortifier diverses places, comme desja on en a faict le commencement ; de leur discours, je comprins que les dites douze pièces estoient de celles qu'ils gaignèrent à la desfaicte du Marquis de Baden, pour s'en servir à nostre propre chastiement, et d'avoir 1,500 chevaulx à leur trainneure; nous despartant fismes le passage par plusieurs villages où qu'ils exercent les plus grandes inhumanitez qu'on pourroit penser, et trouvasmes véritable d'avoir envoyé force pains en tous les quartiers, pour n'y avoir trouvé que bien peu, en ayant sauvé et pourveu nos forts et villes ; de leur force, on n'en peult juger que par conjecture assurée d'être 8 régiments à pied et 11 à cheval. Ceux de pied, comme on a peu pénétrer, ne passent en tout $\frac{m}{15 \text{ ou } 16}$, mais selon l'extérieure apparence estre d'eslite. Ceulx à cheval, environ $\frac{m}{4}$, pesle-mesle, parmi l'autre, ne méritent nullement d'estre comparés à celle du ducq Christian. Depuis, y est encore arrivé le ducq de Saxe Lauenbourg, avecq son régiment, mais ne passe 600 chevaulx, comme aussi le ducq de Holstein, qui en peult pareillement avoir 5 ou 600 chevaulx, mais, mal armés, mais beaucoup de Crabats (Croates), plus propres à piller qu'à combattre. Le pis de tout gens très-volontaires et très-bien payez, ayant receu avant leur deslogement, qui 8 ou 10 mois de payes, comme l'asseurance qu'avons eu des moinitres (commissaires aux revues), nous le faict que trop certain. En oultre, l'ordre qu'ils tiennent est plus déplorable qu'imitable, ne se servant de beaucoup de bravades, mais de très-grande prévoiance, ne dormant jamais la nuict, par crainte de surprise en leur quartier, ains veillant tous jours au camp, en très-bon ordre, ayant faict conduire toutes les ordures des chevaulx de plusieurs lieues, pour se garantir des surprinses, tenant très-rigoreux régiment envers ceulx qui commectent des fautes en leurs postes, en outre, n'espargnant argent ny peine d'avoir des espions certains, tellement que, je vous asseure que c'est l'une des plus belles et mieulx ordonnées armées qu'on pourrait penser, estant pourveue de tout en si grande abondance, qu'à bon droict avons bien subject de la craindre. Quant au général, c'est un seigneur de très-grande expérience, aimé et craint de ses soldatz; il observe très-bonne justice sans regarder à aulcun degré; il a, à l'entour de soy, six commissaires, personnes signalées, tant par expérience que dextérité, de ceulx il se sert pour s'informer de toutes les particularitez.

« L'un d'iceulx se doibt pendre en peu de jours, pour avoir été corrompu d'un colonel de sa suitte, nonobstant qu'il soit un principal gentilhomme et que tout le camp ait intercédé pour sa délivrance. »

Tilly s'arrêta quelque temps à Hirschfeldt, pour jeter des garnisons dans les principales places fortes de la Hesse et pousser activement les négociations qu'il avait entamées avec le Cercle de la Basse-Saxe. Son approche jeta une grande consternation dans ce Cercle. La plupart des princes qui en faisaient partie, saisis de crainte que leur territoire ne devînt le théâtre de la guerre et, hors d'état de se mesurer avec Tilly, se rangèrent naturellement du côté du duc Georges de Lunebourg, qui persistait à repousser, avec une fermeté inébranlable, toutes les démarches faites auprès de lui par les ennemis déclarés ou secrets de l'empereur, pour l'amener à faire cause commune avec Christian. La force des circonstances fit de Georges, pour ainsi dire malgré lui, le représentant du parti impérial. Christian n'en devint que plus furieux contre son cousin. Le fougueux routier osa l'accuser de trahison. Les trois mois d'engagement de l'administrateur au service du Cercle approchaient de leur fin ; il eût ardemment désiré entraîner ou compromettre avec lui ceux qui l'avaient si imprudemment pris à leur solde; la résistance inflexible de Georges et la circonspection de Tilly déjouèrent ces plans. Battus de ce côté, le roi de Danemark et ses partisans se rejetèrent sur un autre expédient. Ils imaginèrent de solliciter de l'empereur la grâce de Christian, dans l'espoir que le refus, qu'ils supposaient inévitable de la part de Ferdinand, donnerait au prince proscrit le prestige qui s'attache aux persécutés, et ranimerait les sympathies qui s'éloignaient de lui. Tout au moins voulait-on gagner du temps, soit pour permettre à Mansfeldt et à l'administrateur d'Halberstadt d'augmenter leurs forces, soit pour agir avec un redoublement d'insistance et d'énergie auprès des membres du Cercle. Mais, à Vienne, on n'avait pas eu de peine à découvrir le piège caché sous ces sollicitations hypocrites.

On savait parfaitement à quoi s'en tenir sur la sincérité des solliciteurs. Néanmoins, Ferdinand était trop habile pour ne pas les prendre dans leurs propres filets. Il se déclara disposé à gracier l'administrateur d'Halberstadt, à condition que celui-ci licencierait immédiatement son armée. Christian, surpris de cette clémence imprévue, prétendit ne pouvoir accepter l'amnistie impériale, si elle ne s'étendait à tous les officiers et soldats de son armée. Son intention de traîner les choses en longueur devenait évidente. Afin donc de couper court à toute perte de temps et à tout détour, l'empereur donna à Tilly plein pouvoir de traiter directement avec le Cercle de la Basse-Saxe des conditions de l'amnistie et lui ordonna de ne pas franchir les frontières saxonnes, avant d'avoir épuisé les derniers moyens de conciliation. Le duc de Bavière lui écrivit dans le même sens et lui commanda de ne pas prendre l'offensive contre Halberstadt, jusqu'à nouvel ordre; Maximilien insista néanmoins sur la nécessité d'obtenir de l'administrateur, dans le plus bref délai possible, une déclaration nette et précise. En conséquence, le général invita les États du Cercle de la Basse-Saxe, réunis à Lunebourg, à obliger Christian d'accepter le pardon que lui offrait l'empereur, et, en cas de refus, à joindre les milices du Cercle aux forces impériales, pour chasser les bandes rebelles du territoire de l'empire. Afin de ne laisser aucun doute sur la sincérité de ses paroles, il offrit au duc de Wolfenbuttel, d'évacuer la Hesse aussitôt que Christian aurait licencié ses troupes.

Les princes de la Basse-Saxe se trouvaient dans un grand embarras. La discorde régnait parmi eux. La mésintelligence, entre les ducs Georges et Christian, en était venue au point que celui-ci refusa nettement d'obéir au premier, comme général du Cercle, et prétendit être uniquement au service de Frédéric Ulrich. Il avança, en même temps, ses cantonnements sur le territoire de Wolfenbuttel et porta son quartier-général à Nordheim. Son projet était de faire une pointe dans la Silésie et la Bohême, d'y rallier les débris du parti vaincu et d'opérer un soulèvement nouveau dans ces pays encore mal soumis. Le 6 juin, il expédia un officier à l'électeur de Saxe, pour lui demander passage à travers la Haute-Saxe. L'électeur refusa ; bien plus, dans la crainte de quelque tentative d'invasion, il garnit ses frontières de troupes, et informa Tilly de ce qui se passait. A cette nouvelle (15 juin 1623), le maréchal quitta Hirschfeldt et pénétra dans l'Eischfeld, d'où il pouvait facilement donner la main à l'électeur. Il eût vivement désiré pouvoir se porter rapidement sur l'armée de Christian et l'attaquer, car, la disette de vivres et de fourrages incommodait gravement ses troupes et chaque jour de retard l'affaiblissait. Mais il était lié par des instructions précises et il comprenait, d'ailleurs, l'importance de ne pas jeter le Cercle de la Basse-Saxe dans les bras de Christian, en prenant trop précipitamment l'offensive. Néanmoins, il était urgent de mettre un terme aux tergiversations de l'administrateur, en le forçant à se prononcer catégoriquement. Dans ce but, Tilly pressa de nouveau (27 juin) les États de la Basse-Saxe, à mettre Christian en demeure d'accepter le pardon de l'empereur ou de licencier son armée.

Le 29 juin, il écrivit au duc Frédéric-Ulrich, qu'il se verrait, sans doute, dans l'obligation de toucher le territoire de la maison de Wolfenbuttel, à cause des hostilités commises par Christian, et pria le duc de lui donner des commissaires pour accompagner son armée, assurer le service des vivres, et empêcher tout désordre. Frédéric-Ulrich, fort alarmé, jeta les hauts cris, appela l'univers à témoin de l'innocence de son frère et de la perfidie de l'empereur, joua l'indignation de la vertu opprimée, et finit par se poser en victime résignée. Christian prit des airs plus hautains. Dans une lettre qu'il fit porter à Tilly, par le courrier de Frédéric-Ulrich, il soutint n'avoir pas commis le plus léger acte d'hostilité et poussa l'audace jusqu'à prétendre que les sommes qu'il avait arrachées aux villes de l'Eischfeld lui avaient été offertes volontairement par les populations reconnaissantes,que cet argent, d'ailleurs, était de source tout aussi légitime, que celui levé par Tilly lui-même, dans le Wetterau. Puis, après avoir sommé le général de l'empereur, de déclarer nettement quelles étaient ses intentions, il lui signifia qu'il n'entendait accepter d'amnistie de l'empereur qu'à condition que cette amnistie comprendrait son armée tout entière et ne contiendrait aucune réserve. Il termina par les grandes phrases de rigueur sur son innocence et par une péroraison pathétique, contre la mauvaise foi impériale et le crime de ceux qui, « sous prétextes d'armées impériales, inondent l'empire de troupes étrangères, ne cherchent que leur intérêt et n'ont d'autre but que d'étendre leur domination, sous ombre de rétablir l'obéissance aux lois ».

A ces prétentions et à ces reproches, si étranges dans la bouche d'un aventurier notoirement à la solde de la Hollande et fanfaron de ses propres infamies, Tilly répondit avec la dignité calme et mesurée qui règne, à un point si remarquable, dans toute sa correspondance. Il réfuta, en peu de mots, les accusations portées contre la nationalité de son armée et sa conduite dans le Wetterau, et conjura, par des arguments de la nature la plus pressante, son orgueilleux adversaire, de ne pas repousser la main généreuse que lui tendait la clémence impériale.

Le Cercle de la Basse-Saxe, de plus en plus inquiet et perplexe, délibérait encore, quand une nouvelle note de Tilly, en date du 3 juillet, vint stimuler ses indécisions et encourager les amis du duc de Lunebourg. Cette note, fortement conçue, reprenait les choses dès le début et retraçait, avec une concision vigoureuse, les phases à travers lesquelles s'était développée la situation actuelle, si pleine de périls et d'embarras, et se terminait par l'injonction de prendre une résolution immédiate.

Presque en même temps, Tilly reçut de l'empereur l'autorisation d'accorder à Christian l'amnistie, sur les bases les plus larges, pour peu qu'il y eût d'espoir de déterminer ce prince rebelle à dissoudre son armée. Tilly s'empressa de faire signifier à Christian la nouvelle concession de l'empereur, en lui laissant huit jours, pour accepter ou refuser. Cette circonstance, connue des États de la Basse-Saxe, les détermina à faire de nouvelles instances auprès de leur redoutable général, en le menaçant de faire joindre, en cas de refus, leurs troupes à celles de l'empereur, pour le chasser du pays. Christian, acculé dans ses derniers retranchements, essaya de soulever encore quelques difficultés, qui révélaient clairement sa mauvaise foi. Tilly, fatigué de ces lenteurs et inquiet des ravages produits parmi ses gens par la disette de vivres, élargit ses quartiers et prit possession du château de Friedlandt, appartenant au duc Frédéric-Ulrich de Wolfenbuttel. Christian s'empara avidement de ce fait, pour accuser bruyamment l'empereur d'avoir violé la neutralité du Cercle de la Basse-Saxe ; il attaqua la garnison impériale de Friedlandt et reprit le château, au nom du Cercle. Peu après, il surprit le régiment du duc François-Albert de Saxe-Lauenbourg, qui, dans sa marche vers Plessen, où il devait loger, s'était égaré dans d'étroits défilés. Ce régiment fut taillé en pièces ; son colonel ne se sauva qu'avec beaucoup de peine après avoir perdu ses bagages et presque tous les étendards de ses escadrons. Ces actes d'hostilité, commis au nom du Cercle de la Basse-Saxe, jetèrent la plus vive inquiétude parmi les États, rassemblés à Lunebourg. Évidemment, Christian avait voulu les compromettre et les contraindre à se jeter, avec lui, dans la lutte : il n'y avait plus moyen de tergiverser, car le moindre retard pouvait amener l'entrée de l'armée impériale sur les terres du Cercle et transporter le théâtre de la guerre au cœur même du pays. L'assemblée se décida donc à désavouer Christian, elle lui retira le titre de général au service du Cercle et le somma de congédier ses troupes, aux termes de l'amnistie impériale ou de quitter le sol de l'empire (13 juillet). Le duc Georges de Lunebourg fut autorisé à prêter main-forte aux résolutions du Cercle, et à se joindre, en cas de besoin, avec Tilly, pour expulser Christian de ses positions. Le prince aventurier se trouvait pris dans le piège qu'il avait dressé lui-même ; ses violences tournaient à sa ruine. Les points d'appui lui manquaient tous à la fois ; car Mansfeldt, occupé à remplir ses caisses des dépouilles de l'Ost-Frise, se montrait peu disposé à sacrifier ses rancunes au salut de son rival et, d'autre côté, le comte de Wittgenstein, envoyé par Christian à Cassel, ne put réussir, malgré ses efforts et ses fausses nouvelles, à faire surmonter au landgrave Maurice les répugnances de son étroit égoïsme, pour une alliance formelle et active avec le prince brunswickois.

La position de Christian, dans le Cercle de la Basse-Saxe, devenait d'autant plus périlleuse, que ses troupes, formées presque entièrement de nouvelles levées, mal armées, mal organisées, plus mal disciplinées encore, étaient plus aptes à piller ou à incendier qu'à faire une guerre régulière. Il se vengea de ses déceptions, en exerçant d'affreux ravages sur un grand nombre de villages, qui avaient le malheur d'appartenir à l'électeur de Mayence, et, sans doute, ses cruautés auraient été portées plus loin, si Tilly n'y eût mis un terme.

L'état de l'armée de la Ligue n'était cependant guère plus satisfaisant que celui des troupes brunswickoises. Les privations de tout genre, qu'elle avait eu à endurer dans ses cantonnements, en Hesse, l'avaient singulièrement affaiblie : la discipline s'était relâchée ; lors du mouvement de Tilly vers les terres de Wolfenbuttel, les soldats affamés, irrités par de longues souffrances, s'étaient jetés, avec avidité, sur les bourgades à leur portée et, malgré les ordres du général, y avaient commis plusieurs excès. Le châtiment fut aussi prompt que sévère. Tilly fit arrêter immédiatement les plus coupables et les condamna à la corde; cette rigueur salutaire eut plein succès et le moral ébranlé des troupes fut bientôt relevé. D'ailleurs, le temps de la patience et des négociations était passé, pour faire place à celui de l'action. Le moment, ardemment désiré, mais aussi habilement attendu et ménagé par Tilly, était enfin venu. Il se hâta d'en profiter, pour tomber sur Christian, désormais livré par ses alliés de la veille à la vindicte impériale. Il envahit une seconde fois le pays de Gœttingue, assiégea le château de Friedlandt, à la vue des troupes de Christian, et s'en rendit maître, sans que celui-ci osât faire mine de s'y opposer. Le découragement avait pénétré dans l'âme de l'administrateur, déchu de ses espérances. Menacé, sur son front, par les Impériaux, et sur ses derrières, par la petite armée du Cercle de la Basse-Saxe, il ne pouvait plus se maintenir dans ses positions. Dans la nuit du 21 juillet, il quitta Nordheim, avec 16,000 hommes d'infanterie, 5,000 chevaux et 16 pièces d'artillerie. Avant de partir, il exhala ses amers ressentiments, dans une lettre qu'il adressa au Cercle de la Basse-Saxe, dit un éternel adieu à sa famille et se démit, quelques jours plus tárd (28 juillet), de l'évêché d'Halberstadt, ainsi que de tous ses bénéfices ecclésiastiques.

Le 28, il passa le Weser, à Hameln, et entra dans le comté de la Lippe. Tilly le suivit pas à pas, mais le général était en arrière de deux journées de marche, et il fut arrêté un jour entier, à Hœchster, à cause des difficultés que firent les habitants, de lui donner passage ; cependant, après quelques pourparlers, la ville ouvrit ses portes, et consentit à recevoir une garnison de 2,000 hommes, que Tilly pourvut abondamment d'artillerie, de vivres et de munitions. Le même jour (30 juillet), la cavalerie de la Ligue franchit le Weser, tandis que l'infanterie et l'artillerie le passaient sur un pont de bateaux, que le général avait fait construire, pendant ses explications avec les magistrats de la ville. Le lendemain, l'armée catholique atteignit Horn, où elle opéra sa jonction avec le corps d'Anholt, et se dirigea, par des chemins affreux, sur la ville de Halle, dans le comté de Ravensberg. Christian, fuyant devant elle, avait gagné l'évêché d'Osnabruck, où il perdit trois jours à rançonner la contrée et à attendre des nouvelles de Mansfeldt. Ces nouvelles ne furent sans doute pas favorables, car, au lieu de prendre la route de l'Ost-Frise, comme on s'y attendait généralement et comme Tilly le craignait, l'administrateur tourna court à l'ouest, et entra dans l'évêché de Munster.

A partir d'Osnabruck, le niveau du sol s'abaisse, par une pente insensible, jusqu'aux bords du Zuyderzée et de la Baltique. La plaine, basse et humide, est sillonnée par plusieurs rivières tributaires, soit de la mer, soit de l'Ems, et par une innombrable quantité de petits ruisseaux, que la moindre crue d'eau jette hors de leur lit, sur les deux rives; tous ces cours d'eau sont séparés par quelques chaînes de collines peu élevées, sur lesquelles les gens du pays construisent leurs habitations, ordinairement isolées, et éloignées les unes des autres (1). Cette disposition topographique, peu favorable aux mouvements d'une armée, devait nécessairement retarder la marche de Christian, rendue déjà lourde et pénible par l'encombrement du butin qu'emportaient ses soldats. Le désordre croissait à chaque passage de rivière, parmi ces bandes sans discipline et sans subordination, talonnées par l'impitoyable poursuite des catholiques.

Le 4 août, Christian passa l'Ems, aux environs de Grève. Le même soir, l'avant-garde de la Ligue, sous les ordres du comte d'Anholt, parut dans le voisinage de cette rivière, et apprit que les Brunswickois avaient à peine quelques heures d'avance sur elle. Tilly, décidé à ne laisser aucun relâche à l'ex-administrateur, fit aussitôt franchir l'Ems à ses troupes. Dans la soirée, il arriva à Steenvoorde et commença à découvrir l'arrière-garde ennemie, campée dans une bruyère, au-delà de la ville. Le colonel Avandagno reçut aussitôt l'ordre de pousser une reconnaissance, avec son régiment de cavalerie, soutenu de 500 mousquetaires. A la suite de quelques escarmouches insignifiantes, dans l'une desquelles le marquis del Grano fut blessé au bras, l'ennemi reprit son mouvement de retraite et abandonna la bruyère aux catholiques, qui s'y établirent. Tilly, désormais sûr de l'atteindre, accorda quelques heures de repos à ses soldats, puis il reprit sa poursuite, avec d'autant plus d'ardeur, qu'il avait été informé que Christian se proposait de chercher un refuge aux Pays-Bas et que les Hollandais avaient fait avancer des

1. Mittendorf, *Herzog Christian von Brunschweig*, p. 87.

troupes pour protéger sa retraite. On était au 6 août, fête de la Transfiguration, qui se trouva être le jour où le pape Urbain VIII fut élu. Vers huit heures, la cavalerie catholique atteignit celle de l'ennemi, non loin de Nienbourg, et engagea un combat assez vif. Christian fit mine d'abord de soutenir ses gens, mais, à la vue du gros de l'armée de la Ligue, il les rappela et se retira au travers d'un petit bois. Tout en marchant, il essaya d'arrêter l'énergique poursuite de Tilly, à l'aide de sa cavalerie et en profitant des avantages du terrain fort boisé. Une charge, vigoureusement conduite par le comte de Styrum et le jeune comte de Thurn, mit un moment en désordre l'avant-garde catholique, embarrassée dans un passage étroit; mais, ce ne fut qu'un triomphe éphémère: les escadrons de Christian, ramenés vivement par Anholt, furent culbutés et taillés en pièces. Styrum, criblé de coups, resta sur le carreau, et Thurn, grièvement blessé, ne dut son salut qu'à la vitesse de son cheval.

Vers deux heures de l'après-midi, Christian arriva dans une bruyère, en avant de Stadtloo, petite ville, sur le Berckel. Derrière lui, courait une série de monticules abruptes, que traversait une gorge marécageuse et profonde, de facile défense, seul débouché qui donnât accès sur la bruyère. La position parut excellente à Christian, pour gagner du temps. Il plaça le colonel Knyphausen à la sortie du défilé, avec deux de ses meilleurs régiments d'infanterie, et lui donna l'ordre d'y arrêter, à tout prix, les catholiques, pendant plusieurs heures. Il espérait, pendant ce temps-là, pouvoir passer à son aise la rivière, s'établir fortement sur l'autre rive et faire reposer ses soldats. Mais il n'eut pas même le loisir de faire les premiers préparatifs du passage. Tilly chargea Anholt de balayer le défilé, avec les régiments d'infanterie Schmidt et Mortaigne, les cuirassiers du duc Adolphe de Holstein et ceux du baron de Herbersdorf, que commandait, en l'absence de leur colonel, le jeune comte Werner de Tilly, neveu du commandant en chef. Une élite de mousquetaires, choisis dans tous les corps de l'armée, devait seconder l'attaque. Autour d'Anholt accoururent, avides de combattre, le baron de Schoenberg, le comte de Furstenberg, le duc de Saxe-Lauenbourg, les colonels Erwitte, Eynatten et Lindeloo. Le choc des Bavarois, électrisés par l'exemple de tant de braves et illustres chefs, fut irrésistible. Knyphausen délogé, en un clin d'œil, de sa position, put à peine reformer ses bataillons derrière les troupes brunswickoises, rangées à la hâte. Il fut suivi de près par Anholt, qui déboucha, en bon ordre, dans la plaine et lança ses régiments à l'attaque des masses ennemies, malgré un feu très vif d'artillerie.

Une mêlée sanglante s'engagea: elle dura pendant près de deux heures. Le vent qui chassait la fumée dans les yeux des catholiques, donnait un grand avantage à Christian; mais, ses bandes démoralisées n'étaient guères en état de lutter longuement, même dans de meilleures circonstances, contre des soldats aguerris et habitués à la victoire. L'infanterie lâcha pied la première et s'enfuit honteusement, sans se laisser émouvoir par les supplications et les menaces de ses chefs. Des compagnies entières se jetaient à genoux, pour implorer quartier. Ce ne fut bientôt plus un combat, mais un affreux carnage.

La résistance avait cessé; les Croates, enivrés de sang, sabraient encore sans pitié tout ce qu'ils rencontraient. Ému de ce spectacle, Tilly se jeta lui-même au-devant de ses soldats et envoya des trompettes dans toutes les directions pour sonner la retraite et arrêter le carnage. La victoire était complète. L'armée de Christian n'existait plus.

Après cette brillante victoire, Tilly fit dresser un inventaire exact de tout le butin fait sur l'ennemi, en artillerie, munitions et objets de toute espèce. La plupart des prisonniers de marque furent envoyés à Vienne, le reste convoyé jusqu'à Minden. Ces malheureux, au nombre de 5,000, passèrent en trois détachements le 9, le 10 et le 11 août, par Munster, ville qu'ils avaient, à plusieurs reprises, traitée avec leur barbarie habituelle. Aussi en redoutaient-ils l'approche. Pendant qu'ils étaient assis devant la porte de Notre-Dame, occupés à prendre leur repas, ils virent, tout à coup, arriver une foule de religieux, principalement des Jésuites et des Capucins, chargés de vivres, de vin, de bière, d'habits, de linge et de médicaments, qui se mêlèrent parmi eux, distribuant des secours, pansant les malades, consolant les blessés, encourageant les plus abattus. Quelques-uns de ces moines, si persécutés, allèrent jusqu'à faire évader plusieurs des prisonniers, ou à les racheter secrètement à leurs gardiens. Trait touchant de vengeance chrétienne, qui se renouvela souvent dans cette guerre! Il ressort avec éclat, par son contraste frappant avec les cruels et infâmes débordements de l'homme qui se glorifiait du nom d'*Ennemi des prêtres*. Le rapport de Tilly dit:

« Les tués, du côté de l'ennemy, montent à 6,000 ou environ, et entre iceulx un ducq de Saxe Weymar et plusieurs capitaines et officiers; nous avons gagné toute l'artillerie, qui estait de seize grosses pièces et 4 mortiers, grande quantité de munitions et de bagages, quelque 60 drapeaux et 8 cornettes. Les prisonniers de marque sont un aultre ducq de Saxe Weymar, frère aîné du sus dict, qui est grièvement blessé, un ducq de Saxe Altenbourg, qui est celluy qui l'année passée avait levé un régiment pour Sa Majesté catholique, un comte de Lœwenstein, un comte de Wittgenstein et un Rhingrave, colonel, un jeune comte de Sclick, le comte Henri d'Isenbourg, général de l'artillerie, le commissaire-général Francq, les coronels Spee, May et Sidon, la plupart des lieutenants-colonels, capitaines et officiers de l'infanterie et pardessus d'iceulx plust de 4,000 soldats. Le ducq Christian est retiré vers Brevoort avecq quelques trouppes de cavalerie, que les miennes, fatiguées du chemin des journées passées n'ont sçeu attaindre. Des nostres y sont demeurez quatre capitaines de cavalerie et un d'infanterie, et peu de soldats [1]. »

Ajoutons qu'au nombre des blessés se trouvait le comte Werner de Tilly, qui avait été frappé de deux balles, l'une au bras, l'autre à la main, et avait eu plusieurs chevaux tués sous lui. Ce jeune officier, digne héritier de son oncle, déploya dans cette bataille une rare valeur, et se fit remarquer parmi les plus braves.

Christian s'était enfui, dès le commencement de la déroute de ses gens, avec le jeune comte de Thurn et quelques escadrons de cavalerie. Ils coururent toute la nuit et ne s'arrêtèrent qu'à Bredevorde, sur le territoire hollandais. Leur frayeur était gratuite, car ils ne furent pas poursuivis. Les motifs de l'inertie des catholiques dans cette occasion sont décrits dans la lettre que nous avons citée plus haut; mais il en existait d'autres que Tilly ne pouvait confesser à l'infante et que nous retrouvons dans le rapport de ce général à l'électeur de Bavière.

« Si on m'avait laissé pleine liberté de poursuivre l'ennemi à outrance, ainsi que je l'ai demandé dernièrement à Ratisbonne, j'aurais, avec la grâce de Dieu, remporté à cette occasion, une telle victoire, que l'empire aurait été complètement pacifié et rétabli sur ses anciennes bases; je ne perds pas encore l'espoir d'obtenir ces résultats, à condition, toutefois, qu'on ne me lie plus les mains,

1. Archives du Royaume. Liasses de l'audience. Lettre de Tilly en date du 7 août 1623.

tandis que si l'on persiste à brider mes mouvements, ces troubles dureront des années, attendu qu'on ne peut pas se fier à *ces gens-là*. Si l'on trouve impossible de m'accorder les pleins pouvoirs que je réclame, je supplie alors qu'on veuille bien me décharger honorablement du commandement, et me permettre de venir à la cour ([1]). »

On sait aujourd'hui que les restrictions imposées à Tilly visaient uniquement les Hollandais, dont le territoire touchait, pour ainsi dire, au champ de bataille et auxquels les princes ligués ne voulaient, à aucun prix, donner motif d'une rupture ouverte. Ils avaient résisté inébranlablement à tous les efforts, à toutes les démarches des cours d'Espagne et de Belgique, pour les entraîner à ne plus reconnaître la neutralité des États-Généraux. Bien qu'ils sussent parfaitement à quoi s'en tenir sur la véritable valeur de cette neutralité des Hollandais, ils attachaient la plus grande importance à la maintenir, précisément parce qu'ils voulaient réduire la guerre à ses plus étroites limites, afin de la terminer plus promptement, et que, d'un autre côté, ils craignaient de payer de leur indépendance une immixtion trop large dans les affaires des Espagnols. On conçoit, d'ailleurs, que Tilly, naturellement influencé par ses relations personnelles avec les Pays-Bas et irrité par les secours que les États-Généraux venaient encore de fournir à Christian, lors de sa retraite, se plaignit de la gêne imposée à ses mouvements et frémit d'impatience, en se voyant forcé de laisser échapper l'occasion d'anéantir l'un des plus redoutables ennemis de l'empire. Il est douteux que ses prévisions, quant à la fin de la lutte, se fussent réalisées; en tout cas, ses premières impressions ne tardèrent pas à se modifier, car, bien qu'il n'eût pas obtenu ce qu'il demandait, il ne persista pas dans l'offre de sa démission. Si, dans certains points, les deux rapports du général de la Ligue diffèrent, ils offrent une coïncidence frappante dans la modestie de leur auteur. Tilly s'y efface complètement, pour laisser, après Dieu, toute la gloire du succès au comte d'Anholt. A l'électeur de Bavière, dispensateur des récompenses, il signale les plus vaillants, il propose Lindeloo, qu'il sait son ennemi, pour le poste de major-général; il n'oublie personne, excepté lui-même, « noble laurier de la couronne de ce *héros*, si indignement calomnié par l'esprit de parti allemand ([2]). »

1. Westenrieder VIII. 154. Gfrorer, p. 436. — 2. Gfrœrer, p. 437.

A peine arrivé à Bredevoorde, Christian était parti pour se rendre à Arnheim. Il y recueillit les débris de son armée, environ 6,000 hommes de toutes armes, que les États-Généraux prirent d'abord à leur service. Mais, au bout de trois mois, las de ce ramassis de bandits, ils se hâtèrent d'en débarrasser la Hollande, en les envoyant à Mansfeldt. Christian, encore plein de ressentiments contre son ancien compagnon d'armes, refusa de lui conduire ses troupes; il en laissa la charge au comte Hermann de Styrum, qui arriva effectivement au camp de Mansfeldt, sur la fin d'octobre. Plus tard, cependant, il entra aussi dans la Frise, suivi d'un millier d'hommes qui lui restaient, et poussa jusqu'à Gretsiel.

Cependant Tilly, délivré de Christian, avait tourné ses armes contre Mansfeldt. Il marcha d'abord sur Meppen, que l'ennemi abandonna sans coup férir, après l'avoir pillé, s'y établit, puis s'avança jusqu'à Wardenbourg, près d'Oldenbourg ; mais il ne put aller plus loin. A son approche, Mansfeldt s'était retiré dans une forte position, près de Leer, après avoir brûlé les villages voisins, détruit les moulins, emmené les troupeaux et inondé le pays à plusieurs lieues à la ronde. Il pouvait y braver, à son aise, les forces de la Ligue et celles de l'infante, dont les généraux concertaient leurs mouvements avec ceux de Tilly et tenaient les routes du Palatinat, observant à la fois Christian, Mansfeldt et les Hollandais. Sûr de ce côté, Tilly étendit son armée jusqu'au Weser, laissant au roi de Danemarck, inquiet pour le Holstein, le soin de garder les passages inférieurs du fleuve. Survint la saison des pluies. Les troupes catholiques, déjà fatiguées par une campagne laborieuse, se virent en proie à la disette. Le comte Gunther-Antoine d'Oldenbourg les avait entretenues quelque temps de vivres; elles avaient ensuite tiré de grands approvisionnements de Brême ; mais les communications avec cette ville ayant été coupées par une flotte hollandaise, elles se trouvèrent dans une situation fort difficile. Ce fut donc avec bonheur que Tilly vit arriver, dans son camp, des députés du roi de Danemarck, chargés de négocier avec Mansfeldt l'évacuation de la Frise orientale. Le général se hâta de saisir au vol l'occasion de sortir, avec honneur, d'embarras et se déclara prêt à seconder, de tout son pouvoir, les bonnes intentions du monarque danois. Il aurait voulu que Mansfeldt remît toutes ses places fortes entre les mains du comte d'Embden, et lui eût fait volontiers, à cette condition, un pont d'or. Mais l'aventurier était trop adroit pour y consentir et la cour de Bruxelles refusa son approbation à ce projet. Les négociations tirant en longueur, Tilly ne put en attendre le résultat et ramena ses soldats en Westphalie. Sa retraite fut encore hâtée par la nécessité d'envoyer le corps impérial, commandé par Colalto, et 2,000 hommes de sa propre cavalerie, au secours de la Hongrie, envahie par Behtlen Gabor.

Mansfeldt, instruit par ses espions de la dislocation de l'armée de Tilly, crut l'occasion favorable pour tenter la fortune, et opérer une razzia formidable dans les évêchés de Munster, d'Osnabruck et de Minden. L'expédition, composée des quatre régiments d'infanterie de Limbach, Lawich, Goldstein et Mansfeldt-rouge, était dirigée par le colonel Limbach, routier féroce et impitoyable, que ses exactions et ses cruautés sans nombre avaient depuis longtemps signalé à la haine des populations. Le 18 décembre, Limbach se mit en marche, pour ouvrir le passage. Le 19, il somma Friess-Oyta, petite ville de l'évêché de Munster, de se rendre. Il n'y avait là que 200 Bavarois ou Espagnols; mais ils étaient commandés par un des plus braves officiers de Tilly, le colonel wallon Blancart. Ils répondirent à Limbach qu'ils n'avaient à lui donner que de la poudre et du plomb. Deux assauts successifs, livrés dans la soirée même par le lieutenant de Mansfeldt, furent repoussés: un troisième, qui eut lieu dans la matinée du 20, n'eut pas plus de succès. Limbach fut contraint de se retirer à Olden-Oyta, pour y attendre du secours. Cependant, le comte d'Anholt, informé de ce qui se passait, avait envoyé, en toute hâte 300 hommes de renfort, à Friess-Oyta et ordonné au colonel Erwitte d'aller attaquer l'ennemi, avec son régiment de cavalerie et quelques troupes d'infanterie. Erwitte obéit immédiatement, et fit tant de diligence que, le jour de Noël, il se montra devant Olden-Oyta, où Limbach avait rallié les différents détachements de son corps expéditionnaire. L'attaque commença le même soir; les gens de Mansfeldt, vivement poussés, mirent le feu au village, et se réfugièrent dans le cimetière du lieu, qui était enclos d'une bonne muraille. Ils avaient déjà perdu plus de 250 hommes, outre une centaine de prisonniers, parmi lesquels se trouvait le lieutenant-colonel du régiment de Lawich. Le lendemain, Erwitte fit venir de Friess-Oyta quantité de chariots de foin, avec une pièce de campagne; son dessein était de faire approcher ces chariots de la muraille du cimetière, par les prisonniers de la veille, et de livrer l'assaut, à l'abri de ce rempart de nouvelle espèce. A peine les premiers préparatifs étaient-ils faits, que les assiégés demandèrent à être reçus à merci, ce qui leur fut accordé, moyennant la remise de leurs enseignes, armes et bagages.

Parmi les prisonniers était le colonel Limbach, son lieutenant-colonel Bellesheim, un jeune comte de Solms et le colonel Lawich, auxquels Erwitte reprocha, avec indignation, d'avoir brûlé, sans nécessité, le village d'Olden-Oyta. « Les dits prisonniers, dit le rapport d'Anholt, généralement confessent qu'il ne reste que deux régiments à Mansfeldt, l'un de 150 hommes et l'autre de 700, et 30 compagnies de chevaulx, dont la plus grande n'arrive pas à 40 chevaulx, et ne sont environ que 1000 chevaulx, et que, comme l'on a présentement mis en déroute 4 régiments, oultre 1,000 prisonniers que l'on a prins, son armée de gens de pied s'est entièrement perdue et dissipée [1]. »

Limbach, que la conscience des forfaits qu'il avait à expier inquiétait pour sa vie, parvint à corrompre ses gardiens et s'échappa, la nuit, mais la neige le trahit ; il fut arrêté de nouveau, et ramené au camp, les fers aux pieds [2].

Pendant qu'Anholt continuait à harceler Mansfeldt, Tilly mettait le gros de son armée en quartiers d'hiver.

La nécessité de faire place au corps d'armée espagnol, qui, sous les ordres du comte de Rittberg, venait de prendre Lipstadt et devait hiverner dans le comté de Ravensberg et autres dépendances du duché de Neubourg, la considération de l'épuisement du pays le contraignirent à élargir ses quartiers. Il demanda au landgrave Maurice de Hesse l'autorisation de cantonner une partie de ses troupes sur le territoire de Hesse-Cassel. Cette demande, qui cachait un but politique facile à deviner, équivalait à un ordre. Maurice se soumit à la pression des circonstances, et plusieurs régiments impériaux ou bavarois entrèrent dans le Landgraviat.

Dans l'intention de soulager, autant que possible, les populations et de les soustraire à l'arbitraire du soldat, Tilly prit des mesures pour que la solde fût exactement payée et

1. Archives du royaume. Corresp. historique, t. V, p. 2.
2. Ibid., p. 5.

régla, d'une manière précise, l'entretien des hommes à charge des habitants. Malgré ces précautions, malgré la discipline maintenue par le général [1], des désordres graves, des exactions révoltantes donnèrent lieu à de grandes plaintes. Deux princes de l'empire, deux luthériens, les ducs de Saxe Lauenbourg et de Holstein, se firent remarquer au premier rang des officiers supérieurs, qui, au mépris de leur devoir et de leur propre dignité, donnèrent de honteux exemples de cruauté et d'avidité. Tilly leur infligea, sans succès, de sévères réprimandes et, fatigué de leur incorrigible licence, les fit passer en Hongrie, avec les régiments qu'ils commandaient.

Il ne se contentait pas de punir et, à la différence de Wallenstein, il prêchait d'exemple. « Il n'était dominé, ni par un orgueil exagéré, ni par une basse cupidité. Simple dans toutes ses habitudes, il avait peu de besoins, et exigeait beaucoup moins des localités dans lesquelles il établissait son quartier-général, que la plupart des officiers de son temps. Ses hôtes vantaient sa bienveillance et l'aménité de son caractère et ses ennemis même étaient obligés de rendre hommage à la rare modération de ce grand capitaine [2]. »

Cependant Maurice, enfermé dans Cassel, déplorait amèrement sa triste situation. Exaspéré par le chagrin et la frayeur, il s'imagina que Tilly en voulait à sa vie et s'échappa comme un malfaiteur, abandonnant ses sujets aux malheureuses destinées que son lâche égoïsme leur avait préparées. Il parcourut les cours du Nord, cherchant des vengeurs disposés à braver le péril qu'il n'avait pas eu lui-même le courage de regarder en face. Pendant son absence, l'administration hessoise tomba dans une dissolution complète. La noblesse traita en son propre nom, sans s'inquiéter du landgrave, les villes et les paysans refusèrent de payer les impôts; le peu qu'il y avait d'armée fut réduit, par la désertion, à quelques compagnies. Tilly mit à exécution l'arrêt de la chambre de justice impériale, qui décidait, en faveur du landgrave de Hesse-Darmstadt, le litige existant depuis

1. Un fait entre mille autres prouve la sévérité avec laquelle Tilly réprimait les désordres de la soldatesque. Quelques excès avaient été commis à Delmenhorst par un détachement d'Impériaux. Sur la plainte du magistrat, Tilly fit arrêter les coupables, six d'entre eux furent pendus, un septième qui devait subir le même sort, s'échappa un moment, après avoir tué le bourreau ; mais saisi de nouveau, il fut arquebusé sur place.

2. Comte Von der Decken. Duc Georges, t. I, p. 291.

nombre d'années entre les deux branches de la maison de Hesse, sur la principauté de Marbourg ; de plus, l'abbaye de Hirschfeldt, dont Maurice s'était emparé illégalement, fut restituée à l'Église (1), sans qu'aucune réclamation se fit entendre.

1. Gfrœrer, p. 431 et s.

Chapitre sixième.

LES effroyables dévastations commises par Mansfeldt dans la Frise orientale, avaient réagi contre lui-même. La famine envahit son camp et y fit de nombreuses victimes ; l'arrivée des 6,000 Brunswickois, que lui amena Herman de Styrum, ne fit qu'aggraver sa position. Les soldats désertaient par centaines, et, peu à peu, son armée, qu'il avait portée à 25,000 hommes, se trouva fondue, comme la neige, aux rayons du soleil. Dans cette extrémité, son premier soin fut de mettre en sûreté le fruit de ses rapines. A cette intention, il fréta deux vaisseaux hollandais, les fit remplir secrètement des immenses richesses, qu'il avait accumulées par ses pilleries, et les dépêcha en Hollande. Pour prévenir le mécontentement de ses bandes et empêcher une attaque sur les deux navires, il répandit le bruit qu'il attendait incessamment des agents français, vénitiens et savoyards, avec de grosses sommes d'argent, destinées au paiement des troupes. Mais le mystère fut révélé au comte Enno, qui s'empressa d'en faire part aux habitants d'Embden. Ceux-ci arrêtèrent les bâtiments hollandais au passage, déchargèrent toute la cargaison et la mirent sous bonne garde en lieu sûr. Mansfeldt éclata en menaces, mais sa colère impuissante n'aboutit qu'à aigrir ses relations avec les bourgeois d'Embden, qui, devenus plus hardis, depuis qu'ils étaient délivrés de la majeure partie de la garnison hollandaise, lui coupèrent les vivres. L'échec important essuyé par quatre de ses régiments contre le colonel Erwitte, rendit l'aventurier plus modéré. Se croyant perdu, il eut recours à l'un de ces expédients déloyaux qui lui étaient familiers. D'accord secrètement avec les États-Généraux, il offrit aux États de la Frise de leur vendre son départ pour 300,000 florins, somme qu'il savait impossible à réaliser, par l'horrible misère où il avait mis le pays. Comme il l'avait prévu, les Frisons s'adressèrent aux États-Généraux, qui firent d'abord la sourde oreille et ne parurent prendre intérêt à la question que lorsqu'ils virent les paysans exaspérés, prêts à se révolter et à chasser par la force les troupes affaiblies de Mansfeldt.

Le traité fut dès lors bientôt conclu. Mansfeldt promit de licencier immédiatement ses gens, d'évacuer le pays en dix jours et de remettre, aux mains des Hollandais, toutes les forteresses de la Frise orientale, moyennant le paiement des 300,000 florins. Les États-Généraux s'engagèrent, en outre, à lui faire restituer tous les objets saisis par les habitants d'Embden, sur les deux navires hollandais. Enfin, non contents de se mettre en possession réelle de la Frise, ils exigèrent des États du pays une hypothèque sur les *moyens de consomption et contribution* (1). Le traité fut exécuté immédiatement. Mansfeldt congédia ses troupes, que les États-Généraux prirent à leur service, sur le refus des comtes d'Oldenbourg et d'Anholt de les laisser passer. Lui-même se retira en Hollande avec le comte Ernest de Nassau, laissant, pour adieu à l'Allemagne, la tache d'une trahison qui coûtait à l'empire une de ses provinces. Les 300,000 florins promis à sa félonie lui furent exactement payés, mais les habitants d'Embden refusèrent obstinément de restituer même les pièces d'artillerie qu'ils avaient trouvées sur les navires de Mansfeldt.

Christian fut plus facile à satisfaire que son compagnon d'armes. Il n'avait guère, avec lui, que 2,000 hommes, qu'il ne pouvait même pas payer. Il se plaignait amèrement des États-Généraux « à cause de leur grande ingratitude et du comte de Mansfeldt, *pour les vaines espérances d'un soulde et gages étrangères, avec lesquelles il l'avait entretenu* (2). Il essaya de regagner le duché de Brunswick, mais le comte d'Oldenbourg, dont il devait nécessairement traverser les terres, lui refusa nettement le passage, à l'instigation d'Anholt. A bout de ressources, il pria le comte de lui avancer une somme de 9,000 Reichsthalers, afin de pouvoir congédier ses soldats. Le comte, pressé de purger son voisinage d'hôtes aussi dangereux, accepta la proposition, avec l'assentiment de Tilly, et Christian s'engagea :

1° D'après la réception des 9,000 Reichsthalers, incontinent à congédier et licencier ses soldats, avec petites troupes et tellement qu'ils ne se pourront nulle part rassembler. 2° Se soulmettre en toute obeyssance à Sa Majesté Impériale, et tascher d'avec ses effectuels services gagner la faveur et grâce de Sa Majesté (3).

Conformément aux stipulations du traité, l'administrateur

1. Archives du royaume. Secrétairerie d'État allemande. Correspondance diplomatique. Carton 196. — 2. Ibid. — 3. Ibid.

licencia les débris de son armée, mais, au lieu de se rendre en Danemarck, comme on le croyait, il se réfugia en Hollande, où il passa l'hiver, en conspiration permanente contre l'empereur.

Tilly avait pris une grande part au traité qui le débarrassait de Christian. Tous les articles lui en avaient été soumis par le comte d'Oldenbourg, dont il se plut à reconnaître les éminents services dans une lettre de recommandation spéciale à l'empereur [1].

Mais si, de ce côté, le général avait lieu d'être satisfait, il n'en était pas de même à l'égard des derniers actes de Mansfeldt et des Hollandais, dans la Frise orientale. A Vienne, comme à Munich et à Bruxelles, la remise des places fortes de ce pays aux États-Généraux souleva de grandes inquiétudes et de vives réclamations. L'infante, plus directement intéressée que tout autre prince à arrêter les progrès de la puissance hollandaise, dépêcha à Tilly Pierre de Vischer, ancien bourgmestre d'Embden, avec mission de s'entendre avec le général et le comte d'Oldenbourg, sur les moyens de forcer les États-Généraux à évacuer les forteresses achetées à Mansfeldt. La princesse se flattait également de l'espoir de ramener les habitants d'Embden dans l'obéissance de l'empereur, ce qui devait entraîner, à ses yeux, la réduction de la Frise orientale. Les renseignements que Vischer puisa sur les lieux lui démontrèrent l'inanité de cette espérance; le comte d'Oldenbourg, dont le dévouement éprouvé à l'empereur commandait la confiance, détourna l'envoyé belge de faire aucune tentative à cet égard et le convainquit que l'unique moyen d'écarter les Hollandais de l'Ostfrise était « d'induire les États du Cercle de la Basse-Saxe à condescendre à rembourser aux Hollandais les 300,000 florins payés à Mansfeldt, ce qu'ils pouvaient aisément faire, et en attendre le remboursement aux mêmes conditions que les États avaient accordées [2]. » Pflueg envoyé du comte, fit observer à Vischer, que l'emploi de la force étant indispensable, en cas de refus des Hollandais, il serait prudent de s'y préparer d'avance, d'établir des magasins dans les places frontières du pays de Munster, et de concerter d'avance un plan de campagne, pour attaquer les Hollandais sur deux

1. Archives du royaume. Secrétairerie d'État allemande, Correspondance de Ferdinand II. pièce 22.
2. Archives du royaume. Corresp. diplom. Carton 196.

points à la fois (1). L'avis devait plaire à Vischer qui prit occasion de voir Tilly. Le général de la Ligue ne lui dissimula pas le fond de sa pensée. Comme l'Infante, il était convaincu que le véritable nœud de la question allemande était à La Haye et qu'on le chercherait vainement ailleurs. « Que Son Altesse, dit-il, obtienne de la Ligue de m'autoriser à pénétrer avec mes troupes dans le comté d'Embden, pour en expulser les Hollandais et d'accepter le concours de l'armée espagnole, qui m'a déjà été offert; que, dans ce but, Elle fasse diligence auprès de l'empereur, au nom duquel l'expédition se doit faire, auprès des princes catholiques, maîtres de mon armée, en offrant de gros subsides, quelque chose comme 40,000 écus par mois. Ce seront peines et argent bien employés (2). »

Vischer, enchanté de ces ouvertures, se hâta d'aller reporter les paroles de Tilly à l'infante. Isabelle hésita d'abord. « Je « n'ai pas osé, manda-t-elle au Roi, écrire dans ce sens, car « il est clair que le duc de Bavière ne voudra consentir, à « moins que V. M. ne s'oblige à le maintenir lui et ses héri- « tiers dans l'Électorat, conformément aux propositions que « V. M. m'a écrit ne vouloir admettre. En outre, pour dire « ma pensée à V. M., il est clair que, selon les prétentions « du roi d'Angleterre et du palatin, qui sont la restitution « intégrale, et selon celles de l'empereur et du duc de Bavière, « qui sont si différentes, il n'y a pas apparence de faire un « accommodement avec le Palatin. Aussi me paraît-il qu'il « conviendrait au service de V. M. de s'entendre directement « avec le duc de Bavière, pour négocier la pratique indiquée « par Tilly et la faire venir à effet, malgré la répugnance « des électeurs ecclésiastiques à entrer en guerre contre les « Hollandais. Tout au moins faudrait-il s'entendre pour les « affaires d'Allemagne, de manière à ce que le duc de Bavière « nous remît les places de Heidelberg, et Manheim qu'il « détient et que V. M. fût mise en possession de tout le Bas- « Palatinat, moyennant d'assister le duc dans la possession « de la dignité électorale et du Haut-Palatinat (3). »

Cependant, sans attendre la réponse du roi, Isabelle chargea le comte d'Onate de faire près de l'empereur les

1. Archives du Royaume, Corresp. diplom. Carton 196.
2. Correspondance diplomatique. Carton 196. Lettre de P. de Vischer du 29 janvier 1624.
3. Cartulaires et manuscrits. Vol. 211, n° 9. Lettre du 17 avril 1624.

diligences demandées par Tilly. Ferdinand, auquel le comte d'Oldenbourg écrivit dans le même sens, manifesta les meilleures dispositions. Le 10 avril déjà, il avait mandé à l'infante qu'il avait convoqué une assemblée des Cercles de la Haute et Basse-Saxe, pour s'occuper de l'affaire des places de la Frise et la pria de donner l'ordre aux généraux espagnols de s'entendre immédiatement avec Tilly, sur les opérations d'attaque, afin de ne pas perdre un instant, en cas de solution non pacifique.

L'infante aurait voulu plus, c'est-à-dire, attaquer immédiatement la Hollande. C'était bien la pensée de Tilly et l'empereur, laissé à lui-même, y aurait consenti (1). Mais à Madrid la proposition de fournir des subsides à l'armée de la Ligue fut absolument repoussée et les chefs de la Ligue sondés de leur côté, exprimèrent la ferme intention de ne rompre à aucun prix avec les Hollandais. Sur ces entrefaites, les États de la Basse-Saxe parvinrent à faire agréer leur médiation aux États-Généraux. Grâce à eux, les Hollandais évacuèrent les forteresses de l'Ostfrise, qui furent presque toutes démolies (2) et le terrain des négociations entre l'Espagne, l'empereur et les princes de la Ligue catholique se trouva restreint aux affaires du Palatinat.

L'Allemagne semblait pacifiée, l'autorité impériale reconnue sur tous les points de l'empire ne rencontrait plus d'ennemi avoué et toute résistance paraissait avoir cédé devant les aigles victorieuses de Tilly. Le nom de ce grand homme, rehaussé des obstacles qu'il avait surmontés, des périls qu'il avait bravés et conjurés, des adversaires nombreux qu'il avait successivement terrassés, retentissait d'une extrémité de l'Europe à l'autre. Les gens de guerre exaltaient ses talents militaires, les catholiques glorifiaient ses vertus, et les princes le comblaient à l'envi des marques de leur reconnaissance. L'empereur et le duc de Bavière lui firent présent de quelques terres, entr'autres de la seigneurie de Breiteneck, composée de plusieurs villages en Bavière. Ce domaine, érigé en comté, et fief immédiat du Saint-Empire, fut compris dans le Cercle de Bavière, il donnait à ses comtes voix et séance aux Diètes de l'Empire, dans le banc de Souabe (3).

1. « L'empereur y incline, y tâche et l'approuve, mais il y a peu d'apparence que ceux de la Ligue y consentent ». Cartulaires et manuscrits. Vol. 211, n° 9. Lettre de l'infante au roi du 22 juillet 1624.

2. Correspondance de Ferdinand II.

3. Goethaels, *Généalogie de T serclaes*, p. 146.

Le 20 septembre 1623, le roi d'Espagne, auquel Tilly avait annoncé l'heureuse issue de la bataille de Stadhoo, lui écrivit une lettre autographe de félicitations et l'honora du titre de *cousin*, distinction réservée d'ordinaire aux plus grands seigneurs et d'autant plus flatteuse qu'elle était dans cette circonstance donnée spontanément (1).

Par une attention pleine de délicatesse, qui fait autant d'honneur à la noblesse des sentiments de Philippe IV qu'au caractère de Tilly, ce prince accorda, en même temps, une pension viagère de mille écus au comte Jacques de Tilly et voulut que le brevet en fût adressé d'abord au général, par les mains duquel il devait être remis au comte Jacques son frère. Ce seigneur ne jouit pas longtemps des faveurs royales. Il mourut, au château de Tilly, le 11 octobre 1624. La pension de mille écus, qu'il avait obtenue, fut continuée, après lui, à son fils, Jean Werner, qui servait avec distinction dans l'armée de la Ligue et s'était couvert de gloire à Stadhoo.

Les États de la Ligue, quoique ayant plus profité des services de Tilly que le roi d'Espagne, ne se montrèrent pas aussi généreux. Le 2 décembre 1623, le général n'avait rien touché des 20,000 thalers qui lui avaient été spontanément accordés par la dernière assemblée des États.

Pressé par la nécessité de faire honneur aux dépenses qu'occasionnaient ses fonctions modiquement rétribuées, il réclama auprès de l'électeur de Mayence. L'affaire traîna en longueur et fut portée à l'assemblée de la Ligue, qui eut lieu à Augsbourg, vers la fin d'avril 1624. Tilly, retenu ailleurs, y envoya son secrétaire, Victorin Gilger, avec mission d'insister sur le paiement de la somme déjà votée et de demander une nouvelle gratification, plus considérable que la première. A l'appui de ces prétentions, Gilger dressa, le 26 avril, un mémoire qui contient des détails intéressants sur le côté intime de la vie de Tilly, et confirmant pleinement la haute idée qu'on a pu déjà se faire de la sévère probité et du généreux désintéressement de l'illustre capitaine. Gilger fixa à 100,000 thalers le minimum de la nouvelle gratification qu'il sollicitait, de la part du lieutenant-général, et, pour justifier ce chiffre élevé, fit remarquer que le comte, son maître, s'était toujours contenté d'appointements très modiques, d'abord de 2,000, puis de 3,000 florins par mois,

1. Archives de Vienne. Archichancellerie de l'Empire.

ce qui ne faisait guère que 5 à 700 thalers, d'autant que la valeur du thaler venait d'être portée à 4 florins. «Mon maître, continue le secrétaire, n'a tenu, il est vrai, qu'un modeste état de maison, mais son traitement est loin de lui suffire, même en dehors des frais extraordinaires et indispensables auxquels il a dû subvenir, en faisant de grands sacrifices. Il a défrayé quantité de commissions d'ambassades, et *partout, en pays ennemi, comme en pays ami, il n'a jamais entendu vivre aux dépens des cultivateurs et des bourgeois. Au contraire, il a constamment entretenu ses gens à ses propres dépens jusqu'au point d'acheter l'avoine et le fourrage.* S. M. I. a donné 3,000 couronnes au marquis de Montenegro, pour l'indemniser de ses pertes de change sur l'argent monnayé, pendant quelques mois de service ; à ce compte, les pertes de mon maître du même chef se monteraient déjà à 7,000 thalers (1) ».

Malgré la justesse et la force de ses arguments, Gilger n'obtint qu'une promesse assez vague dans l'avenir. La première partie de ses réclamations, celle concernant le paiement des 20,000 thalers, précédemment accordés, fut seule admise, et le terme fixé à la Saint-Jean suivante (2):

La parcimonie des États de la Ligue, dans cette circonstance, n'excluait cependant pas une juste appréciation des services et du mérite de leur général. Vers l'époque de l'assemblée d'Augsbourg, Tilly s'était rendu en Bohême, où l'appelaient des affaires particulières ; le bruit se répandit que l'empereur lui avait fait accepter la direction de la guerre de Hongrie. Sur cette simple rumeur, les princes ligués s'alarmèrent et, le 29 avril, l'électeur de Mayence écrivit au nom de ses co-états, à l'électeur de Bavière : « j'apprends que le comte de Tilly a été gagné par l'empereur pour la guerre de Hongrie. Votre Dilection sait de quelle grande considération ce général jouit dans notre armée ; nous ne doutons donc pas qu'elle fera les démarches nécessaires pour que le comte nous soit laissé et qu'un inconnu ne vienne pas à sa place (3). »

Cette considération prenait sa source non seulement dans les talents militaires du lieutenant-général, dans sa profonde expérience de la guerre, mais aussi, dans sa sollicitude

1. Archives de Vienne. Acta Unionis Catholicæ.
2. Archives de Vienne. Arch. de l'empire.
3. Ibid.

vraiment paternelle pour son armée. Autant il était sévère et inflexible dans le maintien de l'ordre et de la discipline, autant il montrait de vigilance et de soin à ménager ses troupes, à prévenir leurs besoins, à soulager leurs fatigues, à soutenir leur moral, à les entourer de tous les adoucissements que comportaient les circonstances. Nul détail ne lui paraissait trop petit, lorsqu'il s'agissait de la santé ou du bien-être de ses soldats. Il était accessible au dernier d'entre eux. Aussi en était-il encore plus aimé que redouté. Les vétérans, dans leur langage familier, ne l'appelaient que le *vieux Jean*.

Son affection pour les gens de guerre, sous ses ordres, n'allait cependant pas jusqu'à lui faire méconnaître, comme chez tant d'autres de ses contemporains, les lois de l'humanité à l'égard des habitants des villes ou des campagnes. Il ne tolérait pas plus la licence chez le soldat que l'exaction chez l'officier et trouvait que l'entretien, même payé, d'un corps d'armée était une charge assez lourde pour les pays de cantonnements, sans l'augmenter encore par d'inutiles et arbitraires vexations. En capitaine sage et prévoyant, il ne détruisait pas, pour le seul plaisir de détruire, à l'exemple des Christian et des Mansfeldt, et ne souffrait pas que ses gens gaspillassent des ressources, qui pouvaient leur devenir précieuses dans l'avenir. Sa correspondance avec l'infante Isabelle, au commencement de l'année 1624, roule tout entière sur ce sujet. Ses lettres ne sont qu'une série d'intercessions en faveur des princes dont le territoire était occupé par les cantonnements des troupes espagnoles, que commandait le comte de Rittberg. Il est presque importun sur ce point. Aussi, ceux qui croyaient avoir à se plaindre s'adressaient-ils de préférence à lui. C'est ainsi qu'on voit le chapitre de Magdebourg, le duc Frédéric Ulrich de Brunswick Wolfenbuttel, le duc Christian de Lunebourg solliciter instamment son intervention, près du gouvernement des Pays-Bas, pour obtenir l'allègement des souffrances occasionnées à leurs sujets par les garnisons espagnoles. Il ne se lasse pas de représenter à l'infante « la désolation et l'affliction de ces contrées, réduites à une grande pauvreté, laquelle n'ayant bonnement pu croire par relation, il l'a apprise par ses yeux en ses voyages. » Il touche toutes les cordes ; il insiste « sur les inconvénients qui peuvent résulter du mécontentement des princes neutres et de l'ombrage qu'ils ont de se voir tant de gendarmerie sur les bras »; enfin, il supplie Son Altesse « d'y faire la réflexion que, selon sa prudence accoutumée, elle jugera nécessaire, pour le plus grand bien et repos de l'empire et du public. »

Ses remontrances furent écoutées et, si les généraux espagnols commirent encore des « foules et vexations sur les pauvres subjects opprimés », du moins, ce ne fut pas faute d'ordres sévères envoyés de Bruxelles.

La cavalerie était la partie de l'armée qui pesait le plus sur l'habitant et suscitait le plus de plaintes. Chaque régiment traînait ordinairement à sa suite un nombre infini de bêtes de somme, de *goujats*, gens de sac et de corde, pillards féroces et tout à fait indisciplinables. Cet abus, introduit au mépris des anciennes ordonnances, avait pris des proportions telles, que des cantonnements, qui eussent pu entretenir un régiment pendant plusieurs mois, étaient épuisés au bout de quelques jours. Tilly voulut y mettre un terme et promulgua, le 1er août 1624, un règlement des plus remarquables et qui lui valut la gratitude des populations (1).

Dans le courant de la même année, Tilly concourut à une négociation qui intéressait, au plus haut degré, Maximilien de Bavière. On se rappelle que, à la diète de Ratisbonne (1623), la dignité électorale, dont était revêtu le palatin Frédéric, avait été solennellement transférée au duc de Bavière. Bien que la majorité des membres de la diète et du collège électoral eût approuvé cette mesure, l'empereur et le duc sentaient fort bien que l'acte ne pourrait être regardé comme pleinement consommé, que lorsqu'on aurait obtenu l'adhésion des électeurs de Saxe et de Brandebourg, principalement du premier. Or, sans témoigner d'hostilité au nouvel électeur, Jean-Georges de Saxe se tenait dans une froide réserve, qu'imitait son collègue de Brandebourg. Les deux princes étaient convenus de ne pas traiter l'un sans l'autre. Cependant, un pas important pour l'aplanissement des difficultés, que rencontrait, à Dresde, la translation du bonnet électoral, avait été fait en 1623 ; l'empereur avait cédé officiellement à Jean-Georges la possession, par engagère, de la Lusace, que l'électeur détenait déjà, il est vrai, à titre d'indemnité de ses frais de guerre, mais dont il n'avait jamais été légalement investi. Les États des deux margraviats, dont se composait cette partie des domaines de la maison d'Autriche,

1. Voir l'appendice.

prêtèrent serment au prince saxon et l'unique droit, que se réserva Ferdinand, fut de faire intervenir son nom dans la formule du serment des quatre grands officiers du pays, conséquemment liés, à la fois, vis-à-vis de l'empereur et de l'électeur de Saxe. La cession d'une province aussi riche et aussi populeuse ne pouvait manquer d'exercer une influence notable sur les dispositions de la cour de Dresde. On en profita. Les premières ouvertures de conciliation furent faites par le landgrave Louis de Hesse-Darmstadt, gendre de l'électeur. A la diète de Ratisbonne, Louis avait vivement combattu l'acte de translation. Mais ses convictions, à cet égard, s'étaient considérablement modifiées, depuis qu'un arrêt impérial avait décidé en sa faveur le procès relatif à la principauté de Marbourg. Il se rendit, en personne, à Dresde, au commencement de l'année 1624, et plaida la cause de Maximilien avec l'éloquence d'un nouveau converti. Jean-Georges ne cherchait plus, de son côté, qu'un prétexte pour se rendre. On fut bientôt d'accord. L'électeur promit d'approuver l'admission de Maximilien dans le collège électoral, au lieu et place du palatin, à condition : 1° que les troupes de la Ligue évacueraient immédiatement le territoire des villes et états évangéliques ; 2° qu'après la mort de Maximilien, la dignité électorale retournerait aux héritiers de Frédéric V. Ce dernier point avait déjà été concédé. Mais l'exécution du premier était plus que difficile. De nouvelles négociations devinrent donc nécessaires et l'empereur en confia le soin à l'électeur de Mayence, Jean Schweikard, vieillard plein de sagesse et d'expérience, en grande vénération parmi ses contemporains et pour lequel Jean-Georges professait une déférence particulière. Malgré son âge et ses infirmités, l'archevêque accepta la mission que lui proposait Ferdinand. L'entrevue fut fixée au château de Schleusingen. L'archevêque s'y rendit, au commencement de juillet, accompagné du landgrave de Hesse-Darmstadt. L'électeur de Saxe vint au-devant d'eux, avec 200 chevaux, et combla le vénérable prélat d'égards et de prévenances. Le lendemain, arriva le comte de Tilly, chargé spécialement de représenter le duc de Bavière. Le duc de Saxe-Cobourg, le comte palatin de Birkenfeld, le comte Georges-Frédéric de Hohenlohe, l'ambassadeur d'Espagne, et nombre d'autres personnages illustres se trouvaient déjà réunis autour du prince saxon. Les conférences ne furent pas longues et, dès les premiers jours d'août, Schweikard annonçait à l'infante que sa mission avait eu plein succès. Non seulement l'électeur de Saxe consentit à reconnaître la nouvelle dignité de Maximilien, mais il lui écrivit une lettre de félicitations. De grandes parties de chasse, dans lesquelles on immola des montagnes de gibier, célébrèrent cet heureux événement. Au banquet d'adieu, donné à l'archevêque de Mayence et à Tilly, l'électeur de Saxe se montra même plein d'effusion et sa récente amitié pour le duc de Bavière, avivée par de nombreuses libations, frisa l'enthousiasme. « Il commença, dit un correspondant de la cour de Bruxelles, à porter la santé du ducq, l'appelant co-électeur. Le ducq de Cobourg ne la voulait poursuyvre avecq prédicats et compliments accoustumés. Mais, l'électeur de Saxe, d'une rondeur et sincérité merveilleuses, ne mancqua, en pleine table, de mettre en avant la rébellion de ceulx mêmes qui furent présents, entr'aultres, le Pfalzgrave de Birkenfeld, et le comte de Hohenlohe, forgeurs des entreprises passées, prononçant, en ces propres termes : que le diable emporte celuy qui ne sera fidèle à son empereur ! Ajoutant, que c'était une chose malséante à un prince, parler d'une sorte et faire de l'autre, pouvant avérer leur faulseté, par lettres et par sceaulx, en cas de besoing. Le sire comte de Tilly fust attacqué, parfois, du ducq de Cobourg, se plaignant des dégâts et pillages des gens dudit général. L'électeur de Saxe répliqua que son cousin avait esté dessoubz la mesme couverture, qu'il s'en debvoit aussi repentir avec les aultres (1). »

L'archevêque de Mayence, « plein de joie et de bonnes résolutions », partit, avec Tilly, pour Nuremberg, où, en présence des autres électeurs ecclésiastiques, il reçut le serment de Maximilien et l'installa définitivement dans sa dignité électorale (2). Vers le même temps, l'empereur envoya le margrave d'Anspach à l'électeur de Brandebourg, pour l'engager à se ranger à l'avis des autres membres du collège

1. Archives du Royaume. Corresp. hist., tom. V, p. 51.

2. L'électeur de Mayence écrivant à l'infante « ce qu'il avait négocié avec l'électeur de Saxe » se plaignit « de ce que l'on ne faisait pas de cas de ses services passés et présents ». D'autre part, l'infante apprit que le roi de France avait offert à l'électeur une pension double de celle qu'il tirait d'Espagne. A la suite de ces correspondances, elle écrivit, le 29 juillet 1824, au roi pour le supplier de donner à l'électeur satisfaction sur la différence des monnaies en lesquelles on lui avait payé la pension qu'il avait sur l'ambassade d'Allemagne, et qu'on fît à son neveu le Baron de Cronenberg mercède de la rente de la seigneurie de Florenge, par voie de pension, si pas en propriété. Cartulaires et manuscrits, vol. 211, n. 32.)

mais ce prince, blessé de ce qu'on lui eût refusé certains domaines qu'il convoitait et de ce qu'au mépris de ses engagements formels, Jean-Georges de Saxe l'eût laissé à l'écart, repoussa les avances impériales.

Cependant, l'extension donnée par les victoires de Tilly à l'autorité impériale, la prépondérance décisive acquise par la maison d'Autriche en Allemagne et la restauration de la formidable unité de l'ancien empire, étaient autant de sujets d'ombrage pour les puissances voisines. La France dont les destinées politiques venaient d'être remises aux mains de Richelieu, s'alarma de cette recrudescence de vie dans le corps du vieux colosse allemand, qui semblait comme Anthée, avoir repris de nouvelles forces, en touchant la terre. Une tentative faite par les deux branches de la maison de Habsbourg d'établir une communication sûre et continue entre leurs états, par la Valteline, parut assez grave au cabinet de Paris pour le déterminer à entreprendre une guerre, qui se prolongea 5 ans et se termina par le traité de Monçon signé le 5 mars 1626.

Mais la Valteline n'avait pas été le seul objet des intrigues nouées entre la France et ses alliés. Un vaste plan d'agression contre la maison d'Autriche s'organisait en silence, sous la vigoureuse impulsion de Richelieu. Le ministre français avait trouvé dans le roi d'Angleterre, profondément blessé du dénouement des projets de mariage de son fils avec une infante d'Espagne, un esprit parfaitement disposé à entrer dans ses vues. La guerre était pour Jacques le seul moyen de sortir des embarras que lui créait sa mésintelligence avec son parlement. Les communes le poussaient, en effet, dans cette voie. Mansfeldt appelé tour à tour à Paris et à Londres, y fut reçu avec les plus grands honneurs [1]. A Londres, le roi le logea dans le palais primitivement destiné à l'infante et lui conféra le titre de général de l'armée, qu'il se proposait d'envoyer au Palatinat. L'aventurier se retrouva dans son élément favori d'intrigue. Infatigable dans ses rapides excursions, il semblait se multiplier sur tous les points. On le voyait apparaître partout où se tramait quelque complot contre l'empereur, son souverain, partout où s'attisait le feu de la guerre, qui devait ensanglanter sa patrie et se terminer

1. Mansfeldt a été en Angleterre fort régalé du roi et du prince son fils. D'icy il a marché sur Genève pour faire des levées de troupes dans les cantons. (Isabelle au Roi, 23 mai 1624. Archives de l'état à Bruxelles.)

par la ruine de l'Allemagne. Son digne émule, Christian, interrompu au milieu de ses démarches de réconciliation par les sourdes rumeurs du mouvement qui se préparait, avait jeté au loin son masque de soumission, pour se lancer à corps perdu dans la mêlée. On l'avait vu accourir successivement en France et en Angleterre, à la suite de Mansfeldt. Caressé à Paris et à Londres, nommé, là général de la cavalerie, ici chevalier de la Jarretière, il se livrait aux plus merveilleuses espérances et son orgueil, quelques mois avant si humilié, se gonflait avec son apparente prospérité. Les États-Généraux stimulaient activement l'agitation belliqueuse de l'Europe, conjurée contre l'Allemagne, et s'épuisaient en promesses brillantes. L'Allemagne une et forte menaçait leur existence ; l'Allemagne divisée, affaiblie, mutilée, assurait leur indépendance et, qui plus est, comme la suite l'a prouvé, leur prépondérance. La Haye était le foyer d'où partaient ces traînées incendiaires qui allaient enflammer l'Europe, le centre des intrigues qui enveloppaient toutes les cours. Banquiers de la guerre, les Hollandais semaient l'or partout où ils espéraient récolter des armes contre la puissance impériale, et rien ne leur coûtait pour renforcer l'orage à l'ombre duquel ils espéraient satisfaire et leurs passions ambitieuses et leur haine de sectaires. Chose triste à dire, c'était en Allemagne même qu'ils rencontraient les instruments les plus dévoués à leurs vues : les Maurice de Hesse-Cassel, les princes de Brandebourg, de Brunswick, de Saxe Weimar, courbant humblement la tête devant les subsides des Hollandais, louaient à l'envi, qui leur épée, qui leur esprit fertile en menées, qui même la confiance qu'inspirait à Vienne leur feinte soumission.

A cette coalition d'intérêts froissés, il manquait un agent responsable, capable d'utiliser les ressources mises à sa disposition, assez élevé pour dominer les chefs subalternes placés sous sa main, et assez faible en même temps pour pouvoir être brisé facilement, à son tour, si son succès le rendait inquiétant. En effet, nulle des puissances que nous venons d'énumérer ne jugeait à propos de faire intervenir ses armées en lice, directement ou en son nom propre. Fournir l'argent et les armes, tel était le rôle auquel entendaient se borner la France, la Hollande, et, à peu de chose près, l'Angleterre. Dans ces dispositions, on avait d'abord jeté les yeux sur le roi de Suède, Gustave-Adolphe, dont la réputation militaire était fort grande en Europe. Mais la jalousie du roi Christian IV de Danemark fit échouer les négociations. Au premier bruit des ouvertures faites à Gustave, ses passions envieuses se révoltèrent, et il ne put supporter l'idée que son rival recueillerait, en Allemagne, une gloire à laquelle le Danois se croyait seul des droits. « Quand le diable s'en mêlerait, s'écriait-il, il n'en sera rien (1). » Il mit aussi tout en œuvre pour supplanter le roi de Suède, pressa les armements qu'il avait commencés, fit jouer tous les ressorts, que son étroite parenté avec la cour d'Angleterre plaçait à sa portée, et soumissionna la guerre, à des conditions si avantageuses pour les parties payantes, qu'elles s'empressèrent de les accepter. Gustave délaissé lança, en se retirant, le trait du Parthe. Au commencement de 1625, il envoya le frère de son chancelier, Gabriel Oxenstiern, près des cours protestantes allemandes, pour les détourner de prendre part aux entreprises de Christian IV (2). Malgré le formidable ensemble de ses moyens d'attaque, la coalition anti-allemande ne se crut pas encore assez forte. Ses émissaires allèrent jusqu'en Transylvanie et à Constantinople, essayer de ranimer l'humeur belliqueuse de Bethlen-Gabor et du Sultan. Le premier ayant résisté à toutes les excitations, on l'attaqua par son orgueil. L'électeur de Brandebourg, l'un des princes les plus débauchés de son temps, n'hésita pas à lui offrir en mariage sa sœur, la princesse Catherine, à condition qu'il se déclarerait contre l'empereur. Le Transylvain, flatté dans sa vanité, devint plus traitable. Mais il fallut presque employer la contrainte pour décider la jeune princesse à accomplir le sacrifice qu'on lui imposait au nom « de la cause évangélique et de la « liberté allemande ». Le mariage se célébra le 2 mars 1626 et fut le préliminaire d'un traité par lequel Bethlen s'obligea à entrer en campagne avec une armée de 40,000 hommes, moyennant un subside mensuel de 40,000 thalers et l'adjonction d'un corps de 10 à 12,000 soldats allemands. Sa détermination entraîna celle de la Porte, qui promit d'agir conjointement avec lui (3).

Enfin, dès le commencement de l'année 1624, la France avait noué des relations avec les membres de la Ligue. Dans les premiers mois de la dite année, le sieur de Vaubecourt parcourut les cours des électeurs ecclésiastiques, que le roi, disait-il, sachant qu'il venait en Allemagne, lui avait com-

1. Gfrœrer. Gustave-Adolphe, p. 487 et suiv. — 2. Ibid. — 3. Ibid.

mandé de visiter. Il l'avait chargé d'offrir à ces princes les bons offices de la France, pour la pacification de l'Allemagne, que rendaient d'autant plus nécessaire, selon lui, les dangers dont la menaçaient, d'une part le Turc, de l'autre l'Angleterre. Il eut soin d'ajouter « que le roi d'Espagne n'était pas hors de soupçon d'y vouloir profiter, par les progrès qu'il faisait et semblait vouloir y faire, ce qui pourrait tourner, à l'avenir, au désavantage de la Germanie, et principalement de l'autorité électorale (1). »

Ces ouvertures furent accueillies avec de grands témoignages de reconnaissance par les prélats; mais leur réponse fut pleine de réserve et leur volonté bien arrêtée était de ne pas permettre à la cour de France de s'immiscer dans les affaires d'Allemagne. Comme ils attachaient, cependant, une grande importance à la ménager, ils résolurent, d'accord avec le duc de Bavière, d'envoyer à Paris une ambassade spéciale, pour remercier le roi de ses bienveillantes dispositions et tâcher de l'y entretenir. Cette mesure alarma le cabinet de Bruxelles, qui déclara avec beaucoup de vivacité, que c'était précisément donner à la France l'occasion de frayer l'entrée de sa diplomatie dans les affaires de l'Allemagne, et qu'il y avait, en tout cas, inconvenance à laisser l'empereur en dehors de la démarche des princes (2). Cette opinion, fortement soutenue, prévalut, et le projet d'ambassade fut abandonné, au grand dépit du cabinet français, qui s'en montra fort blessé.

Il est remarquable que Vaubecourt ne se montra pas à Munich. Malgré cela, il paraît que l'électeur de Bavière entretenait une correspondance assez active avec la cour de France et un historien, que nous avons souvent cité, assure que les choses avaient été poussées jusqu'au point d'une alliance avec la France contre l'Espagne. Ce qu'il y a de certain, c'est que le nouvel électeur de Trèves, Christophe de Sœtern, qui avait succédé, à la fin de 1620, à Lothaire de Metternich, ayant toléré, sur ses frontières, quelques démonstrations suspectes des troupes françaises, Tilly en prit ombrage et demanda, à Munich, s'il n'était pas prudent de prendre des mesures de précaution. On lui répondit confidentiellement, que l'état des négociations, entamées par la Ligue avec la France, permettait de bannir toute inquiétude de ce

1. Archives du Royaume. Secrét. d'État allem. Carton 161.
2. Ibid. Corresp. de Maximilien.

côté; que l'électeur avait reçu les assurances les plus formelles des bonnes dispositions du cabinet de Paris, à l'égard des princes catholiques de l'Allemagne et que les mouvements signalés avaient uniquement pour but d'inquiéter l'Espagne. La France, ajoutait Maximilien, n'entend se mêler, en aucune manière, de la restitution du Palatinat, elle promet d'abandonner Mansfeldt à lui-même et, par contre, nous n'avons pas à nous préoccuper des diversions qu'elle croirait devoir tenter contre les Espagnols. Ce changement dans l'attitude du prince Bavarois avait été produit par deux causes : l'opposition de l'Espagne dans l'affaire de la translation de l'électorat et un premier refus de rendre Franckenthal aux Anglais, d'où Maximilien concluait à l'intention de la cour de Madrid, de prendre pied en Allemagne et de garder le Palatinat.

Déjà, quelques dissentiments s'étaient élevés entre la Ligue et l'Espagne, dans le courant de l'année 1624, et l'on voit poindre, parfois, une sourde méfiance dans la correspondance des cabinets allemands avec la cour de Bruxelles. Les princes se plaignaient amèrement des dégâts commis sur leurs terres par les troupes espagnoles, prétenduement envoyées à leur secours, ils accusaient surtout l'administration du Bas-Palatinat d'être inhumaine, oppressive, cupidement fiscale. Le 9 septembre 1624, l'empereur écrivit à l'infante, qu'il recevait des plaintes, tant de l'Empire que de la France, sur ce qu'on soupçonnait le roi d'Espagne de vouloir garder le Bas-Palatinat pour lui, et que les gouverneurs de S. M. C. y traitaient les habitants avec rigueur, et contre toute justice usitée dans l'empire [1].

En outre, dans une assemblée, tenue en avril 1624, à Augsbourg, la Ligue avait déclaré qu'elle ne remettrait à *qui que ce fût* les places d'Heidelberg et de Manheim ; ceci s'adressait assez clairement à l'Espagne, dont on connaissait les vues ambitieuses sur ces deux villes. De nouvelles démarches de l'infante, pour engager la Ligue à faire une diversion, dans le nord, contre les Hollandais, en faveur de l'Espagne, furent poliment éludées le 29 septembre 1624 [2]. Enfin, dans le courant de décembre de la même année, le comte Octavio Sforza de Gamélerio, ayant été envoyé à

1. Archives du Royaume. Secrétairerie d'État allemande. Correspondance de Ferdinand II,
2. Archives du Royaume. Secrét. d'État allemande. Corresp. de Maximilien.

Munich, par l'infante, avec charge de demander que, pour plus d'unité dans l'action, les forces employées par la Ligue, du côté du Rhin, fussent placées sous les ordres des généraux de l'armée espagnole, destinée au même but, échoua complètement dans sa mission.

Malgré cette tension des rapports sur certains points, il n'y en eut pas moins constante entente d'action et d'efforts, entre les cours de Munich et de Bruxelles, contre l'ennemi commun. Pendant tout le courant de l'année 1624, on remarque, entre l'électeur de Bavière et l'infante des Pays-Bas, un continuel échange de communications confidentielles, sur les préparatifs qui se font à l'étranger, sur les mouvements de Mansfeldt et sur l'agitation diplomatique des cours coalisées. Les faits viennent ici à l'appui des lettres. Malgré l'éloignement qu'avait montré Maximilien pour entamer une expédition contre les Hollandais, il permit, lors du débarquement de Mansfeldt aux Pays-Bas, que le comte de Anholt couvrît le siège de Bréda, que venait d'entreprendre le marquis de Spinola. Il fit plus; lorsque la paix, avec les Turcs, eut rendu disponibles les régiments impériaux que Tilly avait détachés en Hongrie, au commencement de l'année 1624, il consentit à ce que ces troupes, au lieu de rejoindre l'armée de Tilly, allassent renforcer celle du maréchal espagnol [1]. Si donc l'électeur de Bavière s'était avancé vis-à-vis de la France, jusqu'à parler d'une alliance contre l'Espagne, il est très probable, pour nous servir des expressions mêmes d'un auteur classique en diplomatie, que ce n'était qu'un manège politique concerté avec l'Espagne, pour mieux tromper la France et l'Angleterre, l'une par l'autre, selon des vues différentes, afin que la France laissât les Espagnols maîtres paisibles de la Valteline et que l'Angleterre ne fît aucun effort pour secourir le prince palatin [2].

Bien qu'au mois d'avril 1624, l'assemblée de la Ligue eût paru vouloir prendre une attitude agressive et eût décidé de tenir toutes ses forces sur pied, les lourdes charges, qu'imposait aux États catholiques l'entretien de l'armée, avaient déterminé le duc de Bavière à diminuer l'effectif de ses troupes, à l'approche de l'hiver. Quelques régiments devaient être licenciés. L'infante Isabelle, qui en fut prévenue, envoya aussitôt le comte Godefroid de Berg à l'électeur, pour traiter

1. Archives du royaume. Secrét. d'État allemande. Correspondance de Maximilien. — 2. Ibid.

de l'admission de ces régiments au service du roi d'Espagne. L'accord terminé, la princesse chargea don Martin de Samogy, commissaire des guerres, de se rendre dans les cantonnements de Tilly et d'y recevoir à la solde du roi les corps désignés primitivement pour être dissous. Samogy venait d'arriver au quartier général du général de la Ligue, lorsque survint un contre-ordre de l'électeur, motivé sur les nouvelles annonçant le prochain débarquement de Mansfeldt et de Christian. A cette époque, en effet, Mansfeldt se trouvait à Douvres, avec une armée de 12,000 hommes, ramassis de bandits, sans foi ni loi, qui commirent, sur le sol même de l'Angleterre, de tels désordres que les magistrats en firent pendre par centaines. L'incertitude de son point de débarquement forçait les puissances menacées à se mettre sur leurs gardes, partout où on supposait qu'il pourrait toucher terre. Tilly réunit 10,000 hommes d'infanterie et 3,500 chevaux, dont il avait l'intention de faire une armée volante, prête à se porter partout où l'appellerait le danger et à soutenir les Espagnols, comme il en devait être secouru à son tour, en cas de besoin. Il laissait un corps considérable dans le landgraviat de Hesse-Cassel, pour paralyser les menées qu'y tramaient les émissaires de Maurice. Ce fut un soulagement pour lui, comme pour les généraux de l'infante, tenus si longtemps sur le qui-vive, lorsqu'ils crurent savoir, d'une manière certaine, qué le plan de Mansfeldt était de débarquer en Hollande et de ne commencer ses opérations contre l'Allemagne qu'après avoir délivré Breda [1]. Des mesures furent prises, en conséquence et c'est alors qu'Anholt s'approcha de la Meuse, prêt à se porter à la rencontre de l'aventurier. De nouvelles alarmes ne tardèrent pas à renaître. Peu avant de quitter l'Angleterre, Mansfeldt eut la singulière impudence de demander à l'infante la permission de traverser les Pays-Bas, pour aller porter la guerre au Palatinat. Comme il devait le prévoir, la réponse fut péremptoirement négative. Cette démarche, jointe à quelques avis d'agents, peut-être mal renseignés, fit craindre à la princesse que Mansfeldt n'eût l'intention de débarquer à Calais et de se frayer, de force, passage par les provinces belges. On savait, par expérience, à Bruxelles, ce que coûtait le passage de ces bandes indisciplinées, traînant partout après elles l'incendie et le meurtre. Le pays fut immédiatement mis en état de défense, les campagnes s'ar-

1. Archives du Royaume. Secrét. d'État allem. Corresp. de Maximilien.

mèrent, les clochers se garnirent de veilleurs, chargés de sonner le tocsin et de répandre l'alarme à la seule approche des soudards de Mansfeldt. L'infante écrivit, en toute hâte, les lettres les plus pressantes à Tilly pour le prier d'accourir avec toute l'armée de la Ligue au secours de la Belgique. Mais, soit que ces préparatifs eussent effrayé l'aventurier, soit qu'il n'eût voulu que tromper ses adversaires, en attirant à faux leur attention et leurs forces, il s'embarqua directement pour la Hollande, prit terre à Flessingue et alla camper aux environs de Berg-op-Zoom, où il attendit Christian. L'ex-administrateur était en France, occupé à former quelques régiments de cavalerie qu'il mena à Calais, où les Hollandais lui avaient envoyé une centaine de bâtiments de transport. A peine cette flottille avait-elle mis à la voile avec les troupes de l'administrateur, qu'une tempête éclata. Plusieurs navires se perdirent corps et biens et lorsque Christian arriva à Berg-op-Zoom, ses troupes étaient déjà en grand désarroi. Loin de pouvoir aider les Hollandais à dégager Breda, les deux armées réunies ne furent qu'une plaie pour le pays. Les deux aventuriers se querellèrent; la désertion, la faim et la peste décimèrent leurs soldats, et il fallut bientôt reformer une nouvelle armée, au moyen d'enrôlements faits en Allemagne. Après la chute de Breda, Mansfeldt et Christian quittèrent la Hollande, chacun à la tête d'un corps séparé. Ils passèrent la Meuse à Gennep, le Rhin à Emmerich, et s'établirent, à cheval sur ce fleuve, entre Wesel et Reer. Le comte d'Anholt les suivit avec 6,000 hommes de pied et 2,000 chevaux. Trop faible pour les attaquer dans leurs retranchements, il essaya vainement de les attirer hors de leur camp, et ne put empêcher qu'ils ne portassent le ravage dans un grand nombre de localités du voisinage. Les choses restèrent en cet état jusqu'au mois d'octobre 1625, où nous verrons les deux aventuriers venir rejoindre le roi de Danemark.

Chapitre septième.

LES conventions faites entre le roi de Danemark et les puissances coalisées portaient que le monarque danois aurait la direction supérieure des opérations militaires et qu'il recevrait, par contre, des subsides mensuels de 300,000 et de 30,000 florins, payés respectivement, par l'Angleterre et les États-Généraux. La France promit, de son côté, de fournir une somme de 1,000,000 de livres, en deux ans. Ces engagements, déjà en cours d'exécution, depuis les premiers mois de l'année 1625, ne revêtirent cependant la forme d'un traité définitif, que le 19 décembre 1625. Christian, pressé de devancer le roi de Suède, n'avait pas attendu, pour pousser ses armements, que ses négociations ambitieuses eussent un commencement de résultat. Dès la fin de l'année 1624, il ordonna des levées dans les archevêchés de Brême et de Magdebourg. L'électeur de Bavière et Tilly, informés de ces menées, invitèrent le Cercle de la Basse-Saxe, dont faisaient partie les diocèses précités, à ne pas tolérer les enrôlements étrangers. Les États ayant donné une réponse évasive, Tilly crut les intimider par une démonstration militaire. Le comte d'Anholt reçut l'ordre de jeter des garnisons dans quelques places de l'archevêché de Brême et d'occuper les comtés de Hoya et de Diepholz. Cette mesure rendit, effectivement, le Cercle plus circonspect. Robert Anstruther s'étant présenté, de la part du roi d'Angleterre, près des ducs de Mecklembourg, pour les engager à faire cause commune avec le palatin, en reçut un accueil assez froid. Les armements n'en continuèrent pas moins ; seulement, on y mit plus de mystère. Les projets de Christian IV étaient favorisés par la plupart des princes du Cercle de la Basse-Saxe, animés de sentiments hostiles à l'empereur, mais retenus dans une fidélité apparente par la crainte pusillanime du châtiment. Dans une assemblée, qui eut lieu à Brunswick, au commencement de mai 1625, ils élurent le roi au poste de général du Cercle, vacant par la démission du duc de Lunebourg-Celle, et décidèrent de mettre sur pied le triple du contingent ordinaire. Mais, constants dans leurs habitudes d'hypocrisie, ils n'osèrent pas se dispenser de la formule consacrée, qui restreignait l'emploi de ces troupes à la défense du pays, et communiquèrent même leur résolution à Tilly. Quelques semaines plus tard, le 4 juin, un traité secret fut signé, à Lauenbourg, entre le roi de Danemark, d'une part, les ducs Frédéric-Ulrich de Brunswick Wolfenbuttel, Frédéric de Holstein Goltorp, et le margrave Christian-Guillaume de Brandebourg, administrateur ou évêque luthérien de Magdebourg, de l'autre. Ces princes s'engagèrent à lever un nombre de troupes égal à neuf fois le contingent ordinaire du Cercle entier. C'était une force d'environ 24,000 hommes, dont le commandement fut donné au duc Frédéric-Ulrich. Malgré ce que cette mesure avait de décisif, on n'oublia pas la précaution de stipuler qu'elle était prise dans un but de simple défense.

Comme en 1623, les ducs de Lunebourg protestèrent hautement contre les résolutions du Cercle et refusèrent de s'y conformer. Le duc Christian, l'aîné des Lunebourg-Celle, et son frère Georges, étaient en relations étroites, non seulement avec Tilly, mais encore avec l'électeur de Bavière, qui avait entrepris de les faire rentrer en grâce auprès de l'empereur.

Ils avaient un agent au camp de la Ligue, le conseiller Cappel, et la nature confidentielle de leur correspondance avec le général ressort suffisamment de cette circonstance, que la plupart des dépêches étaient en chiffres. Une lettre de Tilly, du 2 juillet 1625, nous montre ce général exhortant le duc Christian, l'aîné, à persévérer dans sa fidélité envers l'empereur et à lui donner connaissance de tout ce qu'il apprendra des projets du roi (1).

L'opposition des ducs de Lunebourg ne put cependant empêcher le roi de Danemark de poursuivre ses menées belliqueuses dans le Cercle de la Basse-Saxe. L'agitation redoubla, après l'élection de Christian IV, comme général du Cercle, et l'on vit des dépôts de recrutement se former sur tous les points. Une nouvelle admonestation de Tilly aux États, en date du 11 mai, n'eut pas plus de succès que les précédentes. Ferdinand II intervint lui-même près du roi et, dans un langage conciliant, chercha à le détourner de ses funestes desseins. Dans sa réponse, Christian prodigua les assurances de son ardent désir de la paix, de son attachement

1. Von der Decken, *Duc Georges*, tome I, p. 139.

à l'empereur, traita de calomnies les rapports faits sur ses armements, et prétendit n'avoir fait que juste ce qui était nécessaire, pour empêcher Tilly de réaliser ses menaces sur les états du Cercle ([1]). Christian poursuivit ce système de mauvaise foi jusqu'au bout, car, au commencement de juillet, il écrivit encore à Tilly « que son intention et celle du Cercle de la Saxonie inférieure, avait toujours été et serait encore, de persévérer en la bonne et confidente, intelligente dévotion et submission respectueusement deue et promise à Sa Majesté Impériale ([2]). »

Tout en s'humiliant ainsi traîtreusement devant l'empereur, Christian IV poussait activement l'organisation de son armée.

Dès les premiers jours de mai 1625, il avait réuni environ 25,000 hommes autour de son quartier-général.

Il continuait ses enrôlements en Danemark, où ses officiers enlevaient les recrues de force, et dans ses duchés allemands. Le bruit de ses armements et surtout des grosses sommes mises à sa disposition lui attira des offres de service de plusieurs princes allemands, étrangers au Cercle de la Basse-Saxe. En février 1625, le duc Jean-Ernest de Saxe-Weimar était entré dans l'armée danoise. Au mois de mars, arriva à Itzchoë le frère cadet de ce duc, Bernard de Saxe-Weimar, devenu célèbre plus tard. Le roi l'accueillit très bien et le nomma colonel d'un régiment de cavalerie de 1,200 chevaux, à créer. Un troisième prince saxon, ce même duc Frédéric Saxe-Altenbourg, qui conduisit à l'administrateur d'Halberstadt, un régiment levé aux frais et pour le service de l'infante, et qui, fait prisonnier à Stadtloo, fut relâché en 1624, sur sa parole d'honneur de ne plus porter les armes contre l'empereur, poursuivant sa carrière de déloyauté, vint également se présenter au quartier-général danois et obtint un emploi de colonel.

L'état-major de l'armée danoise fut composé de la manière suivante : le roi se réserva le commandement en chef, mais le Cercle de la Basse-Saxe lui adjoignit, sous le titre de conseillers, le duc Frédéric-Ulrich de Brunswick-Wolfenbuttel, et les deux ducs de Mecklenbourg. L'administrateur de Magdebourg eut le commandement de la cavalerie, avec le colonel Obentraut, pour lieutenant-général. Le colonel

1. Beehr, *Rerum Mecklenburg*, lib. IV, p. 1036, et s.
2. Archives du Royaume. Secrét. d'état allem. Corresp. de Wallenstein.

Fuchs, Saxon de naissance, officier de mérite et d'expérience, fut investi de la charge de général de l'infanterie, avec le duc Jean-Ernest de Saxe-Weimar, pour lieutenant-général. L'artillerie demeura sous les ordres de Fuchs. Jamais, depuis le commencement de la guerre, l'empereur et les princes catholiques n'avaient été expsosés à de plus terribles périls. Le nord de l'Allemagne se levait tout entier contre eux. A l'ouest, Mansfeldt et Halberstadt, soutenus par les Hollandais, menaçaient le Palatinat. Au midi, la France, à l'est, Bethlen Gabor, pouvaient, à tout instant, tirer l'épée et les accabler sous le poids de forces immenses. Le sol même de l'empire, miné par les intelligences protestantes, tremblait sous leurs pas. A cette formidable ceinture d'ennemis, qui semblait tous les jours resserrer ses anneaux autour d'eux, ils n'avaient à opposer que l'armée de Tilly. Et, comme si ces dangers n'eussent pas suffi pour occuper et absorber les efforts des vaillantes troupes de la Ligue, l'Espagne les appelait encore à son secours par la voix de l'infante Isabelle.

Dès l'année 1623, l'électeur de Bavière avait représenté à l'empereur la nécessité de ne pas laisser supporter aux princes ligués le poids intégral de la lutte commune et de lever, dans les pays héréditaires autrichiens, un certain nombre de troupes, soldées par le trésor impérial et destinées à concourir aux opérations de l'armée catholique ([1]). Depuis lors, l'électeur n'avait cessé d'insister dans ce sens et, à l'approche de l'orage, lentement amassé par la coalition européenne, Tilly écrivait lettre sur lettre à Vienne, pour demander des renforts ; mais l'empereur se trouvait sans ressources, ses caisses étaient épuisées, ses revenus engagés, et loin de pouvoir augmenter le chiffre de ses soldats, il se voyait contraint de réduire à 24,000 hommes celui des forces que la crainte des Turcs et du Transylvain l'obligeait à maintenir en Bohême. Ce fut alors que, comme un génie sauveur, apparut Wallenstein.

Albert-Wenzel-Eusèbe de Waldstein, plus communément appelé Wallenstein, né le 14 septembre 1583, au château d'Herzmanick, en Bohême, appartenait à une ancienne famille tchèque, plus riche en illustration et en alliances, qu'en terres. Orphelin, dès l'âge de 10 ans, Wallenstein fut recueilli d'abord par un de ses oncles qui le fit élever dans les principes de la

1. Archives du Royaume. Secrétairerie d'état allemande. Correspondance de Ferdinand II.

Réforme; peu après il fut confié à un autre oncle maternel, catholique fervent, qui déplorait la direction hétérodoxe donnée à son jeune neveu. Placé par ce généreux parent au collège des jésuites à Olmutz, Wallenstein apprit le latin en très peu de temps et fit de rapides progrès dans les autres branches de l'instruction qui se donnait à cette époque aux jeunes gens des familles distinguées. Un peu plus tard il rompit avec les traditions protestantes de sa race et se fit catholique pendant son séjour à l'université de Padoue. A son retour dans les états de l'empereur, il épousa une vieille dame catholique, Lucrèce Wiczkova de Landeck, qui mourut peu de temps après, en lui laissant une fortune considérable.

La Hongrie fut le théâtre des débuts militaires de Wallenstein. Il s'y distingua au siège de Gran. Ferdinand de Styrie, déjà couronné roi de Bohême et de Hongrie et futur empereur d'Allemagne, employa Wallenstein contre les Vénitiens sous les ordres du comte de Dampierre. Les talents qu'il déploya le signalèrent à l'attention du conseil des Dix et des ouvertures confidentielles lui furent faites pour l'attirer au service de la république : Wallenstein préféra rester auprès de Ferdinand. La guerre finie, il vint à Vienne, où l'empereur Mathias lui fit un accueil des plus flatteurs et lui conféra le titre de comte et le grade de colonel. Mathias ne s'en tint pas là. Sur sa recommandation, les états de Moravie appelèrent Wallenstein au commandement de la milice à cheval du margraviat. Un mariage brillant couronna cette série de faveurs. Il épousa, à Vienne, Isabelle-Catherine de Harrach, fille du comte Charles de Harrach, chambellan de l'empereur et l'un des membres les plus influents du conseil privé.

Lors de la révolte des Bohêmes, Wallenstein n'hésita pas à se déclarer hautement pour l'empereur et lutta, jusqu'à la fin, contre les rebelles. Ses biens furent confisqués par la révolution triomphante, mais, à l'aide de l'argent qu'il reçut de la cour, il leva, aux Pays-Bas, un régiment de mille cuirassiers, avec lequel il fit la campagne de l'année 1620. Richement récompensé de son dévouement, il profita des confiscations dont avaient été frappés, à leur tour, les seigneurs rebelles, pour amasser des richesses fabuleuses. Tous les moyens lui furent bons dans la poursuite de son but. On évaluait à près de 30,000,000, la fortune territoriale qu'il s'était ainsi créée, et dont il voulait faire le marchepied de sa grandeur. En 1623, l'empereur Ferdinand l'éleva au rang de duc de Friedlandt, avec le prédicat *d'oncle* ordinairement réservé aux membres des familles souveraines. Au début de l'année 1625, il commandait l'armée impériale, en Bohême, sous le titre de major-général. Sa faveur était sans égale auprès de l'empereur, dont la plupart des ministres lui étaient vendus. Orgueilleux, passionné pour le faste, le bruit, le luxe et les pompes extérieures, il n'aspirait qu'à l'éclat qui éblouit et subjugue. Ses exploits, en Hongrie et en Bohême, lui avaient donné une réputation qu'il s'était étudié à gonfler et que ses colossales richesses augmentaient encore. Il était, d'ailleurs, brave de sa personne, dédaigneux du danger, large dans ses manières, magnifique dans son hospitalité, habile à pénétrer les hommes, à les dominer, à se les attacher par leurs côtés faibles, généreux jusqu'à l'excès dans ses récompenses, protecteur dévoué de ses amis, patient à l'occasion, souple à l'obstacle qu'il ne pouvait briser, savant dans l'art d'attendre. Mais aussi l'égoïsme, la haine, l'envie, la colère, la présomption, cortège ordinaire de l'orgueil, se disputaient ce cœur créé pour de grandes actions. Uniquement préoccupé de sa propre gloire, il y subordonnait toute autre pensée et jusqu'aux intérêts qu'il était chargé de défendre. Au fond de toutes ses libéralités se trouvait un calcul et ce qu'on appelait, avec admiration, ses largesses, était un simple placement déguisé, à gros intérêts. Inflexible dans ses ressentiments, il ignorait le pardon, et n'oublia jamais une injure. Il ne connaissait pas d'égaux et ne tolérait personne au-dessus de lui, pas même l'empereur. La moindre résistance l'irritait jusqu'à l'emportement ; il prenait en haine mortelle ceux qui refusaient de plier devant lui. Glorieux dans ses paroles, souvent même *rodomont* il en paraissait d'autant plus faible dans l'action ; sa tête, échauffée par une insatiable ambition, rêvait plus que son bras ne pouvait exécuter. Le scrupule était inconnu à cette âme de bronze et vénal lui-même, il croyait à la vénalité de tous les hommes. En religion, il n'avait d'autre culte que celui de l'astrologie ; sa conscience, étrangère à toutes les considérations étroites de devoir, se réglait sur les étoiles ; hors de là, il ne croyait qu'en lui. Il caressait les Jésuites, parce qu'il avait besoin de leur influence ; il leur témoigna sa munificence, moins par affection que pour plaire au souverain. Nul, d'ailleurs, n'eut plus que lui l'art de dissimuler ce qu'il sentait, ou de feindre ce qu'il ne sentait pas.

Tel était l'homme qui offrit à Ferdinand II de lui créer, sans frais pour le trésor, une armée de 50,000 hommes. Venant de tout autre, la proposition eût paru extravagante, mais la cour faisait tant de fonds sur les talents et les capacités militaires de Wallenstein, qu'on se contenta de lui faire remarquer que, s'il était déjà impossible de lever 20,000 hommes, il le serait bien plus encore d'en lever 50,000. 20,000, répondit-il, seraient impuissants à se nourrir, là où 50,000 s'entretiendront facilement. Néanmoins, il reçut simplement commission de mettre sur pied une armée de 20,000 hommes, sauf à l'augmenter plus tard. En même temps, Ferdinand le nomma généralissime des armées impériales, au traitement de 6,000 florins par mois.

Tandis que Wallenstein répandait ses agents de recrutement en Bohême, le comte de Tilly se préparait, avec autant d'habileté que de résolution, à lutter contre le flot d'ennemis, qui montait de toutes parts à l'horizon. Il lui importait, avant tout, d'assurer la liberté de ses mouvements et de se débarrasser de toute inquiétude, sur ses derrières. Or, l'agitation excessive à laquelle se livrait le landgrave Maurice de Hesse, dont les états servaient de cantonnements aux troupes de la Ligue, ses voyages incessants près du roi de Danemark et des princes de la Basse-Saxe, les intelligences qu'il entretenait avec Mansfeldt et Christian étaient de nature à éveiller les plus graves soupçons. Le soupçon se changea en certitude, lorsqu'on apprit que Maurice avait promis à Mansfeldt de lui ouvrir ses forteresses de Cassel et de Ziegenhain, dès que Tilly serait occupé avec les Danois. Effectivement, Tilly ne pouvait, à la fois, présenter le front au roi de Danemarck et laisser en Hesse des garnisons assez nombreuses pour tenir le landgrave en respect. Une décision vigoureuse était urgente. Tilly, muni de pleins pouvoirs à cet effet, n'hésita pas à la prendre. Au commencement de février, il convoqua les États du landgraviat de Hesse-Cassel à Hirschfeld, malgré l'opposition du prince Guillaume, que son père, le landgrave Maurice, avait nommé régent du pays, en son absence. Huit membres de la noblesse et les députés des trois villes, obéirent à la convocation; mais ni le prince Guillaume, ni aucun des membres de son conseil ne se montra. Sans s'arrêter à cette difficulté, Tilly, s'appuyant de l'attitude d'hostilité prise par le landgrave Maurice, vis-à-vis du pouvoir impérial, et des bruits qui circulaient au sujet des places fortes de la Hesse, déclara à l'assemblée, par l'intermédiaire du commissaire-général bavarois Rupp, qu'il avait ordre de l'empereur d'exiger des membres de la famille régnante, de la noblesse, du clergé et des villes, la garantie formelle, qu'aucune des forteresses hessoisses ne serait ouverte à une puissance étrangère quelconque. Les membres présents des États s'excusèrent sur ce qu'ils ne pouvaient délibérer sur des matières aussi importantes, sans l'assentiment du souverain et le concours de leurs collègues absents, mais ils ne cachèrent pas leurs dispositions à obéir. Tilly, sûr d'arriver à son but, consentit à leur donner un délai. Dans l'intervalle, le prince Guillaume, redoutant une défection imminente de ses sujets, convoqua lui-même la diète hessoise, au mois de mars, à Cassel. Tilly s'y fit représenter par le commissaire-général Rupp et par le général de l'artillerie Liévin de Mortaigne. Le langage qu'il mit dans leur bouche fut plus impérieux encore qu'à Hirschfeld. Non seulement il renouvela ses prétentions à l'égard des forteresses, mais il exigea des États, ainsi que du prince Guillaume, le serment de ne pas tolérer d'enrôlements étrangers dans le landgraviat; il imposa de plus à Guillaume l'engagement d'aplanir les dissentiments qui s'étaient élevés entre la noblesse et Maurice. Le jeune prince fit tous les efforts imaginables pour déterminer les états à repousser les exigences de Tilly, mais il échoua complètement. L'assemblée déclara « qu'à la vérité il n'était pas en son pouvoir d'accepter les conditions proposées par le comte de Tilly, mais qu'elle croyait devoir supplier le landgrave de faire un sacrifice à la loi suprême du bien public, suivant l'exemple de son ancêtre, Philippe le Magnanime, et de détourner du pays les charges de la guerre, en donnant des garanties suffisantes de son obéissance à Sa Majesté Impériale. » C'était assez faire entendre au landgrave que, s'il ne voulait pas plier de bonne grâce, les États traiteraient sans lui. Guillaume voulut négocier, dans l'espoir d'obtenir quelques adoucissements. Mais Tilly coupa court à ces longueurs par un moyen infaillible. Le 12 mars, parut un décret impérial qui accordait, à la noblesse hessoise, *la libre mouvance de l'Empire*, sous charge de livrer passage aux troupes de l'empereur ou de la Ligue, et de leur fournir les vivres qui seraient requis. Cette faveur suscita une fermentation extraordinaire parmi les nobles hessois. Des réunions nombreuses eurent lieu, dans lesquelles ils s'imposèrent des taxes particulières, destinées à mettre sur pied une force indépendante du souverain. Il fut dès lors facile à Tilly d'obtenir tout ce qu'il demandait, car les autres ordres subissaient l'influence de la noblesse. Une troisième assemblée se tint à Hirschfeldt. Les nobles, prélats et villes, signèrent deux actes : par le premier, ils s'engagèrent à rester fidèles à l'empereur, à n'admettre dans le pays aucune troupe étrangère et à rompre ouvertement avec le landgrave Maurice, si celui-ci contrevenait à cette double promesse. Dans le second, ils promirent de livrer passage aux troupes impériales, en tous lieux, et d'empêcher, selon la mesure de leurs forces, toute tentative d'enrôlements, en Hesse, au profit de l'étranger.

Un dernier point inquiétait encore le lieutenant-général. Chaque jour lui révélait une série de faits difficiles à concilier avec les assurances si positives qu'on lui donnait de Munich, sur les bonnes intentions de la France. Il savait parfaitement que la principale force de Mansfeldt consistait en régiments de cavalerie française. Il s'en plaignit au résident français, à Bruxelles, et provoqua des explications. Le diplomate parisien lui répondit, avec le ton indigné de l'honnête homme calomnié, ou injustement soupçonné, et protesta si vivement de la loyale bienveillance de son gouvernement, qu'il fallut bien au moins avoir l'air de l'en croire. Ce langage prouvait, en tout cas, que la cour de France ne se croyait pas en mesure d'entrer en campagne; sans rassurer Tilly, il lui permit cependant de laisser seulement de faibles détachements sur les frontières alsaciennes.

Désormais libre dans ses opérations et certain de ne pas laisser d'ennemis derrière lui, Tilly porta toute son attention sur le roi de Danemark. Il ignorait encore quels étaient précisément les véritables desseins de ce prince et jugeait indispensable d'éclaircir la situation en le prévenant. Il réclama de l'infante les deux régiments de Schmidt et de Cortenbach, qui avaient été prendre part avec le corps auxiliaire impérial au siège de Bréda, et ne négligea aucune précaution, pour que le comte d'Anholt fût en mesure d'arrêter Mansfeldt et de couvrir le Palatinat.

Enfin, le 12 juin, il s'ébranla avec 3 régiments d'infanterie de 3,000 hommes chacun et 6 régiments de cavalerie, et se porta rapidement sur le Weser [1]. Chemin faisant, il balaya devant lui le colonel Ghendt, partisan brandebourgeois, qui s'était emparé, par surprise, de Hervoorden et de Bilefeld, reprit ces deux villes et occupa, sans coup férir, Hœxter et Holzmunden, points de passage importants sur le Weser. D'autres places de moindre valeur tombèrent également en son pouvoir. A Oldendorf, les gens de la Ligue, exaspérés de la vive résistance qu'ils avaient rencontrée, mirent le feu à quelques maisons et commirent des violences. Déjà la ville commençait à brûler et le désordre allait croissant, lorsque Tilly s'élança dans les rues, arrêta la fureur de ses soldats et les força d'éteindre eux-mêmes l'incendie qu'ils venaient d'allumer.

Tilly établit son quartier-général à Bilefeld et, assuré de pouvoir empêcher la jonction du roi avec Mansfeldt, il demeura en observation, attendant les renforts qu'il avait demandés à l'infante et à l'électeur de Bavière. Du reste, les ordres qu'il recevait de Maximilien lui enjoignaient de ne rien donner au hasard et de ménager son armée.

Christian IV apprit, le 16 juin, la marche de Tilly et la prise d'Hœxter; il leva aussitôt son camp, passa l'Elbe à Haseldorf, dans la direction de Verden, remonta lentement le Weser et prit possession, en passant, de quelques places fortes appartenant au duc de Lunebourg-Celle. Le 1er juillet, il se présenta devant Nienbourg, dont le gouverneur, après quelques difficultés, lui ouvrit les portes. Jusqu'alors cependant, le roi de Danemark n'avait pas encore jeté le masque; il justifiait ses actes par les hostilités de Tilly contre le Cercle de la Basse-Saxe, auquel Hœxter appartenait, et arguait de sa qualité de général de ce Cercle, qui l'obligeait, disait-il, à faire respecter les frontières des états. Pour le forcer à s'expliquer plus catégoriquement, Tilly lui envoya, le 30 juin, le commissaire Alexandre Massénius, avec mission d'exiger de lui des explications catégoriques.

Christian reçut Massénius à Nienbourg; au lieu de déclarer nettement ses intentions, comme le demandait le général de la Ligue, il s'abaissa à d'hypocrites protestations de fidélité à l'empereur, et se réfugia dans les explications vagues et ambiguës.

Pendant ces pourparlers, l'armée danoise s'était renforcée d'un corps de 7,000 hommes, faisant partie des troupes du

1. Gfrœrer, *Gustave-Adolphe*, p. 511 et s.

Cercle. Le 24 juillet, elle arriva sous les murs de Hameln. Les magistrats de cette ville se trouvèrent dans un cruel embarras. Tilly leur avait écrit de n'ouvrir leurs portes, sous aucun prétexte, aux Danois, et le voisinage de ce général redouté donnait du poids à ses défenses. D'autre côté, le roi de Danemark sommait la ville de se rendre, au nom du duc Frédéric-Ulrich, et lui résister était d'autant plus difficile que la place n'avait pas de garnison. La nouvelle d'un mouvement de retraite de Tilly fit pencher la balance du côté des Danois, Hameln capitula; Christian y entra, avec son régiment des gardes du corps, laissant le reste de son armée campé autour de la ville, sur les deux rives du Weser. Quelques jours plus tard, il fut rejoint par le duc Frédéric-Ulrich, qui lui amena de nouvelles troupes. Ses avant-postes se trouvaient fort rapprochés de ceux de la Ligue et des escarmouches avaient lieu presque tous les jours. Hœxter fut même surpris par le colonel Brunswickois, Hardenberg.

Tilly avait, en effet, reculé quelque peu. Lié par ses instructions et n'ayant pas encore reçu les renforts qu'il avait demandés à l'infante, il temporisait. Soit qu'il crût encore à la possibilité de ramener les États de la Basse-Saxe à conciliation, soit enfin qu'il voulût les forcer à se prononcer nettement, il ouvrit avec eux une nouvelle correspondance. De Hœxter, d'où il chassa Hardenberg, il écrivit successivement aux États du Cercle, au roi de Danemark et à l'électeur de Saxe. Aux États, il rappela ce qui s'était passé, les avertissements de l'empereur, ses assurances multipliées, en faveur des privilèges et libertés du Cercle, avertissements et assurances qu'ils avaient méprisés, attirant sur eux, outre les conséquences fâcheuses des mesures prises ou à prendre, la responsabilité directe de tous les maux qui en pourraient résulter.

« Souvenez-vous, disait-il, que dans le principe vous avez nié qu'il se fît dans le Cercle des enrôlements, au nom du roi de Danemark. Maintenant que les faits ont parlé, vous prétendez que ces enrôlements n'ont pour but que la défense du Cercle et qu'il est loin de votre pensée d'entreprendre quoi que ce soit, contre Sa Majesté Impériale. »

Après avoir réfuté les allégations tirées des inquiétudes conçues par les États, pour le maintien du culte protestant, et démontré l'illégalité de leur conduite, il cherchait à en faire ressortir les inconvénients et les dangers.

Il s'offrait de retirer ses troupes du Cercle, s'ils consentaient à licencier les leurs, à stimuler le roi de Danemark à en faire autant, ou bien à lui couper vivres et passages.

« Si, contre mon espoir, concluait-il, vous ne licenciez pas immédiatement les dites troupes et n'arrêtez les enrôlements danois, au mépris de l'obéissance due à Sa Majesté Impériale et aux lois de l'empire, je me verrai forcé de prendre, avec l'aide du Très-Haut, les moyens nécessaires pour faire respecter l'autorité impériale et ramener la paix, me déchargeant, sur vous, de l'énorme responsabilité de toutes les calamités qui en résulteront. »

Cette lettre, écrite le 28 juillet, se croisa avec une autre que le duc Frédéric-Ulrich adressait au général de la Ligue, pour se plaindre de l'invasion de ses états.

Dès le 30, Tilly lui répondit :

« Votre Altesse sera suffisamment instruite, par ma lettre du 28 juillet, des motifs qui m'ont déterminé à entrer sur le territoire brunswickois. Votre Altesse, qui connaît fort bien les intentions réelles du roi de Danemark, doit comprendre que je ne puis faire concorder les dispositions qu'elle manifeste avec la *dévotion*, tant de fois promise, à Sa Majesté Impériale. En effet, outre les secours de toutes sortes, prêtés par vous au roi de Danemark, il est arrivé que des sujets brunswickois se sont armés contre moi et ont construit, sous mes yeux, des retranchements qu'ils ont cependant abandonnés ensuite : Votre Altesse ne peut donc qu'excuser mon entrée sur ces terres. Je la supplie, encore une fois, de donner la main à ce que le roi de Danemark abandonne ses projets, cesse ses armements, comme aussi de renvoyer les levées du Brunswick, d'empêcher l'inutile résistance de ses sujets et de fournir à mes troupes les vivres qui leur sont nécessaires : de mon côté, je suis prêt à rester dans les termes des constitutions impériales.

« En cas de refus, je me verrai contraint de n'écouter que la nécessité de faire respecter l'autorité de l'empereur ; je serai d'autant plus déchargé, devant Dieu et devant les hommes, de la responsabilité des calamités qui en résulteront, que Votre Altesse aura été plus à même d'empêcher ces calamités, par des voies pacifiques. »

Ce même jour, 30 juillet, Tilly écrivit au roi de Danemark :

« J'ai déjà fait remarquer à Votre Majesté que ses armements paraissant suspects et inadmissibles aux yeux de Sa Majesté Impériale et des électeurs et princes de l'empire, il avait été jugé indispensable de demander à Votre Majesté une assécuration suffisante. Les circonstances deviennent de jour en jour plus critiques, car Votre Majesté active ses propres armements et augmente ses forces, sans avoir d'ennemi patent, tandis que le Cercle n'a pris, à ma connaissance, aucunes troupes à son service ou à son serment. De plus Votre Majesté a passé du Cercle de la Basse-Saxe sur le territoire d'autres Cercles, y a établi son quartier-général, a traité hostilement les sauve-gardes impériales hors du dit Cercle et, en toutes circonstances, a fait acte d'ennemi envers les troupes de l'empereur ; je ne vois donc pas comment Sa Majesté Impériale et les fidèles électeurs et états pourraient trouver de garanties autrement que par la *démonstration réelle*, mentionnée dans ma lettre, au Cercle de la Basse-Saxe. Et, comme les assurances verbales, non plus que la volumineuse correspondance échangée, n'ont servi à rien, mais que les choses en sont venues à un point plus dangereux, qui doit entraîner un préjudice irréparable à Sa Majesté Impériale et à ses fidèles états ; comme, en outre, Votre Majesté continue ses armements, que le Mansfeldt et le duc Christian de Brunswick suscitent derechef de grands mouvements dans l'empire, je supplie Votre Majesté de prendre tout ceci en mûre délibération et de cesser ses armements, et de se démontrer telle que l'indique ma lettre au Cercle de la Basse-Saxe. En agissant ainsi, Votre Majesté prouverait qu'elle a un désir sincère de la paix ; elle rendrait bien plus de services à ses propres états et à ceux du Cercle de la Basse-Saxe, qu'avec ses préparatifs de guerre : elle préviendrait tous les maux qui pourront en résulter et s'attirerait une gloire immortelle, en ramenant la paix, sans le secours des armes. »

Non content de ces démarches, si franches et si honorables, qui prouvent jusqu'à la dernière évidence, chez les chefs de la Ligue, ce sincère désir de la paix, qu'ils espéraient trouver dans le roi Danemark, Tilly transmit à l'électeur de Saxe copie des dépêches qu'il avait adressées à Christian IV et au Cercle de la Basse-Saxe, et pria ce prince « de vouloir bien interposer son autorité auprès du roi et du Cercle, afin que la paix pût être conservée de ce côté par le désarmement immédiat. »

Ces citations sont nécessaires, pour établir bien nettement de quel côté était cet esprit d'agression, si reproché à Ferdinand II, dans quels rangs se trouvaient le droit, la justice et la longanimité. Ceux qui ne connaissent Tilly que par le sinistre portrait qu'en a tracé l'esprit de parti protestant, seront étonnés de ce langage calme, mesuré, de cette argumentation pleine et solide. C'est sans contredit le langage de la raison et de la conscience. Qu'on le compare avec les lettres qui nous restent de ces aventuriers, dont on a voulu faire des héros, des Mansfeldt et des Christian de Brunswick, lettres où le charlatanisme des mots et le vide de la pensée ne sont égalés que par l'infamie des aspirations sanguinaires, et que l'on juge !

La dépêche de Tilly, au roi de Danemark, arriva à Hameln, dans la soirée du 30, presque au moment où un accident grave venait de mettre en danger les jours de ce monarque. Vers le coucher du soleil, Christian avait voulu faire le tour des remparts, afin d'inspecter lui-même les postes de gardes. Comme il faisait cette ronde à cheval, il passa sur des planches mal assurées, qui recouvraient un fossé de vingt-deux pieds de profondeur, creusé récemment pour réparer la muraille. Le cheval eut peur, écarta les planches en piétinant, et tomba dans le gouffre, avec son cavalier. L'animal fut tué sur le coup, et la chute ayant déterminé un éboulement de terrain, il se passa quelque temps avant qu'on pût retirer le roi. On le crut même mort, au premier moment. Pendant trois jours, il demeura sans connaissance, et on désespérait complètement de sa vie, lorsqu'un médecin, envoyé par la duchesse douairière de Wolfenbuttel, réussit à lui rendre l'usage de la langue, du moins par instants. L'état du monarque demeurait cependant inquiétant. La cour et l'armée étaient plongées dans une consternation extrême. Nul des généraux ne connaissait les plans du roi et ne savait même jusqu'à quel point il avait l'intention de poursuivre les négociations avec Tilly. Le duc Frédéric-Ulrich, appelé naturellement au commandement de l'armée, s'excusa de l'accepter, en se fondant sur son peu de capacités militaires. Il conseilla de battre en retraite et de demander un armistice, jusqu'à l'arrivée du margrave administrateur de Magdebourg, qui fut mandé sur-le-champ. En attendant, on se hâta d'informer Tilly, que l'un des conseillers du roi se rendrait le lendemain à son quartier-général, pour conférer avec lui. Le 1er août, en effet, les deux commissaires de guerre danois, Siegfried Negwisch et Marquart Bentz, se présentèrent à Holzmunden, où se trouvait le comte de Tilly. Ils lui apprirent l'accident survenu au roi, avant la réception de sa dépêche, qui n'avait conséquemment pas pu lui être communiquée. Selon eux, le roi n'avait jamais eu l'intention de susciter de nouveaux mouvements dans le Cercle de la Basse-Saxe et ne songeait à autre chose, sinon à préserver ledit Cercle des cantonnements et des inconvénients de la guerre ; il n'était pas à leur connaissance, qu'on eût traité hostilement des sauve-gardes impériales, ou attaqué les troupes de l'empereur : que si cela était arrivé, certainement le roi y eût mis bon ordre. Ils ne comprenaient pas que, dans ces termes, les armements faits pussent paraître suspects et inadmissibles à Sa Majesté Impériale et ne voyaient pas nécessité de donner une *asséeuration* quelconque. Ils ajoutèrent que le margrave administrateur de Magdebourg était attendu incessamment à Hameln et pourrait continuer à traiter. Enfin, ils émirent l'espoir que, dans l'intervalle, l'armée de la Ligue ne commettrait aucun acte d'hostilité.

Le comte de Tilly refusa de se contenter de déclarations aussi peu précises et prévint les commissaires qu'en présence du refus de lui donner les garanties qu'il avait réclamées et de la gravité des circonstances, son devoir envers l'empereur lui commandait de marcher en avant, afin d'autant mieux assurer le rétablissement de la paix, but constant de ses efforts.

Negwisch et Bentz, n'ayant rien pu obtenir de plus du comte de Tilly, retournèrent à Hameln et, après avoir conféré avec les chefs de l'armée, essayèrent de nouveau de gagner du temps sous le vain prétexte « que les armements du Cercle avaient eu lieu, non seulement d'après les ordres même dudit Cercle, mais aussi en partie à l'instigation du comte de Tilly, selon le désir par lui manifesté, au nom de Sa Majesté Impériale, que le Cercle se mît en mesure de se défendre. Ils offrirent de faire retirer l'armée, pour continuer plus aisément les négociations, sous condition que Tilly s'abstiendrait de tout acte d'hostilité. »

Le général répondit brièvement qu'il ne pouvait changer sa résolution, prise après mûre réflexion, et que si les princes du Cercle ne licenciaient pas sur-le-champ l'armée par eux assemblée, il se mettrait en devoir de les disperser et dissoudre.

Les généraux danois intimidés évacuèrent aussitôt Hameln, avec la plus grande précipitation, et descendirent le Weser, jusque dans les environs de Verden, où ils s'établirent dans des quartiers si resserrés, que des maladies épidémiques ne tardèrent pas à éclater parmi les troupes danoises.

Tilly se hâta de profiter de ses avantages. Le 8 août, il entra dans Hameln, s'empara successivement de Stolzenau et de Wœlpe et se présenta devant Nienbourg. Cette ville, dépendance des ducs de Lunebourg, avait une nombreuse garnison danoise et ses abords étaient inondés. Tilly ne se trouva pas en force pour l'investir de tous les côtés. Elle demeura donc quelque temps en communication par le Weser avec l'armée danoise et le duc Jean Ernest de Saxe-Weimar put y introduire un convoi de vivres et de munitions. Ces obstacles n'arrêtèrent pas le général de la Ligue ; il parvint à donner un écoulement aux eaux, jeta un pont de bateaux sur le fleuve et fit passer, sur la rive gauche, un corps de troupes qui s'y retrancha. Au bout de quelques jours, ses parallèles atteignirent le grand fossé de la ville et il commença à canonner les murailles. Mais le 3 septembre, le duc de Saxe Weimar attaqua les travaux de la rive gauche et, après un combat très vif, où il fut blessé à l'épaule, rejeta les assiégeants sur la rive droite.

Cependant les négociations continuaient toujours. Le 3 août l'empereur avait adressé un nouveau monitoire au roi de Danemark. En outre, sachant que Christian IV témoignait, en toute occasion, un grand respect pour le roi d'Espagne, il avait prié la cour de Madrid de faire une démarche de conciliation auprès du monarque danois. Philippe IV s'y prêta avec empressement et chargea le baron de Schœnbourg de se rendre au quartier-général danois, pour tâcher d'y faire prévaloir des tendances pacifiques. Schœnbourg trouva le roi de Danemark à Verden, assez bien rétabli et se disposant déjà à reprendre la campagne. Sa mission n'eut pas plus de succès que le monitoire impérial ; Christian persista à excuser ses armements par la nécessité de défendre le Cercle de la Basse-Saxe, attaqué et ravagé, sans cause légitime, par Tilly, et y ajouta la prétention nouvelle de ne déposer les armes, qu'après la retraite de l'armée de la Ligue ; il y allait, disait-il, de son honneur et de sa réputation royale.

Bien que sa guérison fût en apparence complète, on commença à observer en lui une certaine altération d'esprit, et ses facultés demeurèrent comme enveloppées d'un voile d'hésitation et d'incertitude.

Le 22 août, eut lieu, à Brunswick, une assemblée des États de la Basse-Saxe. Tilly y envoya le commissaire général Ruepp et le comte de Gronsfeld, chargés de rappeler au Cercle la modération de l'empereur, après tant de victoires, et le funeste exemple du palatin, dont l'ambition avait causé tant de malheurs, plongé l'Allemagne dans un abîme de sang, armé contre elle les Turcs et les Tartares. « Le Cercle, était-il encore dit dans les instructions du général, avait abusé de la longanimité impériale, pour entrer en relations avec les ennemis de Sa Majesté Impériale, et le roi de Danemark, mû par un intérêt personnel, l'avait entraîné, avec lui, sur les traces sanglantes du palatin. En dépit du monitoire et des ordres formels de l'empereur, le Cercle avait armé, sous un spécieux prétexte de défense, et s'était oublié jusqu'à attaquer les troupes de Sa Majesté Impériale.

« Ni le courage ni les forces ne manquaient au général de la Ligue pour châtier ces attentats, mais telle était son horreur pour les calamités qui suivent la guerre, qu'il voulait pousser la patience jusqu'aux dernières limites, avant de recourir aux moyens extrêmes.

« Les commissaires devaient insister sur le désarmement du Cercle et du roi, la rupture de tous rapports avec Mansfeldt et Halberstadt, et faire remarquer au Cercle que son refus aurait pour conséquence infaillible de porter la guerre dans les états qui le composaient. » Une réponse aigre de l'assemblée, à laquelle les commissaires répliquèrent, fut suivie d'une résolution définitive des États, dont la conclusion portait : « Qu'ils ne s'entendraient au désarmement, que pour autant que Tilly commencerait par retirer ses troupes du Cercle, restituerait les villes en sa possession et fournirait bonne caution de ne plus renouveler pareils attentats. » Subsidiairement, ils sollicitèrent une suspension d'armes, en attendant la médiation de l'électeur de Saxe, qu'ils avaient sollicitée.

Vainqueurs, les États du Cercle n'eussent pu tenir un langage plus hautain. Tilly leur fit dire laconiquement que, n'ayant pas pouvoir de traiter sur les bases indiquées, il en avait référé à l'empereur dont il attendait la réponse.

Ces négociations n'interrompaient pas les opérations militaires. Diplomate habile à ses heures, Tilly n'en continuait pas moins le siège de Nienbourg, mais l'insuffisance de calibre de son artillerie ne lui avait pas encore permis de faire une brèche. L'alimentation de ses troupes devenait aussi de jour en jour plus difficile. Les paysans, soulevés en masses sur ses derrières, lui coupaient les vivres, harcelaient les fourrageurs et massacraient même sans pitié les prisonniers.

Avant qu'il pût prendre des dispositions propres à donner plus d'énergie au siège, il apprit que le roi de Danemark s'était mis en marche, le 21 septembre, avec une armée de beaucoup supérieure en nombre à celle de la Ligue.

Le 23, dans une attaque de cavalerie, habilement dirigée, Obentraut tua ou prit deux mille hommes de la Ligue. Tilly, forcé de lever le siège, se retira la nuit suivante sur Minden et de là sur Oldendorf.

Au commencement du même mois de septembre, Wallenstein avait quitté son quartier-général d'Eger, à la tête d'environ 22,000 hommes ; son armée portait l'empreinte de la précipitation, avec laquelle elle avait été formée ; la cavalerie était mal montée, l'infanterie mal armée, l'artillerie nulle, à ce point, qu'on assurait qu'elle se composait d'une seule pièce de canon. Chefs et soldats n'avaient pas encore touché de solde, faute d'occasion de pillage. Le mécontentement régnait parmi eux et quantité de protestants, qui, par espoir du butin, avaient pris du service dans les régiments impériaux, ne craignaient pas de dire hautement qu'ils passeraient à l'ennemi, dès qu'ils seraient dans son voisinage. Des bandes de Bohémiens à cheval servaient d'avant-garde ; ces maraudeurs, qui se prétendaient enrôlés par Wallenstein, marchaient de prédilection par les sentiers à peine tracés, se cachaient dans les bois et les haies, détroussaient les passants isolés et pillaient tout ce qui ne se défendait pas (1).

Une marche rapide vers la Basse-Saxe eût permis à Wallenstein de soutenir Tilly, à temps pour empêcher le roi de Danemark de délivrer Nienbourg. Mais les longs trajets étaient ce qui convenait le mieux à cette armée fondée sur les ressources ouvertes par le pillage et l'exaction régulièrement organisés. D'autre part, des complications assez graves, qui se produisirent en Hesse, appelèrent l'attention de l'empereur et du duc de Friedlandt. Aussitôt après le départ de Tilly, le landgrave Maurice était revenu à Cassel et à force d'intrigues, il était parvenu à obtenir de ses États un subside secret destiné à défrayer les négociations entamées avec le roi de Danemarck. Des officiers danois vinrent pratiquer des enrôlements dans le pays. La seule approche de Wallenstein dissipa toutes ces velléités belliqueuses. Il prit possession de la plupart des villes du landgraviat et, tout en épargnant soigneusement les biens de la noblesse, se fit délivrer d'énormes quantités de grains. Il ne reprit sa marche qu'après l'arrivée d'un corps de 6,000 hommes, commandé par le comte de Mérode, à qui il confia le soin de maintenir les Hessois dans le devoir.

Le duc de Friedlandt parut d'abord vouloir se réunir à Tilly,

1. Von der Decken, *Herzog Georg.*, t. I, p. 157.

dont les troupes étaient cantonnées entre le Weser et la Leine, à la hauteur d'Hameln. Il s'avança même jusqu'à Ahlfeld. Ce mouvement suffit pour faire circuler le bruit de la jonction des deux armées et pour répandre la terreur parmi les princes rebelles de la Basse-Saxe. Si Wallenstein avait voulu joindre ses armées à celles du vieux guerrier, qui pendant cinq ans avait rendu de si éminents services au pouvoir impérial, nul doute que la guerre de Danemark n'eût été terminée trois années plus tôt, le Cercle soumis et la paix si vivement désirée de l'empereur rétablie dès la fin de 1625 (1). Mais Wallenstein avait déjà trahi ses instincts jaloux en s'écriant qu'il n'entendait n'avoir rien de commun avec Tilly. Peut-être sentait-il le besoin de donner quelque satisfaction à ses troupes, avant de les mener à l'ennemi, et de leur livrer, en guise de solde, quelque province à exploiter. Au lieu d'agir de concert avec le général de la Ligue, il se jeta brusquement sur la droite, envahit l'évêché d'Halberstadt, força Magdebourg à faire amende honorable à l'empereur et mit ses troupes en quartier d'hiver le long de l'Elbe, depuis Magdebourg jusqu'à Dessau.

De son côté, le roi de Danemark avait été rejoint par Christian de Brunswick et Mansfeldt. Les deux aventuriers traqués par Anholt, avaient éprouvé mauvaise fortune ; à peine Christian comptait-il encore un millier de cavaliers avec lui, lorsqu'il atteignit l'armée danoise à Nienbourg, le 30 septembre. Le 5 octobre, il s'occupait déjà à créer de nouveaux régiments dans le pays de Wolfenbuttel et enrôlait de force des jeunes gens de 14 ans, qu'il armait de massues à défaut d'autres armes. Une gazette du temps annonça même qu'il avait fait confectionner des balles de verre, parce que la croyance populaire voulait que les soldats de Tilly fussent sous la protection d'un charme, qui les rendait invulnérables. Quelque temps après, Mansfeldt arriva aussi au camp royal avec 8,000 hommes. Ni lui ni Christian ne furent d'aucun secours au roi : incapables de s'entendre entre eux, ils ne voulaient pas même se soumettre à l'autorité du monarque danois. Ils se séparèrent de nouveau. Christian s'établit à Wolfsberg, et Mansfeldt prit ses quartiers dans l'évêché de Lubeck et le duché de Lauenbourg, qu'il dévasta horriblement, selon sa coutume. Leur jonction avec l'armée danoise, si peu utile à celle-ci, permit à Tilly de rappeler le comte d'Anholt, récemment renforcé des régiments impériaux, qui

1. Hurter. Wallenstein. p. 51.

avaient servi au siège de Bréda,et de continuer ses opérations, malgré le refus de Wallenstein de lui donner quelques milliers d'hommes. Au mois d'octobre, il assiégea Calenberg. Le roi, qui désirait vivement sauver la place, crut faire assez que de détacher à cet effet le duc Frédéric de Saxe-Altenbourg avec un régiment de cavalerie, fort de 700 chevaux. Le duc se posta à Seelze, épiant l'occasion de renouveler le fait d'armes d'Obentraut à Nienbourg. Il paya cher sa présomption. Seelze, village à deux milles de Hanovre, sur la rive gauche de la Leine, était relié aux cantonnements danois par un pont qu'avait fait construire le duc. Sur la droite, à une courte distance, se trouvait la petite ville de Wunstorf, occupée par une garnison d'infanterie danoise. Le duc basa son plan sur ces données et le confia à Obentraut qui l'approuva. Il fut convenu que, dans la nuit du 3 au 4 novembre, Obentraut se porterait à Seelze, avec un fort détachement de cavalerie et que, à la première lueur du jour, il attaquerait les gens d'armes de la Ligue, de concert avec le duc, tandis que la garnison danoise de Wunstorf, profitant des avantages du terrain accidenté et boisé, se jetterait sur leurs flancs.

Le 3 novembre, Calenberg capitula. Instruit, sans doute, par ses espions des desseins du duc d'Altenbourg, Tilly partit le même soir de son camp de Pattensen, avec trois régiments de cavalerie, et se dirigea sur Seelze, en évitant avec soin les chemins battus et les endroits découverts. Il parvint ainsi jusqu'à ses grand'gardes, sans avoir été vu des Danois, et fit bivouaquer ses trois régiments derrière un bois.

Le duc d'Altenbourg connaissait la reddition de Calenberg, mais il ignorait que Tilly fût si près de lui. Il avait passé presque toute la journée à cheval, à échanger quelques coups de sabres avec les avant-postes de la Ligue. Rentré, accablé de fatigue, il venait de se jeter sur son lit, en attendant l'heure convenue, lorsqu'on vint précipitamment lui apprendre que ses postes avancés avaient été surpris et enlevés. Il fit aussitôt sonner l'alarme, s'élança sur sa monture harassée et amena contre l'ennemi ce qu'il put rassembler, à la hâte, de ses cavaliers. L'engagement, habilement ménagé par divers groupes de dragons de la Ligue, durait encore, lorsque parut Obentraut avec sa cavalerie. Il se lança immédiatement au secours du duc d'Altenbourg, croyant en finir rapidement avec la poignée d'hommes qu'il voyait devant lui. Mais, au même instant, Tilly, auquel Anholt avait encore amené, dans la nuit, 800 chevaux et 1,200 fantassins, sortit de son embuscade, et chargea les Danois avec furie, en queue et en flanc. Obentraut essaya inutilement de changer de front. La manœuvre, mal comprise de ses soldats effrayés, ne réussit pas. Pour comble de malheur, l'infanterie de Wunstorf, égarée par ses guides, se perdit en route et ne put prendre aucune part au combat. Les Danois furent rejetés, en désordre, sur le village, culbutés dans la Leine et taillés en pièces; 500 des leurs restèrent sur le champ de bataille. Le duc d'Altenbourg, blessé grièvement, essaya de s'échapper par le pont de Seelze, sans autre appui que son écuyer, qui était à pied. Un officier bavarois, qui le reconnut, courut droit à lui et, l'apostrophant des noms de traître et de parjure, lui brûla impitoyablement la cervelle. Obentraut, mortellement blessé d'un coup de feu au travers du corps, fut fait prisonnier. Tilly s'empressa d'aller lui témoigner ses sympathies et, comme il y mettait de la chaleur, le vieux soldat mourant lui dit : « Laissez. Ce sont les roses qu'on cueille dans ces sortes de jardins. » Porté dans la voiture de Tilly, il y rendit l'âme, peu après.

Les corps des deux colonels danois furent transportés à Calenberg, où Tilly les fit embaumer. Il les échangea plus tard contre le lieutenant-colonel Blancart, qui avait été enlevé par un parti de cavalerie danoise.

Tilly, comptant sur l'effet moral de ses succès, se porta immédiatement sur Hanovre, coupa les aqueducs qui conduisaient l'eau à la ville et la somma de se rendre. Les magistrats étaient disposés à obéir; mais le duc Jean Ernest de Saxe-Weimar, qui s'était glissé dans la place, chercha par ses exhortations à les détourner de leur dessein et s'emporta même jusqu'aux menaces. Voyant qu'il éveillait peu de sympathies dans le conseil, il courut à la fenêtre et se mit à haranguer la multitude, qui encombrait les abords de l'hôtel de ville. Ses apostrophes exaltèrent jusqu'au fanatisme la populace. Le cri aux armes retentit de toutes parts et, près d'être débordés, les magistrats se hâtèrent de conjurer l'orage, en rejetant avec hauteur les demandes de Tilly. Leur conversion fut tellement complète, qu'ils admirent dans la ville une garnison danoise.

La saison était trop avancée pour permettre un siège en règle; Tilly renonça donc provisoirement à son entreprise sur Hanovre et rentra dans ses quartiers. De son côté, le roi de Danemark termina la campagne par la prise de Stolzenau et fit hiverner ses troupes entre l'Elbe et le Weser.

Chapitre huitième.

ON a vu qu'au milieu des combats meurtriers, qui ensanglantaient le nord de l'Allemagne, les généraux de l'empereur n'avaient pas cessé leurs efforts, pour ramener les états de la Basse-Saxe à résipiscence. Le 13 octobre 1625, ils avaient fait une nouvelle démarche, dans ce sens, auprès des princes du Cercle. Quelques jours après, les coureurs de l'armée catholique interceptèrent une lettre de l'électeur palatin au comte de Thurn, lettre qui dévoilait les secrètes intrigues des ennemis de l'empereur et arrachait le masque sous lequel se cachaient le roi de Danemark et ses alliés. L'occasion était belle, pour Tilly, de justifier sa conduite, si indignement calomniée par ses soi-disant défenseurs de la liberté allemande (1), et de faire luire la vérité aux yeux qui désiraient sincèrement la voir. Il se hâta d'en profiter. Le 22 octobre, il publia et fit répandre à profusion, en Allemagne, une note aux États du Cercle de la Basse-Saxe, non moins remarquable par la vigueur de sa logique que par la modération de ses conclusions. Il connaissait trop bien les véritables dispositions de ses adversaires pour espérer qu'ils répondraient à ses ouvertures de conciliation; mais il comptait, non sans raison, que cette publication exercerait une influence salutaire sur les esprits non prévenus et particulièrement sur les princes de la branche de Brunswick-Lunebourg, ainsi que sur l'électeur de Saxe.

Ses prévisions s'accomplirent de tous points. Jusqu'alors

1. Le mot « *liberté allemande*, dans leur bouche, disait Tilly, signifie bonnement leur soif d'un pouvoir absolu, que ne puisse limiter ni la crainte de l'empereur ni celle des tribunaux de l'empire. On veut pouvoir disposer des corps, des biens et des richesses d'un chacun, fouler la faiblesse aux pieds, mettre la main sur les fondations et les biens de communautés, anéantir les privilèges et les droits de la noblesse et des villes, fermer aux opprimés les voies de recours à la justice, ne tolérer au-dessus de soi, ni juges, ni loi, ni autorité supérieure quelconque, bref imposer aux corps constitués, aux communes et aux individus le joug de la plus humiliante servitude. Telle est leur *liberté* allemande, telle est la liberté que l'on prétend donner aux Allemands avec l'aide des Hollandais, des Anglais, des Français et de n'importe qui. Telle est l'idole que l'on décore du voile de la religion ». *Tilly en 1626*, Klopp.

les princes de Lunebourg-Celle, bien qu'entretenant des relations suivies avec Tilly, avaient déclaré vouloir se tenir dans une stricte neutralité ; mais il n'y a de neutralités réelles que celles qui sont assez fortes pour se faire respecter. Les ducs de Lunebourg en firent la triste expérience. Le roi de Danemark, irrité de ce qu'il appelait une défection, procéda par intimidation ; il s'empara de Nienbourg, forteresse lunebourgeoise et ordonna des réquisitions militaires sur les domaines des ducs. Aux plaintes qui lui furent adressées, il répondit qu'on n'avait de forteresses qu'à la condition de les défendre et, pour donner plus de poids à ses paroles, il jeta une garnison danoise dans le château de Hoya. Bientôt il cessa de garder la moindre mesure, répandit ses troupes dans le duché de Celle, et le traita en pays ennemi. Cette conduite contrastait étrangement avec les ménagements minutieux que Tilly et Wallenstein s'étudiaient à conserver envers les princes de Lunebourg. De jour en jour, les points de rapprochement se multipliaient. D'une part, le landgrave Louis de Hesse-Darmstadt faisait briller à la vue de son gendre, Christian de Lunebourg-Celle, la perspective de la succession de Brunswick-Wolfenbuttel, dont l'héritier naturel, Christian d'Halberstadt. était exclu par suite de sa proscription, et qu'un simple acte de la volonté impériale pouvait immédiatement jeter aux mains des Lunebourg. De l'autre côté, Wallenstein et Tilly représentaient, avec force, que la prétendue neutralité de Christian et de ses frères ne pouvait être plus longtemps considérée comme sérieuse et que les envahissements du roi de Danemark commençaient même à la rendre suspecte. Tilly ajoutait que l'hésitation devenait d'autant moins justifiable, que, d'après les documents publiés par lui, les princes du Cercle avaient perdu jusqu'au prétexte de simple défense, dont ils avaient abusé jusqu'ici, et qu'il était urgent de se prononcer enfin pour ou contre l'empereur. Une incursion sur le territoire des Lunebourg acheva de prouver qu'il était même plus que temps de se décider. Halberstadt, favorisé par son frère, Frédéric-Ulrich, se jeta sur les baillages de Gifhorn, de Meinersen, de Klötze, de Fallersbeben et de Knesebeck, qu'il ravagea, avec l'âpre acharnement de la haine. A la suite de ces hostilités, une entrevue, soigneusement dissimulée sous les dehors d'une rencontre fortuite, eut lieu entre le duc Georges et Tilly.

Georges ramenait sa famille de Celle à sa résidence de Herzberg. Comme il approchait de Salzgitter, dans l'évêché d'Hildesheim, il trouva, sur la route, Tilly qui l'attendait, accompagné d'un escadron de cuirassiers et suivi, à distance, par trois régiments de cavalerie. Après les salutations d'usage, le duc et le lieutenant-général eurent, à l'écart, en pleine campagne, un long entretien de plusieurs heures, dont chacun d'eux garda le secret et qu'ils continuèrent encore, après avoir repris leur marche. Arrivé à une certaine distance, Tilly prit congé du duc et retourna à son quartier-général de Boekenem. Georges poursuivit sa route sur Seesen, où il fut reçu avec les plus grands honneurs, par les troupes catholiques, qui s'y trouvaient cantonnées. Le docteur Hundt, envoyé par lui au camp de Wallenstein, fut parfaitement accueilli; le généralissime promit d'appuyer les prétentions de la maison de Lunebourg aux dépouilles partagées d'avance de Frédéric-Ulrich et s'engagea à solliciter de la cour de Vienne la cession de la principauté de Gœttingen en faveur de Georges. A la vérité, Hundt, connaissant les errements de la chancellerie du duc de Friedlandt, avait eu soin d'acheter, à beaux deniers comptants, la bienveillance de Wallenstein. Georges satisfait, signa aussitôt sa démission de général au service du Cercle et pria son frère, le duc Christian, l'aîné, de la transmettre au roi de Danemark. La commission parut scabreuse à Christian, qui tremblait d'être une des premières victimes de la vengeance du monarque. Toutefois, il ne la repoussa pas formellement, mais il fit prier Tilly de défendre les frontières du Lunebourg. Il demandait de plus que ni lui ni ses sujets n'eussent à supporter des réquisitions, en d'autres termes, il réclamait les bénéfices de la protection impériale, sans vouloir en souffrir les inconvénients. Le docteur Hundt se rendit dans les premiers jours de février 1626 au camp de Tilly. Il le trouva médiocrement disposé à écouter les égoïstes propositions de Christian, l'aîné. Pendant ces allées et venues, Georges avait accepté définitivement les offres de Wallenstein et se mettait en mesure de former les régiments dont il avait reçu la charge. Sa démission envoyée au roi de Danemark, après de longs délais, par Christian, l'aîné, demeura plusieurs jours sans réponse. Enfin, le 19 février, le roi rompit le silence. « Je regrette, écrivit-il à Georges, d'être privé de vos services, mais je m'y résigne, faute de pouvoir l'empêcher. »

Cette première lettre fut suivie de deux autres, où la colère royale, jusqu'alors contenue, éclata dans toute sa véhémence. Georges était qualifié de traître à ses coreligionnaires et à sa patrie, sa conduite présentée sous un jour odieux. L'une de ces pièces, d'un caractère officiel, interdisait formellement au duc de continuer des enrôlements dans le Cercle de la Basse-Saxe; l'autre, écrite en entier de la main du roi et purement confidentielle, résumait, avec amertume, tous les griefs de Christian IV contre le prince lunebourgeois.

Georges communiqua cette correspondance aux généraux de l'empereur et crut devoir les consulter sur ce qu'il convenait de répondre. Wallenstein, dit le comte Von der Decken, exprima son avis en soldat, Tilly en « jésuite ».

Il est curieux de vérifier cette appréciation évidemment malveillante pour Tilly, sous la plume de l'historien protestant. La dépêche de Wallenstein, datée d'Aschersleben, le 20 février 1626, est conçue en ces termes :

« Nous avons lu les pièces originales que Votre Dilection a reçues du roi de Danemark et qu'elle a bien voulu nous transmettre... et nous sommes pleinement convaincu que Votre Dilection saura y répondre convenablement. Votre Dilection peut s'en tenir à déclarer qu'elle met toute sa confiance dans la religion et dans les sentiments de générosité bien connus de Sa Majesté Impériale, laquelle n'a d'autre but que le bien public et la prospérité de l'empire. Nous connaissons parfaitement le fidèle dévouement de Votre Dilection envers Sa dite Majesté Impériale et nous en trouvons ici une nouvelle preuve, nous ne manquerons pas de la faire valoir auprès de Sa Majesté Impériale, heureux que cette occasion puisse servir à rehausser la réputation déjà éclatante de Votre Dilection. »

Tilly écrivit de Clausthal, le 2 avril :

« Nous croyons indispensable que le duc Georges justifie sa fidélité et obéissance envers Sa Majesté Impériale, par les arguments déjà invoqués, en faisant remarquer que Sa Dignité Royale ne peut trouver mauvais que certains États, membres du Saint-Empire Romain, rendent à Sa Majesté Impériale l'obéissance qui lui est due et que ceux, qui se soustraient à cette obéissance, soient considérés comme ennemis de l'empereur. Sa Dignité Royale elle-même, en sa qualité de duc de Holstein et de général du Cercle, est liée par serment et devoir envers l'empereur, son souverain, est obligée de lui obéir fidèlement et de le servir jusqu'à son dernier soupir. Quant à ce que le roi avance, à propos de religion, il sait fort bien que Sa Majesté Impériale a donné ample assurance de n'inquiéter personne, sous ce rapport. Il est clair que cette question n'est, pour Sa Dignité Royale qu'un prétexte, à l'abri duquel elle cache des projets dangereux et peu compatibles avec ses devoirs. Rien ne prouve mieux l'inanité de ce zèle de liberté dont se targue le roi que la manière dont il a dépossédé le duc de Lunebourg de ses domaines, introduit des ennemis notoires de l'empereur dans la résidence dudit duc, Mansfeldt et ses alliés Français dans le centre de l'empire. On n'a jamais pu prouver, avec apparence de raison, que Sa Majesté Impériale fût contraire à une paix sincère, comme le Cercle l'en a accusé; loin de là, les actes du congrès de Brunswick et le témoignage des électeurs médiateurs montrent suffisamment que, de notre côté, on a toujours été disposé à la conciliation, comme aussi au maintien de l'autorité et prépondérance impériale. »

La différence des deux réponses est, en effet, caractéristique pour les deux généraux. L'un, plus préoccupé de caresser la vanité et les désirs ambitieux du duc Georges, que de lui fournir de bonnes raisons, s'en tire avec une phrase pompeuse. Il est persuadé que,au fond, Georges,qu'il connaît, n'en demande pas davantage. Le second, pénétré pour les autres, comme pour lui-même, de la notion stricte du devoir, s'abstient de flatteries qu'il méprise, prend la demande du duc au sérieux, et la traite consciencieusement.

Le « jésuite » du comte Von der Decken, nous paraît, dans cette circonstance, infiniment supérieur au soldat.

Pendant que s'achevait cette conversion intéressée du prince protestant, des négociations avaient été reprises entre les parties belligérantes. Les électeurs de Saxe et de Brandebourg, inquiets du développement que prenait la guerre, offrirent leur médiation. Elle fut acceptée des deux côtés. Un armistice fut convenu et une assemblée convoquée à Brunswick, pour le commencement de novembre. Wallenstein et Tilly chargés de représenter l'empereur et la Ligue catholique, y envoyèrent leurs députés. Les débuts de ce nouveau congrès ne furent pas de nature à faire présager un résultat sérieux. Les princes du Cercle de la Basse-Saxe, au lieu de venir en personne, se contentèrent d'y envoyer des agents subalternes.Ceux-ci soulevèrent des difficultés de toute espèce sur les préliminaires des négociations, ce qui leur attira de vifs reproches de la part de l'électeur de Saxe. Un mois se passa de nouveau en contestations, sans cesse renouvelées, sur des points accessoires, principalement sur la durée et la portée de la trève. Enfin, vers la fin de décembre, on put aborder l'objet essentiel de la réunion. Les médiateurs apportèrent un projet de traité de nature, selon eux, à satisfaire tous les partis, s'ils étaient de bonne foi. Ce projet stipulait le licenciement des gens de guerre à la solde du roi de Danemark et du Cercle de la Basse-Saxe, l'expulsion de Mansfeldt des terres du Cercle et l'engagement par les coalisés de ne plus rien attenter contre l'empire et l'empereur. Ces conditions remplies, l'empereur s'obligeait à retirer son armée des places, villes et villages occupés par elle, de laisser les princes et états du Cercle en la pleine jouissance de la paix de religion et du libre exercice de la religion d'Augsbourg.

Il eût été, en effet, facile de s'entendre et de traiter sur la base de ces propositions. Quelques-uns des princes du Cercle inclinaient à les accepter, pour éviter une lutte dont ils n'attendaient que des calamités, mais le roi de Danemark et ses alliés, aveuglés par leur présomption et fiers de leurs forces, rejetèrent, avec dédain, le projet des médiateurs. Prenant le ton hautain de vainqueurs, ils exigèrent que Tilly retirât le premier ses troupes des terres du Cercle et payât des indemnités considérables. Sur le terrain religieux, ils ne se contentèrent pas des garanties que leur offrait le projet pour le libre exercice de la religion luthérienne, ils prétendirent de l'empereur l'engagement :

1° De respecter ce qu'ils appelaient leurs droits, dans la possession de leurs domaines électifs, c'est-à-dire, des évêchés.

2° De les maintenir dans leur juridiction ordinaire, civile et ecclésiastique, aussi bien dans les bénéfices qu'ils possédaient, à titre électif, que dans leurs domaines héréditaires.

3° De ne pas intervenir dans les élections capitulaires.

4° D'abolir les visites des couvents par des dignitaires ecclésiastiques, non-autorisés par les princes seigneurs du sol.

A ces conditions, ils consentaient à licencier à leur tour les troupes qu'ils avaient mises sur pied.

Ce langage avait, au moins, le mérite de quelque franchise. Les véritables mobiles dont s'inspiraient le roi et ses amis, la cupidité et l'ambition, se révélaient assez clairement ; il était en outre difficile de restreindre plus étroitement les droits, et de ravaler plus bas la dignité de l'autorité impériale. Aussi les commissaires impériaux s'élevèrent-ils avec une grande vivacité contre ces exigences, qu'ils déclaraient, avec raison, injurieuses à la personne de l'empereur et attentatoires aux constitutions de l'empire. Après avoir fait des réserves formelles sur ce point, ils précisèrent à leur tour les conditions auxquelles ils croyaient pouvoir traiter.

1° Le roi de Danemark et ses alliés licencieront leurs troupes sans pouvoir prétendre à aucune indemnité de l'empereur.

2° Les dites troupes évacueront le sol de l'empire et ne pourront être envoyées ni à Mansfeldt ni à l'ex-administrateur d'Halberstadt.

3° Mansfeldt sera expulsé de l'empire.

4° Le roi et ses alliés fourniront caution suffisante de ne plus rien entreprendre contre l'empereur ou les états fidèles, sous quelque prétexte que ce soit.

5° Le Cercle de la Basse-Saxe ne tolérera, sur son territoire, ni levées, ni passages, ni réquisitions militaires, sans l'autorisation de l'empereur.

6° Si, dans l'avenir, la défense du Cercle exige la mise sur pied de quelques troupes, avec la permission de l'empereur, ces troupes seront jointes aux autres forces impériales et employées là où le besoin le requerra, en aucun cas, il n'en devra résulter le moindre inconvénient pour les états fidèles.

7° Des indemnités seront payées à l'empereur et aux états fidèles, du chef des frais que leur ont imposés, pour leur défense, les armements sans objet légitime du Cercle.

8° Le duc Christian, l'aîné, de Lunebourg, sera remis en possession des comtés, baillages et domaines dont s'est emparée l'armée du Cercle, et des indemnités convenables lui seront payées, du chef des dégâts commis dans lesdites terres.

On voit que ce n'était, au fond, que le projet même des médiateurs, augmenté des articles relatifs aux indemnités légitimement dues à l'empereur, pour les frais de guerre, auxquels l'avait obligé l'attitude hostile du Cercle, et au duc de Lunebourg, pour les actes d'hostilité réelle commis contre ses états, par l'armée de ce même Cercle.

Après un long échange de répliques, où les récriminations tenaient beaucoup plus de place que les arguments, Tilly fit le premier un pas dans la voie des concessions. Il offrit de renoncer aux indemnités qu'il avait réclamées pour l'empereur et le duc de Lunebourg et rentra ainsi purement et simplement dans le cadre tracé par les médiateurs, mais il insista avec force sur l'obligation du roi et de ses alliés de désarmer les premiers. Il fit remarquer aussi que le Cercle, si ardent à revendiquer certains privilèges religieux, passait complètement sous silence les plaintes précédemment portées dans les monitoires impériaux, contre l'oppression dont étaient victimes les catholiques établis dans le Cercle de la Basse-Saxe, et principalement les ecclésiastiques.

Pour ne pas rester en arrière, les députés du Cercle se déterminèrent à se relâcher sur quelques points. Ils proposèrent de licencier simultanément leur armée et celle de l'empereur, en réformant, tour à tour, un régiment de chaque partie belligérante. Ils s'excusèrent du reproche de méfiance envers l'empereur, sur ce qu'il était notoire que les généraux de la Ligue avaient, en plus d'une circonstance, refusé d'obéir aux ordonnances impériales. Ils consentirent enfin à se désister de leurs prétentions d'indemnités et à expulser Mansfeldt de l'empire.

Mais ces concessions de détails étaient largement compensées par des exigences nouvelles et tellement exorbitantes, que la crainte d'être ramenés malgré eux à faire la paix pouvait seule les leur inspirer. Ils introduisirent, entre autres, dans leur ultimatum, la clause de la dissolution, non pas seulement de l'armée de la Ligue, mais de la Ligue elle-même, « source de troubles et de désordres dans l'empire ». Sortant des limites les plus élémentaires de leurs attributions, ils voulaient imposer à l'empereur l'évacuation de places et localités complètement indépendantes du Cercle et soustraire au pouvoir impérial l'interprétation de certains points de la paix de religion, ainsi que la juridiction des bénéfices ecclésiastiques. Le luxe incroyable de garanties qu'ils demandaient, pour être certains de l'observation du traité, suffit seul pour indiquer ce qu'eux-mêmes pensaient de ces conditions nouvelles et inouïes. Les négociations mises sur ce pied, le congrès ne pouvait aboutir. Il se sépara à la fin de février, sans autre résultat que de constater, aux yeux de tous les juges impartiaux, la loyauté des plénipotentiaires impériaux et la mauvaise foi de leurs adversaires. Après avoir pris connaissance des propositions de l'empereur, les magistrats municipaux de Brunswick déclarèrent aux commissaires de Tilly : « Que jusqu'ici on avait présenté à leurs concitoyens cette guerre sous les couleurs d'une guerre de religion. Mais, qu'après avoir entendu les larges garanties assurées par les lettres de l'empereur, ils ne pouvaient assez s'étonner que les princes et États du Cercle pussent se croire, le moins du monde, fondés à manifester des méfiances si obstinées contre Sa Majesté Impériale, que l'honorable conseil et la bourgeoisie de Brunswick avaient ignoré jusqu'alors toutes ces choses et que depuis leurs idées avaient nécessairement subi de profondes modifications (1).

Peu de jours après la clôture du congrès, l'électeur de Saxe, rendant compte à l'empereur de ses derniers efforts de conciliation, confessait que Tilly et Wallenstein s'étaient rapprochés de ses propositions et lui avaient donné toute raison d'espérer la conclusion de la paix; mais que le Cercle s'était obstiné, malgré toutes les remontrances, à entremêler dans les négociations des objets tout à fait étrangers à leurs attributions ; que le roi de Danemark, invité à faire connaître son opinion définitive, avait rompu les pourparlers, et brusquement mis un terme à la pénible médiation des deux électeurs (2).

Ces deux témoignages, choisis entre beaucoup d'autres, justifient avec autant d'éclat la conduite de l'empereur et de ses plénipotentiaires, qu'ils sont accablants pour le roi de Danemark et ses alliés. La diplomatie de ces princes, défenseurs du libre examen, reposait sur le mensonge, comme leurs moyens d'influence dans la bourgeoisie, leur bailleur de fonds en Allemagne, sur la calomnie et la diffamation de l'autorité. La révolution est toujours la même, quels que soient ses instruments, rois, princes, bourgeois ou prolétaires. Elle ne change pas d'armes, elle en varie seulement la forme et l'usage.

Un dernier fait donnera la mesure des intentions apportées au congrès par le roi de Danemark et les États du Cercle. Ce fut pendant le cours même des conférences que les plénipotentiaires danois signèrent à La Haye le traité d'alliance offensive avec l'Angleterre et les autres puissances coalisées contre l'empereur. L'issue infructueuse de l'assemblée de Brunswick n'avait du reste jamais fait l'objet d'un seul doute chez les généraux de l'empereur. Parfaitement au courant de ce qui se passait chez les alliés, ils avaient à plusieurs reprises exprimé leur opinion sur ce qu'il fallait attendre du congrès, que Tilly appelait une comédie. La nouvelle du traité de La Haye, qui leur fut communiquée par le duc Christian,

1. Hurter, *Ferdinand II*, t. II, p. 433.
2. Ibid.

l'aîné, de Lunebourg-Celle, ne les surprit pas. Dès la fin de l'année 1625, ils avaient signalé la nécessité de redoubler de vigueur dans les armements et de mettre de nouvelles forces sur pied. Tilly demanda que son armée fût portée à 30,000 hommes, il évaluait, à un minimum de 600,000 thalers, les plus indispensables besoins de son artillerie. Wallenstein compléta ses régiments et en forma de nouveaux. Le comte Jean de Mérode-Waroux fut chargé de lever 6,000 Wallons, aux Pays-Bas, et d'autres officiers eurent mission de recruter, en Bohême, 15,000 hommes de pied et 6,000 cuirassiers. Le roi de Danemark et ses alliés ne restaient pas non plus inactifs ; outre les levées qu'ils poussaient avec ardeur, ils tiraient de nombreux renforts de la Hollande et de l'Angleterre. Au milieu de cette agitation guerrière, il était difficile que la trêve, conclue par les soins de l'électeur de Saxe, ne souffrît pas quelques infractions. Les alliés ne pouvaient d'ailleurs mettre plus de bonne foi dans l'observation de l'armistice qu'ils n'en apportaient au congrès. Ils ne se contentèrent pas de couper les vivres à Tilly et de soulever contre lui, à force d'excitations mensongères, les paysans des campagnes, ils abusèrent des facilités de la trêve pour commettre d'audacieux coups de main. Au mois de décembre 1625, ils surprirent le régiment d'Isenbourg, tuèrent plusieurs soldats et enlevèrent le lieutenant-colonel Pleinevaux, avec d'autres officiers subalternes. Le 2 janvier 1626, un autre régiment de cavalerie de la Ligue, commandé par le belge Van der Nersen, baron de Firmont, fut également victime d'une surprise et perdit 200 hommes.

Les rencontres entre les partis des deux armées étaient d'ailleurs journalières. L'une de ces escarmouches coûta la vie à Antoine T'serclaes, jeune et brave officier, plein de mérite et d'avenir, qui était lieutenant-colonel du régiment du comte de Tilly, son parent. Cette perte fut extrêmement sensible au lieutenant-général, qui en exprima sa douleur en termes aussi nobles que touchants, dans une lettre au père du malheureux officier.

La trêve prit fin avec le congrès : aux engagements de détail allaient succéder les grandes luttes dont dépendait le sort de l'Allemagne.

Chapitre neuvième.

LES plans du roi de Danemark, basés sur ceux qu'avait présentés Gustave-Adolphe, se résumaient dans les points suivants : Le roi se réservait de tenir tête à l'armée de Tilly; Halberstadt avait la mission d'opérer en Westphalie et de faire une pointe, par la Hesse, jusque dans le Palatinat. La tâche du duc Jean-Ernest de Saxe-Weimar et de Mansfeldt était plus ardue. Tous deux, agissant séparément, mais de concert, devaient rejeter Wallenstein sur la Saxe, se frayer un chemin vers la Bohême ou la Silésie et donner la main à Bethlen Gabor, qui se préparait à envahir les domaines héréditaires de l'empereur. Ce plan, qui ne manquait pas d'habileté dans sa conception, péchait gravement par l'insuffisance des forces destinées à l'exécuter et devait nécessairement conduire le monarque danois à un échec complet. D'après ses dispositions, les différents corps des alliés opéraient sur un demi-cercle de près de 200 lieues, contre deux armées massées sur un centre étroit, d'où elles pouvaient rayonner dans toutes les directions et écraser, tour à tour, leurs adversaires.

Au mois de février 1626, Mansfeldt, dont le corps venait d'être porté à 12,000 hommes, par l'arrivée de 3,000 Écossais et de quelques escadrons de cavalerie hollandaise, quitta les quartiers d'hiver qu'il avait pris aux environs de Lubeck, traversa le Mecklembourg et la marche de Brandebourg, pénétra dans la principauté d'Anhalt et s'empara, par surprise, de Zerbst, dont la garnison fut passée au fil de l'épée. A quelques lieues, près de Dessau, Wallenstein avait établi, sur la rive droite de l'Elbe, une tête de pont pour conserver le libre passage du fleuve. Cette espèce de fort était gardé par les Wallons du colonel Aldringen. A l'approche de Mansfeldt, Wallenstein avait envoyé à Aldringen l'ordre de brûler le pont et de se replier sur les lignes impériales. Le brave colonel, désespéré de cette mesure qu'il jugeait, à bon droit, pusillanime et dangereuse, obtint à force d'instances qu'elle fût rapportée et prit ses dispositions pour résister vigoureusement. Il infligeait, le 25 avril, à l'aventurier une défaite écrasante. La cavalerie hollandaise fut particulièrement maltraitée. A peine en resta-t-il quelques centaines d'hommes. Le reste avait été taillé en pièces.

Fier de sa victoire, la seule incontestée qu'il ait remportée dans la guerre de trente ans, Wallenstein en transmit le même jour la nouvelle à Tilly. Il ne poursuivit Mansfeldt que jusqu'à Zerbst qu'il reprit et revint immédiatement à Dessau, d'où il regagna son quartier-général d'Aschersleben.

Ce brillant succès du duc de Friedlandt causa plus d'émotion au camp danois que de joie à Vienne. La cour impériale savait qu'il n'était dû qu'à l'insistance d'Aldringen et se montrait mécontente qu'on n'en eût pas tiré plus de fruits. L'agent bavarois à la cour de Vienne raconte, dans une de ses lettres, que le comte de Harrach, beau-père de Wallenstein, avait confessé, à cette occasion, « qu'il craignait que son gendre ne fût pas à la hauteur de sa charge, dans les circonstances difficiles du présent, qu'il serait préférable de mettre les deux armées sous les ordres du comte de Tilly, que les soldats entouraient de leur affection et dont l'expérience militaire n'avait pas d'égale. »

Wallenstein essaya de se justifier, en représentant que, s'il avait poursuivi Mansfeldt, il eût exposé le comte de Tilly aux attaques d'ennemis supérieurs en nombre et que, d'ailleurs, il avait dû surveiller certaines intrigues dangereuses qui se pratiquaient en Thuringe. L'excuse avait, sous ce dernier rapport, une certaine apparence de vérité.

Parmi les prisonniers faits par Tilly à la bataille de Stadloo, se trouvait le duc Guillaume de Saxe-Weimar. Ce jeune prince, mis peu après en liberté par l'empereur, s'était empressé de marquer sa reconnaissance pour la mansuétude impériale, en allant offrir de nouveau ses services au roi de Danemark. Au mois de mars 1626, il était en Thuringe, intrigant, ainsi que son frère Bernard, avec les princes du Cercle de la Haute-Saxe, pour obtenir la mise sur pied de 25,000 hommes, qui auraient rejoint le roi de Danemark et Mansfeldt. L'électeur de Saxe, jusque-là fort hostile aux deux frères, parut disposé cette fois à les seconder; mais l'attitude menaçante de Wallenstein fit échouer les menées des jeunes princes.

Dans le même temps que Mansfeldt attaquait Wallenstein, le roi de Danemark préparait lentement ses opérations et manœuvrait contre l'armée de Tilly. A la fin de février, il concentra ses forces autour de Wolfenbuttel, où se trouvait également Halberstadt, et détacha le colonel Fuchs à Tangermund pour assurer ses communications avec Mansfeldt. Son but était de contraindre Tilly à évacuer le Cercle de la Basse-Saxe, de le séparer de Wallenstein et de délivrer la Hesse des troupes impériales qui l'occupaient, sous les ordres du comte de Mérode.

Pendant qu'Halberstadt essayait d'envahir la Hesse, le roi de Danemark se disposait à se mettre en campagne. Mais ce n'était plus ce prince plein d'ardeur et de présomption qu'on avait vu, un an auparavant, réunir en un faisceau les divers états hostiles à l'empereur et proclamer d'avance la victoire. Les illusions avaient disparu pour faire place au découragement. Les députés de Lunebourg-Celle, qui le virent à la fin d'avril, le trouvèrent changé d'une manière effrayante, et, pour ainsi dire, méconnaissable, pâle, maigri, triste, abattu, parlant à peine et à phrases entrecoupées. Cette altération de sa santé était sans doute une suite de sa chute à Hameln, mais les difficultés de sa position et l'ivresse presque journalière, dans laquelle il cherchait un refuge contre ses chagrins, n'y avaient pas peu contribué. Ses alliés se montraient plus prodigues de paroles que d'argent et la plupart des subsides, sur lesquels il avait le droit de compter,étaient encore à payer ([1]). Ses rapports avec Halberstadt et Mansfeldt étaient pleins d'aigreur; les deux généraux reprochaient à Christian de repousser tous les conseils et de n'écouter que lui-même. Mansfeldt refusait positivement de lui obéir et semblait même se faire une loi de contrevenir à toutes les instructions émanant du quartier-général. Les sombres dispositions de Christian IV s'étaient étendues à son entourage ; en mourant, Halberstadt prédit que, avant peu, les Danois subiraient une défaite signalée. Tilly y faisait peut-être allusion, lorsqu'il écrivait qu'il espérait amener en bref les affaires de Sa Majesté Impériale plus en une journée que n'avaient fait les conférences de Brunswick en quatre mois ([2]).

Le roi débuta par lancer un manifeste, dans lequel il déclarait « qu'il n'avait aucun dessein d'offenser personne avec son armée, mais seulement de défendre le sien et le Cercle de la Basse-Saxe, dont il était général, d'autant qu'il s'apercevait que l'empereur et la Ligue catholique avaient l'œil sur ledit

1. Archives du royaume. Corresp. hist. 1. VI.
2. Ibid.

Cercle, pour y ruiner et par toute l'Allemagne indifféremment ceux qui n'étaient pas catholiques. » Puis, il envoya le duc Ernest de Saxe-Weimar faire une incursion dans les évêchés d'Osnabruck et de Munster, avec six régiments et 8 pièces d'artillerie. Jean-Ernest s'empara d'Osnabruck, contraignit le chapitre d'élire le fils aîné de Christian IV au poste de Coadjuteur et leva d'énormes contributions sur les deux évêchés. Rappelé par le roi, qui le destinait à rejoindre Mansfeldt, selon le plan primitif, il revint à Wolfenbuttel, le 7 avril, laissant seulement quelques garnisons dans trois places, moins pour garder le pays que pour y continuer le pillage organisé et favoriser la levée d'un régiment d'infanterie, dont avait charge le colonel Amsterraedt ([1]).

L'invasion du pays d'Osnabruck par le duc Jean Ernest de Saxe-Weimar inquiétait d'autant plus Tilly, qu'il avait lieu de craindre que les Hollandais ne fissent marcher à la rencontre du jeune prince des forces assez considérables pour menacer sérieusement l'électorat de Cologne et les évêchés circonvoisins. Il détacha aussitôt le comte d'Anholt, avec les colonels Gallas, Lindeloo et Erwitte, pour barrer au duc l'entrée des évêchés de Munster et de Paderborn, mais jugeant, avec raison, ce corps trop faible pour prendre l'offensive, il réclama avec instance des secours de l'infante. La princesse envoya immédiatement le comte Sforza Visconti donner l'ordre au comte Henri de Berg de se mettre en marche contre le duc de Saxe-Weimar. La retraite précipitée du prince saxon donna lieu de croire à l'infante que l'intervention de son armée était inutile. Cependant sur de nouvelles démarches de Tilly, elle ordonna au comte Ernest d'Isenbourg de se poster dans l'évêché d'Osnabruck avec 5 régiments d'infanterie et 1,000 chevaux, pour aider Anholt à purger le pays de garnisons ennemies. Le général de la Ligue eût désiré vivement, qu'après avoir accompli cette mission, Isenbourg eût amené à l'armée catholique les troupes sous ses ordres. Mais ce seigneur avait reçu des instructions directement contraires et l'infante résista à toutes les sollicitations de l'électeur de Bavière et de Tilly pour la faire revenir sur ce point.

Dans l'intervalle, le comte de Tilly s'était dirigé lui-même avec la majeure partie de ses forces contre Halberstadt. Il essaya de faire admettre une garnison catholique dans la ville de Goslar, qu'il croyait trouver docile à ses conseils, après le

1. Archives du royaume. Corresp. hist. 1. VI.

danger auquel elle venait d'échapper. Les magistrats s'y montraient, en effet, assez disposés, mais la populace, excitée par les amis d'Halberstadt, s'ameuta. Le bourgmestre, arrêté un instant, faillit être assassiné et le conseil, saisi de terreur, n'osa donner suite à ses intentions. Le lieutenant-général passa outre, s'empara de Clausthal et de Zellerfeldt et mit sa cavalerie à la poursuite de l'ex-administrateur. Le colonel de Cronberg, qui la commandait, talonna de si près l'arrière-garde du prince brunswickois, qu'il en culbuta une partie dans le Weser.

A Clausthal, Tilly fut atteint d'une fièvre tierce, dont les premiers symptômes, assez graves, jetèrent une grande alarme dans son armée. Jamais on ne vit mieux l'affection que lui portaient les soldats, la haute estime dont il jouissait dans l'Europe entière. A Nancy, comme à Bruxelles, à Vienne, comme à Munich, on attendait avec une anxieuse impatience, on se communiquait avec empressement les bulletins envoyés par les médecins sur cette santé si précieuse (1). Au bout de quelques jours, le mal céda, Tilly se hâta de reprendre sa marche contre Halberstadt. Suivant les traces de l'administrateur, il pénétra en Westphalie et le força d'évacuer l'évêché de Paderborn. Jusque-là le roi de Danemark, occupé de négocier avec le duc de Lunebourg-Celle, qui l'amusait de belles paroles, était resté inactif. L'éloignement de Tilly sembla le réveiller, il envahit soudainement l'évêché d'Hildesheim, s'empara de quelques places et fit mine d'attaquer les lignes de Wallenstein.

La nouvelle de ce mouvement parvint à Tilly, au moment où Halberstadt ramenait ses bandes, à travers la Hesse, dans la principauté de Grubenhagen; il était libre, son plan fut aussitôt arrêté. Il descendit rapidement sur le Weser, le franchit à Hameln et se présenta inopinément devant la ville de Hanovre, dont Christian IV venait de rappeler la garnison. Le lieutenant-général, comptant sur l'impression de sa soudaine arrivée et sur les dispositions impérialistes des magistrats, se flattait d'entrer dans la place, sans coup férir: son espoir fut déçu. Bourgeois et magistrats se trouvèrent unanimes à repousser les sommations du général catholique et refusèrent de laisser entrer un seul de ses soldats dans leurs murs.

Les moyens de persuasion et les menaces inutilement épuisées, Tilly, qui n'était pas en mesure d'ouvrir un siège

1. Archives du royaume. Corresp. de Maximilien. Corresp. hist.

régulier, fit entamer des négociations par le colonel de Lerchenfeldt, commandant son avant-garde. Cet officier demanda aux magistrats l'engagement écrit de n'admettre, à l'avenir, aucune garnison danoise. Cette proposition rentrait parfaitement dans les vues des magistrats, non seulement ils s'empressèrent d'y souscrire, mais encore ils offrirent à Tilly 10,000 thalers, au colonel de Lerchenfeldt une chaîne de cuirasse en or, et au commissaire de guerre Hoflager une riche coupe d'argent.

La diversion opérée par Tilly contraignit le roi d'abandonner ses projets contre Wallenstein et de rentrer dans l'évêché d'Hildesheim, au moment qu'Halberstadt tentait de soulever la Hesse, et de détruire le corps du comte de Mérode. Prompt comme la foudre, Tilly apparut au cœur de la Hesse et sa seule présence déjoua l'effort désespéré d'un ennemi aux abois. Passant la Werra, entre Eschwege et Allendorf, il remonta jusqu'à Hirschfeldt, dont il s'empara, le 8 mai. Délivré de toute inquiétude par la retraite du prince Brunswickois et l'inactivité du roi, il revint lentement sur ses pas, désarmant toutes les petites places situées sur son passage et ramassant tout ce qui put se trouver de grains et de vivres à plusieurs lieues à la ronde. Le landgrave trembla dans sa capitale; mais, comme s'il eût dédaigné une victoire trop facile sur ce prince pusillanime, le lieutenant-général passa devant Cassel, sans s'arrêter, et descendit le Weser jusqu'à Grebenstein. Maurice, voyant l'orage s'éloigner, respirait, lorsqu'il apprit que l'armée de la Ligue assiégeait Minden, sa principale forteresse.

Le 5 juin, en effet, Tilly avait quitté Grebenstein avec une partie de ses troupes et dans la soirée il investissait Minden. La position de cette ville, au confluent de la Werra et de la Fulda, dont la réunion forme le Weser, la rendait extrêmement forte. Elle était, en outre, défendue par une garnison de 800 Brunswickois, soldats d'élite, que commandait le lieutenant-colonel Luwis dit Cloux, déserteur de l'armée impériale. Aussi la confiance des habitants allait-elle jusqu'à la présomption. Les sommations de Tilly furent rejetées avec dédain et le siège commença: malgré le feu de la place, les travaux de tranchée furent poussés avec tant d'activité que, le 7 juin, les batteries des assiégeants, composées de douze pièces de gros calibre, se trouvèrent en état d'entamer la brèche.

Pendant trois jours, soldats et habitants rivalisèrent de zèle et de valeur dans la défense. Deux assauts furent vaillamment repoussés. Le 9 juin au soir, la brèche principale ayant été considérablement agrandie, Tilly envoya un parlementaire dans la ville, pour sommer le commandant de se rendre. Cloux rejeta la proposition avec d'autant plus de hauteur qu'il comptait sur des secours prochains et qu'au pied de la brèche coulait, servant de fossé naturel, la Werra, qu'il croyait infranchissable en cet endroit. A ce refus, fait en termes cavaliers, les bourgeois ajoutèrent l'insulte, le parlementaire catholique fut hué et injurié. A neuf heures, l'artillerie des assiégeants ouvrit le feu et, quelques heures après, les troupes de la Ligue se lancèrent à l'assaut, en quatre endroits différents. Le comte de Furstenberg, qui conduisait la véritable attaque, passa la rivière par un gué qui lui avait été signalé, et se jeta, avec furie, sur la grande brèche. Les défenseurs de Minden, surpris, résistèrent néanmoins avec opiniâtreté, mais bientôt culbutés, ils se réfugièrent, en désordre, dans le cimetière. Ils y furent poursuivis, forcés et massacrés. Les soldats de Furstenberg, sourds aux cris de miséricorde et de quartier, se livrèrent, pendant trois heures, à tous les emportements de la fureur, aiguisée par la soif de la vengeance. Tout ce qui tomba sous leur main, gens de guerre, bourgeois, femmes ou enfants, fut impitoyablement égorgé, au milieu d'horribles clameurs, rappelant l'affront fait, la veille, au parlementaire. Le colonel Cloux, désespéré, épargné par les balles qu'il bravait au plus fort de la mêlée, ne voulut pas survivre à cette effroyable catastrophe. Par une étrange composition de conscience, reculant devant la lâcheté du suicide, il se fit tuer par un de ses valets. Pour couronner dignement cette scène d'horreur, l'église de Sainte-Égide, convertie en poudrière, sauta deux jours après, et couvrit de ses ruines les cadavres des habitants de Minden. Des 800 Brunswickois, 7 seulement survécurent à ce désastre.

Dès le lendemain du sac de Minden, Tilly somma en termes impérieux, le landgrave Maurice d'admettre garnison impériale dans Cassel et appuya ses menaces de l'envoi de forces imposantes dans le voisinage de la résidence princière. Maurice essaya de détourner le coup par ses protestations ordinaires. A l'en croire, nul n'était plus que lui dévoué à l'empereur, nul plus obéissant; la malice seule de ses ennemis pouvait supposer le contraire. Il prétexta sa ruine imméritée, l'épuisement de ses sujets, et tâcha, par tous les moyens, d'éluder l'extrémité de livrer sa dernière forteresse. Las de ces filandreuses divagations, Tilly prit un parti radical. Il convoqua les États du landgraviat, pour le 17 juin, à Gudensberg, et déclara ceux qui ne comparaîtraient pas atteints du crime de lèse-majesté. Les États effrayés obéirent, malgré l'opposition du landgrave qui, craignant de se compromettre sans retour, résolut enfin de se faire représenter à l'assemblée, par le prince Guillaume, son fils.

Au jour marqué, le comte de Gronsfeldt et le commissaire-général, colonel Ruepp, se présentèrent devant les États, au nom du comte de Tilly, et leur déclarèrent:

Qu'attendu que le landgrave Maurice avait violé ses devoirs de vassal de l'empire, soutenu les ennemis de l'empereur, appelé le duc Christian de Brunswick et fait des préparatifs suivis d'un commencement d'exécution pour attaquer les troupes impériales, Sa Majesté Impériale exigeait 1° qu'il reçût quatre compagnies d'infanterie impériale dans sa forteresse de Cassel; 2° qu'il destituât et éloignât de sa personne ses conseillers suspects, nommément le jurisconsulte Wolfgang-Gunther; 3° qu'il abdiquât, en faveur de son fils aîné, le prince Guillaume.

Ce langage énergique fit sur les États une impression, que ne purent effacer toutes les manœuvres de Maurice. Comme leur réponse, embarrassée par les négociations qu'ils avaient entamées avec leur souverain, se faisait attendre, Tilly fit avancer ses troupes et serra de près Cassel. Des escarmouches eurent lieu entre les avant-postes catholiques et les soldats Hessois. La crainte de voir éclater la guerre dans le pays et y promener ses fureurs rendit les États plus empressés. Tilly, que de nouvelles et importantes entreprises appelaient au dehors, consentit provisoirement à ne pas insister sur l'abdication du landgrave, mais à son tour, Maurice fut contraint de signer l'engagement formel, sous peine de confiscation de tous ses fiefs, biens et domaines, de demeurer dans l'obéissance due à Sa Majesté Impériale ; de n'ouvrir, à qui que ce fût, ses forteresses de Cassel, Ziegenhain et Rheinfels, de ne donner appui quelconque aux ennemis de l'empereur, de rompre toutes ses correspondances étrangères, d'assister, au contraire, en toutes circonstances, les troupes impériales et de leur donner pleine liberté de passage et de repassage par ses terres. Par un second acte authentique, le landgrave s'obligea à éloigner Wolfgang-Gunther, à se réconcilier avec la noblesse et à l'indemniser de tous les dégâts faits par ses soldats sur les terres nobles. La garantie de ces engagements fut l'occupation de Cassel par un détachement de l'armée catholique. On y trouva une énorme quantité d'armes et plus de cent pièces d'artillerie. Halberstadt n'eut pas la joie d'être témoin de l'humiliation du prince auquel il attribuait, non sans raison, le misérable avortement de sa dernière campagne. Depuis longtemps, une fièvre lente le consumait. Les débauches inouïes et les fatigues sans mesure, entre lesquelles se partageait sa vie, avaient détruit ce corps, jeune par l'âge et prématurément vieilli par le vice. L'expédition de Hesse acheva d'épuiser ses forces et la violence du mal le cloua sur son lit, à Nordheim. Il se fit néanmoins transporter à Wolfenbuttel, où il espérait trouver des soins plus éclairés et des médecins plus habiles. Il n'y trouva que la mort et s'éteignit le 16 juin 1626, âgé seulement de 27 ans.

Le bruit courut qu'il avait été empoisonné, « lui estant sorti, écrivait un conseiller de l'infante, un grand vilain ver par la gorge [1]. » L'*Oesterreichischer-Loebeerkranz* rapporte sérieusement le même conte (p. 95). Il donne même les dimensions du ver, quatre coudées de long et deux doigts de large. Cette vie si bruyante et si agitée prit fin dans le silence et le délaissement. La solitude se fit autour de Christian de Brunswick, dès que la maladie eut fait tomber l'épée de ses mains, et sa mort eut moins de retentissement que le plus vulgaire accident. Ce triste isolement de son agonie put être une cruelle expiation pour cet homme si épris de lui-même.

Ame dégradée par la débauche et le culte le plus grossier des sens, capable de toutes les audaces et de tous les excès, sans autre religion qu'une haine fanatique contre les catholiques, Halberstadt n'emporta dans la tombe que le mépris de ceux qui soldaient son bras mercenaire et les malédictions des innombrables victimes de son exécrable férocité. L'histoire se sépare sans regret de ce vénal et sanguinaire routier, dont l'unique et stérile mérite fut la bravoure brutale du soldat.

1. *Archives du royaume*, Corresp. hist.

Chapitre dixième.

LA nature orgueilleuse de Wallenstein ne pouvait souffrir qu'avec impatience la gloire acquise, au prix de tant de luttes sanglantes, par le vieux général de la Ligue et ses braves vétérans. Une sourde jalousie le dévorait et, malgré sa dissimulation habituelle, il n'avait pu s'empêcher d'en laisser transpirer quelque venin. Toutefois, il n'osa d'abord laisser libre cours à ses sentiments et sut persuader à son beau-père, le comte de Harrach, qui le répéta à l'empereur, « qu'il considérait le comte de Tilly comme un père et un génie guerrier dont il se glorifierait de suivre les leçons ». Mais à mesure qu'il s'éloigna de Vienne, il se contraignit moins et sa hauteur envieuse prit le dessus, dès que le rapprochement des deux généraux eut nécessité entre eux des communications suivies. Le duc de Friedlandt, s'étayant de son titre de généralissime de toutes les armées impériales, prétendit avoir le pas sur Tilly dont l'âme grande et généreuse ignorait les étroites susceptibilités de la vanité et ne connaissait devant l'accomplissement de son devoir aucun obstacle d'amour-propre. Peu disposé de lui-même à s'opiniâtrer dans de puériles contestations, le général de la Ligue ne pouvait, dans cette circonstance, faire de concessions qu'avec l'assentiment de l'électeur de Bavière, car ce n'était plus sa personne, mais la dignité de son souverain, qui était en jeu. Il demanda des instructions à Munich. Maximilien agit dans cette circonstance avec une modération remarquable. Il émit l'opinion que Tilly ayant également le titre de général de l'empereur, chacun des deux chefs devait avoir la préséance à son tour, que si Wallenstein refusait d'accepter cette transaction, mieux valait, dans l'intérêt public, passer par ses exigences que de perdre le temps en discussions aussi stériles qu'irritantes. Il manifesta, néanmoins, l'espoir que Wallenstein aurait égard aux avis du lieutenant-général pour le plan des opérations de guerre et que celui-ci, qui connaissait l'humeur du duc de Friedlandt, mettrait dans sa conduite la circonspection et la sagesse nécessaires.

Fidèle aux conseils de l'électeur, Tilly céda sans plus de difficultés la préséance à Wallenstein, mais le généralissime impérial n'en devint pas plus conciliant. Il évita de prêter son concours aux opérations entamées par son collègue contre le roi de Danemark. Lorsque l'hiver (1625-1626) approcha, il s'empara des meilleurs quartiers pour ses troupes, sans s'inquiéter des besoins de l'armée catholique. Au mois de décembre, cette armée, qui avait soutenu tout l'effort d'une campagne pénible et laborieuse, se trouva réduite à chercher ses cantonnements dans des contrées déjà épuisées par la guerre et hors d'état de nourrir leurs hôtes. Tilly fit entendre de vives réclamations; elles furent inutiles. Les remontrances de Maximilien de Bavière, les ordres les plus formels de l'empereur venaient se briser contre l'inflexible volonté de Friedlandt. Les officiers impériaux rapidement pénétrés de l'esprit qui animait leur chef, allaient jusqu'à expulser violemment les régiments de la Ligue des postes qu'ils desservaient. Il fallut, pour mettre un terme à ces insolences, que Tilly donnât l'ordre à ses gens de repousser la force par la force. Les autorités des pays occupés par l'armée catholique se prévalurent de l'exemple de Friedlandt, pour se refuser aux réquisitions des commissaires bavarois, et leur suscitèrent des obstacles de toute nature. L'hiver, saison de repos, fut pour les vétérans de Tilly, un temps de privations, d'autant plus cruelles qu'elles étaient moins prévues. « Les fatigues, la froidure et la famine, écrivait-il à Bruxelles (1), me font plus de mal que l'ennemi. » La misère du soldat le provoquait à l'insubordination et à la violence, les paysans maltraités fuyaient en masses leurs villages et, aigris par l'oppression, se vengeaient par mille moyens de ceux qu'ils regardaient comme leurs persécuteurs.

Loin de donner la plus faible assistance à Tilly, Wallenstein lui refusait jusqu'aux vivres. Il semblait faire de la scandaleuse abondance qui régnait dans ses quartiers, un appât à la désertion des soldats de la Ligue. Des centaines d'hommes, poussés par la faim, quittèrent leurs corps pour courir sous les drapeaux du généralissime impérial, qui les accueillait avec faveur. Des régiments entiers se trouvèrent, pour ainsi dire, dissous et les choses en vinrent au point que Tilly manda à Munich qu'il allait se voir forcé d'évacuer les terres saxonnes.

1. Archives du royaume. Corresp. hist., t. VI.

L'électeur de Bavière, inquiet des suites funestes que pouvait entraîner la mésintelligence des deux généraux, fit tous ses efforts pour y remédier. Il envoya son cousin, l'évêque d'Osnabruck, à Mayence, pour conférer, à ce sujet, avec le Nestor des princes allemands. L'archevêque Schweicard manifesta la crainte qu'il ne fût trop tard et conseilla de nouvelles concessions. Mais ce système, poussé jusqu'aux dernières limites par Tilly, avait été impuissant à calmer la hauteur, sans cesse croissante, de Wallenstein. L'empereur, vivement pressé par Maximilien, s'émut à son tour; son attention venait d'être précisément éveillée par un grave différend survenu entre le duc de Friedlandt et le feld-maréchal, comte de Colalto, commissaire spécial de la couronne près du généralissime. Le contrôle que Colalto était chargé d'exercer sur l'administration intérieure de l'armée gênait Friedlandt, qui saisit la première occasion de s'en débarrasser brusquement. Des scènes violentes s'ensuivirent, qui eurent pour résultat la démission du feld-maréchal et son départ de l'armée. Le landgrave de Leuchtenberg dépêché de Vienne, en toute hâte, pour apaiser cette querelle, fut chargé, en même temps, de rétablir la bonne harmonie entre Wallenstein et Tilly. Il arriva à Aschersleben, dans le courant d'avril, et fut reçu avec les plus grands égards par le duc de Friedlandt. Mais toutes les peines qu'il se donna pour accomplir la première partie de sa tâche échouèrent contre le refus obstiné de Colalto de reparaître au quartier-général du duc. Leuchtenberg fut sans doute plus heureux dans sa mission conciliatrice entre les deux généraux en chef, car il revint à la cour, annonçant hautement qu'il avait parfaitement réussi à faire disparaître jusqu'aux moindres nuages de leur ancienne mésintelligence. Il en donnait pour preuve que Tilly étant tombé gravement malade, à Clausthal, vers la fin d'avril, Wallenstein s'était empressé d'aller le visiter et n'avait cessé de témoigner la plus vive sollicitude pour la santé de l'illustre capitaine. L'amour-propre du landgrave lui avait sans doute fait prendre de simples apparences pour des réalités, car des plaintes fort accentuées de Maximilien ne tardèrent pas à troubler la quiétude du cabinet de Vienne. L'approche de la saison active faisait ressortir l'urgence d'un accord parfait des deux armées, et l'on se hâta d'expédier à Aschersleben le comte de Trautmansdorf, président du conseil de guerre, avec la mission d'achever l'œuvre ébauchée par Leuchtenberg.

L'autorité que donnaient à ce seigneur son âge et sa haute position parut exercer une influence favorable sur Wallenstein. Un rapprochement portant tous les caractères de la sincérité eut lieu entre lui et Tilly. Malheureusement il dura peu, et Trautmansdorf avait à peine quitté Aschersleben que Friedlandt suscitait à son collègue de nouveaux embarras. « Il semble, écrivait Maximilien, que Friedlandt soit commis à la protection des protestants et à la ruine des catholiques. Il a tant de soldats qu'il ne sait où les mettre et, malgré cela, il refuse tout appuy à Tilly... Je ne puis comprendre cette façon d'agir, qui ne peut amener, en aucun cas, à un bon résultat (1). » Ces inquiétudes étaient partagées par l'Allemagne catholique, qui s'étonnait de ne voir s'accomplir aucun des événements décisifs qu'avait fait espérer le concours des deux puissantes armées de l'empereur et de la Ligue. « On s'émerveille, écrivait un correspondant de la cour de Bruxelles, qu'elles ne fassent pas plus de progrès sur les ennemis et on désirerait qu'elles se hâtassent d'entreprendre davantage dans cette saison (2). » La cause de cette inaction était dans la mésintelligence des deux généraux. Lors de l'expédition du duc Jean-Ernest de Saxe-Weimar contre l'évêché d'Osnabruck, Tilly, affaibli par les nombreuses garnisons qu'il était obligé de mettre dans les places dont il s'était emparé sur le Weser, demanda du secours à Wallenstein. Au lieu de venir à son aide, le généralissime émit la prétention de fondre l'armée catholique dans la sienne et menaça, en cas de refus, d'abandonner Tilly aux attaques des Danois. Cet incident et l'inertie calculée de Friedlandt, après la défaite de Mansfeldt, redoublèrent les alarmes. Les princes de la Ligue désespérant d'obtenir l'unité d'action, par une entente cordiale des deux chefs, songèrent à la chercher dans l'unité de commandement. D'accord avec l'empereur sur le principe, ils en différaient pour l'application. La cour de Vienne invoquait, en faveur de Wallenstein, le rang suprême du chef de l'empire, la supériorité numérique de l'armée impériale, les causes même de la guerre, au premier rang desquelles figurait le maintien des droits légitimes de l'autorité impériale. Rabaisser le duc de Friedlandt, en le soumettant aux ordres de Tilly, n'était-ce pas aller directement contre ses droits imprescriptibles et se mettre en contradiction flagrante avec les

1. Hurter. *Wallenstein*, p. 58.
2. Archives du royaume. Corresp. hist.

principes que les catholiques voulaient faire triompher en Allemagne? Ces arguments spécieux étaient soutenus par les ministres de Ferdinand, avec un zèle que stimulaient les habiles largesses de Wallenstein. Ils y ajoutaient de pompeux éloges du généralissime, qui n'attendait, à les en croire, que d'être investi du commandement général des forces catholiques, pour accomplir les plus grands exploits. Naturellement, ce langage ne rencontra à Munich qu'une médiocre sympathie. Les chefs de la Ligue partaient d'idées tout opposées, mais ce qui est plus remarquable, c'est que le cabinet de Bruxelles, si jaloux de maintenir la prééminence de l'empereur et de la maison d'Autriche sur l'électeur de Bavière, se prononça nettement pour Tilly. Aux yeux des ministres espagnols, il était indispensable que la direction suprême des opérations militaires fût confiée au comte de Tilly, qui n'avait point d'égal en talents, en expérience, en réputation et dont la personne inspirait au soldat autant de confiance que de respect et d'attachement. Wallenstein devait être tenu de recevoir ses ordres et de lui obéir ponctuellement, à moins que la séparation des ennemis, se portant sur différents points de l'Allemagne, ne nécessitât également la séparation des armées impériale et catholique. Le célèbre Spinola insista avec beaucoup de force dans ce sens et déclara hautement que l'unité de commandement ainsi obtenue, était l'indispensable condition du succès [1].

L'opinion déjà exprimée par le comte de Harrach sur l'insuffisance de Wallenstein trouvait, on le voit de l'écho à Bruxelles. Mais à Vienne, comme à Munich, on connaissait trop bien l'inflexible orgueil du généralissime impériale, pour croire, un seul moment, qu'il consentît jamais à subir d'autre autorité que celle de l'empereur. Aussi, la pensée ne vint même pas de lui en faire la proposition. Il fallut en revenir au moyen terme de concilier les deux généraux; une occasion favorable s'offrait, on la saisit avec empressement.

Depuis le commencement de l'année 1626, les ambassadeurs de l'empereur et de la Ligue étaient réunis en congrès à Bruxelles, avec les ministres de l'infante, pour y déterminer les conditions d'une alliance nouvelle et plus étroite, entre les trois puissances. D'après le plan de Ferdinand, promoteur des conférences, une armée permanente, forte au minimum de 24,000 hommes d'infanterie, de 4,000 chevaux, avec vingt-

1. Aretin, *Beyern's Ausw Boitræge*, p. 189.

quatre pièces d'artillerie, et susceptible d'augmentation, selon l'occurrence, aurait été mise sur pied et entretenue à frais communs, dans la proportion de moitié par les états de la Ligue, d'un quart par l'empereur, et d'un quart par le roi d'Espagne; ce plan conçu, tout autant dans le but de diminuer l'importance du rôle du duc de Bavière, que dans celui de ménager les ressources déjà presque épuisées des états de la Ligue, ne touchait pas, d'ailleurs, à l'existence de l'armée impériale proprement dite, pas plus qu'il ne déchargeait l'Espagne de l'obligation où elle s'était, plus d'une fois, trouvée, de fournir des secours extraordinaires à la cause commune. Ainsi le corps d'armée du comte d'Isenbourg n'était pas considéré comme faisant partie du contingent espagnol; il en différait, non seulement parce que sa mission était essentiellement temporaire et spéciale, mais aussi parce qu'il obéissait à un chef espagnol, tandis que le contingent, fondu dans l'armée catholique, devait être aux ordres du comte de Tilly.

Le cabinet bruxellois se montra d'abord favorable aux propositions de l'empereur, mais l'antagonisme de vue que nous avons déjà signalé entre l'Espagne et les princes allemands se révéla, dans cette circonstance, avec une acuité toute particulière. Certes l'Espagne désirait avant tout, comme ses alliés, la paix en Allemagne et n'aurait reculé devant aucun sacrifice pour y parvenir, mais à condition toutefois d'entraîner directement ou indirectement l'Allemagne à déclarer une guerre ouverte aux Hollandais. Là était son *delenda Carthago*. Le reste, à ses yeux, était accessoire. Elle eût fait bon marché du Bas-Palatinat. L'infante écrivait, le 21 janvier 1626, au roi d'Espagne :

« Il me semble, que si l'on en venait à un accord avec le roi de « Danemark, les armes de l'empereur seraient plus libres pour « nous aider contre l'Angleterre et la Hollande, ... sinon, il n'aurait « pas assez de forces pour ce qu'il faudrait contre les Hollandais et « envoyer en Angleterre... Ainsi il serait nécessaire que Votre « Majesté s'accommode avec l'empereur et les princes catholiques « d'Allemagne, pour qu'ils fassent vivement la guerre au roi de « Danemark et procurent de réduire les villes hanséatiques à l'obéissance de l'empereur, principalement les maritimes et que Votre « Majesté les assiste de toutes ses forces, *mais à condition qu'on « enlèverait le commerce entier aux Hollandais, en les déclarant pour « rebelles.* »

C'est dans cet ordre d'idées que furent conçues les premières déclarations des plénipotentiaires espagnols. Ils exigèrent :

1° Que l'empereur et la Ligue rompissent ouvertement avec les Hollandais et assistassent l'Espagne dans sa guerre contre ces derniers ;

2° que la guerre contre le Danemark fût énergiquement poussée jusqu'à ce que les armées impériales se fussent emparées d'un port de la Baltique à désigner par le roi, « afin que les navires de Sa Majesté catholique pussent s'en servir pour empêcher le commerce et la navigation des provinces rebelles des Pays-Bas » ;

3° que les places détenues par la Ligue au Bas-Palatinat seraient remises entre les mains des Espagnols.

Ces conditions parurent exorbitantes à tous les intéressés. Le nonce lui-même, qui ne prenait d'ailleurs aucune part aux conférences, en manifesta son étonnement ; les plénipotentiaires de l'empereur et des princes catholiques ne dissimulèrent pas qu'elles ne seraient certainement pas acceptées par leurs mandants. L'empereur, ne voulant pas rompre en visière au roi d'Espagne, chercha un biais de nature à fournir un terrain de conciliation. L'électeur de Bavière, déjà froissé depuis la diète de Ratisbonne, eut peine à cacher son irritation. Sur ces entrefaites, la situation fut gravement compliquée par la révolte des paysans de la Haute-Autriche. Plusieurs régiments impériaux, dirigés en toute hâte sur ce point, avaient été insuffisants pour comprimer les troubles, et Maximilien se voyait contraint d'y envoyer de nouvelles levées primitivement destinées à l'armée de Tilly; outre l'affaiblissement qui en résultait pour le lieutenant-général de la Ligue, il était à craindre que Mansfeldt ne s'empressât de venir donner la main aux insurgés et de jeter de l'huile sur le feu. Des rapports confidentiels annonçaient, d'autre part, que le roi de Suède se disposait à mener, en personne, 16,000 hommes au roi de Danemark. Ce n'était donc pas le moment de laisser éclater son indignation et de rompre en visière avec l'Espagne. Maximilien tourna la difficulté. De concert avec l'empereur, il représenta à l'Espagne que l'état des affaires de l'empire laissait peu le loisir de négocier et exigeait avant tout l'action. Il rappela que, en plusieurs occasions et notamment au siège de Bréda, la Ligue avait prêté secours, sans hésitation ni condition, aux armées espagnoles, et il demanda que le contingent de l'Espagne fût envoyé de suite à l'armée de Tilly, préalablement à toute discussion d'articles ou de clauses.

Tel fut le sens des instructions que l'électeur de Bavière envoya au baron de Preysing, son plénipotentiaire à Bruxelles. On y remarque, outre la recommandation expresse d'agir avec prudence et précaution, celle de ne pas vanter le mérite de Tilly. La méfiance éveillée par la conduite du gouvernement espagnol, lui avait-elle rendu suspects les liens qui unissaient son lieutenant aux Pays-Bas? Craignait-il que les louanges, naguère données à Tilly par Spinola, ne cachassent quelque projet secret de mettre à profit ces liens pour l'attirer au service espagnol, ou qu'on ne voulût grandir le général pour déconsidérer le souverain? Redoutait-il enfin que l'excès de confiance dans les talents militaires du vaillant capitaine n'accrût encore les lenteurs du cabinet espagnol? C'est ce qui est difficile à déterminer. Quoi qu'il en soit, Tilly secondait énergiquement par ses dépêches les efforts du baron de Preysing pour obtenir l'envoi sans retard des troupes espagnoles. Il ne cessait d'exposer à l'infante les dangers d'un plus long retard, la force de ses ennemis, la faiblesse de ses ressources. A ces réclamations vinrent se joindre celles de tous les états catholiques de l'Allemagne ; princes, prélats, généraux, multipliaient les lettres et écrivaient, comme Maximilien, à l'infante, que c'était l'heure d'agir et non de délibérer, que jamais plus graves périls n'avaient menacé les catholiques et que moins que jamais il était permis à l'Espagne de refuser son assistance aux alliés fidèles et dévoués de la maison d'Habsbourg [1]. L'infante parut ébranlée, elle se répandit en promesses et pour donner preuve de sa bonne volonté dépêcha le sieur de la Motterie, gouverneur de Maestricht, au quartier-général de Tilly, avec charge de s'entendre avec les deux généraux sur les mesures propres à la coopération active du contingent espagnol, dont le chiffre fut fixé à 6,000 hommes d'infanterie, dix-huit escadrons et six pièces d'artillerie.

Cette décision fut accueillie avec joie par les cours de Vienne et de Munich. L'empereur craignit cependant que Wallenstein ne crût au-dessous de lui de sembler faire un pas vers Tilly et jugea prudent de le faire disposer à cette démarche

1. Archives du royaume. Corresp. de Tilly. Corresp. de Ferdinand II. Corresp. de Maximilien. Corresp. de Wallenstein. Corresp. des électeurs ecclésiastiques.

par le comte de Trautmansdorf. Contre toute attente, l'altier général se montra aussi facile que Ferdinand pouvait le désirer, et l'entrevue, fixée à Duderstadt, ville voisine de celle de Goettingen, qu'assiégeait alors Tilly, eut lieu dans les derniers jours de juin. Les deux chefs se traitèrent avec tous les dehors d'une amitié et d'une estime réciproques ; les conférences, qui s'ouvrirent entre eux et le sieur de la Motterie, eurent immédiatement tous les résultats qu'on en pouvait espérer. Il fut convenu que le corps auxiliaire espagnol rejoindrait, au plus tôt, l'armée de Tilly, à laquelle Wallenstein promit de détacher immédiatement les deux régiments d'infanterie de Holstein et de Lunebourg et le régiment de cavalerie de Lunebourg.

L'itinéraire de ce corps fut tracé avec précision et l'on arrêta que les opérations militaires commenceraient, de commun accord, aussitôt après son arrivée. Les deux armées devaient se réunir vers Tangermunde, manœuvrer le long des deux rives de l'Elbe, « pour, de là, commencer l'exécution et chasser l'ennemi de toutes ses positions, soit sur l'Elbe, soit sur le Weser ».

Le 3 juillet, la Motterie retourna à Bruxelles pour y donner connaissance de ces plans et hâter les mesures d'exécution. Wallenstein et Tilly, rentrés chacun à leur quartier-général, y apprirent la nouvelle de différents mouvements militaires des Danois. Les avis annonçant la prochaine arrivée du roi de Suède au camp danois, avec une armée considérable, semblaient aussi se confirmer. Tous deux se hâtèrent d'en informer l'infante, soit pour presser l'envoi du secours promis, soit pour demander qu'un second corps d'armée espagnole fût envoyé en observation sur les frontières de la Westphalie, afin que nulle inquiétude, à cet égard, ne vînt gêner les grandes opérations militaires adoptées. Le 21 juillet, Tilly mandait encore à l'infante « que le bien commun était intéressé à la moindre perte de temps et que tant promptement ne saurait être la résolution (concernant le secours), qu'elle n'aura donné que trop d'avantage à l'ennemi. » Il ne se contenta pas d'écrire, il envoya l'un de ses aides-de-camp, Robert Pudean, à Bruxelles. Malgré ses démarches de toute nature, malgré celles de l'empereur, du duc de Bavière et des autres princes catholiques, les promesses de l'infante restèrent à l'état de lettre morte et le gouvernement espagnol, occupé par les entreprises des Hollandais, se trouva dans l'impossibilité d'acheminer le secours promis. Heureusement pour Tilly, Wallenstein, plus fidèle à ses engagements, lui envoya, vers la fin de juillet, un contingent de troupes dont l'utile concours aida puissamment au gain de la bataille de Lutter.

Le duc de Friedlandt se disposait à augmenter le chiffre des renforts qu'il consentait enfin à donner à l'armée de la Ligue, lorsqu'il en fut détourné par une nouvelle expédition de Mansfeldt. L'infatigable aventurier avait, en effet, profité du répit que lui laissait Wallenstein, pour réparer ses pertes. Secrètement secondé par l'électeur de Brandebourg, il eut bientôt réuni une armée de 8,000 hommes, que vint renforcer le corps à peu près aussi nombreux du duc Jean-Ernest de Saxe-Weimar. Le 30 juin, il se mit en marche sur la Silésie, qu'il comptait soulever; l'approche rapide du colonel Pechman, dépêché sur ses traces par Wallenstein, avec trois régiments de cavalerie, dont les chevaux portaient de plus, en croupe, deux régiments d'infanterie, paralysa ce plan. Mansfeldt et Weimar, poursuivant leur route, pénétrèrent en Moravie, dans l'intention de donner la main à Bethlen Gabor, qui venait de reprendre les armes contre l'empereur. Cette concentration de tant de forces ennemies inquiéta vivement la cour de Vienne, qui s'étonnait, à bon droit, des lenteurs de Wallenstein. Le général impérial s'était, en effet, peu hâté de soutenir son lieutenant ; un mois entier s'écoula avant qu'il parût vouloir s'ébranler. Enfin, harcelé par les ordres répétés de l'empereur, il se mit en mouvement avec le gros de son armée, fort d'environ 30,000 hommes, et se dirigea sur la Hongrie, à travers la Lusace, la Silésie et la Moravie. Dans les derniers jours de septembre, il atteignit les bords de la Waag, derrière laquelle campaient Mansfeldt et ses alliés. En cet endroit, il fut rejoint par Nicolas Esterhazy et Georges Zriny, qui lui amenèrent près de 25,000 Hongrois et Croates. On s'attendait à ce que le duc de Friedlandt, disposant de tant de forces, écrasât ses adversaires ; ses officiers réclamaient hautement l'attaque. Mais, soit que les augures qu'il tirait de ses horoscopes, lui parussent défavorables,soit crainte de terminer trop vite la guerre, soit influence de cette étrange pusillanimité qui se remarque à chacune des grandes circonstances de sa vie, il laissa son armée s'épuiser misérablement de faim, de misère et de maladie, pendant qu'il négociait avec Bethlen. Ce prince, aussi inconstant qu'égoïste, accueillit avidement les ouvertures de Friedlandt. Quelques échecs partiels avaient suffi pour calmer son ardeur guerrière et le spectacle des déplorables querelles de rivalité, qui divisaient Mansfeldt et Weimar, était peu propre à encourager ses sympathies pour eux. Heureux de se tirer, sans perte, du mauvais pas dans lequel il se trouvait engagé, il fit sa paix avec l'empereur et n'hésita pas un moment à sacrifier ses alliés de la veille. Mansfeldt, obligé d'abandonner la Hongrie et, hors d'état de continuer seul la lutte, licencia ses troupes et se disposait à gagner Venise, lorsque la mort le frappa. Jean-Ernest le suivit de près dans la tombe, dernière victime de la mauvaise fortune qui, pendant cette année 1626, sembla s'attacher aux principaux ennemis de l'empereur.

Chapitre onzième.

LA nécessité d'exposer la nature des rapports qui s'établirent, dès le principe, entre le général de la Ligue et le duc de Friedlandt, et de montrer leur influence sur les événements, nous ont forcé d'interrompre le récit des opérations militaires de Tilly, pendant la campagne de 1626 ; nous le reprenons, au point précis où nous l'avons laissé.

Tandis que Tilly soumettait la Hesse, le comte d'Anholt reprenait successivement toutes les places occupées par les Danois, dans l'évêché d'Osnabruck. A quelque distance de lui, le comte d'Isenbourg manœuvrait de manière à purger d'ennemis le reste de la Westphalie. Afin d'arrêter les progrès des généraux catholiques, le roi de Danemark dirigea contre eux le corps d'armée du défunt administrateur d'Halberstadt, fort de 8,000 hommes d'infanterie et de 50 cornettes de cavalerie. Aussitôt Anholt rappela à lui le comte d'Isenbourg et l'infante, sur la demande de Tilly, lui expédia quelques renforts du Wetterau. La rapidité avec laquelle ces mesures furent prises fit échouer l'entreprise des Danois. Ils revinrent sur leurs pas, sans autre résultat de leur expédition, que le pillage de quelques pauvres bourgades.

Désormais libre dans ses mouvements, à l'abri d'une diversion dangereuse sur ses derrières, Tilly résolut de prendre vigoureusement l'offensive contre le roi de Danemark et ses alliés. Il n'ignorait pas que les princes du Cercle de la Basse-Saxe, même les plus hostiles à l'empereur, n'hésiteraient pas plus que le landgrave Maurice à s'humilier et à abandonner le roi, dès que le péril s'approcherait d'eux, sous une forme menaçante. Le temps était venu, d'ailleurs, de faire expier, au plus puissant d'entre eux, Frédéric-Ulrich, la part active qu'il avait prise dans les menées de Christian IV et dans les faits de guerre de son frère Halberstadt. Goettingen, ville importante, située sur la Leyne, à quelques lieues de Minden, se trouvait la première exposée aux coups des catholiques. Dans le courant du mois de juin, Tilly la fit sommer de recevoir garnison de la Ligue. Les magistrats s'y refusèrent et demandèrent immédiatement du secours au roi, car ils n'avaient alors, à leur disposition, qu'un petit nombre de miliciens mal exercés, commandés par le comte de Solms. Christian IV, justement inquiet, fit relever Solms et ses gens par quelques milliers de ses meilleurs soldats, sous les ordres du major Tœnnies. Le 17 juin, le comte de Furstenberg, général de l'artillerie catholique, parut devant la place, à la tête d'un corps considérable. Sa première intention avait été d'essayer un coup de main, mais le feu meurtrier des remparts et le succès d'une sortie de la garnison l'obligèrent à abandonner cette pensée et à entreprendre un siège régulier. L'aspect de ses travaux, loin d'intimider les habitants de Goettingen,stimula leur ardeur.Tout ce qu'il y avait d'hommes valides demanda à partager les fatigues et les dangers du soldat ; ils passaient le jour à s'exercer au maniement des armes, la nuit à veiller sur les remparts. Le reste, vieillards, femmes et enfants travaillaient avec un zèle admirable à porter les vivres, les munitions, les matériaux, pour la réparation des murailles. Ce n'était plus une ville, mais un vaste camp, dont chaque membre concourait, selon la mesure de ses forces, à la défense générale. Les assiégeants, à leur tour, redoublèrent d'activité, en dépit des échecs que leur firent subir à plusieurs reprises des sorties habilement dirigées. En peu de jours ils parvinrent jusqu'aux bords du fossé principal, large et profonde tranchée qu'alimentait la Leyne. Le franchir, offrait de sérieuses difficultés. Le génie de Furstenberg crut avoir trouvé moyen de surmonter l'obstacle. Imitant l'exemple, donné en 1168 par Henri le Lion, au siège de Disenberg, il fit venir des montagnes du Harz trois cents mineurs, qu'il chargea de creuser des galeries souterraines destinées à servir d'écoulement à l'eau des fossés. Ce grand travail approchait de son terme, lorsque Tœnnies en eut l'éveil. Il fit aussitôt creuser des contremines et, favorisé par une surabondance extraordinaire de pluies qui survinrent à cette époque, il parvint à paralyser complètement les efforts de Furstenberg, qui perdit, en cette occasion, plus de 150 de ses mineurs. Le peu de progrès du siège inquiétait Tilly, alors occupé à conférer avec Wallenstein, sur un plan de campagne commun. Il craignait, avec raison, que le roi de Danemark n'accourût au secours de Goettingen et ne le forçât à accepter une bataille,dans des conditions désavantageuses pour l'armée catholique. Dès qu'il eut terminé ses délibérations avec le général de l'empereur, il accourut au camp de Goettingen et prit la direction suprême des opérations. Sa présence releva le moral un peu affaibli de ses soldats et se fit sentir aux assiégés, par la nouvelle ardeur appliquée aux travaux de tranchée. La ville étroitement cernée se vit bientôt en proie à la famine et aux maladies pestilentielles. Une effroyable mortalité décima les rangs de ses défenseurs, sans que leur intrépide constance fût ébranlée. L'abandon où les laissait Christian IV, malgré les navrants tableaux qu'ils lui faisaient de leur détresse, fut même impuissant à les abattre et l'énergie de leur résistance ne faiblit pas un seul instant.

Il n'en était pas de même de Frédéric-Ulrich, dont la conduite vérifia pleinement les calculs de Tilly. Ce prince, effrayé des entreprises du général de la Ligue sur ses états, s'empressa de nouer des négociations avec lui, par l'intermédiaire du duc de Lunebourg-Celle. Tilly accueillit favorablement ces ouvertures, mais refusa d'aller plus loin, avant que Frédéric-Ulrich se fût complètement séparé du roi de Danemark. Le bruit de ces pourparlers ne tarda pas à parvenir aux oreilles de Christian IV et le tira enfin de sa torpeur. Depuis le commencement du siège de Goettingen ce monarque avait à peine donné signe de vie, bien que, de Wolfenbuttel où il se trouvait, il pût facilement venir donner la main aux défenseurs de la place. Au lieu de se mettre en marche avec toutes ses forces, il se contenta d'ordonner au général Fuchs, qui était à Tangermunde, de se porter sur Goettingen. Fuchs, surveillé de près par le corps du duc Georges de Lunebourg, que Wallenstein avait laissé sur l'Elbe, avec ordre de rallier en cas de besoin l'armée de Tilly, ne put obéir. Le roi, de plus en plus pressé par les instances des habitants de Goettingen, se décida enfin à agir lui-même. Il s'empara de quelques petites places tenues par les gens de la Ligue, et chargea le Rhingrave Othon-Louis d'attaquer le château de Calenberg, poste important, à la conservation duquel il savait que les catholiques attachaient un grand prix. Il espérait ainsi détourner l'attention de Tilly, le forcer à affaiblir son armée de siège et la battre en détail. Ce plan eut un commencement de succès. A la nouvelle que le Rhingrave avait pris le château de Steuerwald et assiégeait Calenberg, avec quarante-sept escadrons de cavalerie et trois régiments d'infanterie, Tilly détacha contre lui le comte de Furstenberg, avec 4,000 hommes, pour observer les mouvements de l'ennemi et faire lever le siège, s'il était possible. A deux lieues de Calenberg, Furstenberg rencontra le baron des Fours, colonel de l'armée impériale, qui battait la campagne, à la tête de deux régiments de cavalerie et de 300 mousquetaires. Ce secours fortuit vint fort à point au comte de Furstenberg, car ce seigneur venait d'apprendre que le Rhingrave s'avançait contre lui avec toutes ses forces, ne laissant qu'un faible détachement devant Calenberg. Il fit grande chère à des Fours et lui confia le commandement de son avant-garde, entièrement composée de cavalerie. Le 27 juillet, la petite armée aperçut les Danois rangés en bon ordre de bataille, devant le village de Roessing. Des Fours s'approcha d'eux jusqu'à une distance de cinquante pas. Pendant une demi-heure, les deux partis restèrent en observation, l'un devant l'autre, sans brûler une amorce. A ce moment, des Fours reçut l'ordre d'attaquer. Suivi de son régiment, il fondit aussitôt sur l'ennemi, essuya une première décharge sans y répondre, aborda franchement les Danois à l'arme blanche et disparut dans leurs rangs. Cette charge brillante, vigoureusement exécutée, produisit un commencement de désordre dans la cavalerie du Rhingrave. Furstenberg saisit le moment pour lancer sur elle les cuirassiers d'Eynaten, de Cronenberg et de Schoenbourg. Ces masses s'ébranlent au commandement de leurs chefs et, semblables à une avalanche, écrasent, de leur poids, les escadrons danois. Ceux-ci essaient en vain de résister ; ils se débandent dans une affreuse confusion. Trois fois, leurs officiers les rallient et les ramènent au combat ; trois fois ils sont culbutés. Ils abandonnent enfin le champ de bataille et entraînent l'infanterie, qui n'avait guère pris part au combat. Le Rhingrave démonté se sauva à pied, laissant plus de 300 des siens sur le carreau. Parmi les morts, on reconnut le colonel Freytag, commandant en second du corps danois, deux lieutenants-colonels, et plusieurs autres officiers. La perte des catholiques fut insignifiante, leur butin considérable.

Furstenberg ramena ses troupes victorieuses au camp de Tilly, le baron des Fours alla prendre position à Wernigerode, où il fut rejoint par le corps du duc Georges de Lunebourg. Après cette jonction, ses forces montèrent à trois régiments d'infanterie et cinq de cavalerie, dont il garda la charge, en attendant que le duc Georges, occupé à se débattre contre les infidélités et les fraudes de ses fournisseurs d'armes, pût reprendre son commandement.

La nouvelle du glorieux combat de Calenberg jeta une grande animation dans l'armée devant Goettingen. Chefs et soldats, jaloux de cueillir aussi leur part de lauriers, réclamèrent à grands cris l'assaut. Tilly qui tenait à sauver la ville, enchaînait cette ardeur, dans l'espoir que les assiégés, déjà aux abois, se voyant privés de tout espoir de secours, finiraient par céder à la pression de la nécessité. A plusieurs reprises, il les fit sommer de se rendre, sans pouvoir vaincre leur inflexible résolution et déjà il avait donné l'ordre de tout préparer pour l'assaut, lorsqu'enfin Tœnnies se détermina à parlementer. Mais laissons parler Tilly lui-même, afin qu'on puisse juger si l'homme qui s'exprime comme on va le voir, si le général si ménager du sang même de ses adversaires a le moindre trait de ressemblance avec le sombre portrait que les passions protestantes ont tracé du vainqueur de Magdebourg.

« Le dimanche, 9 août, après que, par un long travail et de très-grandes difficultés, j'avais fait tirer l'eau d'une partie des fossés de la ville, j'ay, dez le matin, fait jouer mes battéries avecq tel effect, que vers le soir bresche a esté faicte en deux endroitz, et bien que mes soldats se montraient fort résolus de bien faire, néanmoins auparavant que de hasarder l'assaut, qui ne se pouvait donner sans grande perte de gens, tant à cause de l'animosité des ceulx de dédans que de leur grand nombre, lequel comprins ensemble les soldats, bourgeois et paysans estait bien de 6,000 combattants, j'ay trouvé à propos de les faire sommer encore une fois de se rendre, sur quoy s'est ensuyvy qu'ils ont commencé de parlementer, et enfin, après la capitulation concertée, la ville s'est rendue, mardy l'onziesme ; c'est une bien bonne place, et laquelle nous est de très-grande importance, les soldats en sont sortiz, avecq les armes et bagages, au nombre de 5 compagnies d'infanterie et de 2 de cavallerie, et ont pris leur chemin vers Hanovre. »

La chute de Goettingen arrivait à temps, car Tilly venait d'apprendre que le roi de Danemark, décidé à venger l'échec essuyé par ses troupes devant Calenberg, concentrait son armée entre Wolfenbuttel et Goslar, avec l'intention, bien arrêtée, de faire une vigoureuse tentative pour dégager la place assiégée. Ainsi qu'il l'écrivait, le plus fort de la

1. Lettre à l'infante Isabelle.

besogne lui venait alors sur les bras, car ces forces étaient bien inférieures en nombre à celles du roi. Suppléer à cette infériorité par la rapidité et l'audace de ses mouvements, hâter sa jonction avec le baron des Fours, tel fut le plan qu'il adopta et dont il commença immédiatement l'exécution. Un peu au-dessous de Goettingen, en suivant le cours de la Leyne, se trouve, entre cette rivière et la Ruhm, la ville de Nordheim, forteresse importante, où Halberstadt, en évacuant la Hesse, avait entassé la plus grande partie des richesses enlevées par ses hordes aux populations de la Westphalie. Les habitants, mécontents du roi de Danemark et fatigués des exactions de leur garnison, paraissaient peu enclins à supporter les nécessités d'un siège. Tilly, informé de ces dispositions, essaya d'en profiter. Aussitôt après la prise de Goettingen, il fit cerner Nordheim par sa cavalerie, que soutinrent le régiment d'infanterie de Serbelloni et six compagnies de Croates. Il eût désiré se rendre lui-même immédiatement sous les murs de la place, mais il en fut empêché par une indisposition, qui le retint deux jours à Goettingen. Sur ces entrefaites, il eut avis que le roi s'était mis en marche pour secourir Nordheim, avec quatre-vingt-dix cornettes de cavalerie, 16,000 hommes d'infanterie et vingt-pièces de canon. Il accourut aussitôt devant Nordheim et prit, le 16 août, une position avantageuse dans les prairies qui forment l'angle tracé au-dessous de Nordheim par la Leyne et la Ruhm, à leur point de jonction. Une partie de son infanterie garnissait la rive gauche de la Leyne, l'autre couverte par la cavalerie et appuyée de trois pièces de campagne occupait la rive droite. L'avant-garde danoise parut bientôt sur les hauteurs, que sillonne la route de Nordheim à Limbeck, et chargea presque immédiatement la cavalerie de la Ligue. Celle-ci, après avoir soutenu quelque temps le combat, ouvrit tout à coup ses rangs par une manœuvre habile et démasqua un gros de mousquetaires dont le feu meurtrier arrêta court les escadrons danois. A mesure que les renforts leur arrivaient, les chefs de l'avant-garde royale renouvelèrent les attaques, sans pouvoir avancer d'un pas. Le feu parfaitement dirigé de l'infanterie catholique et de ses trois pièces de campagne, paralysa constamment leurs efforts. La nuit vint mettre un terme à ce combat, dont tous les honneurs demeurèrent à Tilly.

Cependant, sa position dans un terrain étroit et resserré,

peu favorable aux mouvements de sa cavalerie, avec Nordheim au dos, ne pouvait être maintenue. Son intention n'avait été en réalité que d'amuser l'ennemi et de donner au baron des Fours le temps de gagner, sans encombre, le rendez-vous qu'il lui avait assigné derrière Goettingen. Dans la nuit du 16 au 17, il opéra silencieusement sa retraite, ne laissant derrière lui qu'un petit nombre de soldats et de tambours chargés les uns d'entretenir les feux, les autres de battre le réveil comme à l'ordinaire, afin de tromper la surveillance de l'ennemi. Ces mesures, ponctuellement exécutées, eurent si plein succès, que le lendemain, lorsqu'on vint annoncer à Christian IV que l'armée de la Ligue avait disparu tout entière, ce prince n'en voulut rien croire, avant d'avoir vérifié le fait de ses propres yeux. Le 17, Tilly continua son mouvement de retraite et porta son quartier-général à Angerstein. Christian trop peu expert pour pénétrer les vues de Tilly, s'abandonna sans arrière-pensée à l'ivresse de ce qu'il nommait un triomphe. Il perdit un temps précieux à Nordheim, qu'il ravitailla et reprit sa marche, le 20 août, dans la direction de Duderstadt. Son plan était de pénétrer dans la Thuringe, par l'Eichsfeldt et de porter la guerre dans les états mêmes de la Ligue ; il s'inquiétait peu de l'armée catholique qu'il se persuadait avoir vaincue,et du corps de des Fours, qu'il comptait écraser facilement. L'événement prouva la vanité de ses calculs. A la réception des ordres de Tilly,des Fours, sans prendre le temps de rappeler les dragons de Golz et le régiment d'infanterie d'Aldringen qu'il avait détachés, peu de jours avant, dans l'évêché d'Hildesheim, prit la route de Goettingen, avec quatre régiments de cavalerie et deux d'infanterie. Ce fut,grâce à cette obéissante promptitude, qu'il dut de ne pas être coupé. Entre Duderstadt et Goettingen, il rencontra les éclaireurs danois et, quelques heures plus tard, il fût tombé tout au milieu de l'armée royale. Le 21 août, il campa sous le canon de Goettingen. Le lendemain, 22, il tourna la place et opéra sa jonction avec Tilly. Le général attendait avec impatience ce moment pour reprendre l'offensive et, le même jour,malgré un orage affreux, il fit avancer le gros de son armée vers Duderstadt, laissant le reste avec les bagages à Niedeck. Dans la soirée, il atteignit Welmanshausen, village situé à deux lieues de Duderstadt, et y établit son quartier-général. Sa cavalerie se répandit dans les environs et, le 23, ce qui était demeuré d'infanterie à Niedeck arriva au camp.

L'énergie de ce mouvement agressif déconcerta le roi de Danemark. Ce monarque était entré la veille à Duderstadt, d'où il se proposait de pousser sa pointe vers la Thuringe, lorsque Tilly vint lui barrer résolument le chemin. Il ne pouvait plus faire un pas en avant sans livrer bataille. Si acceptant franchement la nécessité, il eût attaqué l'armée catholique dès le premier jour, alors qu'elle était harassée de sa marche forcée de la veille, et encore incomplète, la victoire eût probablement couronné son audace. Au lieu de prendre ce parti, il hésita et se contenta de l'inutile démonstration de ranger les troupes en bataille, comme s'il attendait l'attaque que lui-même n'osait hasarder. Tilly profita du temps pour reposer ses soldats et rassembler toutes ses forces. Il se proposait d'attaquer les Danois dès le lendemain et, de grand matin, il monta à cheval pour reconnaître leurs positions. Il trouva celles-ci abandonnées, car le roi, renonçant à forcer l'obstacle subitement surgi devant ses pas, avait commencé, pendant la nuit, un mouvement de retraite. Tilly se mit immédiatement à sa poursuite, harcelant sans relâche son arrière-garde. Le 25, le roi continua sa marche sur Seesen, serré de près par la cavalerie du baron des Fours, que n'arrêtaient ni la destruction des ponts sur la rivière, ni l'incendie des villages allumés par les Danois pour lui opposer une barrière de feu.

A peu de distance de Seesen, se trouve un étroit défilé, nommé la passe de Linden, que l'armée danoise devait traverser. Le roi, que la poursuite acharnée du brave des Fours inquiétait vivement, posta à l'entrée de ce défilé 400 mousquetaires, 200 dragons, avec deux pièces de canon, sous le commandement d'un capitaine. L'avantage de cette position rendait facile à ce détachement la tâche d'arrêter la cavalerie catholique et de couvrir jusqu'à la nuit la retraite royale. Vaine précaution ! à peine l'armée de Christian achevait-elle de franchir la passe que des Fours tomba, avec son impétuosité ordinaire, sur le poste placé à l'entrée et le tailla en pièces, après un rude combat. Le roi, contraint de faire volte-face, se hâta de ranger ses troupes en bataille avec l'artillerie en avant. Il fit en même temps filer ses bagages sur Lutter, afin de rendre ses mouvements plus libres, mesure qui devait lui être funeste.

Du chef la démoralisation était descendue dans les derniers rangs de l'armée. La désertion, la maraude et la fatigue lui avaient enlevé un grand nombre de soldats. Le reste, sans confiance dans ses généraux, était en proie au découragement.

Christian IV prenait ses dernières dispositions, lorsque l'armée catholique déboucha des passes de Linden et vint se masser vis-à-vis des Danois. Une hauteur occupée par les avant-postes royaux parut à Tilly offrir une bonne position pour son artillerie, il en fit déloger l'ennemi et y établit quelques batteries. Jusqu'à la nuit les deux armées se canonnèrent sans résultat remarquable.

Le 26, à minuit, l'armée danoise reprit son mouvement de retraite sur Wolfenbuttel, éclairant sa route par l'embrasement des villages situés sur son passage et constamment suivie l'épée dans les reins par des Fours, qui sabra quelques détachements de l'arrière-garde. La contrée qu'elle traversait est étroite et entrecoupée de défilés, au delà desquels se déploie une plaine ouverte et marécageuse, que domine le château de Lutter. Cette plaine n'offrait alors que deux issues accessibles à une armée. La première,qui conduit à Langelsheim, éloignait le roi de son but, Wolfenbuttel, la seconde, plus directe, aboutit à Neu-Walmoden. Ce fut cette dernière que choisit le roi. Mais en approchant du défilé, il le trouva encombré par les bagages qu'il avait envoyés en avant. Hommes et chevaux épuisés de fatigue étaient hors d'état d'avancer. Il fallut s'arrêter et le roi eût-il consenti d'ailleurs à sacrifier ses équipages de guerre, que l'état de lassitude extrême des troupes ne lui aurait pas permis de continuer sa marche. Il n'entrait pas dans ses vues de livrer bataille, mais il prit ses mesures pour résister à une attaque. Il fit renforcer son arrière-garde, que commandait le colonel Fuchs, et lui ordonna de prendre position derrière un petit ruisseau, qui se jette dans la Neile, près du village de Nauen. La droite de Fuchs s'étendait jusqu'à Nauen, sa gauche s'appuyait sur Rahden. Son artillerie placée au centre dominait l'unique pont construit sur le ruisseau et, par surcroît de précaution, il fit élever, pendant la nuit, quelques retranchements sur le bord d'un marais attenant à Rahden. Le gros de l'armée bivouaqua un peu plus loin, le long de la route de Nauen à Neu-Wallmoden, le front couvert par la Neile et la droite protégée par le corps de Fuchs.

Le déploiement de forces fait par l'arrière-garde danoise, dans les dernières heures de la journée, avait révélé à des Fours qu'elle avait reçu des renforts. Il en avisa Tilly, qui lui donna l'ordre de s'arrêter à Ahausen et fit avancer plusieurs régiments d'infanterie avec de l'artillerie, jusqu'aux limites de la forêt, dont les pentes s'abaissent dans la vallée de Lutter. Tant que dura encore le jour, le canon gronda de part et d'autre. La nuit fut mise à profit par l'infatigable Tilly, pour pousser des reconnaissances de tous les côtés et faire occuper tous les chemins aboutissant à la plaine. Le ruisseau séparait seul les avant-postes des deux armées, dont les sentinelles auraient pu facilement se parler.

Le 27 août, de grand matin, le roi, qui voulait lui-même diriger la retraite, donna l'ordre du départ. Avant de quitter Nauen, il envoya des éclaireurs du côté de Ahausen, pour reconnaître la position de Tilly. Soit que la mission, d'ailleurs difficile, dans un pays couvert de bois, eût été mal remplie par les officiers chargés de ce soin, soit que les précautions prises, la nuit, par Tilly, de faire occuper toutes les avenues de la plaine, eussent paralysé leur action, ces reconnaissances revinrent avec la conviction, qu'elles firent partager au roi, que les chemins de la forêt, entre Nauen et Ahausen, étaient impraticables pour des troupes. Le roi, parfaitement rassuré, laissa les bagages en tête de ses colonnes et s'engagea dans les défilés de Neu-Wallmoden. Sa sécurité était d'autant plus grande, qu'il jugeait Fuchs assez fort pour arrêter tout effort sérieux des catholiques et opérer sa retraite en bon ordre. L'attention de Christian fut d'ailleurs bientôt absorbée par de graves accidents, survenus parmi les chariots et les bagages. Le chemin fort étroit se trouva obstrué, la marche de l'armée arrêtée.

Cependant Fuchs avait rangé, de bonne heure, ses troupes en ordre de bataille. Il occupait un terrain élevé, que protégeaient, outre le ruisseau dont il a été question, des marécages profonds. Il plaça sa cavalerie derrière de formidables batteries et attendit, de pied ferme, l'attaque des impériaux. Elle n'eut lieu que vers midi, parce qu'une partie de l'infanterie catholique se trouvait fort en arrière et que Tilly ne jugea pas prudent d'engager la bataille, avant d'avoir des forces suffisantes sous sa main. La matinée tout entière se passa à former les régiments, à mesure qu'ils arrivaient. Tous étaient animés d'un vif enthousiasme, car on avait vu, disait-on, pendant la nuit précédente, un signe infaillible de victoire. Une épée de feu était apparue dans les airs, la pointe tournée vers les Danois, la poignée vers les catholiques. Vrai ou non, le phénomène avait électrisé les soldats et ils marchèrent au combat avec une indicible ardeur. Tilly disposa son armée en une seule ligne, l'infanterie au centre, la cavalerie aux ailes, de manière à pouvoir envelopper le corps de Fuchs. Deux colonnes longèrent à droite et à gauche les hauteurs boisées. L'une était chargée d'opérer contre le flanc gauche des Danois, à la hauteur du village de Dolgen, l'autre, composée de trois régiments de cavalerie et commandée par le baron des Fours, eut mission de tourner la position de l'ennemi et de le prendre en queue. Une batterie de 11 pièces de canon, soutenue par un régiment d'infanterie, celui de Wurzbourg, et défendue par de nombreux abattis d'arbres, fut établie pour contre-battre l'artillerie danoise et commença immédiatement son feu. Bientôt la bataille s'engagea. Les premières phases en furent peu favorables à Tilly. La colonne de droite s'empara, à la vérité, de Dolgen, mais les marais l'empêchèrent d'avancer plus loin et elle se vit même obligée d'évacuer le village, incendié par l'artillerie danoise.

Sur ces entrefaites, Tilly donna l'ordre au comte de Gronsfeld de descendre dans la vallée avec 4 régiments d'infanterie, Herleberg, Reinach, Schmidt et Cronberg, et d'attaquer les positions danoises. Les difficultés de terrain ne permirent pas à Gronsfeld de se déployer. Il dirigea ses gens à la file par deux passages étroits qui débouchaient dans la vallée, passa le ruisseau sous la mitraille danoise, s'empara du pont et y logea 200 mousquetaires. Fuchs, immobile jusqu'alors, s'ébranla aussitôt, fit avancer sa cavalerie au-devant de ses canons, ainsi réduits au silence et chargea résolument les catholiques. Dès le premier choc, le régiment de Cronberg, qui avait la pointe, fut culbuté ; celui de Schmidt, qui suivait, eut le même sort. Les deux autres opposèrent plus de résistance. Acculés au marais et animés par les admirables exemples de bravoure du vaillant Gronsfeld, ils se battent en lions, arrêtent l'élan, jusqu'alors victorieux, des Danois et le brisent.

En même temps que la cavalerie danoise chargeait les colonnes de Gronsfeld, 3 régiments d'infanterie quittaient leurs positions, en ordre de bataille, pour attaquer les batteries catholiques et les enlever. Ils arrivèrent, en bon ordre, jusqu'au ruisseau qu'ils devaient nécessairement traverser. Le ruisseau fut franchi avec entrain, sous une pluie de projectiles, mais l'ardeur même qu'ils y mirent, causa dans leurs rangs une confusion qu'augmenta le feu, bien dirigé, des canons de Tilly. Au premier choc, cependant, ils culbutèrent le régiment de

Wurzbourg dans les marais et coururent aux canons. Mais leurs efforts, mal combinés et sans ensemble, échouèrent contre les obstacles qui hérissaient les approches de la position. Privés de soutien, écrasés par la mitraille ennemie, ils essayèrent vainement de se reformer. Au même moment des Fours apparut sur le champ de bataille, en arrière des Danois. Cet officier était parvenu à se frayer passage, à travers les bois, jusqu'à Nauen, où, passant la Neile, il tourna la ligne de bataille de Fuchs et l'attaqua en queue. Le général danois tenta de faire volte-face avec sa cavalerie. Celle-ci, depuis longtemps mécontente de n'être pas payée, abandonna lâchement ses chefs, après un semblant de manœuvres, et, prenant la fuite au hasard, alla se jeter dans des marécages, où elle perdit sept cornettes. Fuchs fut tué, en voulant la retenir ; autour de lui tombèrent le jeune landgrave Philippe de Hesse et le comte de Solms.

A la première nouvelle que ses vétérans faiblissaient, Tilly était accouru, l'épée à la main, se mêlant aux fuyards ; il les rallia de la voix et les ramena lui-même au combat, avec un énergique élan. Ce mouvement, coïncidant avec l'apparition de des Fours, détermina le gain de la bataille. L'infanterie danoise, découverte par la désertion de la cavalerie et prise entre deux feux, fut taillée en pièces. Les braves régiments qui avaient assailli si vaillamment l'artillerie de la Ligue, furent presque entièrement exterminés. La presque totalité des troupes qui formaient le centre et l'aile droite de la ligne danoise, périt ou tomba entre les mains des catholiques ; les régiments de l'aile gauche, saisis de terreur et croyant voir dans le corps de des Fours l'armée de Wallenstein tout entière à leurs trousses, se débandèrent et se dispersèrent dans les bois de Dolgen.

Dès le premier coup de canon, le roi, occupé à faire disparaître les désordres occasionnés dans la marche de ses colonnes par l'encombrement des bagages, revint en toute hâte à son centre, lui fit faire conversion, et rangea la plus grande partie de ses troupes en bataille. Plus rapprochée du corps de Fuchs, cette seconde ligne lui eût servi de soutien, mais elle en était éloignée de plus d'une lieue et ne put prendre aucune part à l'action. Christian, s'apercevant trop tard de sa faute, essaya de la réparer et d'arracher, à force de valeur, la victoire aux catholiques. Ses troupes étaient suffisantes, assez nombreuses pour justifier son espoir, mais elles étaient démoralisées. En vain, bravant partout le péril où il était le plus grand, fit-il des efforts surhumains pour enlever ses soldats. Le bruit que l'armée de Wallenstein venait d'être aperçue du côté de Langelsheim répandit une telle panique parmi les Danois, qu'avant même de joindre les catholiques, trente compagnies prirent la fuite et coururent se réfugier dans le château de Lutter. Le reste ne fit qu'une attaque molle et indécise, que repoussèrent facilement les troupes victorieuses de Tilly. Celles-ci, reprenant l'offensive, balayèrent le champ de bataille et, poussant les fuyards devant elles comme un troupeau de cerfs, vinrent assaillir et tailler en pièces l'avant-garde danoise, qui était restée près de Neu-Wallmoden. Dans cette série de combats, le roi fit des prodiges de valeur. On le vit, ralliant quelques escadrons, charger impétueusement à leur tête les cuirassiers de la Ligue, percer leurs rangs, puis repoussé, revenir encore avec quelques braves, et se faire jour à travers cent épées levées contre lui. Sa garde à cheval fut hachée, ses principaux officiers percés de coups, lui-même n'échappa que par miracle. Comme il quittait le champ de bataille, escorté de deux officiers, débris de sa suite, il fut enveloppé par quarante cavaliers impériaux, dont l'un voulut mettre la main sur lui. Un des officiers du roi tua cet homme d'un coup de pistolet, mais quelques pas plus loin le cheval de Christian s'abattit. Son écuyer lui donna sa monture. Le fidèle serviteur parvint ensuite à se sauver à pied et à rejoindre le roi à Wolfenbuttel, où ce prince arriva dans la soirée du 27, avec trente faibles cornettes de cavalerie, ralliées en route.

La perte des Danois, dans cette journée si funeste à leurs armes, fut énorme, et s'éleva à près de 10,000 hommes, tant tués et blessés que prisonniers. Leur état-major fut cruellement décimé. Le landgrave Philippe de Hesse, tout jeune homme que son père venait d'envoyer à l'armée, le comte de Solms, le général Fuchs, vieux militaire plein de mérite et d'expérience, le commissaire général Pobitzky, les colonels Bersabé, Ongewygt et Penz restèrent morts sur le champ de bataille; les colonels Linstorf, Frencken, Gurtygen, Geest et Courville, les commissaires généraux, Lohausen et Rantzow, une foule d'autres officiers supérieurs, demeurèrent entre les mains des impériaux avec vingt-deux pièces de canon, soixante-dix drapeaux ou cornettes, tous les bagages, les munitions et deux chariots chargés d'argent monnayé. Ce brillant succès ne coûta à Tilly qu'un petit nombre d'hommes, et pas un seul officier de marque.

Le même jour, Tilly fit canonner le château de Lutter et força tous ceux qui s'y étaient enfermés de se rendre. Plus de 2,000 des Danois prisonniers prêtèrent serment aux drapeaux de l'empereur et furent incorporés dans les régiments catholiques. Cette pratique, qui se généralisa depuis, finit par porter un coup mortel à la discipline militaire et donna, plus tard, à la guerre de Trente Ans, une physionomie étrange, de nature à dérouter les esprits prévenus, qui ne veulent y voir qu'une lutte religieuse. Elle affaiblit les ressorts qui faisaient la force des armées impériales et catholiques et ne contribua pas médiocrement à détruire, avec le respect du drapeau, les restes du sentiment national. Elle anéantit l'influence des chefs sur les soldats et la confiance des soldats dans leurs chefs. Il faut la considérer comme le résultat logique de l'indifférence en matière d'opinions religieuses, qui commençait à présider au choix des officiers et qui fit tant de mal à la cause impériale. Tilly, lui-même, avait regardé comme une victoire l'enrôlement du duc Georges de Lunebourg sous les étendards de l'empereur. Il s'aperçut, trop tard, lorsqu'il en fut abandonné, de la faute qu'on avait commise, en grandissant l'influence de ce prince sur les troupes impériales. L'électeur de Bavière comprit, avec sa pénétration ordinaire, le côté faux et la fâcheuse portée de cet esprit d'indifférentisme, qui tendait à dégénérer en système et à perdre complètement de vue les causes primordiales de la guerre. Tilly demandait à l'électeur le grade de colonel pour un officier de mérite, nommé Walter, sans indiquer sa religion. « Je tiens à savoir avant tout, lui répondit Maximilien, si le proposé est catholique, car vous devez comprendre combien l'avancement d'un non-catholique aux charges supérieures de l'armée peut avoir d'inconvénients. » L'unité de croyances à un principe supérieur, l'unité d'affections et de foi est, en effet, le seul lien qui puisse serrer étroitement tous les membres d'un corps, que ce corps s'appelle nation ou armée. Une fois le dissolvant, sous l'action duquel l'empire allemand tombait en poussière, introduit dans les armées, ce dernier refuge des sentiments élevés de l'homme, il devait produire dans celles-ci les mêmes conséquences, et le fait ne vérifia que trop cette prévision. Il était illogique, de la part de ceux qui regardaient l'unité de foi comme la seule base solide de l'unité de l'empire, de commencer par ébranler cette même unité de foi dans leurs armées. Wallenstein y contribua le plus; il crut que la force suffisait à consolider l'unité impériale, qu'il voulut reconstruire, à l'aide de tous les matériaux; faut-il s'étonner que son œuvre ait à peine eu un commencement d'existence, et que ses gigantesques efforts soient demeurés sans succès, même passager? Tilly, entraîné à subir la pression des fausses opinions, alors en voie de dominer, expia plus tard de la discipline et de la force morale de son armée ses concessions forcées à l'esprit, ou aux nécessités de son temps, et l'on doit assurément compter parmi les plus fatales de ces concessions, la fusion d'éléments dissidents et étrangers parmi ses vieilles troupes.

Dans ses différents rapports sur la bataille de Lutter, Tilly décerne de grands éloges au comte de Gronsfeld, qui eut l'honneur d'aller annoncer la victoire à l'électeur de Bavière, au comte d'Anholt, au brave des Fours. En soldat généreux, il ne craignit pas d'honorer hautement la bravoure et les talents militaires du roi de Danemark. « Je n'ai jamais vu, écrivit-il, un général qui sût mieux prendre ses dispositions, conduire plus vaillamment des troupes au combat, montrer plus de présence d'esprit, porter mieux l'ordre dans la confusion, ranimer plus vivement les soldats intimidés, que ce roi Christian de Danemark (1). »

Christian s'était réfugié, comme on l'a vu, à Wolfenbuttel, où il fut rejoint dans la nuit par quelques fuyards de son infanterie. Le lendemain, il fit publier une proclamation par laquelle il promettait six thalers à tout déserteur ou prisonnier, qui se présenterait avec ses armes, et quatre à ceux qui reviendraient sans armes. Cet appel eut pour résultat la désertion en masse des prisonniers que Tilly avait incorporés dans ses troupes et lui ramena quantité de ses soldats dispersés. Il eut bientôt rassemblé 15,000 hommes de pied, 4,000 arquebusiers et 3,000 cuirassiers. Ces forces, déjà imposantes, mais encore trop démoralisées pour reprendre l'offensive, eussent néanmoins pu lui rendre de grands services, si, au lieu de les concentrer et d'agir avec énergie, il n'avait commis la faute, commune de son temps et fort grave dans sa position, de les disséminer dans une quantité de places peu susceptibles de défense ou hors de portée de secours.

1. Archives du royaume. Lettre de Tilly du 28 septembre 1626.

Quelques écrivains ont reproché à Tilly la lenteur de ses opérations, après la bataille de Lutter, et le loisir, ainsi laissé au roi de Danemark de se relever de son échec. Tilly nous fournit lui-même sa justification.

La cour de Bruxelles lui avait écrit que « ce qui importait présentement à l'accomplissement de sa victoire et au bien public était de ne donner le loisir à l'ennemi de se rallier et de l'obliger à se retirer des confins de l'empire (1). »

Tilly répondit modestement :

« J'avoue, avec Votre Altesse, que ce qui importe à l'accomplissement de cette victoire et du bien public est de ne donner à l'ennemi le loisir de se rallier, ains de le poursuivre, comme j'ai aussi tâché de faire, ayant à cet effet, incontinent envoyé après lui presque toute ma cavalerie et une quantité de dragons (1,500) sous les ordres du comte d'Anholt, que j'avais fait équiper expressément, mais, soit que la peur ait donné des ailes à l'ennemi, soit que la lassitude et la défatigation aient retardé les nôtres, ils ne l'ont jamais su atteindre ni l'empêcher de gagner l'Elbe ; sur quoi, ne trouvant, en aucune raison de guerre, que je devais passer outre et laisser à dos tant de places, que l'ennemi avait pourtant laissées garnies en ces quartiers je me suis jeté sur icelles (2). »

Plus loin, il trace un triste tableau de l'état de son armée.

« Tout à fait harassée et notablement diminuée par le travail continuel de tant de mois et les maladies qui s'y sont glissées, mal payée, et qui n'a touché d'argent depuis l'hiver passé et, d'ailleurs, tellement incommodée de nécessités et principalement de celle de vivres que l'infanterie a déjà été plus d'une fois huit jours entiers sans recevoir de pain. Le duc régent de Brunswick, le duc Christian de Lunebourg, évêque de Minden, et les villes voisines, s'excusant sur l'impossibilité et la ruine et désolation du plat-pays, causée depuis deux ans en çà par les troupes tant dudit roi de Danemark que du prince Christian dit d'Halberstadt, et ainsi les ultérieurs progrès que je pourrais faire sont interrompus par les manquements susdits. »

Dès le 31 août, Tilly se porta devant Wolfenbuttel et s'empara, chemin faisant, de Liebenbourg. Les habitants de Wolfenbuttel auraient volontiers composé avec le vainqueur de Lutter, mais la garnison beaucoup plus nombreuse que la

1. Lettre de l'infante du 9 septembre 1626. Archives du royaume.
2. Lettre de Tilly du 28 septembre 1626. Archives du royaume.

bourgeoisie, s'y opposa et prétendit se défendre. Tilly passa outre, attaqua et prit Steinbruck et Neustadt, « places fortes et d'importance, l'une sur le passage, entre Hildesheim, Brunswick et Wolfenbuttel, l'autre sur la Leine et qui était comme la clef du pays. » Il s'empara, en outre, d'une foule de petits postes et ne laissa au roi, dans le Cercle de la Base-Saxe, que Nienbourg, Wolfenbuttel et Stade.

Le 10 octobre, le duc Georges de Lunebourg prit, par un ordre du jour, le commandement des troupes détachées de l'armée de Wallenstein à celle de Tilly, commandement exercé jusque-là avec gloire par le baron des Fours. Il débuta par la prise du château de Rotenbourg, où, peu de temps auparavant, avait couché le roi de Danemark. Les soldats trouvèrent dans la chambre du roi un magnifique sabre, présent du grand duc de Florence au père de Christian IV, et le rapportèrent à Georges, qui en fit hommage à Tilly. Tilly le renvoya au duc avec les compliments les plus flatteurs, et celui-ci le donna à son frère le duc de Lunebourg-Celle.

Verden et Blekede tombèrent également au pouvoir de Georges, qui se vit bientôt maître de toutes les avenues du pays de Brême. Vers la fin d'octobre, il reçut ordre de Tilly de se rapprocher de la Marche de Brandebourg, dans le double but de maintenir les communications de l'armée de la Ligue avec Wallenstein et de surveiller l'électeur de Brandebourg. Ce prince était, en effet, depuis longtemps suspect à l'empereur. Calviniste zélé, il avait, en toute circonstance, favorisé les intérêts de l'électeur palatin, tout en ayant soin de ne pas trop se compromettre. Seul des électeurs de l'empire, il avait refusé de reconnaître la promotion de Maximilien de Bavière à la dignité électorale, non par motif de conscience et de conviction, mais parce qu'il était mécontent qu'on n'eût pas acheté son adhésion au même prix que celle de l'électeur de Saxe. Lorsqu'après sa défaite à Dessau, Mansfeldt vint refaire son armée, il avait trouvé appui dans l'électeur de Brandebourg ; à la vérité, il avait payé cette hospitalité par les plus horribles excès sur les sujets brandebourgeois, mais cette manière de témoigner sa reconnaissance n'avait pas contrebalancé, à Vienne, le mauvais effet produit par la conduite de Georges Guillaume. Invité par le burggrave Annibal de Dohna à donner des explications, l'électeur employa les faux fuyants et les protestations en usage dans les cours calvinistes. Cependant, ouvrant l'oreille aux sages conseils de l'un de ses ministres, le comte Adam de Schwarzenberg, il finit par comprendre que ses véritables intérêts étaient étroitement liés avec ceux de l'empereur. Mais les prétentions mêmes qu'il afficha pour prix de sa soumission et de la reconnaissance du titre électoral de Maximilien jetèrent de véhéments doutes sur la sincérité de ses sentiments. Il ne demandait rien de moins que la confirmation de ses droits de propriété sur les évêchés ou bénéfices par lui sécularisés, l'évêché de Magdebourg, ou tout autre pour son fils, un bénéfice ecclésiastique pour un de ses oncles, la restitution de la principauté de Jagerndorf, confisquée et donnée par l'empereur au prince de Lichtenstein, l'expectative des duchés de Poméranie, de Mecklembourg, d'Anhalt et de Brunswick-Lunebourg. On comprend facilement que ces exigences aient paru exorbitantes à la cour de Vienne et qu'elles l'indisposassent. Tilly eut mission de serrer Georges Guillaume de près, afin de l'amener à des idées plus raisonnables. Il en chargea le duc Georges, qui vint loger son corps d'armée sur les frontières de la Marche de Brandebourg. Ce n'était pas assez. Tilly fit demander à l'électeur l'autorisation de mettre garnison dans la ville de Gardeleben, poste important de la Marche, et sans attendre sa réponse, il ordonna au duc Georges d'y jeter 500 hommes de garnison et d'y établir son quartier-général.

Le duc ne fut pas longtemps tranquille à Gardeleben. Le comte d'Anholt, que Tilly avait logé sur les bords du Weser, avec une partie de l'armée de la Ligue, harcelé par les incursions de la garnison de Nienbourg, tenta d'assiéger cette place, malgré la rigueur de l'hiver. Dès que le roi en fut informé, il envoya son fils au secours de la forteresse, avec un corps de troupes considérable. Ce prince força, en effet, Anholt à se retirer et s'empara d'Hoya, château-fort appartenant au duc Georges. Le duc rassembla aussitôt ses troupes et marcha contre les Danois. Mais ceux-ci ne l'attendirent pas et battirent brusquement en retraite. Hoya fut bientôt repris et Georges regagna ses quartiers d'hiver, tandis que Tilly établissait les siens dans le duché de Lunebourg.

L'armée de la Ligue occupait presque tout le duché de Lunebourg et ses avant-postes s'étendaient jusqu'à la rive gauche de l'Elbe. Tilly avait porté son quartier-général à Alzen, tandis qu'Anholt, plus rapproché du Weser, bloquait de rechef Nienbourg et coupait les communications du roi de

Danemark avec cette place. Quelques mouvements de l'armée danoise forçèrent Tilly à modifier ses positions qui avaient le tort de disperser ses troupes sur une trop vaste étendue de pays et de rendre ses quartiers accessibles à une surprise. Il se retira derrière l'Aller. Il y eut bien encore quelques rencontres partielles entre les catholiques et les Danois, quelques postes pris et repris, mais ces petits incidents furent sans importance et l'année 1626 s'acheva sous la pleine influence des brillants triomphes de Tilly.

Chapitre douzième.

LES conséquences de la bataille de Lutter furent beaucoup plus importantes, au point de vue politique, que sous le rapport militaire. L'une des premières fut la soumission du cercle de la Basse-Saxe, presque tout entier. Le plus considérable d'entre les princes de ce cercle, Frédéric-Ulrich, avait commencé, dès le mois de juillet, à négocier sa réconciliation avec l'empereur. Le sentiment de sa culpabilité ne lui permettant pas de s'adresser directement à Tilly, il implora la médiation du duc de Lunebourg-Celle, frère aîné de Georges. Ce prince avait de graves et légitimes sujets de plaintes contre Frédéric-Ulrich, mais le désir de le détacher de l'alliance danoise l'emporta dans son esprit sur ses propres griefs, et il chargea le docteur Hundt, son agent ordinaire près du général catholique, d'entamer des négociations en faveur du chef de la maison de Brunswick (1).

Le docteur Hundt arriva, le 23 juillet, au camp devant Goettingen, où se trouvait Tilly, et s'acquitta de sa mission. Tilly répondit en termes généraux mais assez bienveillants pour Frédéric-Ulrich. Il loua le duc de Celle d'avoir accepté cette médiation. Mais il déclara aussi très nettement, qu'avant de pousser les choses plus loin, il fallait que Frédéric-Ulrich rompît tout rapport avec le roi de Danemark, dont l'ambition, assura-t-il, convoitait, non pas seulement les évêchés, mais encore les possessions des princes de la Basse-Saxe. Le duc de Brunswick-Wolfenbuttel eut l'imprudence de ne pas prendre ce langage au sérieux ; il n'était pas, d'ailleurs, dans sa nature molle et flottante de savoir prendre à propos un parti énergique. D'autre part, à Vienne, où l'influence et les idées de Wallenstein étaient toutes-puissantes, on caressait encore le plan d'enrichir le duc Georges des dépouilles de son cousin et l'on se souciait conséquemment très peu de pardonner à ce dernier. Les dispositions et les tergiversations de Frédéric-Ulrich réagirent sur Tilly. Le 18 août, le docteur Hundt, étant revenu à la charge, trouva les dispositions du

1. Von der Decken, *Le duc Georges*, t. I, p. 210.

général notablement changées. Tilly exprima la pensée qu'il n'y avait pas d'accommodement possible avec un prince, qui avait volontairement ouvert son pays et ses forteresses aux ennemis de l'empereur et que l'unique garantie à prendre était de chasser le duc de ses états et de les mettre sous le séquestre. Il corrigea cependant par quelques paroles consolantes, ce qu'une telle rigueur pouvait avoir d'acerbe et laissa voir qu'il ne tiendrait pas à lui que les conseils de l'indulgence ne fussent écoutés (1).

De nouveaux agents, envoyés directement par Frédéric-Ulrich en quartier-général de l'armée catholique, en rapportèrent tous la même réponse, à savoir que la condition préalable et *sine qua non* de tout essai de réconciliation était de rompre ouvertement avec le roi de Danemark. La prise de Gœttingen et les progrès des armes impériales servirent d'arguments pour achever la conversion du duc de Brunswick. Quatre jours avant la bataille de Lutter, il publia un ordre enjoignant aux troupes qu'il avait encore dans l'armée danoise de s'en séparer immédiatement. Le succès des catholiques le rendit encore plus hardi. Une nouvelle proclamation interdit expressément à tous ses sujets de rester sous les drapeaux danois. Enfin il somma le roi de Danemark d'évacuer immédiatement toutes les places fortes qu'il occupait encore dans le pays de Brunswick.

Fort de ces avances, Frédéric-Ulrich demanda une entrevue à Tilly, qui se trouvait alors à Wolfenbuttel. Le général catholique déclina cette proposition,parce qu'il désirait laisser une part des honneurs de la négociation au duc de Lunebourg-Celle, qui l'avait entamée. En effet, ce fut par l'intermédiaire d'un agent lunebourgeois que se conclut, le 8 septembre, un traité par lequel Frédéric-Ulrich et ses États se remirent à la dévotion de Sa Majesté Impériale, avec promesse d'employer tous les moyens pour faire sortir du pays les garnisons ennemies. Le duc, heureux d'échapper aux mesures de séquestre, dont il avait été menacé, ne stipula, pour lui et pour ses sujets, que la liberté d'exercer le culte protestant.

L'exemple donné par le duc de Brunswick ne tarda pas à être imité par les autres princes du Cercle. Dès le commencement de septembre, Tilly, profitant du prestige de sa victoire, leur avait adressé une invitation pressante de faire immédiatement leur soumission. Le duc de Lunebourg-Celle employa

1. Von der Decken, *Le duc Georges*, t. I, p. 204.

toute son influence pour hâter leur détermination et l'empereur envoya Reinhard de Walmerode au camp de Tilly, avec mission d'aider ce général de ses conseils et de ses démarches dans l'œuvre conciliatrice. Le succès couronna ces efforts; tous les États de la Basse-Saxe, à l'exception du duc de Mecklembourg, firent amende honorable et opérèrent individuellement leur réconciliation avec l'empereur, car on avait voulu éviter de traiter l'affaire en assemblée du Cercle, pour ne pas donner au roi de Danemark l'occasion de s'en mêler et de la traverser. Toutes les villes ([1]) s'offrirent à accepter des garnisons impériales et, le 23 novembre, une circulaire de cabinet, adressé aux ducs d'Holstein, de Saxe-Lauenbourg, de Poméranie, au comte d'Oldenbourg, aux chapitres de Magdebourg et d'Halberstadt, aux villes de Lubeck, Goslar et Mulhausen, manifesta la pleine satisfaction de l'empereur pour la fidélité des uns et le repentir des autres ([2]). Seul, le Mecklembourg restait à l'écart et retenait les derniers fils de l'alliance qui avaient uni les princes du Cercle de la Basse-Saxe au roi de Danemark. Ce pays était alors régi par deux ducs, régnant conjointement, Adolphe-Frédéric et Jean-Albert, fils du duc Jean, mort en 1592 des suites d'une blessure qu'il s'était faite lui-même, dans un accès d'aliénation mentale. Ces princes, ardents protestants, subissaient l'influence du roi de Danemark, dont le frère, Ulrich, possédait dans leurs états, l'évêché de Schwerin. Dans les assemblées du Cercle, en 1625, et lors du congrès de Brunswick, en 1626, ils s'étaient montrés plus dévoués aux intérêts de ce monarque que ne le comportaient leurs devoirs de princes de l'empire. Ils s'étaient même trouvés, à cette occasion, en conflit avec la noblesse Mecklembourgeoise, dans laquelle dominaient des dispositions plus favorables à la cause de l'empereur. Après la bataille de Lutter, ils crurent prudent de louvoyer. Frédéric Husan, gentilhomme mecklembourgeois, que l'empereur entretenait comme agent diplomatique en Basse-Saxe, écrivit en leur nom à Vienne, le 31 août, pour protester de leur fidélité et dévouement à l'empereur. Ils allèrent jusqu'à demander à Tilly de défendre leur pays. Mais le roi de Danemark, feignant de prendre ombrage de leurs démarches et sachant d'ailleurs, par expérience, qu'on ne garde d'alliés, dans les revers, que par force, prit les devants et jeta des garnisons dans les principales places du Mecklembourg.

1. Archives du Royaume. Secrétairerie d'État allemande. Corresp. de Fe-dinand II. — 2. Ibidem.

Vers la fin de 1626, Tilly somma les deux ducs d'expulser les Danois des villes de leur obédience et d'y recevoir garnison impériale. Les États du Mecklembourg appuyèrent chaudement cette sommation, mais Adolphe-Frédéric et Jean-Albert se prétendirent hors d'état d'y donner suite. Ils se bornèrent, en signe de bon vouloir, à prier le roi de Danemark de retirer volontairement ses soldats du Mecklembourg, demande qui devait être et qui fut en effet repoussée. S'étayant de cette démarche, les ducs représentèrent qu'en présence des forces supérieures du roi, ils ne pouvaient, en obéissant aux injonctions des plénipotentiaires impériaux, que se plonger, eux et leurs sujets, dans un abîme de misères. Ils offrirent de négocier. Tilly répliqua qu'ils n'avaient pas mission de négocier, mais de faire rentrer tous et chacun dans l'obéissance due à l'empereur : que le seul moyen de prouver la fidélité dont ils se targuaient était de se séparer nettement du roi de Danemark. Il leur cita l'exemple de Frédéric-Ulrich et termina en déclarant que ce qu'ils ne voulaient pas faire de bon gré, il saurait le leur imposer de force.

Ce langage sévère n'eut pas plus d'effet que les exhortations amiables. Les deux princes s'excusèrent sur ce qu'ils subissaient violence du roi de Danemark et ne pouvaient lui résister, sans attirer, sur leurs pays, toutes les calamités de la guerre. Tout ce qu'ils pouvaient faire, disaient-ils, était de renouveler leurs instances près de Christian IV, afin qu'il retirât ses troupes du Mecklembourg, encore y mettaient-ils pour condition, que Tilly s'obligerait à ne pas mettre le pied dans leurs états, après la retraite des Danois.

Pendant que cette correspondance s'échangeait, le roi de Danemark s'établissait de plus en plus solidement dans le Mecklembourg et prenait possession de la forteresse de Domitz. Loin de s'y opposer, Adolphe-Frédéric et Jean-Albert incorporaient ostensiblement leurs milices dans les troupes danoises, au grand mécontentement de la noblesse, et au mois de février 1627, Tilly pouvait écrire avec raison à l'électeur de Bavière que « le Mecklembourg s'était fait sujet du roi de Danemark (1) ».

Le juste châtiment infligé à la même époque au landgrave Maurice de Hesse, aurait dû éclairer les ducs de Mecklembourg sur les dangers de leur opiniâtre rébellion envers l'empereur. A la suite de l'arrêt de la chambre impériale de justice

1. Hurter, *Wallenstein*, page 160.

(1623), qui avait donné gain de cause à la branche de Hesse-Darmstadt, dans le procès de la succession de Marbourg, Maurice avait été obligé de rendre les riches épaves qu'il s'était indument appropriées. Mais, outre la restitution du bien en litige, il avait été condamné à payer à ses heureux collatéraux des indemnités que ceux-ci évaluaient modestement à 17,000,000 de florins et que les commissaires impériaux réduisirent à 1,357,154 florins. Comme il était hors d'état de payer même cette dernière somme, les princes de Hesse-Darmstadt réclamèrent, en échange, la cession de 25 baillages de ses propres domaines. Il eut beau plaider, supplier, puis enfin résister et provoquer les sujets qu'il allait perdre à l'insurrection, force lui fut de se laisser exécuter. Dans cette extrémité, il apprit qu'il était question de lui imposer encore, pendant l'hiver, des logements militaires. Il envoya aussitôt représenter à Tilly l'état de ruine et de désolation où se trouvaient ses États, et l'impossibilité matérielle pour la Hesse, de supporter la moindre charge. Ses raisons touchèrent peu le général de la Ligue; toutefois, Maurice obtint la promesse qu'on ne lui enverrait qu'un seul régiment. Il en reçut trois à entretenir et, par une série de vexations préméditées, on le contraignit enfin à abdiquer en faveur du prince Guillaume, son fils aîné. Sa chute entraîna celle de son favori Gunther. Ce Gunther, dont on connaît les plans démocratiques, avait su se rendre odieux à la fois à toutes les classes de la population; au jeune landgrave, parce qu'il avait contribué au funeste partage, qu'en se retirant Maurice fit entre les enfants de ses deux mariages; à la noblesse, parce qu'il avait voulu l'humilier; enfin à la multitude, parce que, semblable en cela à beaucoup de ses coreligionnaires en démocratie, il était le fléau du bourgeois et du paysan. Trois jours après l'abdication du vieux landgrave, Gunther fut arrêté, traîné de prison en prison, mis à la question, et enfin décapité après un an de tortures. On peut blâmer ces cruautés, dit l'historien Gfrœrer, à qui nous empruntons ces détails, et cependant souhaiter que le châtiment eût également frappé d'autres hommes de la classe de Gunther qui, comme lui, s'appuyant sur la faveur des princes et cachant le plus égoïste orgueil sous une phraséologie libérale, ne cessèrent d'exciter la haute aristocratie allemande contre l'empereur. Aucune race n'a plus contribué à la chute de l'empire allemand, que celle des docteurs du droit romain avec leur juristomanie [1].

1. *Histoire de Gustave-Adolphe*, p. 554.

Autant le triomphe de Tilly avait répandu de terreur dans les états protestants, autant il excita de vifs transports de joie chez les princes catholiques de l'Europe. De Rome, Urbain VIII, remettant en honneur un ancien usage des souverains pontifes envers les généraux victorieux, qui avaient bien mérité de l'Église, envoya au héros catholique le *chapeau bénit*, accompagné d'un bref des plus flatteurs. A Vienne, un *Te Deum* solennel fut chanté en présence de toute la cour et l'empereur donna à Tilly l'expectative de la seigneurie de Geisberg sur le Rhin. Le nom du glorieux capitaine avait tellement grandi dans l'opinion publique, que les familles les plus puissantes se croyaient honorées de son alliance. L'Allemagne catholique applaudit à l'union contractée, vers la fin de 1626, par son neveu, Werner de T'serclaes-Tilly, avec la fille du prince Charles de Lichtenstein, le loyal sujet et l'ami de Ferdinand II. Toujours généreux et modeste dans ses habitudes, le comte de Tilly abandonna, à cette occasion, au jeune couple les sommes qui lui avaient été votées par la diète de Ratisbonne, en 1623, et par celle d'Augsbourg, en 1624.

Sans aucun doute, l'électeur de Bavière ne demeura pas en arrière de témoignages de satisfaction envers son lieutenant-général, mais on ne peut que le présumer, car Westenrieder lui-même, qui nous fait connaître les récompenses accordées à Gronsfeld et à Wall, lieutenant-colonel du régiment de Tilly est muet sur ce point.

La nouvelle de la victoire de Lutter parvint à Bruxelles le 5 septembre. La ville fut aussitôt en liesse ; des feux de joie furent allumés sur les places publiques et toute la cour s'empressa de venir porter ses félicitations à l'ambassadeur de Bavière. Le 9, l'infante écrivit à Tilly, pour le complimenter et le solliciter de *se porter à la prétention de quelque mercède en temps aux Pays-Bas* (1). Mais ces démonstrations extérieures de joie n'étaient pas, au fond, sans quelque amertume. Le contraste d'un succès si éclatant avec la stérilité de leurs pompeuses promesses mortifiait l'amour-propre des ministres

« 1. J'ai fait rendre grâce à notre Seigneur avec des feux de joie et des marques « d'allégresse et je pose en considération à V. M. si elle trouve bon de me donner « la faculté de pouvoir donner au comte de Tilly quelques villages de ceux qui sont « proches de ses biens, afin que le monde connaisse l'estime que V. M. fait de ceux « qui le servent bien. » L'infante au roi, le 9 septembre 1626.

« Et quant à faire mercède au comte de Tilly, je le laisse à V. A pour qu'elle le lui « fasse en mon nom, suivant l'état de mon tracienda, de sorte qu'elle ne soit pas « trop grande et qu'elle ne laisse pas d'être brillant. » Le roi à l'Infante, 11 octobre 1626.

espagnols. Ils comprenaient que l'électeur de Bavière en tirerait avantage contre eux, que l'autorité du roi serait discréditée en Allemagne et ses intentions suspectées, à cause des conditions par lui mises à son concours, enfin,qu'ils seraient exclus de la participation aux fruits de la victoire, comme ils s'étaient exclus eux-mêmes des dangers de la lutte. Leurs pressentiments se vérifièrent. En annonçant, de son côté, à l'infante l'heureuse issue de la bataille de Lutter, Maximilien ne put s'empêcher de faire une allusion ironique aux promesses espagnoles. *Il n'est désormais nullement besoin*, écrivit-il, *que Votre Altesse envoie ledit secours au comte de Tilly, ainsi elle pourra s'en servir à autre dessein* (1). Son ambassadeur à Bruxelles, le baron de Preising, donna à entendre *qu'il était vain de traiter avec l'Espagne, puisqu'on ne pouvait s'assurer de son assistance, pour être les forces du roi toujours sujettes à diversion pour les guerres de sa dite Majesté en ses pays.* Il fit plus, il se plaignit, qu'après avoir abandonné les princes catholiques de l'Allemagne à eux-mêmes, l'infante eût l'étrange prétention de dicter à Tilly l'ordre de rejeter les Danois dans la Baltique, à Wallenstein, de s'emparer d'un port quelconque sur cette mer, au profit des Espagnols. Le cabinet de Bruxelles, qui ne pouvait disconvenir de la justesse de ces reproches et qui voulait, à tout prix, sortir de sa fausse position, n'hésita pas à sacrifier ses anciennes exigences et à formuler de nouvelles propositions, à la fois plus conciliantes pour ses alliés et plus susceptibles d'exécution de sa part.

Il abandonna ses prétentions sur le Bas-Palatinat et reconnut les droits du duc de Bavière sur les autres possessions de l'ex-électeur palatin. Il offrit de substituer au contingent d'hommes et d'artillerie stipulé par le premier projet un subside mensuel à déterminer. Enfin, il renonça à exiger de l'Allemagne catholique de déclarer la guerre aux Provinces-Unies, et se borna à poser certains *casus belli*, tels que le refus des Hollandais d'évacuer quelques villes appartenant à l'empire. Cependant, malgré ces apparences, ses intentions n'étaient pas tout à fait sincères et les articles du nouveau projet de traité, qui furent soumis à l'infante, pour faire ensuite l'objet des conférences, montrent assez qu'il n'avait renoncé ni au dessein d'abaisser l'autorité importune du duc de Bavière sous celle de l'empereur, ni à celui d'entraîner l'Allemagne dans la

1. Archives du royaume. Secrétairerie d'État allemande. Correspondance de Maximilien, p. 124.

guerre de l'Espagne contre la Hollande (1). Il ne fallait pas grande pénétration pour prévoir que les différents *casus belli*, déterminés contre les Hollandais, se réaliseraient infailliblement. D'autre part, bien que l'électeur de Bavière eût, comme le savaient les Espagnols, beaucoup de peine à faire payer aux prélats, membres de la Ligue, leurs contributions pécuniaires, et par suite, à maintenir son armée sur un bon pied, il était encore loin de se trouver dans la nécessité d'abandonner, pour quelques subsides, sa part de direction de la guerre et de s'humilier devant l'empereur. Quelque juste, quelque utile aux catholiques eux-mêmes, quelque noblement patriotique que pût être cette concession, elle froissait trop l'ambition de l'électeur pour qu'il l'acceptât jamais de son plein gré. Il repoussa donc formellement les propositions espagnoles et rappela son ambassadeur sans égard pour les instances de l'empereur.

L'échec de cette dernière phase du congrès de Bruxelles ne fut pas le seul dont la diplomatie espagnole eut à souffrir. Dans le courant de la même année et, tandis qu'elle négociait avec la Bavière, elle s'abouchait avec le roi de Danemark.

Depuis la rupture du congrès de Brunswick, Christian IV n'avait cessé de faire parade de ses intentions pacifiques. Il inondait les cours allemandes de lettres dont les assertions vagues, diffuses, ne pouvaient tromper que les esprits prévenus. Cependant, les revers qu'il éprouva au début de la campagne de 1626 donnèrent aux ministres de l'infante lieu de penser qu'il pourrait devenir plus précis et plus pratique. Eux-mêmes étaient stimulés par les circonstances à désirer la paix. Les obstacles chaque jour plus grands, que rencontrait l'œuvre du congrès, leur en faisaient prévoir l'avortement ; il était donc de leur intérêt d'arrêter une guerre dont ils ne pouvaient partager les fruits éventuels et dont l'issue, facile dès lors à pressentir, devait accroître singulièrement le lustre et l'influence de la politique bavaroise.

Ils saisirent, avec empressement, l'occasion d'entrer en relations amicales avec le roi de Danemark. Un des agents de ce prince, Laurent de Wensin, ayant été arrêté à Lingen, l'infante s'empressa de le faire relâcher, lui fit restituer tous ses papiers et le chargea de porter au roi l'offre formelle de sa médiation. Christian feignit d'abord d'entrer dans ces vues, mais, pressé d'envoyer un ambassadeur à Bruxelles

1. Archives du Royaume. Liasses de l'audience.

pour traiter sérieusement des conditions de paix, il accumula les biais et les défaites pour s'en dispenser. Il objecta la nécessité d'être assuré que l'infante et l'ambassadeur de l'empereur eussent des pouvoirs suffisants ; il prétendit ensuite que la réponse de la princesse n'était pas assez claire sur ce point, et enfin, poussé à bout, s'excusa sur l'éloignement de Bruxelles et sur ce qu'ayant déjà accepté la médiation de l'électeur de Saxe, il ne pouvait, sans offenser ce prince, accepter celle de l'infante (1).

Le secret de ces tergiversations peu loyales fut dévoilé, plus tard, à l'infante, au mois d'avril 1627. Le hasard de la guerre fit tomber entre les mains des Espagnols la minute des instructions données par le roi de Danemark à Joachim Gratzen, son agent à Venise. Cette pièce très explicite ne pouvait plus laisser le moindre doute sur les véritables intentions du monarque danois. Jusqu'à présent, y disait-il, nous nous sommes bornés à nous défendre, désormais nous sommes parfaitement décidés à prendre l'offensive. Il est vrai, ajoutait-il plus loin, que nos adversaires ont fait près de nous, par l'intermédiaire de divers princes et souverains, tels que l'infante de Bruxelles, l'électeur de Saxe, etc., de nombreuses démarches pour nous persuader d'abandonner les desseins hostiles et de faire une paix honorable, *que même ils nous ont offert de belles conditions*, mais nous serions inexcusables devant la postérité, devant la couronne de France et la sérénissime république, si nous n'étions fermement résolus de continuer la guerre.

Plus bas enfin, il reconnaissait de nouveau ces mêmes conditions comme très acceptables, donnant ainsi un démenti formel aux accusations de cruelle tyrannie, perfidie, obstination, qu'il lançait dans ses manifestes contre les puissances catholiques (2).

Les dispositions de l'empereur étaient bien différentes. Ferdinand II désirait sincèrement la paix. Bien que, selon son expression, il fût en mesure de punir et d'humilier (3), il préférait un accommodement honorable aux succès mêmes de la guerre. Lorsque l'infante lui eut fait connaître ses

1. Archives du royaume. Secrétairerie d'État allemande. Correspondance de Christian IV.

2. Archives du royaume. Secrétairerie d'État allemande. Correspondance de Christian IV.

3. Archives du royaume. Correspondance de Ferdinand II. Lettre du 15 décembre 1626.

démarches auprès de Christian IV, il s'empressa de la remercier et de l'encourager à continuer ses bons offices. Loin de laisser percer la moindre velléité ambitieuse, il bornait ses prétentions à obtenir du roi de ne plus s'immiscer dans les affaires de l'empire, de ne plus y susciter de troubles, sous prétexte des intérêts du palatin, et d'abandonner la solution des difficultés existantes à la voie régulière, indiquée par les constitutions impériales.

Sa correspondance confidentielle avec l'infante témoigne de la droiture et de la sincérité de ses intentions, mais elle montre aussi qu'il avait clairement pénétré les véritables pensées du roi, qui ne s'accommodera, disait-il, que par force de nécessité et non par désir réel de la paix (1).

Maximilien de Bavière partageait moins encore les illusions, entretenues d'abord par l'infante. Je ne vois, lui écrivait-il, dans les assertions du roi, qu'un leurre pour gagner du temps et fortifier son armée. Ses menées hostiles, ses bravades auprès de ses confédérés, font voir le peu de foi qu'il faut ajouter à ses démonstrations pacifiques. Je souhaite que Votre Altesse puisse lui inspirer de meilleurs sentiments, mais je ne l'espère guère (2). Ce vœu était celui des électeurs ecclésiastiques, fatigués, plus que tous les autres princes allemands, de la longue durée de la guerre. Outre les lourds sacrifices que leur imposait l'entretien de l'armée de la Ligue, ils avaient à supporter des frais énormes occasionnés par la levée et le passage des régiments impériaux. Leurs états, jadis séjour proverbial de la paix et de l'abondance, maintenant livrés aux exactions arbitraires d'officiers avides, déclinaient vers une ruine infaillible. Dans le temps même où Tilly, seul à lutter contre les forces supérieures du roi de Danemark, réclamait instamment des renforts qu'on ne lui envoyait pas, le midi de l'Allemagne était pressuré par une foule de gens de guerre appartenant à l'armée de Wallenstein et dont l'unique occupation semblait être d'épuiser la sève nourricière de la Ligue. Des régiments entiers demeuraient inactifs dans les terres ecclésiastiques, vivant aux dépens de l'habitant et commettant des excès dignes des hordes féroces d'Halberstadt. Les colonels agissaient comme s'ils avaient

1. Archives du Royaume. Secrétairerie d'État allemande. Correspondance de Ferdinand II. Lettre du 12 octobre 1626.

2. Archives du royaume. Secrétairerie d'État allemande. Correspondance de Maximilien. Lettre du 29 août 1626.

eu l'unique mission de s'enrichir aux dépens des sujets des prélats allemands. Pour ne citer qu'un seul trait de leurs extravagantes exactions, ils exigeaient qu'on leur servît jusqu'à soixante-dix plats par repas. A leur exemple, les simples soldats refusaient les meilleurs mets, si on ne mettait un thaler sous leur assiette, et prenaient des bains de bière ou de vin, à leur fantaisie. Parmi les colonels qui se distinguèrent dans cette déplorable croisade de rapines, la réprobation publique signala les ducs Rodolphe-Maximilien de Saxe-Lauenbourg, Adolphe de Holstein, le comte de Mérode-Waroux, les colonels Cratz et Goerzenich.

« Les régiments du duc Rodolphe Maximilien de Saxe, écrivait l'électeur de Mayence à l'infante, ont entre autres brûlé six villages, massacré les paysans qui voulaient éteindre le feu, menaçant si l'on ne pouvait leur fournir cent chariots bien accommodés et attelés, chose impossible à trouver dans tout l'archevêché, et si on ne leur apportait toutes sortes de bons morceaux et de la boisson en abondance, de venir même prendre ce qu'il leur faut dans les cuisines de notre résidence ordinaire d'Aschaffenbourg (1). » Protestant zélé, malgré sa position au service de l'empereur, Rodolphe abusait de son autorité et des forces placées sous ses ordres, pour satisfaire sa haine sauvage contre les catholiques et ses rancunes du châtiment que lui avait infligé Tilly, deux ans auparavant, pour des faits identiques. Il ne craignait pas de dire brutalement qu'il voulait mettre à mort tout ce qui vivait, vieux ou jeune, dans les terres de l'archevêché, et ses actes répondaient à ses paroles. Les plaintes des prélats contre lui devinrent si fortes que l'empereur le manda à Vienne, pour rendre compte de sa conduite. Mais la protection de Wallenstein le sauva, et peu après, il revint sur les bords du Rhin, décidé à tirer une vengeance sanglante de ceux qu'il appelait ses calomniateurs.

La ville de Liège faillit être une de ses premières victimes. Chargé par Wallenstein de lever plusieurs régiments sur les terres de l'évêché, le duc était entré en arrangements avec les deux bourgmestres, Massillon et Plenevaux, et avait accepté 4,000 rixthalers contre l'engagement de n'imposer aucune charge aux bourgeois, du chef de ses levées. A peine l'argent était-il remis, que Rodolphe vint lui-même à Liège

1. Archives du royaume. Correspondance de l'électeur de Mayence. Lettre du 28 avril 1627.

réclamer, avec arrogance, de nouveaux sacrifices de la ville. Ses prétentions n'ayant pas été accueillies, il essaya de l'intimidation. Par ses ordres, une compagnie de son régiment, commandée par son lieutenant-colonel, le comte de Paar, entra à l'improviste dans la ville. La vue de ces cavaliers défilant en bataille, le pistolet d'une main, l'épée nue de l'autre, irrita les bourgeois. Aussitôt les chaînes furent tendues dans les rues et les portes fermées. Ce commencement de soulèvement exalta la colère du duc ; il résolut de se venger avec éclat, mais, n'osant employer la force ouverte, il eut recours à la trahison.

Le 26 octobre, il invita les deux bourgmestres à dîner à l'auberge de l'Aigle-Noir, où il était logé. Massillon s'excusa sur une indisposition ; Plenevaux, n'ayant pas d'excuse valable et craignant de montrer de la défiance, accepta.

Le duc le reçut fort bien, lui donna la place d'honneur. Mais peu à peu la conversation prit une tournure inquiétante pour le magistrat liégeois. Après quelques propos de plus en plus acerbes, le comte de Paar se mit à parler avec affectation de l'accueil qu'il avait reçu, en circonstances semblables, dans différentes villes importantes de l'Allemagne, fit observer avec aigreur qu'il était étrange que lui, simple et pauvre comte, eût alors été entouré de beaucoup plus d'honneurs et d'égards que les Liégeois n'en avaient témoignés au duc. Puis, interpellant directement le bourgmestre, il lui reprocha d'avoir fait taire les trompettes de sa compagnie et fermer les portes de la ville.

Comme le bourgmestre cherchait à s'excuser, le sire de Horion de Heel l'interrompit en lui disant, que sa meilleure excuse serait de décider le conseil de la ville à faire droit aux demandes du duc. Plenevaux répliqua vivement qu'il n'avait pas ce pouvoir et que les désordres commis journellement par les soldats avaient trop indisposé le conseil pour le rendre plus maniable. La discussion s'échauffant, le duc donna le signal de se lever de table. Le bourgmestre, désireux de se retirer au plus tôt, venait de prendre son chapeau à la main, lorsque Horion le lui arracha brusquement et l'en frappa deux fois sur le visage, avec d'horribles imprécations. « Misérable, tu ne mourras que de ma main, » lui cria-t-il. Puis, joignant le geste à la parole, il tira son épée. Plenevaux se mit aussitôt en défense, mais, voyant les gens du duc dégaîner leurs armes, tandis que le duc regardait froidement cette scène, il recula jusque près d'une fenêtre qui donnait sur la rue, et cria au secours. Trois valets de la ville entrèrent presque aussitôt dans la salle, couvrirent le bourgmestre et l'entraînèrent sain et sauf jusqu'à la rue.

La nouvelle de l'attentat commis sur la personne du bourgmestre s'était répandue avec la rapidité de l'éclair dans toute la ville. De tous côtés le tambour bat, la bourgeoisie prend les armes, court à l'Aigle-Noir et l'attaque. D'abord le duc croit en avoir raison avec quelques mousquetades. Mais la vue des blessés, loin d'intimider le peuple, accroît sa fureur. Les portes extérieures de l'auberge sont enfoncées, et la foule se précipite vers la salle où se trouve le duc. Une décharge des Allemands jette deux hommes sur le carreau, mais n'arrête pas l'ardeur des assaillants. En un clin d'œil, portes et fenêtres sont en mille pièces, les Allemands renversés et désarmés. Dans la lutte, le duc Rodolphe et le comte de Paar sont blessés, et peu s'en faut qu'ils ne soient victimes de l'indignation populaire.

Horion était seul parvenu à s'échapper. Les bourgeois, en le cherchant, dévastent l'auberge de fond en comble, suivent ses traces dans le cloître Saint-Lambert, et y pénètrent en armes, malgré l'immunité du lieu. Bien lui en prit de se cacher avec soin, car il eût été écharpé.

Au bruit de l'émotion populaire, les magistrats liégeois accoururent, Plenevaux à leur tête, pour tâcher d'arrêter la colère des bourgeois. Le bourgmestre s'exposa, avec une admirable générosité, pour sauver les agresseurs; il prit le duc sous sa protection spéciale et le mit en sûreté dans la maison du grand doyen.

Peu de jours après, Rodolphe-Maximilien sortit de Liège avec ses cavaliers, la tête basse et le cœur gonflé de dépit. Il alla porter en Silésie ses ressentiments, toujours aussi cruel et avide qu'avant la sévère leçon reçue des Liégeois.

Le duc Adolphe de Holstein, protestant aussi comme Rodolphe-Maximilien et aussi ulcéré que lui de quelques anciens démêlés avec le général de la Ligue, mettait littéralement à feu et à sang l'archevêché de Trêves. Étant entré dans la ville de Limbourg, sous prétexte de la traverser, il y commit, avec l'aide de deux calvinistes, les comtes de Solms et de Nassau, de si abominables cruautés, que le souvenir exécrable attaché à son nom effaça celui que Mansfeldt y avait laissé.

Le comte de Mérode-Waroux rançonnait impitoyablement les localités qu'il traversait et agissait dans le Wetterau comme en pays vaincu, aux applaudissements de Wallenstein.

Mais, quelques barbaries qu'eussent commises ces officiers, elles furent encore surpassées par celles de Guillaume de Schellardt, seigneur de Gœrzenich. C'est de lui que Ferdinand écrivait (octobre 1626) au prince d'Eggenberg: « Il n'y a pas d'énormités et d'infâmes horreurs que cet homme n'ait faites dans le Wetterau. » Il finit par se faire destituer. Mais remis en activité par Wallenstein, il recommença ses déportements avec une telle fureur, un tel mépris des plus élémentaires notions d'humanité, que toute la protection du duc ne put le sauver de la hache du bourreau ([1]).

Ce système oppressif, appliqué sur toute l'étendue des états catholiques et jusque sur les terres de l'électeur de Saxe, trahissait évidemment un plan préconçu. L'empereur fulminait, à la vérité, les ordres les plus sévères. Mais nul de ses officiers ne s'en inquiétait. Ils se sentaient couverts par la main puissante du duc de Friedlandt. N'était-ce pas lui, en effet, qui, seul, décrétait les levées, assignait les quartiers, délivrait les patentes, désignait de son autorité privée les places de montre, sans égard pour les réclamations des princes-seigneurs du sol, pour les ordres de l'empereur et pour les constitutions de l'empire?

On se demandait, avec raison, dans quel but se faisaient ces nombreuses levées de troupes, hors de toute proportion, non seulement avec les besoins de la guerre, mais surtout avec les minces résultats obtenus par Wallenstein, dans ses campagnes de Bohême et de Hongrie. Pourquoi, d'ailleurs, si les nécessités militaires exigeaient tous ces efforts, laissait-on tant de forces inactives, tarissant inutilement les ressources des états catholiques? Le contraste de cette situation avec les immenses services rendus à bien moins de frais par l'armée de Tilly, la rendait plus intolérable encore.

On s'indignait surtout de voir ces régiments encore vierges de combats, insulter aux vétérans de la Ligue, leur disputer le pas et les quartiers, et les appeler dédaigneusement soldats de prêtres. L'irritation s'accrut au point que l'ordre fut donné aux officiers de la Ligue de réprimer toute insulte par la force.

Plus impérialiste que l'empereur lui-même, Friedlandt avait rêvé la restauration de l'autorité impériale et l'abaissement

1. Hurter, *Wallenstein*, p. 80.

de la haute aristocratie allemande. Les protestants lui paraissant suffisamment abattus, il projetait d'humilier, à leur tour, les princes de la Ligue. En les ruinant complètement par ses levées arbitraires, il atteignait le double but d'anéantir leur puissance et d'enrichir ses créatures, les officiers impériaux. Nous verrons plus tard le plan se mûrir et se développer; mais dès lors, il se croyait assez sûr du succès pour laisser échapper des paroles qui, répétées et colportées, semèrent l'inquiétude la plus vive parmi les princes catholiques. Certes, la haute probité de Ferdinand II, sa parfaite loyauté inspiraient toute confiance aux membres de la Ligue; il avait, en mille occasions, témoigné de son sincère désir de satisfaire aux plaintes qui lui étaient adressées de toutes parts, de redresser les griefs que la conduite étrange de Wallenstein créait sur tous les points de l'empire. Mais on le savait entouré et dominé par les ministres vendus à l'ambitieux général. Cette loyauté même, à laquelle les princes catholiques rendaient hommage,se refusait d'accueillir les accusations lancées contre le duc de Friedlandt et les lui faisait considérer comme empreintes d'exagération et d'animosité. Ferdinand avait dans l'esprit cette paresse assez commune, même chez les hommes de cœur, qui repousse les soupçons, parce qu'ils troubleraient leur quiétude. Sa confiance, une fois donnée, il la retirait difficilement, moins par réflexion que par crainte des embarras et des ennuis que suscitent les changements. La vigilance de chaque jour pesait à ce caractère naturellement doux et placide, qui ne se réveillait, dans toute sa grandeur, que lorsqu'il sentait sa foi ou celle de ses peuples en danger. Hors de là, il préférait suivre les avis de ses confidents que de se donner la peine de former le sien. Il craignait, en un mot, la fatigue morale. Cette espèce d'assoupissement volontaire à certains égards nuisait d'une part à sa pénétration politique, et de l'autre, le livrait, sans défense, aux avides sollicitations de son entourage. Ce n'est pas qu'il fût, à proprement parler, prodigue, mais il ne savait pas refuser, et sa générosité naturelle ne trouvant pas de contre-poids dans la prudence qui calcule et prévoit, se laissait facilement aller sur la douce pente du plaisir de donner. Aussi ses finances furent-elles constamment dans le plus déplorable état.

On comprend que, avec de telles dispositions de caractère, les doléances des états de la Ligue près du chef de l'empire demeurassent sans résultat. L'âme droite de Ferdinand se soulevait contre les exactions et les abus qu'on lui signalait. Il donnait des ordres pour les faire cesser, il adressait de vifs reproches à Wallenstein. Mais, cet effort de conscience accompli, il retombait dans sa molle confiance, acceptait toutes les explications de Friedlandt, et ne conservait plus assez d'énergie pour se faire obéir.

Ces circonstances donnèrent une nouvelle importance à la réunion annuelle des princes de la Ligue, qui eut lieu à Wurzbourg, le 22 février 1627. La déplorable situation faite aux états catholiques par les mesures arbitraires de Wallenstein, fut naturellement l'objet des premières délibérations de l'assemblée. Le débat fut orageux, des propositions violentes surgirent. Toutefois l'esprit de modération l'emporta. Il fut résolu que les princes intéressés s'opposeraient de tout leur pouvoir à la création des places de montre, empêcheraient le maraudage des soldats, et useraient, au besoin, de la force, pour empêcher les agglomérations de recrues de devenir trop considérables. Les électeurs de Bavière et de Mayence eurent charge d'envoyer, aux frais de la Ligue, une mission auprès de l'empereur, pour faire entendre les griefs des états catholiques, et représenter le danger de confier des levées considérables à des chefs protestants, tels que les frères de Saxe-Lauenbourg, qui ne tarderaient pas, si on les laissait continuer sur le même pied, à réunir jusqu'à 25,000 hommes sous leurs drapeaux. Cette mission devait aussi faire ressortir l'urgence d'une diète générale et réclamer l'envoi à l'armée de Tilly de 6,000 hommes d'infanterie et de 2,000 chevaux.

L'assemblée s'occupa ensuite de pourvoir aux moyens de continuer la guerre ; elle vota des sommes considérables à cet effet, et décréta des mesures efficaces pour faire entrer dans la Ligue les princes ecclésiastiques qui, jusqu'alors, avaient refusé d'en faire partie.

Les services du comte de Tilly ne pouvaient être perdus de vue. Le 10 mars, les députés de Mayence firent la motion de lui accorder, à titre de récompenses et d'indemnités, une somme de 40 à 50,000 thalers. L'épuisement où se trouvaient les finances de quelques états ne leur permit sans doute pas d'accepter ce chiffre, car la proposition ne fut votée le 14, qu'après réduction à 30,000 thalers. Malgré cette diminution, il est à croire que la bonne volonté des princes ligués dépassait encore leurs ressources pécuniaires, car, à la fin de l'année

1628, Tilly n'avait encore reçu qu'une faible partie de ces 30,000 thalers [1].

Bien qu'éloigné de l'armée impériale d'opération, le lieutenant-général de la Ligue avait à lutter contre de nombreux embarras, à l'occasion de ses quartiers d'hiver. Les Espagnols lui disputaient certains càntonnements, d'autres lui étaient enviés par les troupes des ducs de Saxe-Lauenbourg, qui se rapprochaient du comté de la Lippe. Le voisinage de ces régiments, à qui tout semblait permis, et leurs mauvais exemples exerçaient une influence pernicieuse sur les soldats de la Ligue.

Le contraste de leurs privations, de leur service rude, fatigant, avec la vie molle, pleine de grossières jouissances des impériaux était une tentation trop forte pour des hommes déjà épuisés par une longue et pénible campagne. Ils n'ont pas même un morceau de pain de munition à manger, écrivait Tilly, à l'électeur de Bavière. Le mécontentement se manifesta par des mutineries devant les maisons des commissaires aux vivres. L'indiscipline provoqua la désertion et gagna jusqu'aux chefs. Des compagnies entières allèrent rejoindre les bandes levées au nom de Wallenstein, d'autres brisèrent leurs étendards et se dispersèrent. Plus de 300 officiers passèrent furtivement dans les rangs de l'armée impériale. Au lieu de 25 à 28 rixdalers que leur assignait, en moyenne, l'ordonnance d'entretien de Tilly, ils en touchaient au delà de 200 sous la bannière de Wallenstein. Tilly se trouva en disette d'officiers. « Comme l'ennemi se renforce de jour en jour, écrit-il à cette époque, l'armée que je commande se trouve dans une position manifestement en grand danger et en plus grand que jamais, si la divine providence, en qui je mets toute ma confiance, ne vient à mon secours [2]. »

Certes, dit Hurter, il devait être plus difficile de maintenir une petite armée, prête au combat, sous le poids de circonstances aussi défavorables, que d'en entretenir une beaucoup plus considérable, au milieu du bien-être et de l'inaction. Tilly sut, par son infatigable énergie, vaincre cette immense difficulté. L'hiver ne mit pas fin aux misères de ses soldats, et ce fut en luttant toujours contre la faim et le dénûment, que l'héroïque armée de la Ligue marcha à la victoire.

1. Archives de Vienne.
2. Hurter, *Wallenstein*, p. 125.

La famine et la désertion n'étaient pas les seules causes de l'affaiblissement des troupes catholiques. La pauvreté des quartiers et le désir de ménager l'habitant contraignirent le comte de Tilly à éparpiller ses régiments sur une grande étendue de pays. La nécessité, selon le système militaire de l'époque, de garder un nombre considérable de places dites de passage, absorbèrent une bonne partie des forces de la Ligue. Enfin, la possession par les Danois des villes de Nordheim, de Wolfenbuttel et de Nienbourg lui mettait, selon ses expressions, l'ennemi, non seulement en tête, mais aussi au dos et au milieu de ses troupes, et partant, l'obligeait à doubler ses postes et imposait à ses gens un pénible service de surveillance et d'observation. Dans cette situation pleine de périls et en présence des préparatifs considérables du roi de Danemark, il réclama des renforts de l'électeur de Bavière, invoqua même instamment l'assistance de l'infante Isabelle. Cette princesse, jalouse d'effacer les souvenirs d'un passé peu honorable pour l'Espagne, se montra pleine de zèle et de bon vouloir : elle donna au comte d'Isenbourg l'ordre de mener au comte d'Anholt deux régiments d'infanterie et un de cavalerie, et commanda au comte Henri de Bergh de surveiller les mouvements des Hollandais et de couvrir les flancs de l'armée catholique.

L'électeur de Bavière, plus actif encore, envoya de nombreux convois d'hommes, d'argent et d'artillerie. Grâce à ces renforts, les forces de la Ligue dans le cercle de la Basse-Saxe se montaient, au commencement de la campagne, à 30,000 hommes.

Le roi de Danemark avait aussi utilisé l'hiver pour réparer ses pertes et se mettre en mesure de relever l'honneur de ses armes. Ses sujets du Holstein répondirent avec enthousiasme à l'appel qu'il leur adressa, ils mirent leurs milices sur pied et lui fournirent 3,000 volontaires, dont 1,000 montés. Mais volontaires et miliciens, mal aguerris, peu habitués au métier des armes, avaient plus d'ardeur que de discipline et de tactique. Ils ne furent guère qu'un embarras pour le roi, qui en faisait peu de cas. L'étranger lui fournit des ressources plus sûres. S'il échoua dans ses tentatives auprès de la république de Venise, il trouva la France disposée à lui payer de larges subsides, voire même à lui donner des hommes. Le comte de Montgommery fut autorisé à former sur le territoire français un régiment de 3,000 hommes, qu'il débarqua, au printemps de 1627, sur les côtes du Holstein. L'Angleterre plus avare d'argent, se montra plus généreuse de soldats. Lord Maxwell et le colonel Morgan amenèrent au camp danois près de 6,000 Anglais et Écossais. En Silésie, le vieux comte de Thurn et l'administrateur de Magdebourg, Christian Guillaume de Brandebourg, rassemblèrent les débris des corps de Mansfeldt et de Jean-Ernest de Saxe-Weimar. Enfin, dans le midi de l'Allemagne, la margrave de Bade-Durlach, sortant de sa retraite, leva, avec l'or anglais, deux régiments d'infanterie et 1,000 chevaux, à la tête desquels il apparut bientôt dans la marche de Brandebourg. Le roi lui avait offert la charge de lieutenant-général, occupée naguère par Fuchs, mais le vieux prince répondit que «vingt ans en ça, il avait commandé à Fuchs et qu'il ne pouvait être maintenant son successeur.» Il préféra agir seul, de son côté, avec ses troupes.

On voit que l'expérience du passé n'avait rien appris à Georges-Frédéric de Bade ; malheureusement pour le roi de Danemark, la plupart de ses généraux étaient infectés de cet esprit d'égoïsme étroit et jaloux qui dissout l'unité, détruit les armées plus sûrement que les plus formidables engins de l'ennemi. Thurn, toujours incapable et toujours obstiné, eût cru s'abaisser en servant sous un étranger ; Morgan, officier distingué d'ailleurs, se regardait comme un second Mansfeldt et prétendait ne recevoir d'ordre que des États de Hollande.

Noirproit, ancien commissaire de Mansfeldt, qui avait remplacé Fuchs après le refus de Durlach, avait pour tout mérite l'immensité de ses richesses et, comme tous les parvenus, puisait une foi absolue dans ses prétendus talents. L'administrateur de Magdebourg ne suppléait à ce qui lui manquait en capacités militaires, que par une haine ardente contre les catholiques, seul trait d'union entre tous ces personnages. L'unique officier sur qui Christian put faire quelque fonds était le général de Schlammersdorf, qui fut d'abord adjoint au margrave de Bade-Durlach. Le monarque danois ne se dissimulait pas la faiblesse de son état-major. Pour y parer, il institua, à Stade, un conseil de guerre permanent, composé d'hommes d'expérience auquel il confia la direction générale des opérations. Mais cette création, loin de remédier au mal, l'agrandit, parce qu'elle détruisit l'unité de commandement. D'ailleurs, divisé et tiraillé lui-même en sens divers par des opinions inconciliables, le conseil de guerre ne pouvait avoir ni plus d'initiative ni plus d'autorité que Christian lui-même. La science de commander et de se faire obéir lui manqua aussi bien qu'au roi.

Christian avait partagé son armée en deux corps, agissant sur les deux rives de l'Elbe. Le premier fort de 10,000 hommes, sous les ordres du margrave de Bade-Durlach, appuyé en arrière par l'administrateur de Magdebourg, avec 15,000 hommes, barrait la route du Mecklembourg à Wallenstein. Le second, montant à 30,000 hommes commandé par le roi en personne, devait se concentrer entre le Weser et la Wumme, derrière une ligne de retranchements élevés pendant l'hiver, depuis Ételsen jusqu'à Ottersberg, attaquer brusquement Anholt, l'écraser, marcher sur Tilly, le rejeter sur les grandes places fortes que détenaient les Danois en arrière de son armée et le tailler en pièces. Les chances de succès étaient d'autant plus grandes, que les troupes de la Ligue, fort affaiblies par l'envoi du corps de Furstenberg au siège de Nordheim, avaient été obligées d'étendre considérablement leurs quartiers, à cause de la disette des vivres et des fourrages. Cependant ce plan rencontra une très vive opposition de la part de Morgan et de Noirproit, qui prétendaient faire du duché de Brême le pivot des opérations militaires et y attendre l'ennemi. De vives discussions eurent lieu, pendant lesquelles un temps précieux se perdit. Lorsque le roi essaya de l'emporter d'autorité, il rencontra chez ces deux généraux une résistance obstinée, qui paralysa ses mesures et fit échouer toutes ses entreprises.

Pendant que Christian, se débattant contre l'ineptie ou l'égoïsme de ses lieutenants, opérait avec lenteur son mouvement de concentration sur le Weser, Tilly, profitant du répit que lui laissaient ses adversaires, se préparait hardiment à prendre l'offensive. Il détacha le duc Georges de Lunebourg avec 10,000 hommes sur la rive droite de l'Elbe, à la hauteur de Tangermunde et de Plauen, pour assurer ses communications avec Wallenstein et tenir en respect l'électeur de Brandebourg. Il s'avança lui-même dans la direction de Lunebourg prêt à se porter au secours, soit du duc Georges, soit du comte d'Anholt, qui observait avec 8,000 hommes les manœuvres du roi de Danemark sur le Weser. Il était encore de sa personne à Peyne et venait de visiter ses quartiers de l'Aller, lorsqu'il apprit que Nordheim s'était rendu au comte de Furstenberg. Avant de s'éloigner, il fit resserrer les blocus de Wolfenbuttel et s'assura que le corps espagnol du comte d'Isenbourg irait promptement renforcer Anholt. Le 9 août, il arriva à Gifhorn, d'où il écrivit à l'infante une lettre de recommandation en faveur du sieur de Froidmond, son neveu, et peu de jours après il entra à Lunebourg.

Le plan de Tilly consistait à pousser les Danois devant lui, tout en appuyant sur la droite, à les rejeter au-delà de l'Elbe et à franchir ce fleuve avec toutes ses forces pour les réunir avec celles de Wallenstein. De son côté, le généralissime impérial, qui avait passé tout l'hiver à reformer son armée si misérablement détruite par les maladies dans sa funeste campagne de Hongrie, s'était chargé de balayer la Silésie et de marcher sur le Mecklembourg, où devait se faire la jonction des deux armées. Ce point atteint, il était facile avec les forces immenses dont on disposait de chasser les Danois de l'empire et d'achever la soumission de tout ce qui, dans la Base-Saxe, tenait encore pour eux.

Les retards de Wallenstein faillirent compromettre le succès de cette combinaison. Il était encore dans ses cantonnements de Neiss, lorsque le duc de Lunebourg passant l'Elbe vint prendre position sur le Havel. Le margrave de Bade-Durlach marcha aussitôt contre ce prince et le roi renonçant, en désespoir de cause, à ses plans contre Tilly, quitta Ottersberg et ralliant tous les détachements épars dans le Mecklembourg, remonta à grands pas la rive gauche de l'Elbe, dans l'espoir de couper le duc et de le prendre entre deux feux. Georges se disposait à attaquer le margrave renfermé dans Havelberg, lorsqu'il apprit que les Danois avaient assailli subitement Blekede, place importante de passage sur l'Elbe. Le roi avait compté s'en emparer par un coup de main, y passer l'Elbe et tomber sur le duc, avant qu'il eût le temps de se reconnaître. La vaillante résistance du commandant de Blekede déjoua ce projet. Elle donna le temps à Georges averti de dépêcher au secours de Blekede le colonel Cerboni avec trois régiments. Le roi déconcerté n'attendit même pas leur arrivée, il se rembarqua avec une telle hâte que plus de 200 de ses soldats périrent dans l'Elbe ; lui-même faillit s'y noyer.

Malgré ce succès, Georges menacé par les forces sans cesse croissantes du margrave ne put se maintenir sur la rive droite de l'Elbe. Il repassa le fleuve, épiant le moment de reprendre ses avantages.

Tilly était demeuré quelque temps à Lunebourg, afin d'y concentrer ses troupes. Le comte de Thurn, envoyé par le roi pour l'observer, profita de cet intervalle d'inaction pour fortifier la rive droite de l'Elbe, en face de Blekede. Le 21 juillet, après avoir fait sur divers points de fausses démonstrations de passage, Tilly attaqua Ladersbourg, place forte avec un pont sur l'Elbe. Tandis que les Danois, trompés par cette attaque, réunissaient toutes leurs forces pour y résister, les troupes catholiques traversèrent l'Elbe à Blekede et assaillirent les retranchements élevés par Thurn. Thurn, surpris, se retira précipitamment derrière la Bille, se bornant seulement à jeter une garnison dans Lauenbourg. En même temps, le duc de Lunebourg passa l'Elbe à Tangermunde, culbuta le margrave de Bade, prit Havelberg et répandit ses troupes dans le Brandebourg. De son côté, Tilly poursuivit rapidement sa course victorieuse. Ladersbourg, Boitzenbourg et Neuhaus, évacués par les Danois, furent occupés sans coup férir. Lauenbourg n'essaya pas même de résister; vingt-quatre bâtiments chargés de vivres et d'objets de matériel, qui se trouvaient dans le port de cette ville, tombèrent entre les mains des catholiques, avec plusieurs canons.

La nouvelle des succès de Tilly alarma d'autant plus le roi de Danemark que ses communications avec le margrave de Bade-Durlach se trouvaient complètement coupées par la position de l'armée catholique. Il se rendit en toute hâte à Gluckstadt, afin d'aviser aux mesures commandées par les circonstances. L'urgence de chasser Tilly de la rive droite de l'Elbe ne pouvait faire doute à personne. L'ordre fut envoyé à Noirproit de laisser de fortes garnisons dans les principales places de passage du Weser et de l'Aller et de masser tout le reste de ses troupes à Harbourg. De là il devait passer la Luhe, s'établir solidement sur cette rivière, enlever Blekede à tout prix pour couper les communications de Tilly, franchir l'Elbe sur un point plus élevé, donner la main au comte de Thurn et se préparer à attaquer l'armée de la Ligue en queue, tandis que le roi l'aborderait de front. En cas d'insuccès de son attaque sur Blekede, il devait se retirer sur Buxtehude et Stade. A peine cet ordre était-il parti, que des renseignements plus exacts sur les positions respectives de Thurn et de Tilly déterminèrent le roi à changer ses plans. De nouvelles instructions enjoignirent à Noirproit de retirer la garnison de Nienbourg, après avoir fait sauter les fortifications de la place, de se retirer ensuite sur Buxtehude, d'y franchir l'Elbe avec toutes ses forces et de rejoindre à marches forcées le quartier-général du roi. Au lieu d'obéir, Noirproit retint le courrier destiné au gouverneur de Nienbourg, assembla son conseil de guerre et après y avoir discuté les ordres qu'on lui envoyait, dépêcha au roi de prolixes rapports pour lui démontrer la nécessité de défendre le duché de Brême. Les injonctions les plus formelles du monarque ne purent le faire plier et il resta obstinément dans ses positions.

Les plans du roi échouaient encore une fois devant l'incapacité altière et l'insubordination de ses généraux. Tilly put attendre tranquillement à Lauenbourg Wallenstein, qui s'avançait à grands pas vers le Nord. Il n'y demeura cependant pas inactif. Il ouvrit des négociations avec la ville de Hambourg, pour en obtenir d'abondantes fournitures de vivres et de munitions. Les Hambourgeois séduits par la perspective de la domination de l'Elbe, qu'on leur fit entrevoir, au nom de l'empereur, accordèrent sans difficulté tout ce qu'on leur demandait. Un fait assez curieux montre qu'ils n'avaient pas moins de désir de plaire au comte de Tilly dans les petites choses que dans les grandes.

Pendant les troubles des Pays-Bas, la seconde cloche de l'église de Sainte-Gudule à Bruxelles avait été prise par les Gueux et vendue aux bourgeois de Hambourg. Depuis lors, paraît-il, ce malheur n'avait pu être réparé. Le bruit du bon accord établi entre la ville hanséatique et Tilly étant venu jusqu'à Bruxelles, le chapitre de la collégiale crut l'occasion favorable pour réclamer sa cloche. L'infante, dont la piété se préoccupait facilement de tout ce qui pouvait contribuer à relever la pompe du culte catholique, venait de recommander à Tilly un moine de l'abbaye d'Aulne, dom Albert Buisseret, chargé par elle d'aller chercher des reliques en Allemagne. Elle donna mission à ce religieux de présenter à Tilly la demande des chanoines. Le général de la Ligue accueillit la réclamation avec bienveillance et, peu de jours après, la cloche, ramenée à Bruxelles, reprit sa place dans le clocher de Sainte-Gudule, à la grande joie des habitants.

Dix-huit mois auparavant, l'infante avait demandé à Wallenstein le corps de saint Norbert. L'intervention de Ferdinand II, qui réclama de son côté et enleva les saintes reliques, ne permit pas au généralissime de déférer aux désirs de la princesse.

Pendant que Tilly entamait la campagne dans la Basse-Saxe contre les Danois, le duc de Friedlandt était, comme nous l'avons vu, retenu dans ses quartiers de Bohême par le travail de recomposition de son armée. Les soldats abondaient; mais les officiers capables de remplir les premiers postes de l'état-major étaient plus rares. Rendant hommage à la vieille réputation de l'école de guerre des Pays-Bas, le duc sollicita de l'infante la permission d'engager au service impérial les comtes de Maradas et Jean de Nassau, le premier, comme lieutenant-général, le second, en qualité de maréchal-de-camp. L'autorisation fut accordée avec empressement. Maradas partit aussitôt pour Neiss, quartier-général de Wallenstein, mais le comte de Nassau, retenu à Bruxelles par un procès important, ne put accepter et sa charge de maréchal-de-camp fut donnée au comte de Schlick, général de l'artillerie. Maradas ne fit cependant pas la campagne de Mecklembourg. Sa fierté castillane déplut peut-être à Wallenstein, car, au lieu du commandement important qui lui avait été annoncé, il reçut la mission, beaucoup plus modeste et dissimulant à peine une disgrâce, de mener à l'armée espagnole des Pays-Bas un corps peu considérable de troupes, dont l'infante avait sollicité l'envoi. Le généralissime le remplaça par Jean-Georges d'Arnim, gentilhomme Saxon, plus diplomate que militaire, esprit souple, fin, rusé, merveilleusement habile dans l'art du mensonge et des subtilités, que les catholiques appelaient le capucin protestant, à cause des formes rigides de sa piété luthérienne.

Au mois de mai 1627, le duc de Friedlandt se trouva à la tête de troupes nombreuses. 4,000 hommes étaient concentrés autour de Neiss; 15,000 surveillaient, en Moravie, Bethlen Gabor; Aldringen, avec un régiment d'infanterie de 3,000 hommes et 1,000 cuirassiers, et le duc Rodolphe de Saxe-Lauenbourg avec 7,000 hommes, manœuvraient déjà vers l'Elbe, pour relier la grande armée impériale à celle de la Ligue. Ils avaient ordre de donner la main au duc Georges de Lunebourg et de se mettre, sans réserve, à la disposition de Tilly. Wallenstein se mit lui-même en marche dans les premiers jours de juillet. En moins de deux mois, il avait purgé la Silésie d'ennemis, occupé les principales places du Brandebourg, envahi le Mecklembourg, forcé les deux ducs de s'humilier, rejeté le margrave de Bade dans la mer et dispersé les troupes de l'administrateur de Magdebourg. Vers la fin d'août, il se trouvait à Domitz, et la jonction des armées catholique et impériale était accomplie sous les auspices les plus heureux. Il importait de profiter immédiatement des brillants avantages si rapidement acquis et de l'énorme supériorité de forces dont disposaient les catholiques. A peine arrivé à Domitz, Wallenstein s'empressa de se rendre auprès de Tilly, afin d'arrêter, de concert avec lui, les dispositions du plan de campagne, nécessaire pour les opérations ultérieures. Le 29 août, il parut à Lauenbourg, dans tout le fastueux appareil d'une tête couronnée et suivi d'un splendide état-major, peuplé de princes de l'empire. Tilly le reçut entouré de ses généraux, dont la tenue simple et martiale offrait un contraste frappant avec les costumes éclatants des officiers impériaux. L'entrevue fut cordiale, l'accueil digne de l'hôte et de ses illustres visiteurs. Tilly, faisant trève à la sévérité de ses habitudes, traita son collègue avec une somptuosité royale, l'entoura d'égards, le combla de prévenances. Mais ses marques de déférence s'arrêtèrent aux limites extrêmes de la courtoisie. Lorsque, au conseil de guerre, le duc de Friedlandt, arguant de son titre de prince et de sa charge de généralissime, réclama la supériorité du commandement sur le chef de l'armée catholique, il rencontra chez celui-ci une résistance aussi inflexible au fond qu'adroite et polie dans les formes. Tilly sut concilier, avec un art parfait, les ménagements que lui imposaient les susceptibilités ombrageuses de Wallenstein avec les droits de son souverain et l'indépendance de sa position. Facile et large dans les concessions sans portée sérieuse, il maintint, avec fermeté, sa part légitime d'influence et d'autorité dans toutes les mesures politiques et militaires délibérées à Lauenbourg. L'altier Wallenstein ne cédait qu'en frémissant devant l'attitude digne et ferme de Tilly ; plus d'une fois son orgueil faillit éclater et ses explosions mal contenues, donnèrent occasion à l'intendant de Lauenbourg d'écrire au duc de Celle que la bonne harmonie ne régnerait pas longtemps entre les deux généraux. Dans l'impatience de se sentir dominé par le noble caractère et la mâle vertu de son glorieux émule, Wallenstein eût désiré l'éloigner sous prétexte des dangers dont les Hollandais menaçaient l'empire. Il essaya de déterminer Tilly à rétrograder vers le Rhin et à lui laisser l'honneur d'achever la défaite du roi de Danemark. Cette proposition, qui n'avait pas même le mérite d'être spécieuse, ne pouvait soutenir l'examen. Aussi fut-elle rejetée sans discussion.

L'étude des opérations militaires à combiner ne fut pas l'unique objet dont s'occupèrent les deux généraux dans leurs conférences à Lauenbourg. Lorsque le duc de Friedlandt arriva dans cette ville, il y trouva le duc Frédéric de Holstein-Gottorp, venu là avec l'autorisation de Tilly, pour y porter des propositions de paix de la part du roi de Danemark. Christian commençait, en effet, à se fatiguer d'une guerre dans laquelle il ne récoltait qu'échecs et déboires. Dès le commencement de juin, sur le bruit que la diète de l'empire, d'abord convoquée à Nuremberg, allait définitivement s'assembler à Mulhausen, il avait dépêché à Tilly un trompette chargé de trois lettres : l'une pour l'empereur, la seconde pour l'électeur de Saxe, la troisième, simple prière de transmission des deux autres, pour le général de la Ligue. Son but était d'obtenir l'admission de ses ambassadeurs et de ceux du palatin et du roi d'Angleterre à la diète. Le paquet faillit d'adord lui être renvoyé, parce que la suscription ne portait pas les titres dus à l'électeur de Bavière et à son lieutenant ; mais, comme l'enveloppe avait déjà été ouverte par le comte d'Anholt, en sa qualité de maréchal-de-camp de l'armée, Tilly se contenta de protester contre cette omission préméditée et fit parvenir les missives à leur destination. Quelque temps s'étant écoulé sans recevoir de réponse, Christian pria le duc de Holstein de faire une démarche près de Tilly, dans l'espoir que l'intervention de ce prince, qui s'était toujours tenu avec soin en dehors de la rébellion de ses co-états de la Basse-Saxe contre l'empereur, lui serait favorable. Le duc y consentit d'autant plus volontiers qu'il redoutait, avec raison, de voir le théâtre de la guerre se rapprocher de ses états. Bien accueilli par les deux généraux, il en obtint communication des conditions auxquelles l'empereur entendait traiter. Voici ces conditions, telles qu'elles sont indiquées dans une lettre de Wallenstein au marquis Spinola (1).

Le roi de Danemark devait : 1° Retirer toutes ses garnisons des villes du Cercle de la Basse-Saxe et licencier ses troupes.

2° Renoncer à la charge de général du Cercle, aux évêchés du Cercle ou de l'empire, possédés par lui ou les siens, et au

1. Archives du Royaume. Secrétairerie d'état allemande. Correspondance de Wallenstein.

duché de Holstein, dont il laisserait la libre disposition à l'empereur, et livrer à S. M. I. le fort de Gluckstadt.

3° Indemniser la Ligue des frais de la guerre.

4° Abandonner toutes ses prétentions contre les princes du Cercle.

5° Lever tout obstacle à la libre navigation du Sund.

6° Prendre l'engagement de n'entrer dans aucune ligue ou alliance contre l'empereur.

Ces conditions étaient dures ; elles dépouillaient le roi, elles l'humiliaient et, quelque déplorable que fût sa situation, mieux valait périr dans une lutte sans espoir que d'acheter à pareil prix une paix déshonorante. C'est ce que pensa le duc de Holstein. Il essaya vainement d'obtenir quelque adoucissement aux rigueurs de ce projet de traité draconien et quitta Lauenbourg, sans avoir pu atteindre, même de loin, le but de sa mission (1).

Son départ fut le signal de la reprise des opérations militaires. Les deux armées, dont les forces réunies montaient à 80,000 hommes, s'étendaient sur une longue ligne, ayant l'Elbe pour base et dont Tilly occupait la gauche, Wallenstein la droite. Elles s'ébranlèrent dans les premiers jours de septembre et marchèrent sur Pinnenberg et Trittow, poussant devant elles les Danois éperdus. Trittow ouvrit ses portes, Pinnenberg fit mine de se défendre. Tilly s'étant avancé pour reconnaître la place, fut atteint au-dessus du genou d'un coup de biscaien qui le renversa de cheval. La blessure, heureusement, n'était pas dangereuse ; néanmoins, il fallut transporter le général à Lauenbourg, où le duc Georges de Lunebourg s'empressa de lui envoyer ses médecins. La nouvelle de ce fâcheux accident se répandit rapidement dans l'armée et y causa une émotion générale. Les habitants de Pinnenberg faillirent expier dans la flamme et le sang la blessure de Tilly. Parvenu à grand'peine à sauver la ville, Wallenstein crut devoir sacrifier aux colères du soldat la vie des deux principaux commandants de la garnison.

Les malheureux officiers allaient être décapités, lorsque Tilly, informé de ce qui se passait, se releva de son lit de souffrance pour intercéder en leur faveur et leur sauva la vie.

A ces marques d'affection dévouée de l'armée, si honorables

1. Archives du royaume. Secrétairerie d'État allemande. Correspondance de Wallenstein.

pour le vétéran catholique, vint se joindre un témoignage non moins touchant du respect et de l'affectueuse estime que lui portait son souverain. A peine instruit du danger qu'avaient couru les jours de son glorieux lieutenant, Maximilien lui écrivit une lettre dans laquelle, après avoir exprimé toute la part qu'il prenait à ses souffrances, il le conjurait, en termes pressants, de veiller désormais avec plus de soin à la conservation d'une vie si précieuse, non pas seulement à la Bavière, mais à tous les états catholiques, et de ne plus se risquer si légèrement.

La blessure de Tilly offrit à Wallenstein une occasion propice de réaliser ses anciens projets de séparation. Au désir ambitieux d'absorber seul les honneurs d'une expédition victorieuse, se mêlait la crainte, avivée par l'approche de l'hiver, d'être obligé de partager avec les troupes de la Ligue les riches quartiers du Mecklembourg et des autres pays conquis. Exaltant les résultats déjà obtenus depuis la jonction des deux armées, il fit valoir l'inutilité d'user tant de forces au peu qui restait encore à faire. Combien ne serait-il pas plus important de nettoyer le duché de Brême, encore occupé par Noirproit et Morgan, d'achever la soumission des riverains du Weser et d'arrêter, en même temps, par un déploiement de forces imposantes les entreprises imminentes des Hollandais?

Tilly, hors d'état de diriger son armée, préféra céder que d'en abandonner la conduite à Wallenstein. Il consentit à lui laisser quelques régiments avec une grande partie de son artillerie, et ramena le reste de ses troupes sur la rive gauche de l'Elbe.

A la date où s'opérait ce mouvement, le comte d'Anholt était occupé à couvrir le siège de Nienbourg, commencé par le comte de Furstenberg. Le colonel Limpach, gouverneur de la place, se défendit vigoureusement. Il comptait sur l'assistance de Noirproit, qui était à Brême avec 4,000 hommes d'infanterie et trente-quatre escadrons. Mais Noirproit, intimidé par la présence d'Anholt, ne bougea pas, malgré les sollicitations impérieuses du comte de Thurn, que le roi lui avait dépêché pour le faire sortir de son inaction. Cette pusillanime apathie lui fut fatale. Tandis qu'il se disputait contre Thurn et Morgan au lieu d'agir, Anholt recevait de nombreux renforts. Au mois d'octobre, le général catholique fondit subitement sur les lignes danoises, prit Ottersberg, battit Noirproit, et força Morgan de se réfugier dans Stade. Noirproit s'enfuit en

Hollande, avec ses trésors, abandonnant lâchement ses soldats, qui passèrent sous les drapeaux de la Ligue. Nienbourg affamé et désormais sans espoir de secours, succomba le 16 novembre. Quelques semaines après, Wolfenbuttel, dernière possession des Danois dans le duché de Brunswick, se rendit au comte de Pappenheim, non sans avoir vaillamment résisté pendant quatre mois.

Les succès de Wallenstein n'étaient pas moins décisifs. Arnim avait achevé la soumission du Mecklembourg et forcé les souverains de ce pays de s'exiler. De son côté, le comte de Schlick avait écrasé les restes de l'armée du margrave. Le cercle de fer qui enfermait les Danois allait se resserrant chaque jour. L'infortuné Christian n'eut pas même la consolation de sauver l'honneur de ses armes par un semblant de retraite réglée. Ses soldats démoralisés et saisis d'une incroyable panique fuyaient éperdus devant les impériaux, jetant armes et bagages. Aucun effort humain n'eût été capable de leur faire tourner tête. Le roi désespéré alla cacher sa honte dans l'île de Funen, laissant le Holstein et le Jutland aux mains du duc de Friedlandt. L'île servait déjà de refuge au margrave de Bade, et à d'autres généraux danois. Elle fut bientôt le théâtre des récriminations les plus amères entre tous ces chefs, qui s'accusaient réciproquement de lâcheté et de trahison. Le roi, avide de trouver des coupables, pour épancher sur eux ses colères, soumit toutes ces accusations à un conseil de guerre. Le margrave, fortement inculpé, argua de sa qualité de prince de l'empire pour décliner la compétence du conseil, mais il consentit à se justifier devant le roi. Le duc Bernard de Saxe-Weimar, cité à son tour, usa du même expédient. Le roi, n'osant passer outre, les congédia de son service. Tous deux passèrent en Hollande, heureux d'échapper aux vengeances royales, qui retombèrent avec d'autant plus de violence sur quelques officiers de naissance moins élevée. Plus tard, le margrave regagna le pays de Bade, où il vécut dans l'obscurité, jusqu'à sa mort, arrivée en 1638.

Chapitre treizième.

WALLENSTEIN atteignit complètement son but, en éloignant Tilly du théâtre principal de la guerre. Avant la fin de la campagne, il recueillit, seul, la gloire et les profits des succès éclatants auxquels le général de la Ligue avait si largement contribué. Son nom, célébré sur tous les tons par les nombreuses créatures qu'il avait tant à la cour qu'à l'armée, se couronna d'une auréole, devant laquelle sembla s'éclipser jusqu'à la vieille réputation de Tilly. Toutes les bouches de la renommée, si souvent vénales, exaltant ses talents militaires, le proclamèrent le plus grand homme de guerre de l'Europe, le sauveur de l'empire. La flatterie intéressée lui fit de la campagne de 1627 un piédestal du haut duquel son individualité, démesurément exagérée, jeta l'ombre sur les plus vaillants compagnons de sa victoire. Son orgueil s'accrut dans la même proportion et nulle perspective ne parut téméraire à cette imagination sans cesse en quête de nouvelles grandeurs. C'était peu pour lui qu'au duché de Friedlandt eussent été attachés des privilèges extraordinaires. Au mois de septembre 1627, il obtint encore de l'empereur le duché de Sagan, avec des droits tels que vassal n'en avait jamais eus, ceux de battre monnaie d'or et d'argent, de conférer la noblesse, d'élever des villages au rang de villes, etc. Ce n'était pas encore assez. Quelqu'inouïes que fussent les prérogatives accordées à ses deux duchés, elles ne suffisaient pas pour le faire marcher de pair avec les princes immédiats de l'empire. Le fait seul que ses possessions relevaient de la couronne de Bohème le plaçait dans un état d'infériorité relative, qui l'humiliait. Depuis longtemps, il épiait l'occasion de s'en affranchir, et, dès le commencement de l'année 1627, ses convoitises, mal dissimulées, avaient effrayé, non sans raison, le duc de Wurtemberg. Déçu de ce côté dans ses espérances, il tourna ses regards sur le Mecklembourg et déploya toutes les ressources d'un esprit fertile en intrigues et en duplicité, pour compromettre sans retour les souverains de ce duché, et empêcher leur réconciliation avec l'empereur. Tandis que, d'une main, il les poussait à l'exil, il présentait, de l'autre, à l'empereur un compte exorbitant d'avances faites pour l'entretien de l'armée et dont il exigeait le remboursement, en indiquant d'ailleurs l'engagère du Mecklembourg, comme un moyen facile de le contenter, sans qu'il en coûtât rien aux caisses vides du trésor impérial. Ses prétentions rencontrèrent une résistance assez forte dans les conseils de Ferdinand. Tilly intervint lui-même en faveur des ducs et les appuya de ses chaleureuses recommandations. Ferdinand hésita longtemps. Wallenstein, inquiet, accourut à Vienne, et bientôt la majorité des ministres, gagnée par les présents du généralissime, parvint à étouffer, auprès de l'empereur, la voix de ses plus sages conseillers.

Un décret impérial, du 19 janvier 1628, engagea le Mecklembourg au duc de Friedlandt, jusqu'à remboursement de ses avances au moyen des revenus du duché et, le même jour, l'empereur le reçut avec tous les honneurs réservés aux princes immédiats de l'empire.

Wallenstein prit aussitôt possession des nouveaux états dont il se regardait déjà comme le maître définitif. Incapable de réprimer l'essor des joies vaniteuses qui inondaient son âme, il ne perdit pas un instant à s'entourer du pompeux appareil de son nouveau rang. Il réclama le titre, jusqu'alors inusité en Allemagne, d'Altesse, rendit ses audiences plus rares, s'interdit les familiarités de conversation, dîna seul à une table particulière et déploya un faste inconnu des plus puissants monarques de l'Europe. Il n'osa cependant pas prendre encore les armes et le sceau du duché de Mecklembourg, mais il se fit prêter serment de fidélité par les habitants et agit, en tout, comme un véritable souverain.

Ses convoitises, irritées plutôt que satisfaites par cette prodigieuse fortune, s'étendirent jusque sur la Poméranie. « Je voudrais, écrivit-il à Arnim, que l'envie prît au duc de se mettre en guerre avec nous. La Poméranie arrondirait merveilleusement le Mecklembourg. » Il rêva même, un instant, la couronne de Danemark, mais cette velléité ambitieuse ne dura pas longtemps. « Il vaut mieux se contenter du certain, manda-t-il à Arnim. »

Son orgueil chercha des dédommagements ailleurs. Le titre de généralissime ne convenait plus au prince de l'empire. Wallenstein en fit l'observation hautaine à Ferdinand qui, par décret du 21 avril 1628, le créa chef suprême de toutes les armées impériales, avec juridiction civile et militaire. Les ordres signés de sa main avaient la même force que s'ils étaient signés de la main même de l'empereur et il avait le pouvoir exclusif de nommer les colonels. Huit jours après, il obtint encore les titres sonores de général de toutes les flottes impériales et de grand amiral des mers Baltique et Océanique.

Un tel excès d'honneurs et d'élévation, loin de rassasier les aspirations ambitieuses de Wallenstein, fut, pour lui, le point de départ du vaste plan qu'il avait conçu et qui n'allait à rien moins qu'à substituer à l'aristocratie princière de l'Allemagne une aristocratie militaire, dont il eût été le chef secret, en attendant, sans doute, d'en devenir le maître officiel. Après avoir épuisé, par ses exactions calculées, les sources des richesses de la Ligue, seule puissance encore indépendante de l'empereur, ruiné son armée, humilié sa fierté, il comptait sur la trahison, pour absorber, au profit de ses combinaisons, ce qui restait encore de forces vitales aux princes catholiques. Sa pensée réservait aux principaux chefs des troupes de la Ligue une élévation analogue, quoique inférieure à la sienne; elle leur taillait d'avance, dans les états de la Basse-Saxe, des principautés nouvelles, appât destiné à attirer à lui les plus récalcitrants et à calmer le cri des consciences délicates. Enivré, en effet, de ses propres illusions, Wallenstein admettait *à priori*, comme certain, le consentement des personnages appelés à figurer dans les conceptions révolutionnaires de son imagination. Appliquant aux autres la même mesure et confondant tous les hommes dans le même mépris, il ne croyait pas possible de résister aux séductions des grandeurs. D'ailleurs, il comptait imposer les rôles et non solliciter les volontés. Cependant, les temps n'étaient pas encore mûrs pour l'exécution immédiate de ces plans gigantesques. Il fallait d'abord asseoir solidement sa propre puissance, puis niveler le terrain pour y élever le nouvel édifice de l'aristocratie impériale. Wallenstein se préoccupait de ce double travail, sans prévoir, dans l'aveuglement dont la fortune frappe d'ordinaire ses éphémères favoris, ni les obstacles, ni les éléments de ruine qu'il accumulait autour de lui. Il n'est pas, pour le superbe, de plus terrible malédiction de Dieu que la prospérité continue. Wallenstein en fut un mémorable exemple. Il ne se trouva pas de force à résister au succès et fut mille fois moins grand à l'apogée de sa gloire que l'humble Tilly dans ses plus cruels revers.

Déjà, avant d'avoir sérieusement mis la main à l'œuvre, il s'était laissé entraîner, dans les éclats de son arrogante présomption, à trahir ses pensées secrètes. Ses propos imprudents, rapportés aux princes de la Ligue, devaient nécessairement les mettre sur leur garde. C'est ainsi qu'il ne craignait pas de dire qu'il était temps d'apprendre aux électeurs qu'ils relevaient de l'empereur et non l'empereur d'eux. Dans une autre circonstance, on l'entendit s'écrier qu'on n'avait plus besoin ni d'électeurs ni de princes, qu'il était temps de les décoiffer et de faire de l'Allemagne une monarchie pure comme l'Espagne et la France. Ses actes confirmaient ces graves indiscrétions.

Wallenstein voulait, à tout prix, que le Mecklembourg, qu'il considérait déjà comme son bien, demeurât à peu près indemne de logements militaires. Ses intrigues pour amener Tilly à passer sur la rive gauche de l'Elbe afin d'aider Anholt à chasser les Danois des états de Brunswick, avaient eu pour mobile, non seulement l'ambitieux égoïsme d'un triomphe exclusif, mais aussi le désir d'éloigner l'armée catholique du Mecklembourg, et de pouvoir lui en fermer les avenues. A l'approche de l'hiver, Tilly réclama le droit de faire hiverner ses troupes dans une partie des terres dont la conquête était aussi bien leur fait que celui de l'armée impériale. Il signala principalement le Mecklembourg, le Schleswig, le Jutland. Wallenstein repoussa péremptoirement cette juste demande et renvoya Tilly se pourvoir dans l'empire. Mais l'empire lui-même était déjà surchargé de cantonnements impériaux. De nouveaux régiments y arrivaient journellement d'Italie. Les princes de la Ligue, ruinés par les frais de la guerre et les exactions des officiers de Wallenstein, étaient hors d'état de supporter un surcroît de charge. Les anciens quartiers de Tilly, ceux naguère occupés par les Danois, la Hesse, le Wetterau, le Brunswick, la Westphalie, étaient épuisés. La guerre y avait arrêté la culture et détruit les récoltes. Çà et là quelques champs, labourés en tremblant par de rares habitants, donnaient à peine de quoi nourrir la main qui avait semé. Comment donc songer à jeter sur ces pays désolés des masses d'hommes sans approvisionnements et condamnés à tirer leur subsistance du sol même qui les portait? N'était-ce pas une injustice criante de voir les soldats de Friedlandt grassement entretenus sur les rives fertiles de l'Elbe, leurs quartiers élargis outre mesure, et répandus jusque dans les

Marches et la Poméranie, tandis que les vétérans de la Ligue, resserrés sur un terrain étroit et dévasté, luttaient contre la famine? Cependant ceux-ci avaient supporté le poids du jour et de la chaleur. A eux, à eux seuls étaient dues les grandes victoires qui avaient rétabli l'autorité de l'empereur et refoulé l'ennemi hors du territoire allemand. Leur sang avait arrosé tous les champs de bataille, avant qu'il n'existât d'armée impériale, et depuis, combien était inégale la part de lauriers cueillie par chaque armée? Et cependant, ces tard venus, moissonnant ce qu'ils n'avaient pas semé, nageaient dans l'abondance, alors que la privation et la misère étaient le partage des glorieuses bandes de la Ligue. Telles étaient les protestations de Tilly subissant, en frémissant, la contrainte de la nécessité. Telles étaient celles de Maximilien de Bavière, rappelant à l'empereur les immenses services rendus par ces *soldats de prêtres* si maltraités. Rien n'y fit. Tout ce qu'obtint l'électeur, fut la promesse de rappeler les régiments impériaux dispersés dans l'empire. L'armée de la Ligue prit ses quartiers d'hiver aux abords du Weser, dans la Frise orientale et dans le Wetterau. Tilly, qui avait laissé quatre régiments au siège de Stade, fixa son quartier-général à Buxtehude. Le rapport suivant, qu'il expédia de cette ville, à l'électeur de Bavière, le 25 janvier 1628, fait la peinture la plus émouvante des misères inouïes, auxquelles ses soldats furent exposés pendant l'hiver, et nous fournit un magnifique témoignage de sa sollicitude paternelle à leur égard.

« Monseigneur,

« Je remplis l'humble devoir de venir exposer en peu de mots à Votre Altesse Électorale l'état, l'affreux dénuement, l'indicible misère dans lequel se trouvent les soldats employés devant Stade. J'en souffre cruellement. En effet, dans ces contrées marécageuses, les maisons ou cabanes, au lieu d'être agglomérées, sont dispersées çà et là comme des métairies ; il est conséquemment impossible de réunir sous un abri commun les quatre régiments occupés au siège de Stade, et plusieurs d'entre eux sont donc obligés de bivouaquer et de coucher en plein air. De plus, les habitants de ces marais ont l'habitude de se servir en temps d'hiver d'échasses très hautes. Aussi, est-il plus facile de s'imaginer que de décrire l'intolérable surcroît de difficultés contre lequel mes pauvres soldats se débattent par ce mauvais temps et par la pluie continuelle qui tombe depuis plusieurs mois, sans interruption. Ces pauvres gens, qui n'ont ni chemises ni bas, ni chapeaux, ni souliers, ni manteaux, ni autres vêtements, sont obligés de faire leur service jour et nuit dans l'eau et la boue jusqu'aux genoux sans pouvoir en sortir. De plus, l'ennemi ayant complètement épuisé ses quartiers dans les derniers temps, mes malheureux soldats se trouvent sans pain, sans bière, sans fromage, ni viande, et ils en sont réduits au pain de munition tout sec (encore ne s'en procurent-ils que difficilement), avec de l'eau froide pour toute boisson. Outre ces cruelles privations, ils ont eu à supporter des ouragans terribles et des pluies diluviennes. Aussi n'est-il que trop vrai de dire, que la faim et le chagrin, le froid, la peste et l'eau m'ont enlevé, en peu de temps, des centaines de braves et vaillants soldats. Il y a peu de jours, je me suis transporté, en personne, au milieu d'eux pour leur porter des paroles de consolation, ils m'ont accueilli par les plaintes les plus lamentables, et exposé que, sur les grand'routes et dans le plat pays, il leur avait été facile de se garer de l'ennemi, d'éviter les embuscades et les précipices, mais qu'ici la contrée n'offrait que des chemins inconnus, suspects et dangereux, qu'ils avaient l'ennemi en tête et au dos, partout l'eau, dont les crues subites les mettaient à chaque instant à deux doigts de la mort, qu'ils étaient constamment en proie à la violence des vents déchaînés, sans habits pour se couvrir, sans souliers pour se chausser, aux tourments de la faim, aux atteintes des épidémies. Était-ce là le fruit de la glorieuse renommée acquise par de si longs services, par de si éclatants exploits, celui des louanges données à leur vaillance, dans tout l'empire, que d'être condamnés à périr misérablement dans ce désert comme de pauvres hères ? Leur solde, bien gagnée, reste en arrière jusqu'à leur mort, alors que les survivants, encore sains, forts et dispos, qui ont à lutter contre les plus cruelles privations trouveraient dans l'aumône de cette solde de puissantes ressources. Ils me supplièrent, pour l'amour de Dieu, du sang de tant de braves déjà fauchés par la mort de ne pas les abandonner, eux qui m'avaient donné dans les plus périlleuses occasions des preuves sans nombre de leur franche loyauté et de leur fidélité à toute épreuve, que si je ne voulais pas qu'ils perdissent le peu de forces et de santé que Dieu leur laissait encore, voire même qu'ils périssent, il me fallait les assister et leur procurer à tout prix l'aumône trop réelle de leur paie.

« Et comme, en réalité, ces braves soldats, livrés maintenant à toutes les privations, ont contribué, par leurs sueurs et leur sang, par leurs devoirs et leurs exploits, à maintenir jusqu'ici la chose publique, j'ose supplier humblement et chaleureusement Votre Altesse Électorale, de daigner prendre immédiatement les mesures nécessaires, pour que ces quatre vieux régiments, pleins de mérites et de souffrances, reçoivent, au plus tôt, quelques mois de solde, afin de pouvoir alléger un peu leur misère.

« Ce faisant, Votre Altesse Électorale se fera un grand mérite de charité près de Dieu et près de ces pauvres soldats souffrants, affamés, nus, malades et décimés par les épidémies.

« Donné à Buxktehude, le 27 janvier 1628.

« Jean, Comte de Tilly (1). »

Le corps, commandé par Anholt, n'était pas mieux partagé que le reste de l'armée. « Trois ans se sont écoulés depuis l'invasion de Mansfeldt dans la Frise-Orientale, mandait Anholt à son chef, et le pays est tellement désert, que des localités entières sont sans un seul habitant: quelques champs commencent seulement à être cultivés par des étrangers. »

Il semblait que la malédiction divine eût frappé l'Allemagne. A tous les maux d'une guerre de dix ans était venue se joindre la calamité plus générale de la stérilité; pendant trois ans les récoltes manquèrent dans tout l'empire; la vigne elle-même fut gâtée. Mais, plus impitoyable encore que ces fléaux réunis, la main de Wallenstein achevait d'épuiser le peu de sève et de force qui animait encore le grand corps allemand. Poursuivant ses plans avec une imperturbable tenacité, d'une part il resserrait l'armée catholique dans d'étroits et pauvres quartiers, la livrant à l'action dissolvante du besoin; de l'autre, il couvrait les terres de la Ligue de troupes dont il ne tirait d'autres services que de ruiner les princes. Rien ne lui était sacré, ni les ordres les plus formels de l'empereur, ni la foi des traités, ni le respect du faible, ni les obligations du passé, ni l'égard dû à l'allié. Sa prodigieuse cavalerie, hors de toute proportion avec son infanterie, surchargée d'états-majors, couvrait de ses nombreux régiments le territoire allemand, y commettant plus de violences et d'exactions que n'eût fait le Danois lui-même. Les plaintes, adressées à Vienne, par les princes intéressés, restèrent sans effet. Ce fut dans le but de les rendre plus énergiques et plus efficaces, que les électeurs se réunirent à Mulhausen, au mois d'octobre 1627. L'assemblée avait été précédemment convoquée à Nuremberg, pour le 1er juin. Wallenstein en prit ombrage, et fit avancer un corps d'armée dans le voisinage de cette ville. Ce mouvement suspect changea les dispositions de l'électeur de Mayence, qui désigna, pour lieu de réunion, la ville de Mulhausen, à cause du voisinage des quartiers de Tilly.

1. Hurter, *Wallenstein*, p. 129 et s.

L'assemblée fut nombreuse. Les électeurs de Mayence et de Saxe y parurent en personne : les autres s'y firent représenter par des députés. Le nonce du Pape à Vienne, la France et l'Espagne y envoyèrent des agents diplomatiques. Les délibérations, commencées le 18 octobre, roulèrent principalement sur les moyens de procurer une paix stable à l'Allemagne et de mettre un terme aux intolérables vexations des officiers de Wallenstein et au poids écrasant des recrutements impériaux. Des discours assez vifs furent prononcés, des menaces se firent entendre, et l'on résolut d'envoyer une députation à l'empereur pour lui présenter les griefs du collège, longuement développés dans une requête énergique.

En même temps, l'assemblée saisit l'occasion de donner au comte de Tilly une marque éclatante de sympathie et de reconnaissance. Elle sollicita pour lui le titre de prince. La lettre que les électeurs adressèrent à l'empereur, pour lui exprimer ce vœu, après avoir relevé les éminents mérites du général de la Ligue, se termine par ce passage remarquable : « Bien qu'il soit assez connu que sa profonde modestie et l'humble abnégation de son caractère ne lui permettent pas de viser à de hautes dignités et ne lui en laissent même pas naître l'idée, le collège électoral se doit à lui-même de ne pas oublier que ses services méritent des récompenses supérieures, et nous n'avons pu laisser de supplier Votre Majesté Impériale qu'elle daigne élever Son Excellence au rang des princes, ce que nous considérerons avec Son Excellence comme une faveur signalée de Votre Majesté Impériale [1]. » L'empereur accueillit, avec une bienveillance marquée, cette requête et s'engagea à y faire droit. L'ordre était déjà donné de dresser les patentes, lorsque Tilly apprit ce qui se passait. Cette humilité, qu'admiraient avec raison les électeurs, et que ne pouvait comprendre Wallenstein, s'en émut : il fit de nombreuses démarches pour éviter ce que d'autres eussent recherché avec ardeur et, à bout de moyens, il donna 500 rixthalers au secrétaire impérial, Géron, chargé de dresser ses patentes, pour que celui-ci n'en fît rien.

Les députés, envoyés par l'assemblée de Mulhausen, à Vienne, n'y eurent et n'y pouvaient obtenir aucun succès. L'influence de Wallenstein était prépondérante à la cour ; l'entourage de Ferdinand lui était vendu ; la plupart des ministres obéissaient à sa pression, les autres voyaient,

1. Hurter, *Wallenstein*, p. 114.

dans la continuation de la guerre, l'unique moyen de consolider et d'étendre l'autorité impériale ; ils ne doutaient pas d'un succès éclatant et taxaient d'exagération anti-patriotique les doléances des princes.

Les instances du baron de Preysing, chargé par l'électeur de Bavière de réclamer une meilleure répartition des quartiers d'hiver, en faveur de l'armée catholique, ne furent pas plus heureuses. Mais cet habile diplomate sut ménager à son souverain un résultat important sur un autre point. A la suite des négociations qu'il avait entamées avec la cour de Vienne, intervint, le 22 février 1628, un traité, en vertu duquel Maximilien restitua à l'empereur l'Autriche supérieure, qui lui avait été donnée à titre de gage, et reçut, en échange, la possession pleine et définitive du Haut-Palatinat et de tous les bailliages du Bas-Palatinat, en deçà du Rhin, avec l'extension du bonnet électoral à ses héritiers.

Wallenstein avait ostensiblement favorisé la conclusion de ce traité, qui comblait un des vœux les plus légitimes de Maximilien, afin de se donner un vernis de dévouement aux intérêts bavarois. Ses démarches affectées ne trompèrent cependant personne. Trop de faits décélaient son mauvais vouloir systématique contre l'aristocratie catholique de l'empire, pour que la défiance des électeurs, déjà en éveil, pût être endormie par un acte isolé de bienveillance envers l'un d'eux. En effet, dans le même moment où il plaidait à Vienne la cause de Maximilien, il retirait successivement plusieurs régiments de cavalerie de la Poméranie et en renforçait un petit corps, commandé par le comte Wolf de Mansfeldt, aux environs d'Ulm. Cette agglomération de troupes aux portes de la Bavière excita naturellement les inquiétudes et les réclamations de l'électeur. Un échange très vif de notes eut lieu entre Wallenstein et Mansfeldt d'une part, et Maximilien de l'autre. Sur l'observation qu'une partie du Cercle de Franconie devait être réservée aux quartiers de l'armée catholique, Mansfeldt déclara qu'il s'opposerait, par la force, à l'entrée des gens de la Ligue dans ce Cercle, et Wallenstein poussa l'audace jusqu'à exiger que les régiments catholiques, qui se trouvaient dans le Cercle de Souabe, en fussent retirés immédiatement pour faire place aux impériaux (1).

L'indignation de l'électeur de Bavière fut vivement partagée par ses collègues. L'électeur déclara que, à son avis, il était

1. Hurter, *Wallenstein*, p. 185 et 153.

urgent de rappeler l'armée de la Ligue et de prendre des mesures de nature à imposer à Wallenstein. Le commissaire général Ruepp fut appelé à Munich (6 avril 1628) et chargé de communiquer verbalement au comte de Tilly, qu'il pourrait se faire qu'on fût obligé d'user de la force pour débarrasser les états catholiques de l'intolérable oppression de Wallenstein, et qu'il se tînt prêt à tout événement. Le prudent Tilly craignait que les choses ne fussent poussées trop vite et trop loin. Il fit observer qu'un pareil éclat conduirait infailliblement à une rupture avec l'empereur, qu'il serait à craindre que beaucoup d'officiers, principalement ceux qui avaient des possessions dans l'empire, n'y prêtassent pas volontiers la main, et qu'en tout cas, ses forces étaient loin d'être aussi considérables que celles de Wallenstein. Néanmoins, selon son usage, il se déclara prêt à obéir de son mieux aux ordres qu'il recevrait (1).

Ces sages observations déterminèrent Maximilien à reprendre la voie, si peu fructueuse jusqu'alors, des réclamations à la cour impériale. Cette fois, cependant, il réussit en partie. L'empereur promit de faire droit à ses plaintes et réprimanda sévèrement Mansfeldt.

Ce nouveau grief n'était pas éteint, que déjà, de toutes parts, arrivaient aux électeurs des renseignements de la plus haute gravité sur les desseins secrets de Wallenstein. Ce qu'ils soupçonnaient devenait pour eux une certitude. Affamer l'armée de la Ligue ou la dissoudre par la désertion adroitement fomentée, ruiner les princes indépendants, écraser toute résistance après l'avoir désarmée, rester seul maître en Allemagne, y disposer à son gré des domaines de l'aristocratie et des richesses des villes, se préparer la succession de l'empire, la brusquer même, s'il le fallait, tels étaient les plans qui lui étaient attribués non sans fondement. La rumeur publique lui prêtait les propos les plus violents contre les électeurs, lui-même les justifiait par l'insolence de ses procédés envers les princes, envers l'empereur lui-même. On savait qu'il avait hautement manifesté l'intention d'enlever à l'armée catholique les places qu'elle occupait, sous prétexte que ces places étaient détenues au nom de l'empereur. Aux impériaux seuls, selon lui, appartenait le droit d'y tenir garnison.

Les vues droites et élevées de Ferdinand, son respect sincère et bien connu pour les droits d'autrui, son attachement

1. Hurter, *Wallenstein*, p. 199.

consciencieux à ses devoirs de souverain envers ses vassaux, l'hostilité déclarée du jeune roi de Hongrie, fils de Ferdinand, contre Wallenstein, ne suffisaient pas pour rassurer les princes, que menaçait l'ambition effrénée du généralissime et qu'inquiétait sa toute-puissance. Avec cette faiblesse,que nous avons signalée en lui et qui procédait de l'excessive confiance naturelle à son caractère, Ferdinand s'était lié les mains; sa foi en Wallenstein n'avait encore pu être ébranlée, ses ministres lui présentant les plaintes des électeurs,comme dictées par la jalousie, ou exagérées par d'égoïstes et avares calculs. Sans cesse on lui mettait sous les yeux les glorieux exploits du duc de Friedlandt, le brillant avenir que son épée invincible préparait à l'autorité impériale, les dangers d'une paix trop précipitamment faite et mal assurée, en présence de tant d'ennemis non encore vaincus. Wallenstein lui-même se dépouillait, par occasion, de son arrogance ordinaire, se disait fatigué du commandement, implorait la faveur d'en être déchargé, se plaignait des haines que lui attiraient, dans l'empire, son dévouement absolu à l'empereur, dans l'armée, sa trop sévère discipline protestait de son mépris sincère des grandeurs et laissait entendre que, se trouvant trop riche pour ses héritiers, il avait légué la plus grande partie de ses biens à la maison d'Autriche; que ce qu'il acquerrait reviendrait donc à celle-ci. D'autres fois, changeant de langage et de terrain, il rappelait que de tout temps l'axiome: *Si vis pacem, para bellum*, avait été adopté pour règle par les plus grands hommes d'état. Si les mouvements militaires des Français sur les frontières, mouvements qu'à Mayence on l'accusait de stimuler secrètement, justifiaient le maintien de forces imposantes dans le voisinage du Rhin, il invoquait, pour légitimer ses levées incessantes dans le reste de l'empire, les préparatifs formidables du Danois, les dispositions du Hollandais pour descendre dans l'arène, au printemps. Il arguait des mésintelligences, qui s'étaient élevées entre le roi de Danemark et ses États,pour faire entrevoir à l'empereur la perspective d'une nouvelle couronne à ajouter à tant d'autres. Enfin, souple et fertile dans ses ressources, il jetait en avant l'idée d'une croisade puissante contre les Turcs, idée qui devait sourire singulièrement à l'esprit, profondément religieux et avide de la gloire de Dieu, de Ferdinand et qu'il savait être populaire.

Grâce à ces moyens et à l'art qu'il avait de tenir constamment l'empereur dans une atmosphère favorable à sa personne, il dominait tellement ce prince, que l'influence de l'héritier du trône eût vainement lutté contre lui et, si l'on entendit quelques voix isolées murmurer que le seul moyen d'obtenir la paix et de sauver l'empire était la destitution de Friedlandt, ces voix demeurèrent sans écho (1).

Trop habile, du reste, pour nier de front la vérité et refuser tout fondement aux plaintes des princes de la Ligue, il se contentait d'éluder, sous mille prétextes d'utilité publique ou d'empêchements momentanés, les ordres que, dans sa sollicitude, l'empereur donnait fréquemment pour y faire droit. Un trait entre mille autres donnera, à cet égard, la mesure de son audace.

Trois régiments impériaux avaient été cantonnés sur les terres de l'électeur de Saxe: celui-ci se plaignit à l'empereur qui donna ordre à Wallenstein de faire hiverner ses troupes ailleurs. Le généralissime allégua une prétendue impossibilité et, aux trois premiers régiments, en fit joindre deux autres.

L'armée de la Ligue, et surtout le héros qui la commandait, lui était, comme dit un historien, une épine dans l'œil. Tout affaiblie qu'elle fût par ses longues souffrances, il en supportait avec peine l'incommode voisinage. Il crut trouver une occasion favorable de s'en débarrasser, et fit tous ses efforts pour la mettre à profit.

Au commencement de l'année 1628, les Hollandais avaient effectivement fait des armements considérables dirigés, non contre l'empire, mais contre les Pays-Bas. L'infante Isabelle ne disposant pas de forces suffisantes, réclama du secours à l'Allemagne catholique. Elle s'adressa d'abord à Tilly, pour demander que l'armée de la Ligue défendît Lingen, au cas où cette place serait attaquée. Tilly en référa prudemment à ses chefs, qui, de leur côté, avaient reçu de l'infante l'invitation pressante d'envoyer quelques troupes aux Pays-Bas. L'empereur appuya chaudement les démarches de la cour de Bruxelles, et Wallenstein intervint lui-même, en offrant de loger des troupes impériales aux places que la nouvelle direction donnée aux forces de la Ligue obligerait de dégarnir (2). Les électeurs n'eussent-ils pas depuis longtemps pris, pour règle invariable, d'éviter avec soin tout ce qui pouvait entraîner la rupture de la neutralité hollandaise, que l'offre

1. Hurter, *Wallenstein*, p. 117, 206 et s.
2. Instructions de l'infante au comte Visconti Sforza.

insidieuse du duc de Friedlandt les eût détournés d'accéder aux prières de l'infante (1).

Maximilien défendit expressément à Tilly de se mêler, en quoi que ce fût, des Hollandais, à moins que ceux-ci ne s'alliassent ouvertement avec les proscrits de l'empire, et témoigna un mécontentement très vif de ce que l'empereur, sans lui en donner avis, avait expédié un ordre contraire au général de la Ligue. Une lettre de l'électeur de Mayence à celui de Bavière exprime parfaitement la pensée qui dominait alors parmi les princes catholiques : « On ne peut pas disposer ainsi des troupes de la Ligue, au gré des conseillers impériaux ou espagnols, pendant que le duc de Friedlandt sillonne successivement des siennes tous les Cercles de l'empire. Que leurs gens se cassent la tête à leur aise ; pour nous, il faut ordonner à Tilly de ne pas dégarnir une seule des places qu'il occupe, et signifier à l'empercur que la mission de notre armée se borne à le défendre dans les limites de l'empire. Si l'on tient la dragée haute, si l'on ne dit pas amen à tout, il en résultera que les électeurs et princes seront mieux respectés et leur armée plus considérée (2).

L'infante, repoussée une première fois, revint à la charge Elle rencontra un refus persistant à Munich, où les craintes inspirées par Wallenstein ne faisaient que croître. Elle s'adressa alors directement à l'empereur qui, mis en demeure de démontrer qu'il désirait sincèrement soulager les états catholiques de l'entretien des troupes non employées contre les Danois, fit marcher aux Pays-Bas le comte Wolf de Mansfeldt, avec quelques régiments de cavalerie. Le secours parut insuffisant à l'infante; elle demanda à Wallenstein d'envoyer aussi de l'infanterie. Le généralissime fit lever expressément pour elle deux régiments, dont il donna le commandement à l'évêque de Verdun et à Vander Nersen, baron de Firmont. Il en offrit même un troisième, à former par un certain baron de Gleanmalun, irlandais, qu'il ne connaissait pas trop, avoue-t-il dans sa dépêche, mais qu'il suppose mieux connu aux Pays-Bas qu'en Allemagne. Petit trait qui, soit dit en passant, donne une idée de la légèreté avec laquelle il distribuait les patentes de colonel. Au mois d'août, les corps de l'évêque de Verdun et du baron de Firmont se trouvèrent prêts et Wallenstein les mit à la disposition de l'infante (3).

1. Rapport du président Bruneau adressé à l'infante au mois de mai 1218.
2. Hurter, *Wallenstein*, p. 162. — 3. Arch. du royaume. Cor. de Wallenstein.

Ainsi, alors que le triomphe de l'empereur et des catholiques paraissait complet en Allemagne, que toute résistance rebelle à l'autorité suprême était écrasée ou à la veille de l'être, se manifestait dans le sein même du parti vainqueur un déchirement qui devait infailliblement amener sa ruine. Si l'union fait la force et donne la vie, la désunion fait la faiblesse et donne la mort. Tant que la lutte avait duré incertaine, l'empereur et les catholiques étaient demeurés étroitement unis, et les divisions de leurs adversaires n'avaient pas moins contribué à la victoire des défenseurs du principe d'autorité que les talents et le génie de Tilly. L'ambition de Wallenstein jeta le premier germe de discorde, celle de Maximilien le développa, et l'égoïsme à courte vue des électeurs acheva l'œuvre.

Cependant la guerre avec le Danemark n'était pas terminée Gluckstadt, Krempe et Stade tenaient encore pour les Danois Une grande partie des côtes de la mer du Nord n'avaient pas pleinement reconnu l'autorité impériale, leur possession complète importait essentiellement au grand amiral des mers Baltique et Océanique. Avant de créer une flotte, il voulait des ports. Abandonnant l'attaque des autres places à Tilly, qu'il n'avait pu mettre aux mains avec les Hollandais, il résolut d'abord de s'emparer de Stralsund. Cette ville, par sa position topographique, la force de ses murailles, l'étendue de son commerce, les richesses de ses habitants, était la place la plus importante du Nord de l'Allemagne. Elle commandait à la fois le Mecklembourg, nouvelle possession de Wallenstein, la Poméranie, objet de ses aspirations avides. Le généralissime comprenait, d'ailleurs, avec raison, que s'il n'était pas maître de Stralsund, cette ville recevrait tôt ou tard garnison danoise ou suédoise, et qu'alors la disposition des lieux ne lui permettrait plus de conserver l'île de Rugen. Or, Stralsund et l'île de Rugen au pouvoir d'une puissance ennemie, la suprématie future de l'empereur sur les côtes de la Baltique courait grand péril (1).

Wallenstein essaya d'abord la voie des négociations pour obtenir l'admission d'une garnison impériale. Les habitants tout en protestant de leur soumission à l'empereur, alléguèrent leurs privilèges. Le diable les emporte, s'écria l'altier général, je ne sais ce que c'est que ces privilèges! Bientôt l'épée remplaça la parole. Le maréchal d'Arnim commença active-

1. Von der Decken, *Duc Georges*, p. 266.

ment les opérations d'attaque. Il éprouva une résistance inattendue, favorisée par la liberté des communications maritimes de la place avec les rois de Danemark et de Suède, dont les Stralsundois invoquaient la protection. Impatient des longueurs du siège, Wallenstein accourut lui-même pour en hâter le dénouement. Aux députés chargés par la ville de porter les plaintes des habitants à l'empereur, il avait dit: qu'il viendrait à bout de son entreprise, dussent 100,000 hommes, dût-il lui-même y perdre la vie; et dans une autre occasion: quand même Stralsund serait attaché au ciel par des chaînes de fer, je l'abattrai. Cette puérile jactance, loin d'intimider les défenseurs de Stralsund, redoubla leur énergie. Le roi de Danemark leur envoya des secours et parut lui-même à l'entrée du port avec une flotte nombreuse. L'admirable courage des Stralsundois, secondés par leurs voisins du Nord, brisa l'orgueil du grand amiral impérial. En vain, il multiplia les assauts et sacrifia ses meilleurs régiments, tout échoua contre la résistance désespérée qui lui fut opposée.

A plusieurs reprises, des conférences avaient eu lieu pendant le siège, et plus d'une fois les Stralsundois s'étaient offerts à accepter des conditions avantageuses pour l'empereur. La téméraire présomption de Wallenstein l'aveugla au point de les lui faire repousser. Enfin, à bout d'efforts, il quitta brusquement le siège, laissant à Arnim le soin de ramener les troupes et le matériel de guerre, et annonça à l'empereur que les magistrats de Stralsund s'étaient engagés à rentrer sous la domination impériale. Il n'en était rien. Wallenstein avait bien fait des propositions, mais il avait tellement hâte de quitter le lieu témoin de son humiliation, qu'il n'attendit pas la réponse des magistrats, couronnant ainsi, par une faute politique des plus graves, la série de celles qu'il avait commises à tous égards pendant le siège.

L'empereur avait vivement critiqué le siège de Stralsund, il ne le trouvait justifié, ni en raison, ni en droit : son coup d'œil, plus prévoyant que celui de Wallenstein, craignait une irritation inutile, inopportune des esprits, des complications dangereuses et surtout l'occasion donnée aux deux princes du Nord de prendre pied dans Stralsund.

La suite prouva que les prévisions de Ferdinand n'étaient que trop fondées ; mais, ni l'obstination impolitique de Wallenstein, ni son échec éclatant n'altérèrent visiblement sa faveur. Son amour-propre trouva occasion de se consoler par la défaite du roi de Danemark à Wolgast et par la prise des villes de Wismar, de Rostock et de Krempe.

De son côté, Tilly avait ouvert la campagne de 1628, par le siège de Stade, seule place que les Danois possédassent encore au midi de l'Elbe. Les quatre régiments qui l'avaient tenue investie pendant tout l'hiver furent considérablement renforcés et Tilly dirigea lui-même les opérations. Morgan se défendit avec beaucoup de courage et le roi de Danemark fit une tentative pour le dégager. Au mois d'avril, Christian pénétra dans l'Elbe avec 14 vaisseaux de guerre, mais, dans la prévision de son arrivée, Tilly avait élevé de formidables batteries sur la rive gauche du fleuve, près de Stade. La flotte danoise, arrêtée par un feu meurtrier et dépourvue de troupes de débarquement, se hâta de regagner la mer et Morgan, repoussé dans une sortie tentée pour se mettre en communication avec elle, se vit bientôt réduit à se rendre. Le 6 mai, il capitula.

Morgan sortit le 7 mai de Stade, à la tête de la garnison, réduite à 64 compagnies, dont la force en hommes valides ne dépassait pas 2,500 hommes. Tilly, généreux admirateur du courage malheureux, lui témoigna les plus grands égards et n'oublia rien de ce qui pouvait adoucir à un ennemi vaincu l'humiliation de sa défaite. Morgan et ses officiers s'en montrèrent profondément touchés et portèrent, jusqu'en Hollande, les louanges du général catholique.

Tel était le triste état de la ville, encombrée de ruines et de cadavres, et infectée de maladies que Tilly, dans l'intérêt de la santé de ses soldats, ne les y laissa entrer que trois jours après le départ de Morgan.

Le siège de Stade fut l'unique opération militaire de Tilly, pendant l'année 1628. Ses troupes rentrèrent dans leurs quartiers. Les chefs de la Ligue étaient plus inquiets de Wallenstein que du roi de Danemark, plus préoccupés de délivrer leurs états de l'allié puissant qui les opprimait, que de poursuivre, au loin, un ennemi déja à demi vaincu. Le 13 mai, l'électeur de Mayence proposait à ses collègues de faire rapprocher l'armée de la Ligue et de défendre à Tilly de continuer les hostilités contre le roi de Danemark, tant que les passages et foules de guerre des impériaux n'auraient pas cessé.

Sans rechercher jusqu'à quel point ce conseil influa sur les instructions transmises à Tilly, on peut assurer, avec certitude, que les dispositions des chefs de la Ligue tendaient à restreindre dans les limites les plus étroites, le cercle d'activité de Tilly. Un fait notable le démontre. Au mois de juillet, le comte de Tilly se trouvant à Wiesbaden, où il prenait les bains, pour achever la guérison de ses dernières blessures, reçut successivement de Wallenstein, trois lettres, dans lesquelles celui-ci lui demandait, en termes d'une courtoisie caressante, l'envoi de 3 régiments catholiques à l'armée devant Stralsund. Tilly répondit par un refus péremptoire et renvoya le généralissime à l'électeur de Bavière. Maximilien communiqua la proposition de Wallenstein à l'électeur de Mayence avec ses appréciations.

Les motifs de rejet étaient : que l'armée de la Ligue serait affaiblie, Friedlandt, d'autant plus secondé dans ses malveillants desseins contre les princes fidèles, et d'autant moins disposé à retirer des terres de l'empire l'excédant inutile de ses troupes. Déjà il avait perdu plusieurs milliers d'hommes dans ses continuels assauts contre Stralsund ; il épargnerait encore moins les troupes de la Ligue, les mettrait partout en tête des colonnes, selon son usage, et, après la prise de la ville, ne leur accorderait ni quartiers, ni part au butin, et les renverrait les mains vides.

D'autre côté, la concession des secours demandés aiderait à abattre l'ennemi commun et à remplir la tâche imposée aux deux armées, on obtiendrait au moins de meilleurs quartiers pour quelques régiments, le refus de concours pourrait être mal vu de l'empereur, confirmer ses soupçons contre les états de la Ligue, éveiller des méfiances chez le roi d'Espagne et l'infante des Pays-Bas. Si l'on donnait satisfaction à Friedlandt, on pouvait se soustraire avec plus de facilité aux instances faites par l'empereur et le roi d'Espagne, pour rompre avec les Hollandais. Dans ce cas, cependant, il serait essentiel de s'assurer, avant tout, par une convention que, dans l'hypothèse de la prise de Stralsund, les régiments de la Ligue auraient leur part légitime de butin, soit en argent, soit en vivres, en munitions ou en artillerie, comme aussi en bons quartiers. Le mieux serait que l'électeur-archevêque conférât là-dessus avec Tilly, qui était dans son voisinage.

Le prélat ne partagea pas l'opinion du prince bavarois. Accorder le secours demandé, lui écrivit-il, serait uniquement affaiblir l'armée de la Ligue et fortifier Friedlandt ; il faut mander au généralissime, qu'aussitôt que les cantonnements et les levées d'hommes auront cessé, on s'empressera de satisfaire à sa prière. La convention proposée ne soulagerait en rien les états opprimés. D'ailleurs, Tilly penche plutôt pour la négative : Friedlandt n'en jouerait que davantage le maître à son égard ([1]).

L'opposition des catholiques contre le duc de Friedlandt se manifesta plus vivement encore à la conférence des États de la Ligue qui eut lieu à Bingen, au mois de juillet. On ne s'occupa guère que des moyens de mettre un terme aux attentats du généralissime et de chercher des garanties sérieuses contre ses prétentions despotiques. L'idée de sa destitution y fut pour la première fois énoncée. Mais malgré l'animation des esprits, l'assemblée fit preuve de beaucoup de sagesse et de modération dans le choix de ses moyens. Loin de confondre, dans un même anathème, le généralissime et l'empereur, elle évita, avec un soin scrupuleux tout ce qui aurait pu porter atteinte au respect de l'autorité impériale et faire douter des vues droites de Ferdinand. Elle accueillit avec reconnaissance les promesses de ce souverain de licencier bientôt une partie de ses troupes et, repoussant la tactique ordinaire des princes protestants, elle décida d'aborder la question de la succession à l'empire, dès le début de la première diète, sans la subordonner au redressement de ses griefs. Si l'on prévient les vœux de l'empereur, dit, à ce sujet, l'électeur de Mayence, nul doute qu'il ne veuille prévenir aussi les nôtres. Mais les mesures contre Friedlandt n'en furent que plus énergiques. Les électeurs de Bavière et de Mayence reçurent mission de prendre tels moyens qu'ils jugeraient convenables, pour délivrer les États de la Ligue de l'intolérable oppression dont ils étaient victimes, et de s'entendre, à cette fin, avec les électeurs de Saxe et de Brandebourg, intéressés à entrer dans cette œuvre de défense commune. Ils eurent, en outre, mission de porter, sans délai, cette décision à la connaissance de l'empereur, du pape, du roi d'Espagne et de l'infante pour qu'il fût bien constaté que la Ligue contrainte de protéger par la force son existence menacée, n'entendait cependant dévier en rien de l'obéissance due à l'empereur.

Les préoccupations dominantes des princes catholiques se manifestèrent non moins ouvertement dans leur réponse aux demandes de secours, renouvelées par l'Espagne. La résolution prise sur ce point portait : que la nécessité de

1. Hurter, *Wallenstein*, 272.

garder toutes leurs forces pour tenir tête aux gens de Friedlandt ne permettait pas d'affaiblir l'armée de la Ligue, et qu'il serait fait en même temps communication à l'infante de la conduite hostile du généralissime.

Enfin l'assemblée adopta un projet d'instructions éventuelles pour l'ambassade qu'elle décida d'envoyer à l'empereur, dans le cas où le licenciement annoncé par ce prince subirait quelques retards. « Ladite ambassade, y est-il dit, suppliera Sa Majesté d'enlever au duc le glaive qu'il tourne contre les États fidèles, de l'éloigner de l'armée et de prendre immédiatement les mesures nécessaires pour le licenciement des troupes inutiles.

« Si les députés n'obtiennent pas réponse satisfaisante, ils renouvelleront leurs instances et représenteront à Sa Majesté que si elle n'a pas le pouvoir de se faire obéir par son général, Sa dite Majesté ne pourra trouver mauvais que les États fidèles s'unissent pour se défendre les armes à la main. »

Les résolutions prises à Bingen furent communiquées aussitôt à Tilly, avec une série de questions qui trahit suffisamment le degré d'exaspération où Friedlandt avait poussé les princes catholiques. Voici quelles étaient ces questions :

1° Comme on attend encore la mise en œuvre des engagements de l'empereur et que, dans l'intervalle, les résolutions de la diète venant à être connues, Friedlandt pourrait prendre l'avance, pourrait-on disposer de quelques forces pour l'arrêter, et combien ?

2° Dans l'hypothèse d'une rupture complète avec Friedlandt, combien faudrait-il employer de troupes pour garder les forteresses et les passages du Cercle de la Basse-Saxe ?

3° De quels prétextes pourra-t-on en colorer les mesures de défense des États ?

4° Où faut-il poster les troupes ? Faut-il les réunir dans un camp ou les disperser en quartiers ? D'où tirera-t-on leurs vivres ?

5° Combien de corps de troupes devra-t-on former en cas de guerre ?

6° Ne serait-il pas utile, pour commencer, de faire rapprocher les régiments de Cronberg et de Schœnburg ?

7° Ne serait-il pas nécessaire d'inviter les États de la Ligue à mettre leurs milices sur le pied de guerre ? Si les choses deviennent sérieuses, vaudra-t-il mieux prendre l'offensive ou se tenir simplement sur la défensive [1] ?

Avant que Tilly eût pu répondre à ces questions d'une si haute gravité pour l'Allemagne, il reçut avis que l'empereur, ému des nouveaux périls qui le menaçaient, avait pris le parti de confirmer ses paroles par des faits, et chargé le maréchal de camp, comte de Colalto, de licencier une partie de la cavalerie inutile, logée sur les terres de l'empire. Colalto se rendit immédiatement à Munich pour y communiquer ses ordres à l'électeur de Bavière et le détourner d'engager les hostilités contre Friedlandt. Ses récentes querelles avec le généralissime impérial le rendaient, plus que tout autre, propre à inspirer confiance aux princes de la Ligue, aussi fut-il accueilli d'abord avec faveur. Tilly eut ordre de s'aboucher avec lui, à Wurzbourg, afin d'y traiter, de commun accord, le moyen de soulager les États surchargés. L'espérance revint au cœur des catholiques, avec d'autant plus de force, que l'envoi de Colalto à Munich coïncida avec la nomination de plusieurs commissaires impériaux, chargés de dresser une enquête sur la conduite des chefs de corps, cantonnés dans l'empire, et de faire rendre gorge aux coupables. Mais l'expérience leur prouva une fois de plus l'impuissance de l'empereur à se faire obéir de ses propres officiers. Wallenstein eut l'art de se réconcilier et de se mettre d'accord avec Colalto. Docile, cette fois, aux instructions secrètes du généralissime, Colalto éluda les demandes de Tilly, opposa à ses réclamations les plus légitimes de soudaines exigences et, poussé dans ses derniers retranchements, avoua qu'il n'était pas autorisé à congédier plus de 3,000 cavaliers, et qu'il n'avait pas même assez de fonds pour exécuter tout de suite cette dérisoire mesure. Tilly, justement indigné, jugea inutile de prolonger plus longtemps son séjour à Wurzbourg et rompit la conférence. Sa conduite fut d'abord diversement interprétée ; le duc de Bavière l'approuva, mais l'électeur de Mayence émit la pensée qu'il avait été trop sévère pour le maréchal de l'empereur. « Impossible, écrivait le prélat, que la mission de Colalto ne soit pas plus large que ne l'a cru Tilly. » Les faits se chargèrent de justifier promptement le vieux général de la Ligue. Le contraste des lenteurs de Colalto avec la recrudescence des levées militaires, ordonnées sur ces entrefaites par Wallenstein, le peu de succès des commissaires impériaux,

1. Hurter, *Wallenstein*, p. 231.

traités avec mépris et insolence par les chefs de corps qu'ils avaient à contrôler, ouvrirent les yeux aux plus aveugles. L'irritation la plus vive succéda à la confiance et l'expression que les électeurs en firent transmettre à Vienne parut si menaçante à l'empereur, qu'il dépêcha sans délai le conseiller de guerre Gérard de Questenberg au camp de Wallenstein, avec les instructions les plus pressantes, pour obliger le généralissime à faire enfin droit aux griefs les plus criants des princes de la Ligue (1). Wallenstein témoigna d'abord les meilleures dispositions à se conformer aux ordres de l'empereur; il était trop habile et trop rusé pour résister en face aux volontés impériales, sévèrement exprimées. Il objecta cependant l'état critique des affaires, les menées ouvertement hostiles de la France, de l'Angleterre et de la Hollande, l'attitude encore menaçante du roi de Danemark, le mauvais vouloir notoire de la Porte et de la Suède, il trouva toute espèce d'obstacles à une grande diminution de l'armée et, par une manœuvre dont il prévoyait le succès certain, feignant d'entrer complètement dans les idées de l'empereur au sujet des charges écrasantes que supportaient les princes de la Ligue, il proposa insidieusement de faire hiverner, dans les pays héréditaires de l'Autriche, les régiments cantonnés jusqu'alors sur les terres de l'empire. Ce qu'il avait prévu arriva. Le seul énoncé de cette idée effraya Ferdinand, qui se vit d'avance complètement ruiné et mit tout en œuvre pour éviter pareille extrémité, ou du moins pour gagner du temps. L'approche de l'hiver lui rendit cette dernière tâche facile, mais elle augmenta les embarras et les tribulations des princes catholiques frustrés, encore une fois, dans leur espoir. Leurs réclamations étaient restées à l'état de lettre morte et la nombreuse cavalerie de Wallenstein continuait à dévorer leurs dernières ressources.

Avec la mauvaise saison revint l'irritante question des quartiers d'hiver. La disette de vivres avait contraint Tilly à licencier le régiment de Witzleben, l'un des meilleurs de son armée. Ce sacrifice douloureux devait d'autant moins suffire pour améliorer la situation des autres corps que, fidèle à sa tactique machiavélique, Wallenstein ne cessait de multiplier les obstacles à l'entretien de l'armée catholique et de la resserrer dans ses quartiers déjà trop restreints.

1. Hurter, *Wallenstein*, p. 257.

Dès le mois de septembre, Tilly écrivit à l'électeur de Bavière :

« Malgré mes plaintes incessantes, l'affaire des quartiers d'hiver ne fait qu'empirer. On m'a enlevé, non seulement la principauté de Marbourg, mais encore les comtés de Lippe, de Bentheim, de Steinfurth et de Drenthelnbourg, de sorte qu'au lieu de me donner de quoi accommoder cinq régiments, on m'a ôté une valeur égale de pays. Je suis à la veille d'être obligé d'évacuer les comtés de la Marck et de Ravensberg, pour complaire au duc de Neubourg, et de lui céder la garde des châteaux, de Ravensberg et de Plotho, pour la fermeture des passages. En un mot, la situation devient si critique, la charge tellement pesante qu'il ne peut manquer d'en résulter nombre de confusions et d'inconvénients, et que j'en suis réduit, à l'heure qu'il est, à la seule ressource de ramener mon armée dans les terres de la Ligue, chose dont ma pensée n'avait jusqu'alors jamais admis la possibilité. Je sais que ce que j'écris affectera vivement Votre Altesse, mais j'aurais beau faire, je n'y pourrai rien changer, à moins que des mesures énergiques ne soient prises à temps, et d'ailleurs, je l'avoue à regret à Votre Altesse, abreuvé de dégoûts, au delà de mes forces, impuissant à bien faire, je me sens amené malgré moi (car Votre Altesse sait que dans ces expéditions comme en tout temps, j'ai toujours été disposé à tout sacrifier, fortune, vie, honneur au bien public) à la dure résolution de laisser les choses entre les mains de Dieu et de me retirer. Je prie Votre Altesse d'excuser ma franchise, mais le mal empire chaque jour et il est urgent d'y porter un remède efficace. Mes régiments se fondent, ravagés par la maladie ou la désertion, tandis que les forces de l'ennemi vont s'accroissant. Je serais inexcusable de prolonger une pareille situation, d'assister à la ruine complète de mes vaillantes troupes, à la perte de tant de belles provinces, si chèrement acquises.

« Dans de telles circonstances Votre Altesse pas plus que Sa Majesté Impériale ne peut m'imputer à crime que je n'aie pu, conformément aux ordonnances impériales, épargner complètement la principauté de Marbourg. Il est étrange que Monseigneur le landgrave Georges de Hesse, réclame, pour lui seul, de pareilles franchises, tandis que l'empire tout entier contribue à l'œuvre commune, sans rappeler qu'il n'est entré en possession de cette principauté que par la grâce de l'empereur et l'aide de Votre Altesse. J'ai toujours porté le plus grand respect et attachement à son illustre père, de glorieuse mémoire, mais ce n'est pas une raison pour laisser ruiner mon armée, au grand détriment de l'empereur et de l'état. La principauté de Marbourg ne peut être affranchie que si l'on me donne d'autres quartiers, sinon, il est indispensable ou que j'y loge mes gens ou que j'en tire la contribution nécessaire pour l'entretien d'un régiment. »

En même temps qu'il adressait ces plaintes émouvantes au duc de Bavière, Tilly ne négligeait aucune démarche près de Wallenstein et eut avec lui une entrevue, au mois de décembre 1628. Le généralissime impérial, prodigue de déclarations amicales, se montra plus avare d'actes et poursuivit imperturbablement ses plans de sourde hostilité contre l'armée de la Ligue. Tilly écrivait peu après :

« Si la position ne s'améliore pas, rien ne pourra retenir mes soldats désespérés. Ils n'attendront pas mes ordres pour accourir en foule sur les terres de la Ligue. La faim les décime et j'ai des quartiers où la mort a enlevé plus de la moitié des compagnies. »

Ce vieux soldat, si dur à lui-même, si indifférent à ses propres besoins, ressentait, avec une extrême vivacité, les souffrances de ceux qu'il appelait ses enfants et dont il était, en réalité, plus encore le père que le général. Le degré qu'atteignirent ces souffrances, dans l'hiver 1628-1629, et l'impuissance de ses efforts à les adoucir, réagirent si fortement sur lui qu'il en tomba malade de chagrin. L'alarme fut grande à Munich, à cette nouvelle ; en la transmettant à l'électeur de Mayence, Maximilien ajoutait :

« Quel malheur si nous venions à perdre ce vaillant héros, avant que l'empire n'ait obtenu paix et repos ; où trouverait-on un pareil capitaine, possédant, au même degré, aussi bien l'expérience et le bonheur dans la guerre que le respect et l'amour du soldat ? Il n'y a pas de trésor qui pût compenser une telle perte (1). »

Mais il manquait à Tilly la couronne de l'adversité et Dieu, qui la réserve à ses élus, ne permit pas que ce vaillant héros périt, obscure victime de la perfidie ambitieuse de Wallenstein.

1. Aretin p. 58. Hurter, *Wallenstein*, p. 297.

Chapitre quatorzième.

APRÈS plus de dix ans de guerre sans relâche, la paix était devenue un besoin pour l'Allemagne. Les catholiques la désiraient : l'empereur, parce qu'il en espérait un soulagement dans l'effroyable désordre de ses finances et dans les embarras dont il était surchargé; la Ligue, parce qu'elle était lasse d'une guerre qui la ruinait et qu'elle croyait y trouver un moyen radical de couper court aux menées de Wallenstein, en lui ôtant jusqu'au prétexte de maintenir sur pied ses immenses forces militaires; Wallenstein enfin, parce que, préoccupé de ses vastes projets, il avait besoin de loisir pour en mûrir l'exécution et qu'il y voyait l'occasion d'affermir sa position comme duc de Mecklembourg. De son côté, le roi de Danemark, mollement soutenu de ses alliés et pressé par ses sujets mécontents, se montrait disposé à traiter et n'armait encore que pour tâcher d'être en mesure d'obtenir de meilleures conditions. Les négociations n'avaient d'ailleurs jamais été abandonnée complètement. Dans ces circonstances, il était facile de leur donner une allure plus sérieuse. C'est ce qui eut lieu. Lubeck fut choisi pour le point de réunion des plénipotentiaires des puissances intéressées. Le roi de Danemark y envoya six commissaires, tant danois que holsteinois. Wallenstein et Tilly, chargés de représenter l'empereur et le duc de Bavière, déléguèrent à leur tour : le premier, Balthasar de Dietrichstein, Reinhard de Walmerode et Dietrich de Schaumbourg; le second le comte de Gronsfeld et le commissaire-général Ruepp. Les premières conférences ne furent pas de nature à faire présager une heureuse issue. Les commissaires danois déroulèrent un projet de traité plein de prétentions exorbitantes, qui devait être et qui fut, en effet, péremptoirement repoussé. A ces premières difficultés de fond, vinrent se joindre des difficultés de formes. Il se trouva que les pouvoirs des commissaires impériaux étaient signés seulement de Wallenstein et adressés, non pas au roi, mais aux plénipotentiaires danois. Cet obstacle de détail aplani, il s'en éleva un autre, preuve flagrante de la méfiance qui régnait entre les commissaires de la Ligue et ceux de l'empereur. Lorsque ceux-ci, après avoir fait régulariser leurs instructions à Vienne, voulurent en donner lecture aux Danois, Gronsfeld et Ruepp s'y opposèrent, en alléguant qu'ils devaient en prendre préalablement connaissance et en référer à leur chef. La contestation s'anima, les impériaux furent obligés de céder et les conférences demeurèrent suspendues jusqu'au retour de Ruepp et de Walmerode, qui allèrent consulter respectivement Tilly et Wallenstein. Enfin, les catholiques s'étant mis d'accord, produisirent leurs instructions. Elles posaient en principe : l'engagement formel du roi de ne plus se mêler des affaires de l'empire, la cession des duchés de Holstein et de Schleswig à l'empereur et celle du Jutland à l'électeur de Saxe, jusqu'au parfait remboursement des sommes hypothéquées par l'empereur sur les deux Lusaces, le paiemeut des frais de guerre, des indemnités pour les membres de la Ligue, la fermeture du Sund aux ennemis de l'empire.

Les commissaires danois se récrièrent beaucoup contre ces dures conditions et quelques notes furent échangées entre les parties. Sur ces entrefaites, la Suède prétendit intervenir au congrès pour y défendre les intérêts de la ville de Stralsund, qu'elle avait prise sous sa protection. Le docteur Salvius, accompagné de Gabriel Oxenstiern et du baron de Sparre, se présenta devant Lubeck, et demanda d'y être admis comme représentant officiel de son souverain. Wallenstein, encore ulcéré de son échec de Stralsund, repoussa avec hauteur les prétentions, peu justifiables d'ailleurs de la Suède, et fit interdire l'entrée même de Lubeck à Salvius et à ses collègues. Cet incident, dont Gustave Adolphe chercha plus tard à tirer parti, pour colorer sa déclaration de guerre, eut pour effet immédiat de rendre Wallenstein plus souple vis-à-vis du Danemark. Une autre circonstance y contribua plus encore. Ce fut l'abandon tacite par Christian des droits de l'électeur palatin et des ducs de Mecklembourg, droits dont ce prince s'était constitué le défenseur et au nom desquels il avait, d'après ses manifestes, commencé la guerre. Sûr de ne pas être inquiété de ce côté et désireux de couper court aux réclamations de la Suède, Wallenstein devint tout à coup aussi pressé de conclure, aussi prodigue de concession qu'il s'était d'abord montré rude et impérieux à l'égard des commissaires danois. Comme Tilly, qui n'avait pas les mêmes motifs de conversion, ne se hâtait pas de le suivre dans cette nouvelle voie et parlait de négocier directement avec les états de Danemark, il l'accusa de mauvais vouloir et se plaignit de lui à l'empereur. Il affecta de faire ressortir les avantages et l'urgence de la paix et fit, de nouveau, grand bruit de son projet d'attaquer les Turcs. La guerre de Mantoue, à laquelle l'empereur était entraîné à prendre part, lui vint aussi à point comme argument.

Sous prétexte d'introduire un concert plus étroit dans les négociations, il invita Tilly à venir à Gustrow, où il tenait sa cour, et n'épargna rien pour lui faire partager sa manière de voir. Tilly se trouva fort empêché. Il connaissait assez le véritable état des choses, pour être certain d'obtenir des conditions de paix très avantageuses, en pressant le roi ou en le menaçant de traiter directement avec ses états. D'un autre côté, il ne se dissimulait pas les difficultés de revenir sur les concessions déjà faites par Wallenstein et d'assumer sur sa tête la grave responsabilité d'une rupture. Il savait que la paix était trop ardemment désirée de l'Allemagne entière, pour n'être pas accueillie avec bonheur, quel qu'en fût le prix. Il lui semblait d'ailleurs étrange de tenir, plus que l'empereur lui-même, à l'agrandissement de la puissance impériale. Cet agrandissement du chef, les princes de la Ligue ne le voyaient pas eux-mêmes avec trop de plaisir ; le roi de Danemark, réduit à l'impuissance, cessait d'être dangereux ; mieux valait le réintégrer dans ses états allemands que céder ces mêmes états à l'empereur ou, sous le nom de l'empereur, à Wallenstein lui-même. Ne se rappelait-on pas que, dans un jour de vertige d'orgueil, ce dernier avait songé à mettre sur sa tête la couronne de Danemark ? Ces considérations parurent enfin déterminantes à Tilly et, après s'être assuré de l'approbation des électeurs catholiques, il signa, avec Wallenstein, une lettre qui développait en termes saisissants les graves raisons justifiant les concessions réclamées par le roi et les dangers sérieux de le pousser à bout.

Cet exposé eût suffi pour intimider un prince moins porté à la paix que Ferdinand ; il corrobora ses dispositions pacifiques et le détermina à souscrire aux propositions des deux plénipotentiaires. Ces conditions étaient si avantageuses, qu'en les recevant, le roi ne put s'empêcher de s'écrier : « l'empereur m'accorde plus que je ne lui demandais. » On renonça, de part et d'autre, à réclamer des frais de guerre et des indemnités. Le roi promit de ne plus se mêler des affaires d'Allemagne, céda quelques îles à la branche de Schleswig-Holstein, qui avait tenu pour l'empereur, et rentra en pleine possession de toutes les provinces que lui avaient enlevées les impériaux.

La publication de la paix fut précédée de celle du fameux décret, connu sous le nom d'édit de restitution ([1]).

Juste et légitime dans son principe, l'édit de restitution fut une mesure aussi inopportune que funeste. En effet, ne pouvant être accomplie que par la force, son exécution donna lieu à des abus criants, suscita des divisions entre les catholiques et les ordres religieux eux-mêmes, et fournit à Wallenstein les prétextes les mieux colorés pour écraser de ses garnissaires les terres de l'empire. Il réveilla les haines religieuses, raviva les passions, détacha du parti impérial de puissants alliés, et, loin de restaurer la dignité du clergé et son influence en Allemagne, il compliqua la situation, déjà mal assise, d'une lutte d'intérêts et renouvela parmi les prélats catholiques le scandale du cumul des évêchés. Ce fut une œuvre purement politique, sous le manteau d'une réparation religieuse, c'est-à-dire, la plus dangereuse de toutes les œuvres, parce que, pour un but inférieur et temporel, elle compromit les intérêts supérieurs et éternels de l'Église. Blâmé par le pape, contraire d'ailleurs aux larges et conciliantes traditions de l'Église, en matière d'intérêts temporels, l'édit de restitution fut emporté par la tempête qu'il avait déchaînée.

Peu de temps après la signature de la paix de Lubeck, Wallenstein reçut l'investiture solennelle du duché de Mecklembourg. Le généralissime parut avoir atteint le terme de

---

1. L'édit de restitution était fondé sur un article du traité de Passau (1555), par lequel il avait été réglé que, si quelque bénéficier quittait le catholicisme pour embrasser la nouvelle secte, il serait obligé de renoncer en même temps à tous ses biens et revenus ecclésiastiques. Cet article est connu sous le nom de réserve ecclésiastique. (Bougeant, p. 146.)

L'édit portait en substance :

1. Que tous les bénéfices médiats *sécularisés* depuis le traité de Passau seraient restitués aux catholiques.

2. Que les bénéfices immédiats, dans les mêmes conditions, seraient pourvus de prélats catholiques.

3. Que conformément au principe *cujus regio, ejus religio*, jusque-là appliqué par les protestants seuls, les Princes catholiques pourraient imposer leur religion à leurs sujets, ou les expulser moyennant indemnités convenables.

4. Qu'au bénéfice de la paix de religion seraient seuls admis les catholiques et les adhérents de la confession d'Augsbourg, à l'exclusion des calvinistes, zwingliens, etc.

ses vœux. Mais cet accroissement de puissance obtenu, contrairement aux constitutions de l'empire, par des moyens empreints de violence et de fourberie, suscita, dans toute l'Allemagne, la plus vive opposition et creusa plus profondément l'abîme ouvert entre lui et les princes catholiques. Ceux-ci furent les premiers à protester auprès de l'empereur, et refusèrent de reconnaître la légitimité des nouveaux titres du duc de Friedlandt ; leurs alarmes, d'ailleurs, augmentaient journellement et l'attitude de Wallenstein, depuis la paix, leur donnait à craindre que le danger dont les menaçait son ambition, loin de diminuer, ne fût devenu imminent.

En effet, dès les premières apparences de paix, la Ligue avait commencé à diminuer son effectif militaire. Elle avait réduit la cavalerie à quarante escadrons et dissous deux régiments d'infanterie. Ce fut ce moment que Wallenstein choisit pour une nouvelle levée de 12,000 hommes, ostensiblement destinés à l'armée d'Italie. Cette réponse significative aux mesures pacifiques des catholiques empruntait un nouveau degré de gravité aux prétentions de plus en plus hautement manifestées par les généraux de l'empereur, de chasser les troupes de la Ligue des places où elles tenaient garnison. Déjà, au commencement de 1629, Tilly avait reçu pour instruction de ne céder ces places, que sur la présentation d'ordres émanés directement de l'empereur, et, en tout autre cas, de repousser la force par la force ; ces mesures de précautions redoublèrent, les mouvements de Wallenstein furent surveillés avec une vigilance inquiète, des rapports journaliers exigés de Tilly. Cette sollicitude était justifiée par la concentration, sur divers points, de forces impériales considérables, dont la destination apparente pour les Pays-Bas ou l'Italie éveillait des doutes. Les rodomontades habituelles au généralissime laissaient planer, sur ses véritables intentions, un nuage équivoque. Tantôt, il répandait le bruit qu'il allait se jeter sur l'Italie avec ses meilleures troupes, et les mener à la conquête de Rome, qui, n'ayant plus été pillée depuis cent ans, disait-il, devait être plus riche que jamais. Tantôt il remettait sur le tapis l'expédition si souvent annoncée contre les Turcs, tantôt enfin, il faisait circuler des rumeurs sourdes de projets tendant à imposer la paix par force aux Hollandais, et à détruire l'indépendance de l'Allemagne avec l'aide du roi d'Espagne.

Au milieu de ces manifestations diverses, calculées dans le but de tenir l'opinion publique fixée sur lui-même, tout en la trompant, il poursuivait, d'un pas sûr, son œuvre audacieuse et creusait dans l'ombre une mine, dont l'explosion devait causer, d'un seul coup, la ruine irréparable de la Ligue et poser en même temps les bases les plus solides de l'édifice autocratique qu'il rêvait. Jusque-là, ses efforts pour dissoudre l'armée catholique et épuiser les forces des princes, dont elle sauvegardait l'indépendance, n'avaient obtenu que de faibles résultats, peu en rapport avec les moyens employés et les dangers de la résistance. Il exécuta la pensée depuis longtemqs conçue de l'attaquer directement à la tête, et opéra une vaste tentative d'embauchage sur les principaux officiers de la Ligue.

Plus coupable encore que les ducs de Mecklembourg, le duc Frédéric-Ulrich de Brunswick s'était fait remarquer dans l'insurrection du Cercle de la Basse-Saxe par son hostilité contre l'empereur. Il possédait des états assez étendus, riches encore, malgré les ravages de la guerre, capables de tenter et de satisfaire plus d'une cupidité. Ce fut la victime choisie par Wallenstein. A la vérité, grâce à la magnanimité de Tilly, Frédéric-Ulrich avait obtenu un traité de réconciliation avec l'empereur, d'abord disposé à lui faire subir le sort des ducs de Mecklembourg. Mais cette circonstance ne pouvait arrêter un homme aussi peu habitué que Friedlandt à compter avec les obstacles, et, d'ailleurs, il n'eût jamais trouvé une occasion plus propice à ses vues. Dans sa pensée, Tilly devait recevoir en partage la principauté de Calenberg, Pappenheim celle de Wolfenbuttel, et les autres généraux catholiques se partager, dans une mesure plus restreinte, le reste des biens de l'infortuné duc.

Depuis la prise de Wolfenbuttel, Pappenheim, qui avait succédé au comte de Furstenberg, dans la charge de général de l'artillerie était demeuré dans cette ville, où il tenait enfermé le duc Frédéric-Ulrich. Tout à coup, il reçut de Wallenstein l'ordre de procéder à une enquête judiciaire sur de prétendus crimes politiques du duc et sur son incapacité mentale. Bavarois et servant sous les drapeaux de la Ligue, Pappenheim n'était nullement surbordonné au généralissime impérial. Mais son amour-propre excessif l'avait depuis longtemps livré à la dévotion de l'adroit capitaine. Sans plus consulter Tilly, que Wallenstein n'avait, en cette circonstance, consulté l'empereur, il s'empressa d'obéir, fit subir des interrogatoires à l'entourage de Frédéric-Ulrich, ordonna des perquisitions dans les archives de la cour, et se rendit lui-même à Gustrow, avec trois des principaux conseillers du duc, auxquels il avait arraché, par intimidation, des aveux compromettants. Là, l'instruction fut continuée activement, sous la présidence de Pappenheim, et se termina par un acte d'accusation en 7 articles, contre Frédéric-Ulrich. Pappenheim, poussant à l'excès son zèle intéressé, en porta lui-même les pièces à Vienne, amenant, avec lui, le plus compromis des conseillers brunswickois.

En même temps, Wallenstein essayait de gagner Tilly. Lors des guerres de la Basse-Saxe, le roi de Danemark avait prêté 300,000 thalers au duc Frédéric-Ulrich. Sur la proposition de Wallenstein, il céda, par le traité de Lubeck, cette créance à l'empereur. Or, l'empereur se trouvait précisément débiteur d'une somme de même importance envers Tilly, du chef de gratifications et mercèdes antérieurement octroyées, mais non encore payées. A l'instigation encore de Wallenstein, la créance danoise, augmentée d'un nouveau don gratuit de 100,000 thalers, fut transférée à Tilly, avec assignation de paiement et hypothèques sur les biens délaissés par l'administrateur d'Halberstadt, et recueillis par Frédéric-Ulrich. Cette assignation n'avait guère de valeur, car les domaines hypothéqués étaient ruinés par la guerre et hors d'état de se libérer. Mais elle conduisait nécessairement à une cession complète de ces terres ou d'autres plus importantes encore, dans le cas de condamnation du duc Frédéric-Ulrich. Tilly était si peu initié à ces calculs, qu'il continuait ses instances à Vienne pour obtenir en échange de ses créances une modeste donation de quelques-uns des biens depuis longtemps confisqués sur les gentilshommes rebelles. Il se plaignit même que les démarches de Pappenheim à Vienne missent obstacle à l'objet de ses sollicitations, blâma sa conduite, déclina hautement toute participation au procès intenté contre Frédéric-Ulrich.

Wallenstein crut nécessaire d'essayer sur Tilly une action personnelle. Il l'invita à venir passer quelques instants à Gustrow ;Tilly se rendit à l'invitation. Le généralissime lui fit le plus grand accueil, mais n'osant, rare hommage à la loyale abnégation du vieux soldat,aborder directement l'objet de sa démarche, il y arriva par quelques détours de conversation et raconta, avec une indifférence apparente, que le comte de Pappenheim l'était venu voir dernièrement et lui avait rapporté, que le duc de Brunswick s'était fortement compromis en différents points contre Sa Majesté Impériale, sur quoi lui, Wallenstein, aurait répondu que, s'il en était ainsi, le duc méritait un châtiment exemplaire. A ce propos, Tilly manifesta sans détour le plus vif étonnement et dit qu'il n'avait rien appris de semblable du duc, qu'à la vérité ce prince n'avait pas été sans reproche, au commencement de la guerre, mais que depuis lors, il avait obtenu son pardon de Sa Majesté Impériale. Tilly témoigna ensuite le désir d'avoir, à cet égard, des explications plus détaillées, mais Wallenstein laissa tomber le discours, et la conversation s'égara sur d'autres sujets (1). Battu de ce côté, Wallenstein le fut encore à Vienne, par suite de l'intervention énergique de l'électeur de Bavière. Ce prince, instruit de ce qui s'était passé à Wolfenbuttel par l'un des héritiers présomptifs de Frédéric-Ulrich, Georges de Lunnebourg, se hâta de prendre les mesures plus propres à renverser les plans du généralissime. « J'espère, écrivit-il à l'empereur, que Votre Majesté Impériale ne permettra pas le retour d'aussi graves procédures et inquisitions contre les personnages issus de sang princier, et qu'elle saura protéger, contre tout attentat, les biens et la personne du duc Frédéric-Ulrich. » Pappenheim, sévèrement réprimandé d'avoir agi aussi légèrement, sans l'autorisation de ses chefs naturels, reçut défense formelle de s'immiscer davantage dans ce procès.

Il obéit sans hésiter, mais il conserva dans son cœur, à côté d'une vive affection pour Wallenstein, un amer ressentiment contre Tilly, dont il accusait la jalousie d'avoir détruit l'échafaudage de sa grandeur. L'arrêt du conseil impérial, rendu sur ces entrefaites, fut favorable à Frédéric-Ulrich, mais il maintint les assignations de Tilly sur l'héritage de Christian. Tilly eût pu facilement abuser de sa position, arracher au duc les concessions de terres que Wallenstein avait espéré lui faire donner directement par l'empereur ; mais cette âme grande et généreuse ignorait les étroits calculs de l'orgueil et de la cupidité. Il transigea, pour ses droits, avec le duc et y mit si peu d'âpreté, qu'à sa mort, la plupart des sommes qui lui étaient garanties par cette transaction n'étaient pas encore payées.

Son exemple trouva peu d'imitateurs. Les comtes de Thun,

1. Von der Decken, *Herzog Georg.*, p. 290.

Max de Wallenstein et Jules de Mérode, créanciers de l'empereur,au même titre que Tilly,ne firent aucune difficulté d'accepter en paiement, le premier, la propriété du comte de Hohenstein, le second, celle du comte de Reinstein, et le troisième, celle du comte de Blankenbourg. En outre, l'empereur promit à Aldringen la seigneurie de Warbourg, à Walmerode celle de Dorstadt, et au commissaire-général Ruepp, la terre de Helem.

L'échec essuyé par Wallenstein avait cependant ses compensations. Au mois de février 1629, Gallas, colonel d'un régiment d'infanterie de la Ligue, offrit brusquement sa démission. Ce coup de tête excita d'autant plus de surprise à Munich, que Gallas, loin d'avoir à se plaindre, avait été avancé au détriment d'autres officiers et pourvu d'un régiment, dans un moment où il y avait peu de vacances, et d'anciens colonels à placer. Mais la surprise fit place à l'indignation, lorsqu'un enseigne envoyé par Gallas remit à l'électeur de Bavière un mémoire hautain, dont la substance portait, en termes peu ménagés, qu'au cas où la démission offerte ne serait pas immédiatement acceptée, le colonel quitterait son régiment sans plus s'inquiéter d'autorisation. Maximilien ordonna aussitôt à Tilly de rechercher les motifs de cette inexplicable conduite, en attendant de faire arrêter Gallas, de le casser, de le traduire même devant un conseil de guerre, s'il réalisait sa menace de quitter l'armée sans autorisation. Tilly répondit que depuis longtemps Gallas caressait l'idée de passer au service impérial et que sa démission était motivée par le désir d'accepter la charge de major-général, que lui offrait Wallenstein. Il signala, en même temps, des dispositions non moins inquiétantes chez plusieurs officiers catholiques, entre autres, chez le comte de Gronsfeldt. Tous les efforts de l'électeur pour arracher Gallas à Wallenstein furent inutiles. En désespoir de cause, il lui fit offrir un poste brillant en Italie. Gallas persista dans sa résolution et se borna à faire quelques excuses de ses procédés inconvenants. Sa défection fut bientôt suivie d'une autre, qui dut être plus sensible à Maximilien et à son général. Le comte d'Anholt, depuis tant d'années le fidèle compagnon d'armes de Tilly, abandonna à son tour, les drapeaux de la Ligue, pour ceux de l'empereur. Depuis longtemps il sollicitait son congé. Tilly, qui l'avait en grande estime, cherchait à le retenir, « parce qu'il n'y avait personne dans toute l'armée plus capable de le remplacer, en cas de besoin, ni à qui on eût osé mieux fier ladite armée (1). » Dans ce but, il demanda et obtint, à l'assemblée de Heidelberg, que le traitement d'Anholt, qui était de 3,000 rixdalers par an, fût porté à 4,000. Mais ni cette augmentation ni l'intervention personnelle de Maximilien ne purent retenir Anholt ; il quitta l'armée, au printemps de 1629, et alla prendre le commandement des troupes impériales, cantonnées en Alsace. Son régiment, qui l'aimait comme un père, faillit se dissoudre à son départ. Quantité d'officiers et de soldats allèrent le rejoindre en Alsace, et Tilly se vit obligé d'employer des mesures sévères pour arrêter cette désertion.

Ce sourd travail de dissolution dans l'armée de la Ligue devait exciter d'autant plus d'alarme à Munich, qu'il coïncidait avec des mouvements extraordinaires des troupes impériales. Tandis que Colalto passait en Italie avec un corps nombreux, qu'Aldringen essayait d'appliquer de force l'édit de restitution à l'évêché de Magdebourg, un corps de 18,000 hommes d'infanterie et de 2,500 chevaux manœuvrait en sens divers, comme incertain sur sa destination. Ce corps, dont le commandement avait été donné par l'empereur au comte de Montecuculli, et, par Wallenstein (2), au comte Jean de Nassau, qui le conserva, semblait également tiraillé dans ses ordres de marche.

Wallenstein, après avoir promis à l'infante de l'envoyer aux Pays-Bas et ordonné de l'acheminer vers le duché de Juliers, donna subitement contre-ordre et parut un moment vouloir le diriger sur la Frise, puis il écrivit à l'infante qu'il avait reçu de l'empereur le commandement exprès de l'envoyer en Italie, où lui-même allait se rendre (3). Le bruit se répandit, à cette époque, qu'il avait obtenu de Ferdinand la cession de Vérone comme récompense anticipée de ses futurs services. Maximilien incrédule à ces projets d'Italie se crut à la veille d'être attaqué : il prévint Tilly de se mettre sur ses gardes et de tenir ses troupes prêtes à marcher. Absorbé par le danger qu'il croyait avoir à redouter de ce côté, il perdit de vue celui, bien plus grave encore, dont le roi de Suède menaçait dès lors l'empire. Il défendit à Tilly

1. Archives du royaume. Corresp. de Routard. p. 375.
2. Archives du royaume. Secrtairerie d'État allemande. Correspondance de Wallenstein.
3. Ibid.

de donner à Wallenstein huit compagnies que celui-ci demandait pour surveiller les Suédois.

Tilly, moins préoccupé d'intérêts personnels, s'inquiétait davantage des préparatifs militaires de Gustave-Adolphe, dont le but, à ses yeux, ne pouvait être que l'Allemagne. Il déplorait avec amertume les dissensions intérieures, qui allaient s'aggravant, au moment, où tous les catholiques auraient eu, plus que jamais, besoin d'unir leurs forces pour résister à l'ennemi commun. A plusieurs reprises, il avait averti l'électeur de Bavière de l'agitation inusitée, qui se faisait remarquer en Suède et dans les pays protestants de l'Allemagne, et insisté sur la nécessité de se fortifier, au lieu de s'affaiblir par des licenciements inopportuns dans les deux armées. Dans son loyal patriotisme, il avait pris sur lui de prêter quelques-uns de ses régiments à Wallenstein, pour le seconder dans le siège de Magdebourg, que le généralissime venait d'entreprendre et qu'il fut obligé d'abandonner comme celui de Stralsund, au bout de quelques mois. Son œil exercé pénétrait les intentions de Gustave-Adolphe, suivait tous ses mouvements, et ne se laissait détourner par aucune sollicitude secondaire. Le roi de Danemark l'ayant fait inviter à une entrevue personnelle, il s'excusa poliment de s'y rendre, estimant, comme il le manda à l'électeur de Bavière, « qu'il ne pouvait lui être bon à rien, même à table ».

Dans ces dispositions, il dirigea tous ses efforts à rétablir la bonne intelligence entre les princes catholiques, l'empereur et Wallenstein. Ses démarches furent favorablement accueillies de Ferdinand, qui se plut à reconnaître hautement les services rendus par l'armée de la Ligue, et témoigna le vif désir de voir les deux généraux combiner ensemble un plan de défense. Les ministres impériaux y ajoutèrent les protestations les plus chaudes sur les bonnes intentions de Wallenstein, et, poussant son œuvre plus loin, Tilly sollicita l'électeur de Mayence de réunir encore une fois les princes de la Ligue pour jeter les bases d'un arrangement durable avec Wallenstein. Le prélat y consentit sans peine et, en attendant que l'époque de cette nouvelle réunion fût fixée, Tilly, accompagné de l'évêque d'Osnabruck, se rendit à Halberstadt, où se trouvait Wallenstein, dans l'espoir d'aplanir, par son intervention personnelle, une partie des obstacles qui empêchaient le rétablissement de la bonne harmonie ; mais ce voyage demeura infructueux. Tilly revint à son camp, sans avoir pu arracher la moindre concession du généralissime, même au sujet des quartiers d'hiver où les troupes de la Ligue eurent encore à souffrir de grandes privations.

Ce résultat ne découragea pas Tilly. Dans l'intervalle, les princes de la Ligue s'étant rassemblés à Mergentheim, sur sa demande, il fut appelé à venir défendre, devant eux, ses vues conciliatrices, mais les esprits étaient trop échauffés pour l'écouter et se trouvaient plus blessés que lui-même de l'inutilité de ses efforts. Ce ne fut qu'une clameur contre l'arrogance et l'insolence de domination de Wallenstein, contre les exactions des officiers impériaux, et leur conduite envers l'armée de la Ligue. Les propositions formulées par l'abbé Antoine de Kremsmunster, délégué de l'empereur, furent fort mal accueillies. Ce prélat était chargé de demander l'intervention militaire de la Ligue contre les Hollandais, la réunion des deux armées sous un seul chef, et la fixation d'une assemblée des électeurs. La première et la seconde de ces demandes furent repoussées péremptoirement, et l'abbé eut beaucoup de peine à empêcher que la troisième n'eût le même sort. A son tour, il refusa l'extension des quartiers d'hiver de l'armée catholique, sollicitée par les princes. Ceux-ci n'en maintinrent pas moins leurs prétentions à cet égard et développèrent leurs griefs dans une longue adresse, que les électeurs de Mayence et de Bavière furent chargés de présenter à l'empereur.

Outre de nouvelles protestations contre la confiscation du Mecklembourg au profit du duc de Friedlandt, cette adresse contenait une invitation formelle à l'empereur de prendre lui-même la direction suprême de la guerre, ou de la confier à un des princes de sa maison, Elle promettait un concours sans réserve de l'armée catholique, sous condition de lui conserver des quartiers distincts et de la traiter sur le même pied que l'armée impériale. Enfin, elle touchait quelques points de détails moins importants, tels que la destitution des officiers impériaux protestants, et les garanties à exiger contre toute nouvelle tentative d'embauchage des officiers de la Ligue.

Si, malgré l'autorité de son nom, Tilly fut impuissant à faire prévaloir les sages conseils de la modération, il parvint du moins à éveiller quelque peu l'attention des princes catholiques sur les menées du roi de Suède. Ses agents lui avaient mandé, de Hambourg, « qu'on remarquait une activité extraordinaire à Stockholm ; que l'on négociait des alliances de tous côtés ; que le roi levait de l'infanterie allemande; qu'il avait pris à sa solde deux régiments de cavalerie danoise, complété les 1,500 chevaux de Baudissin, et qu'il recevait, sous main, des subsides pécuniaires des villes hanséatiques. » D'autre part, on l'avertissait qu'un vaste mouvement se préparait contre l'empereur et la Bavière, que la France, la Suisse et le Wurtemberg s'étaient engagés à mettre une armée sur pied, l'Angleterre, la Hollande, le Danemark et la Suède une seconde, que Bethlen Gabor et l'électeur de Saxe se disposaient à prendre aussi les armes et à fondre leurs forces dans une troisième armée.

D'autres avis étaient venus confirmer ceux-ci ; les détails mêmes sur le plan de campagne du roi de Suède ne manquaient pas et spécifiaient, « qu'il porterait, pendant l'hiver, la plus grande partie de sa cavalerie à Stralsund, pour de là pousser des partis dans le voisinage et enlever les garnisons impériales; qu'il lèverait, sur le continent, autant d'hommes de pied qu'il pourrait, en pratiquant, sur une large échelle, l'embauchage dans les troupes de Wallenstein; qu'en même temps les ducs de Mecklembourg répandraient dans leurs anciens états de nombreux émissaires chargés de favoriser les levées du roi et de préparer un soulèvement général, au moment de l'approche des Suédois; qu'une fois bien affermi dans le Mecklembourg et la Poméranie, le roi se dirigerait sur l'Elbe, afin de donner la main au mouvement insurrectionnel, que l'administrateur de Magdebourg devait provoquer dans cet évêché et dans celui d'Halberstadt, qu'il s'établirait, près de Magdebourg, afin de couper, aux impériaux, les approvisionnements qu'ils tiraient de l'Elbe inférieure, et d'être en mesure de soulever le Cercle de la Haute Saxe contre l'Empereur, ce qui, le succès échéant, ne pouvait manquer d'attirer quantité d'officiers supérieurs protestants sous les drapeaux du roi [1].

Ces renseignements si précis et pour la plupart exacts, frappèrent vivement le vétéran catholique. Aussi insista-t-il vivement sur la nécessité de renforcer son armée, au lieu de la diminuer par des licenciements intempestifs, et demanda-t-il l'autorisation de créer au moins deux nouveaux régiments. Cette demande rencontra une vive opposition au sein de l'assemblée de Mergentheim, non que les princes ne fussent

1. Hurter, *Wallenstein*, p. 337 et suiv.

instruits des armements de la Suède et des intrigues des puissances hostiles à l'Allemagne, mais l'égoïsme fermait leurs yeux à l'imminence du péril et les rendait sourds aux meilleurs avis. Depuis quelque temps déjà, ils avaient entamé des pourparlers avec la France, dont ils savaient les conseils prépondérants à Stockholm, et ils se flattaient de l'espoir que cette puissance saurait les abriter contre les coups du roi scandinave. Les choses avaient même été poussées si loin, qu'un projet de traité, stipulant le chiffre des troupes à fournir par la France, en cas de guerre de la Ligue contre l'empereur, fut soumis aux délibérations des ministres de Maximilien. Ce projet n'eut pas de suites ; néanmoins l'assemblée de Mergentheim se montra très préoccupée des moyens de se maintenir en bons rapports avec la France. La conscience des princes catholiques se croyait tranquillisée par les promesses de Richelieu de sauvegarder les droits de la religion catholique ; leur intérêt trouvait sa satisfaction dans l'espoir de n'être tout au plus que les spectateurs passifs de la lutte qui se préparait ; et, sans payer les frais, sous prétexte de neutralité, ils pensaient avoir leur part des bénéfices éventuels. Cette tendance, qu'excuse l'état d'épuisement où se trouvaient réduits la plupart des princes, était aussi fortifiée par les dispositions que manifestait Gustave à séparer, dans ses griefs, l'empereur de la Ligue. Autant il accusait l'ambition de l'Autriche, les graves offenses qu'il prétendait en avoir reçues, autant il se montrait fécond en assurances pacifiques et amicales pour les princes catholiques. Il suivait la même tactique envers les deux généraux de l'empereur et de la Ligue réservant toutes ses séductions pour Tilly. Au mois d'avril 1629, il lui fit remettre, par l'intermédiaire de Steno Bielke, une lettre dont le style louangeur contraste singulièrement avec le dédain affecté, plus tard, par le conquérant, pour son adversaire malheureux.

La réponse de Tilly, respectueusement reconnaissante, contenait une simple assurance générale de son désir, sincère d'ailleurs, d'entretenir et de favoriser de tout son pouvoir le maintien de la paix entre le roi et les princes. Bien qu'on ne voie pas que cette correspondance ait eu quelque suite, Gustave n'en continua pas moins sa politique de distinction jusque dans son manifeste de guerre. Lors de son débarquement, il y eut parmi les princes de la Ligue, des hésitations sur le point de savoir, s'il ne convenait pas de laisser l'armée catholique en dehors de la lutte, sous prétexte que le roi n'avait pas déclaré formellement la guerre à la Ligue.

Si, malgré les enseignements si instructifs du passé et, en présence du licenciement exigé de l'empereur, de pareilles questions purent cependant être posées, on conçoit qu'en 1629, ces mêmes princes crussent pouvoir éviter la nécessité de nouvelles charges et repousser les propositions de Tilly. L'opiniâtre persévérance du général ne triompha qu'à demi de l'avarice mal entendue des ligués, l'assemblée lui accorda seulement 2,000 hommes, et crut avoir suffisamment répondu à ses communications, en faisant insérer dans le recès une clause hostile aux officiers protestants de l'armée impériale.

L'énergie et la promptitude de décision ne sont pas le propre des assemblées délibérantes; si, aux époques de crise, sous une pression vive, elles donnent quelques signes de vigueur, elles ne s'y maintiennent jamais, se lassent rapidement, s'empêtrent dans les détails, les récriminations, les considérations oiseuses, et creusent elles-mêmes l'abîme qui les doit engloutir. L'intérêt personnel, les calculs étroits et jaloux, l'amour des demi-mesures et des expédients y prédominent, la lumière n'y entre qu'à l'état de clair-obscur.

Les diètes de la Ligue n'échappent pas à cette loi générale; le patriotisme et la notion du vrai, en politique, s'y affaiblissent peu à peu, sous l'influence des passions du moment. La fatigue et l'épuisement appesantissent les meilleures têtes, des tiraillements surgissent, les visées personnelles absorbent les esprits et fourvoient l'attention, les sacrifices deviennent pénibles, et, plutôt que d'en faire de nouveaux, on préfère nier l'évidence du danger, parce que cette négation donne le droit de les refuser.

Loin donc d'unir et de resserrer les forces catholiques de l'Allemagne, l'assemblée de Mergentheim, triste prélude de la diète de Ratisbonne, ne fit qu'aigrir les dissentiments et affaiblir les moyens de défense. Renverser Wallenstein parut aux princes plus urgent et plus important que d'organiser, de commun accord, la lutte avec le roi de Suède. Tous les efforts, faits dans l'intérêt général par le patriotique général de la Ligue demeurèrent inutiles, il quitta Mergentheim l'âme navrée de douleur et agité de sinistres prévisions.

Ce double sentiment trouvait un nouvel aliment dans la conduite de Wallenstein. Le duc de Friedlandt ne pouvait ignorer les projets de la Suède, les armements de Gustave-

Adolphe. Sa correspondance démontre qu'il était au courant de tout ce qui se passait à Stockholm. Il avait reconnu la nécessité de se mettre en garde contre une attaque probable de ce côté et d'occuper le roi au dehors, en attisant la guerre de Pologne, qui occupait alors ce monarque. Il ne cessait de recommander à ses officiers la plus grande vigilance sur les côtes, et son attaque contre Stralsund, bien qu'elle ait amené précisément un résultat contraire à ses vues, avait eu pour but d'arracher cette ville à l'influence des Suédois. Il négociait avec le roi de Danemark pour s'en faire un allié contre la Suède. Il avait fortement blâmé l'appui donné par Ferdinand II au traité de paix, intervenu entre Gustave-Adolphe et Sigismond. Enfin, chaque jour lui apportait des avis de plus en plus inquiétants sur les mouvements des Suédois et, en particulier, sur les continuels débarquements de troupes, qui se faisaient à Stralsund. Il ne pouvait se dissimuler que son propre duché de Mecklembourg se trouvait directement menacé.

D'autre côté, la fermentation des États protestants de l'Allemagne ne lui avait pas échappé, et il écrivait au comte Jean de Nassau : « Dans l'empire, un chacun est au désespoir, les hérétiques, à cause de la sévère réformation et restitution des biens ecclésiastiques et les catholiques croyant ou craignant que la maison d'Autriche n'aspire à une monarchie (1) et qu'elle y veuille opprimer les princes comme ailleurs. »

Et cependant, que faisait-il à l'heure suprême du péril ? Maître d'une armée de plus de 100,000 hommes, il l'éparpillait dans l'empire, retirait des troupes du Brandebourg et de la Poméranie pour les envoyer se morfondre en Alsace, les épuisait en marches lointaines. Perdu dans ses pensées orgueilleuses, il détournait ses yeux de l'orage menaçant sa patrie, pour les fixer sur le but marqué par son ambition. S'il parlait des Suédois, c'était en termes méprisants ; en revanche il se répandait en vaines fanfaronnades. A l'infante, il écrivait « qu'il comptait, dès le commencement du printemps, écraser les Hollandais et mettre en campagne quatre ou cinq armées contre les divers potentats de l'Europe (2). » A d'autres, il exposait des plans bizarres, tels que ceux d'envahir et de soumettre la Transylvanie, à la tête de 70,000 hommes ou de renverser le trône des sultans, à Constantinople.

1. Archives du Royaume. Liasses de l'audience. — 2. Ibid.

Par un étrange contraste, autant il se montre prodigue d'empiétements grandioses sur l'avenir, autant il demeure inerte et inactif devant les nécessités du présent. Son imagination, sans cesse en travail, semble avoir obscurci son jugement et absorbé les forces de son esprit. A l'entrée de l'hiver, alors que sa place est plus marquée que jamais à la tête de son armée il se retire dans ses terres, et l'invasion suédoise le trouve loin de ses soldats, au fond de la Souabe, consacrant à ses intrigues de cour et à ses menées révolutionnaires le temps précieux, que réclamait ailleurs sa patrie en danger.

Faut-il s'étonner que de graves historiens, incapables de s'expliquer autrement l'énigme de ce contre-sens politique et militaire dans un homme tel que l'on dépeint Wallenstein, aient cru en trouver le mot dans une pensée de trahison ? Sans adopter cette manière de voir, on ne peut cependant la passer sous silence (1). Si le cœur humain cache dans ses profonds replis les plus choquantes contradictions ; si la raison a ses égarements et l'esprit ses absences, l'orgueil a aussi ses défaillances et l'on ne mesurera jamais l'abîme que peut créer dans une âme la cupidité engrenée sur l'ambition.

Ce fut un bonheur pour Wallenstein de voir le bâton de commandement brisé entre ses mains à Ratisbonne. Sa mémoire a été dotée, comme d'un bien réel, de tous les exploits qu'on lui a supposés possibles. Et cependant, ce que Tilly recueillit, Wallenstein l'avait semé, et l'histoire, faussée par la partialité des passions, a rejeté sur le moissonneur la honte de cette inévitable récolte de revers et de défaites. Il s'en fallut de peu cependant que la destinée de Tilly ne l'éloignât du calvaire qui l'attendait.

Au commencement de l'année 1630, le roi d'Espagne résolu de mener, dès le printemps, une expédition formidable contre les Hollandais, donna l'ordre de faire, aux Pays-Bas, tous les préparatifs nécessaires pour en assurer le succès. Des levées nombreuses furent organisées dans les provinces belges et l'infante s'occupa activement de remettre tous les cadres de l'armée sur le pied le plus complet.

Mais à cette armée il fallait un chef : Ambroise Spinola commandait en Italie ; Sylva au Palatinat ; Verdugo venait de mourir ; Henri de Berg jouait déjà le mécontent, et de

1. Hurter, *Wallenstein*, 326.

tous les élèves de la fameuse école de guerre des Pays-Bas, naguère si féconde, il ne restait plus aucun général, ou assez capable, ou assez dévoué, pour inspirer pleine confiance au roi et à l'infante. Dans ces conjonctures, la princesse pensa à Tilly. Tilly était belge, par conséquent, sujet du roi d'Espagne, et, malgré ses longs services en Allemagne, un appel à l'obéissance eût suffi pour ramener immédiatement un homme, dont la vie entière avait été consacrée au culte du devoir. Mais ce moyen ne pouvait être employé, parce qu'il eût été blessant pour l'empereur et le duc de Bavière, si étroitement liés avec l'Espagne. Il fallut donc user de ménagements et négocier.

Dans les premiers jours de mars, l'infante écrivit à l'empereur « qu'elle est résolue, à l'entrée du printemps, de faire de nouvelles levées et de se pourvoir avec de grandes forces pour dompter l'outre-cuydance des Hollandais, leur empescher tout ultérieur progrès et faire tout effort possible sur eux, et comme à présent, le marquis (1) estant ailleurs empesché et occupé pour le service du roy, il manque un bon chef, bien entendu, au fait, de guerre, pour commander une si puissante armée et mettre en exécution et bien guyder une si grande entreprinse, elle seroit bien aise de se servyr de la personne du comte de Tilly, requérant l'Empereur à cet effet, de lui donner sa permission à l'employer (2). »

L'empereur parut disposé à satisfaire à cette demande, il transmit la lettre de l'infante à Tilly, en ajoutant :

« Or, est-il que cecy est une affaire qui en effect concerne le saint empire et le bien commun et iceluy de notre sérénissime maison d'Autriche et l'état catholique en général, et dont, partant, je serois bien aise qu'il puysse estre gratifié à la sérénissime Infante en ceste sienne réquisition ; et particulièrement vostre expérience de guerre estant si cogneue par tout le monde et ayant desja, en tant d'occasions, par effects faict paroistre vostre dextérité, valeur et courage à vostre louange immortelle et dont nous avons conceu ceste ferme espérance envers Dieu qu'emporterez la victoire contre ses ennemys et les déprimerez et assubjectirez non moins qu'avez faict des autres auxquels avez faict la guerre et comme je scay qu'il faut sur ce requérir le duc de Bavière, sans le préterir en aucune façon, je n'ay laissé de luy en escripre (3). »

1. Ambroise Spinola, marquis de Los Balbaces.
2. Archives du royaume. Secret. d'État allemande. Corresp. de l'empereur. Ferdinand II. — 3. Ibid.

L'empereur, tout en conseillant à l'infante de faire elle-même une démarche directe à Munich avait recommandé sa requête à Maximilien :

« Or, c'est bien la vérité que le principal consiste en ce que l'on ordonne et commecte un tel chef pour ceste armée, qui la scache bien commander et conduire selon les occasions et dont, partant, je seray bien ayse qu'il puisse estre gratifié à la sérénissime Infante en ceste sienne réquisition, en particulière considération de la grande expérience de guerre que ledit comte de Tilly at et des signalées et louables qualitez qui l'accompaignent, et de son grand courage, valeur et dextérité que tant de fois il at par effect témoigné, desfaisant et affaiblissant les forces de l'ennemy, réquérant par ainsy gratieusement vostre dilection par ceste qu'au cas qu'elle juge convenir de s'entreparler sur ce subject avecq l'électeur de Mayence pour voir si et en quelle façon il puisse estre gratifié à la sérénissime Infante, ou bien que non, s'en escripve audit électeur, elle m'en veuille advertir ou bien de la résolution qu'autrement elle voudroit prendre ceste réquisition de ladicte sérénissime Infante, affin que je puisse respondre à icelle (1). »

De son côté, l'infante, suivant le conseil de l'empereur, dépêcha à Munich Louis de Custin, seigneur de Villers-le-rond, avec mission de négocier le congé de Tilly. Mais quelques instances que fît cet envoyé, il ne put obtenir de Maximilien que de vagues promesses d'examiner sérieusement la demande de l'Espagne, si le résultat de la diète de Ratisbonne permettait d'avoir quelque perspective de tranquillité.

Dans cette circonstance, Tilly se montra ce qu'il était toujours : prêt à obéir, plein de dévouement, de modestie, et d'abnégation. Le vaillant soldat unissait au génie du commandement la docilité du religieux et la simplicité de cœur de l'enfant. Sûr d'être dans la voie droite en obéissant, détaché des vanités du monde et de tout intérêt d'amour-propre, il ne recherchait d'autre satisfaction que celle de sa conscience, d'autre gloire que celle de Dieu. Ces rares qualités apparaissent dans une nuance, à la fois digne et touchante, dans sa réponse à l'empereur.

« J'ai vu par la lettre que Votre Majesté a daigné m'écrire, en quelle chose de haute importance Votre Majesté désire avoir mon

1. Archives du royaume. Secrétairerie d'État allemande. Correspondance de l'empereur Ferdinand II.

humble déclaration après celle toutefois de Sa Dilection Électorale de Bavière, mon très gracieux électeur et seigneur. Or donc, puisque, selon la remarque de Votre Majesté Impériale, il est nécessaire d'attendre la décision et le consentement de Son Altesse Électorale de Bavière et des autres états catholiques, je n'ai autre chose à déclarer à Votre Majesté Impériale, sinon que j'obéirai à mes chefs, comme j'espère l'avoir fait jusqu'à présent, et que je me conformerai de mon mieux à leurs résolutions. Daigne toutefois Votre Majesté avoir pour agréable que je la supplie, eu égard à mon âge déjà avancé, à mes fatigues et à mes travaux, à l'affaiblissement toujours croissant de mes forces et à mon incapacité, d'épargner à mon humble personne le poids d'une charge aussi lourde et aussi élevée.

« Du reste, je me mets très humblement à la pleine et entière disposition de Sa Majesté Impériale et de Son Altesse Électorale de Bavière et des autres états catholiques, fermement résolu de consacrer à leur service jusqu'au dernier moment le peu de jours qui me restent à vivre (1). »

L'infante continua ses démarches, malgré le peu d'ouverture laissée à ses espérances par l'électeur de Bavière. Un refus, poli mais péremptoire, mit enfin un terme aux illusions qu'elle avait pu conserver à cet égard (2). Comme si les obstacles n'avaient fait qu'accroître sa confiance dans la sagesse et dans les talents du vieux général de la Ligue, elle le fit comprendre parmi les personnages désignés par le roi, dans une lettre datée du 4 mars 1630, pour administrer provisoirement les Pays-Bas, en cas de mort de la princesse (3).

Pendant ces négociations, une véritable révolution politique, dont les suites devaient être immenses, s'accomplissait dans les hautes régions de l'empire.

Le collège des électeurs, convoqués à Ratisbonne, par l'empereur, se réunit dans cette ville, le 3 juillet, 1630. La paix devait être l'objet des délibérations de l'assemblée et sortir de ses résolutions. Tout ce que l'aristocratie de l'empire comptait de princes, l'armée de chefs illustres, la diplomatie de vétérans blanchis par l'expérience, accourut à ce rendez-vous de tant de grands intérêts divers. L'Europe entière s'y fit représenter. L'empereur y parut en personne ; seuls, les électeurs de Saxe et de Brandebourg, le premier, profondément aigri par l'édit de restitution, le second, retenu par la

1. Archives du royaume. Secrétairerie d'État allemande. Correspondance de Ferdinand II. — 2. Ibid.

3. Gœthals, *Généalogie de T'serclaes*, p. 147.

crainte du roi de Suède, protestèrent par leur absence. Tilly, spécialement mandé par l'empereur, arriva l'un des premiers à Ratisbonne, suivi d'un nombreux état-major. L'accueil qu'il reçut fut splendide. Souverain, princes, seigneurs, le comblèrent d'égards et le fêtèrent à l'envi. C'est dans un des banquets qui lui furent offerts, qu'interpellé par un des augustes convives, il prononça ce mot célèbre : « Jamais je n'ai touché une femme, bu une goutte de vin, ni perdu une bataille. »

L'heure approchait où cette dernière assertion allait cesser d'être une vérité pour ce favori de la victoire, et le moment de sa plus haute élévation devait précéder de bien peu celui de sa chute.

Déjà, de nombreux nuages voilaient l'horizon et de sinistres symptômes annonçaient que, loin d'ouvrir une ère de paix, la diète de Ratisbonne allait devenir le théâtre d'une lutte intestine, source d'incalculables maux pour l'empire. Sous les apparences d'idées de conciliation, les chefs de l'assemblée apportaient de vifs ressentiments, des préoccupations inquiètes, des prétentions trop opposées pour ne pas se heurter violemment. Cause et pivot de ces ressentiments et de ces inquiétudes, Wallenstein se plaisait à les surexciter par son attitude menaçante. Sous prétexte de rassemblements de troupes françaises sur les frontières de l'Alsace, il avait fait marcher un corps de 18,000 hommes dans cette province, sous le commandement du comte d'Anholt. Peu après, un autre corps de 8,000 hommes pénétrait dans le Wurtemberg, malgré les réclamations du duc. Plusieurs régiments se concentraient autour de Ratisbonne, d'autres achevaient de se former, sans que le moindre signe trahît leur prochain mouvement vers le Nord, où le débarquement du roi de Suède nécessitait impérieusement leur présence. Wallenstein lui-même, au lieu de courir se mettre à la tête de son armée, attaquée par l'ennemi et démoralisée par son absence, vint s'établir à Memmingen, petite ville peu distante de Ratisbonne, d'où il était comme une épée de Damocles sur la tête des électeurs. Quel que fût le mépris du généralissime pour les troupes suédoises qu'il traitait de « canaille suédoise », quelle que fût l'ignorance de la plupart des princes, sur la véritable force du roi, la simple notion des devoirs d'un chef d'armée suffisait, dans ces circonstances, pour légitimer les plus graves soupçons sur les mobiles secrets de l'inexcusable conduite de

Wallenstein. Le bruit se répandit bientôt et s'accrédita, qu'il avait offert à l'empereur d'imposer aux électeurs la reconnaissance du droit héréditaire du jeune roi Ferdinand à l'empire et de soumettre les récalcitrants par la force. Le moment était venu où le duc de Friedlandt se trouvait en mesure de réaliser ses vastes plans et de transformer l'empire électif d'Allemagne en monarchie absolue et héréditaire. Un seul mot de Ferdinand, et la révolution était accomplie. Mais ce mot, la loyauté du catholique empereur se refusa à le prononcer, et, dès lors, vaincu à son tour, Wallenstein ne pouvait éviter les conséquences de sa défaite.

Le péril qui menaçait si directement leur indépendance fit oublier aux électeurs tout autre sujet d'anxiété : après avoir arraché à Ferdinand la destitution du duc de Friedlandt et la promesse si intempestive du licenciement d'une partie de l'armée impériale, ils refusèrent de lui donner le prix mérité de ses concessions et remirent à une autre diète l'élection, par lui sollicitée, de son fils comme roi des Romains, sous prétexte que la présence des troupes impériales, autour de Ratisbonne, entacherait la liberté de cette élection et qu'elle ne pouvait, d'ailleurs, avoir lieu qu'à Francfort. La lutte s'établit sur le choix du successeur de Wallenstein et s'anima au point que le débarquement de Gustave-Adolphe et ses rapides progrès sur le continent allemand ne purent tirer les princes de leurs préoccupations. L'empereur réclamait le commandement général des troupes impériales et catholiques pour son fils ; les chefs de la Ligue l'exigeaient pour Maximilien de Bavière. Après quatre mois de discussions, de pourparlers et de négociations, temps d'un prix inestimable alors et dont profita largement le conquérant suédois, une transaction intervint, et le nom de Tilly réunit tous les suffrages.

Un coup de foudre frappant l'héroïque général l'eût moins étourdi que cette haute faveur, éclatant hommage rendu à son mérite et à sa gloire. Usé par l'âge et les fatigues, sentant ses forces s'affaiblir, dégoûté du monde et du vain prestige de ses honneurs, sans illusion sur les immenses difficultés de la tâche qu'on voulait lui imposer, déplorant les maux d'une guerre sans fin, il n'avait plus d'autres désirs que de se consacrer uniquement aux soins de son salut et d'aller, sous les arceaux d'un cloître, se préparer à la mort par la retraite et la prière. Il refusa, dit-on, avec larmes, et supplia l'empereur d'agréer ses excuses. Sa résistance fut longue et ne céda qu'à l'appel fait à sa conscience du devoir. Nul sacrifice ne lui coûta davantage ; de noirs pressentiments assiégeaient son âme; sincère avec lui-même, il sentait que le fardeau était au-dessus de ses forces et des moyens humains mis à sa disposition. Il l'embrassa comme une croix, et fit acte de résignation chrétienne. Tandis que, à l'exemple de Wallenstein, les courtisans affectaient de rabaisser les ressources du roi de Suède, qu'ils nommaient le roi de neige, et de railler son entreprise de pygmée s'attaquant à un colosse, il savait apprécier froidement les chances de la nouvelle guerre qui éclatait. « La guerre, disait-il, est un jeu de hasard, où les joueurs risquent plus ou moins, selon le degré de leurs passions. Tantôt on gagne, tantôt on perd. Si l'on gagne beaucoup, on est porté d'ordinaire à poursuivre sa chance, afin de gagner encore davantage ; celui qui perd, à son tour, veut continuer dans l'espoir de regagner ce qu'il a perdu. Enfin, la chance tourne et le joueur perd, non seulement ce qu'il a gagné, mais encore ce qu'il possédait auparavant. » Paroles sages et mémorables, dont l'application, infaillible en tout temps, devait, après l'avoir frappé, jeter successivement dans la tombe et Gustave-Adolphe et Wallenstein. Il ajoutait : « le roi de Suède est aussi prudent que brave, à la fleur de l'âge et d'une nature énergique. Il a autant de courage que de pénétration, une grande ambition de gloire militaire, et a fait de grands armements. Les états de son royaume le soutiennent chaudement, et la meilleure harmonie règne entre lui et ses sujets. Son armée est composée de soldats aguerris, bien disciplinée et la meilleure en Europe. Elle a une confiance illimitée dans les talents de son chef et lui porte une affection aveugle. Un général, qui est en même temps roi dans son armée et qui dispose de pareils moyens, est un joueur qu'il serait imprudent de dédaigner, et avec lequel ne pas perdre est déjà avoir beaucoup gagné. »

Ce jugement, dicté par une expérience consommée, une étude attentive des faits et une noble absence de toute idée de rivalité militaire, malheureusement trop rare chez les généraux habitués à la victoire, eût dû éclairer Ferdinand et les princes de la Ligue sur les dangers réels de l'invasion suédoise. La destitution de Wallenstein accomplie, il eût fallu, au lieu de licencier la majeure partie de ses troupes, les retirer de l'empire et les diriger contre le roi de Suède.

Malheureusement, les dissentiments depuis longtemps survenus entre l'empereur et la Ligue avaient détruit toute entente sincère. La jalousie, trouvant son compte à déprécier les forces des Suédois, prévalut sur les sages conseils de Tilly. Les princes catholiques, redoutant toujours l'influence de Wallenstein et son retour possible, s'acharnèrent à disloquer son armée. Ils y trouvaient l'avantage de maintenir l'empereur sous leur dépendance et d'étendre les cantonnements de leur propre armée, maintenue sur le grand pied de guerre. De son côté, l'empereur céda facilement, soit qu'aveuglé par Wallenstein sur les ressources réelles des Suédois, il continuât, malgré les avertissements de Tilly, à les regarder comme peu redoutables, soit, comme l'ont avancé quelques historiens, qu'il ne vît pas sans un secret plaisir les princes qui venaient de l'humilier avec si peu de ménagements, s'exposer étourdiment à attirer sur eux seuls la verge vengeresse de Gustave-Adolphe.

L'ordre du licenciement fut donc donné. Soixante mille hommes furent congédiés à la fois et, si l'on déduit de la grande armée de Wallenstein, que les calculs les mieux fondés évaluaient à 150,000 hommes, les corps employés en Italie ou aux Pays-Bas, on trouvera que l'unique force disponible de l'empereur se réduisait à environ 40,000 soldats. La Ligue, il est vrai, éleva la sienne de 21,000 à 30,000, mais elle stipula une clause, qui devait créer de sérieux embarras à Tilly : que son armée resterait indépendante de celle de l'empereur et formerait un corps entièrement distinct de celle-ci.

Le licenciement si imprudent dans les circonstances où il se faisait, devint une cause de force pour le roi de Suède. La plupart des officiers et soldats congédiés, habitués à la licence des camps, à la vie oisive et désordonnée des garnisons, coururent, par milliers, offrir leurs services au roi de Suède, à ce point qu'on pût dire plus tard, avec raison, que Ferdinand avait été battu par ses propres troupes.

Une autre faute non moins grave fut commise par la Ligue. L'électeur de Saxe, portant la parole au nom de ses coreligionnaires protestants, avait adressé, à la diète, de vives réclamations, non seulement contre le principe de l'édit de restitution qu'on commençait à lui appliquer, malgré les promesses contraires et ses éminents services envers la maison d'Autriche, mais aussi contre la rigueur et l'âpre dureté des officiers chargés d'exécuter le décret impérial. Ce prince, si longtemps paisible, était vivement blessé de ce que l'empereur venait d'annuler l'élection d'un des jeunes princes saxons au siège épiscopal de Magdebourg et de lui substituer son propre fils, l'archiduc Léopold, déjà possesseur de trois autres évêchés. Cet affront, joint aux exactions arbitraires et aux charges de troupes dont Wallenstein ne cessait d'incommoder l'électorat, le fit sortir de sa longanimité. Il se plaignit à la diète et développa ses griefs avec une chaleur peu ordinaire. Des menaces voilées mais réelles et qui, au début d'une guerre nouvelle, devaient être prises en sérieuse considération, donnaient à ses plaintes un caractère, qui frappa Maximilien et Tilly. Ces deux grands hommes, si unis par la vivacité de leur foi et la sagesse de leurs vues politiques, comprirent qu'il fallait, à tout prix, se rattacher l'électeur par quelques concessions et éviter tout prétexte plausible aux protestants de soutenir le roi de Suède et de former une nouvelle union. Le retrait formel de l'édit eût compromis la dignité de l'empereur. Cependant, le peu d'avantages que l'Église en avait retirés, les inconvénients bien autrement fâcheux que son exécution avait soulevés, l'immense danger de maintenir ce brandon de discorde, dans les conjonctures actuelles, tout se réunissait pour en commander le sacrifice. Maximilien proposa, comme moyen terme conciliateur, de le suspendre pour quarante ans. Au fond, c'était le sacrifier complètement, tout en sauvegardant l'autorité de l'empereur. Tilly unit ses efforts à ceux de son souverain pour faire prévaloir une mesure, qui eût ruiné plus sûrement les affaires du roi de Suède que la perte d'une bataille. Malheureusement, la coalition des égoïsmes et des ambitions, désolés de se voir arracher une proie qu'ils croyaient assurée, fit échouer cette proposition d'une si haute portée politique. La majorité du collège électoral se prononça en sens contraire, elle consentit seulement à une suspension d'un an et, afin d'ôter aux princes protestants tout motif de réunion particulière, elle décida qu'une assemblée, à laquelle ils seraient convoqués, aurait lieu le 3 février 1631, pour l'arrangement des affaires religieuses.

C'est ainsi que la fortune contraire s'attachait déjà aux pas de Tilly et paralysait ses plus sages conceptions. Attristé par tant de fautes qu'il n'avait pu empêcher, pliant sous le poids d'une responsabilité qu'il n'avait pas cherchée et qu'on semblait s'étudier à lui rendre plus lourde, son âme se réfugiait dans la prière et il trouvait une source féconde de consolations et de forces dans sa tendre dévotion à la Mère de Dieu. Le sanctuaire célèbre d'Altenœtting avait pour lui une attraction particulière. Déjà, en 1624, lors d'un voyage à Vienne, il avait passé trois jours au pied de l'autel de la Vierge Immaculée. Cette fois sa pensée se reporta encore vers Altenœtting, et il y accomplit un nouveau pèlerinage, en quittant Ratisbonne. Ce fut comme son adieu à la vie et aux gloires du monde. Pendant quatre jours, absorbé dans des prières ferventes, il n'interrompit ses profondes méditations que pour prendre ses dernières dispositions. Son testament était fait depuis 1626, il y ajouta un codicille, fit offrande à l'autel de la Reine des anges d'un magnifique crucifix richement orné de diamants et de pierreries, que lui avait donnés l'infante Isabelle, fonda une prébende et choisit sa sépulture dans une chapelle particulière, qui prit depuis lors le nom de chapelle de Tilly.

Désormais, délivré de tout souci ici-bas, en paix avec Dieu et sa conscience, le héros catholique se releva fort et résigné et reprit d'une main ferme l'épée qu'il ne devait plus quitter qu'avec la vie.

Chapitre quinzième.

IL est difficile de concevoir une position plus compliquée, plus fâcheuse et plus entravée d'obstacles, que celle de Tilly, dans sa nouvelle charge de généralissime des armées impériale et catholique. Il avait à obéir à deux souverains, dont la politique différait sur bien des points, dont les vues militaires s'accordaient rarement. Déjà défiant de lui-même et de sa fortune, à quel point ne devaient pas monter ses anxiétés, à la réception des ordres contradictoires qui se croisèrent fréquemment dans ses mains ? De là, dans plus d'une circonstance, les hésitations et l'incertitude de mouvements dont sut profiter son jeune adversaire et qu'on lui reprocherait à tort. Ainsi enchaîné par ces deux moteurs agissant trop souvent en sens contraire, il trouvait de nouveaux embarras dans les instruments qu'il était chargé de manier. Les deux armées étaient hostiles l'une à l'autre, divisées de longue date par des rivalités et des jalousies déplorables, qu'avait suscitées et entretenues à dessein l'ambitieux Wallenstein. La distinction maintenue entre elles par les calculs étroits des princes de la Ligue était peu faite pour étouffer ces divisions. Toutes deux étaient dans le plus déplorable état. L'armée de la Ligue mal payée, par la négligence plus ou moins volontaire des princes à solder leurs contributions de guerre, manquait d'artillerie, d'armes et de chevaux. Sa discipline qui longtemps avait fait sa réputation, s'était fortement relâchée, conséquence infaillible de l'absence de solde et d'alimentation régulière. Presque entièrement renouvelée, par suite de ses longues guerres et surtout de ses souffrances pendant les quartiers d'hiver, elle ne comptait plus qu'un petit nombre de vétérans, noyés au milieu d'une quantité de recrues, sans expérience de la guerre et de la subordination. La plupart des chefs qui l'avaient si souvent conduite à la victoire avaient disparu, enlevés par la mort, attirés par Wallenstein, mis hors de service par leurs blessures, dispersés au loin par les besoins de la guerre. Parmi ceux qui restaient, l'ambition avait ruiné l'union, étouffé l'esprit d'obéissance.

Le plus illustre, Pappenheim, n'avait pu pardonner à Tilly la chute des espérances qu'avait fait naître en lui Wallenstein. Jaloux du héros catholique, il supportait son commandement avec impatience, taxait sa sage circonspection de faiblesse sénile, et regrettait la destitution du duc de Friedlandt.

Mais, telle qu'elle était, cette armée était encore moralement bien supérieure à ce qui restait de l'armée impériale. Ramassis de toute nation et de toute langue, disloquée par le licenciement des troupes cantonnées dans le centre et au midi de l'Allemagne, celle-ci ne comprenait plus que les corps commandés par Torquato Conti et le duc de Savelli, dans la Poméranie et le Mecklembourg. Ces corps isolés, et sans réserves, fractionnés par la nécessité d'occuper une foule de places, séparés par plus de deux cents lieues des troupes de la Ligue, étaient complètement abandonnés à eux-mémes, en proie à une véritable décomposition. L'habitude de vivre aux dépens des pays conquis, de recevoir pour toute solde les larges mais rares gratifications de leur général, de n'avoir de frein que celui de la hart, d'amis que leurs officiers, de religion que celle de leur bon plaisir, avait réduit les soldats impériaux à la plus misérable condition. Tant que Wallenstein se trouvait au milieu d'eux, sa présence imposait une certaine retenue, maintenait une apparence d'ordre : mais il les avait quittés depuis près d'un an, et dès lors, le désordre avait été croissant. Officiers et soldats s'étaient uniquement occupés à satisfaire leur cupidité, à extorquer l'argent des bourgeois, à torturer les récalcitrants, et ruiner le paysan à leur profit. Dans les lâches excès d'une cruauté stupide, ils incendiaient des villages entiers, détruisaient les moissons, brisaient les charrues, tuaient les chevaux pour en vendre la peau. Ils se rendirent odieux aux habitants, et leur seule approche poussait des populations entières à se réfugier au fond des forêts. Ces dévastations insensées amenèrent rapidement une disette cruelle. Des milliers d'hommes moururent de faim, la désertion acheva d'éclaircir les rangs. Ce qui survécut, amolli par le débordement de tous les vices, n'était plus redoutable qu'aux paysans des campagnes ou aux habitants des villes, dont on leur confiait la défense. Khevenhiller, parlant de la situation des Impériaux, au moment du débarquement de Gustave, dit : « Ils étaient sans chef, sans plan, sans instructions; les colonels étaient les premiers à donner à leurs subalternes l'exemple contagieux du découragement et de la fuite, car, bien qu'ils fussent chargés de la défense du pays, ils ne rougissaient pas d'abandonner les places qu'ils commandaient, au premier avis d'une attaque de l'ennemi et d'en remettre le soin à des officiers inférieurs. » Que pouvait, avec des troupes aussi démoralisées, le rigide Tilly ? Eût-il eu le temps de les réorganiser et de les refondre dans d'autres cadres, il ne l'aurait pu. Wallenstein, en quittant le commandement, avait emmené avec lui la plupart de ses meilleurs colonels, et les entretenait splendidement, pour les empêcher de reprendre du service. D'autres, tels qu'Arnim, Georges de Lunebourg, Hébron, couraient déjà s'offrir au roi de Suède. Ceux que retenait le loyal sentiment de la fidélité à l'empereur, se trouvaient blessés de servir sous les ordres du général de la Ligue, et obéissaient à contre cœur. Passant d'un chef orgueilleux, mais prodigue, plein de morgue, mais accessible à la séduction de l'argent, facile sur les mœurs et les exactions de ses subordonnés, magnifique, fastueux dans ses manières, mais souffrant au-dessous de lui le même faste, et faisant rejaillir sur les siens l'éclat de son luxe royal — à un général simple, modeste, économe, ferme et inflexible, sans passions et sans faiblesses, dès lors sans prise pour la flatterie et l'intrigue, plus désireux de faire bien que de parler haut, célèbre par la sévérité de sa discipline, ils ne pouvaient taire leurs regrets, et servaient sans zèle comme sans dévouement.

La cavalerie était pauvre en chevaux, l'artillerie insuffisante, la campagne dévastée, le ravitaillement des places rencontrait les plus grands obstacles, à cause de l'hostilité des paysans, les informations étaient presque impossibles, et ce ne fut pas une des moindres causes des échecs subis par les impériaux, toujours mal instruits, faussement renseignés, tandis que le roi de Suède trouvait, dans l'affection du peuple, les sources les plus sûres de renseignements, et connaissait, jusque dans les moindres détails, les mouvements de ses ennemis.

La position de Gustave, avec ses forces en apparence inférieures par le nombre, était infiniment plus avantageuse que celle des catholiques. A peine âgé de 36 ans, dans la force de l'âge et la plénitude de ses forces, Gustave-Adolphe joignait, à une rare intelligence de la guerre, une instruction profonde et une grande expérience militaire. Depuis 18 ans, il avait successivement guerroyé contre les Russes, les Polonais et les Danois. Dès l'enfance, il avait été bercé par l'histoire des grands conquérants de l'antiquité ; il rêvait leur renommée, il ambitionnait leur gloire. Pour lui, la Suède était un trop petit théâtre, il aspirait à ébranler l'Europe du bruit de son nom, à se frayer, dans l'histoire des nations, une large et ineffaçable trace. A cet orgueil immense, source de tant de malheurs pour les peuples, correspondaient les talents les plus éminents. L'homme d'état chez lui égalait l'homme de guerre. Sa pénétration politique ne le cédait en rien à son coup-d'œil sur les champs de bataille. Diplomate aussi fin que clairvoyant, il battit les plus habiles agents de Richelieu. Inflexible dans ses idées, vif et ardent par nature, il savait attendre et user de patience. Impérieux et raide de caractère, il avait au plus haut point l'art de séduire par la grâce de ses manières et l'affabilité de son abord, un tact parfait pour reconnaître le côté faible des hommes et le joint des choses.

Sévère dans ses mœurs et naturellement pieux, il mettait aux manifestations de sa piété une affectation propre à les faire ressortir et à imposer au vulgaire. Son ambition, pivot de tous les mouvements de son âme, légitimait à ses yeux tous les moyens. Peu lui importait de tenir, s'il pouvait séduire en promettant ; de feindre, s'il pouvait frapper les crédules. Nul ne sut mieux que lui dissimuler les vastes conceptions de son orgueil égoïste, sous les apparences du zèle religieux. Intolérant chez lui jusqu'à la cruauté, il ne craignit pas de se proclamer, sur le continent, le héros de la tolérance ; despote dans ses états, le défenseur des libertés de l'Allemagne, de cette même Allemagne qu'il voulait asservir. Doux et clément, quand les besoins de sa cause l'exigeaient, il se montra impitoyable dans d'autres occasions et calculait sa mansuétude comme sa colère, son indulgence comme sa rigueur. Il avait les faiblesses de son défaut dominant; fier de la prospérité de ses armes, il parlait en termes méprisants de ses adversaires, traitant Wallenstein de *bravache*, Tilly de *vieux caporal*. Absolu dans ses armées comme dans ses états, il aimait à faire sentir à ses généraux le poids de leur dépendance, à maintenir sa supériorité sur ses alliés, et supportait difficilement la contradiction.

Il avait été formé, de bonne heure, à la fatigue, et son corps supportait impunément le froid et le chaud, la faim et la soif. Il ne se traitait pas mieux que le dernier de ses soldats et les encourageait par l'exemple. Mûrissant de longue main les conceptions de son ambition sur l'Allemagne, il s'était préparé à les appliquer. Dès 1629, il avait attiré à lui les meilleurs officiers licenciés des armées impériales, et consacré tous ses soins à l'organisation de sa propre armée. Mettant à profit les leçons de l'expérience, il introduisit de nombreuses améliorations, dans le système militaire, perfectionna le maniement du mousquet et allégea l'équipement du soldat, simplifia les manœuvres, s'appliqua à les rendre surtout plus faciles et plus rapides, et imagina une disposition fort ingénieuse pour faire soutenir la cavalerie par les mousquetaires. Il porta aussi son attention sur l'artillerie. Aux grosses pièces de fonte et de fer, usitées à cette époque, il ajouta une nouvelle sorte d'artillerie de campagne, fort légère, dont l'inventeur était le baron Melchior de Wurmbrand, l'un des officiers impériaux ralliés à la fortune du roi de Suède.

L'infanterie était composée en grande partie d'Allemands, la cavalerie exclusivement de Suédois. Peu nombreux, mais formés d'hommes choisis, bien exercés, parfaitement aguerris au feu, pliés à une obéissance exacte et à une discipline sévère, les régiments royaux formaient un excellent et sûr noyau, autour duquel vinrent bientôt se rallier les soldats si inopportunément licenciés par l'empereur, en 1630.

Soutenu des subsides de la France, de l'Angleterre, de la Hollande et des Vénitiens, comptant sur le concours des princes protestants de l'Allemagne, avec lesquels il entretenait des relations secrètes, appuyé sur de fortes réserves, sur une flotte nombreuse qui entretenait ses communications avec la Suède, riche de magasins et de subsistances, Gustave-Adolphe entra en campagne sous les auspices les plus favorables.

Il s'embarqua au commencement du mois de mai avec 15,000 hommes, suivi d'une flotte de 200 bâtiments de diverses grandeurs. Son intention était d'attaquer l'île de Rugen, près de Stralsund, mais ayant appris en route qu'elle était déjà aux mains du colonel Leslée, commandant de la garnison suédoise de Stralsund, il se dirigea sur l'île d'Usedom, située à l'embouchure de l'Oder et presque attenante à la partie occidentale de la Poméranie, et y débarqua le 4 juillet, au moment où s'ouvrait la diète de Ratisbonne. Il s'attendait à quelque résistance et n'en trouva aucune.

Les impériaux s'étaient retirés précipitamment sur Wolgast, d'où il leur était facile de surveiller les mouvements du Suédois et de rendre sa conquête inutile. Gustave les suivit sur le continent, attaqua Wolgast et s'en rendit maître au bout de six jours. La plus grande partie de la garnison passa à son service, triste symptôme du peu d'attachement au drapeau, qui régnait parmi ces soldats démoralisés. L'île de Wollin et la ville de Camin, situées de l'autre côté de l'embouchure de l'Oder, lui furent abandonnées presque sans combat. Réduits par le manque de subsistances à s'éloigner des côtes, les impériaux, victimes de leur inepte imprévoyance, se concentrèrent dans les deux camps d'Anklam et de Garz. Leurs forces, montant à 15,000 hommes environ, étaient sous les ordres de Torquato Conti, duc de Guadagnolo, brave soldat, général habile, mais pillard insatiable. Sous un chef énergique, ces forces eurent été suffisantes pour arrêter les succès de Gustave ou les lui faire, du moins, acheter chèrement ; mais les généraux semblaient préférer à la gloire des combats le lucre des pillages. Sous prétexte de couper les vivres aux Suédois, ils achevèrent de ravager le pays et se privèrent eux-mêmes de leurs dernières ressources. Près d'eux, dans le Mecklembourg, le duc de Savelli disposait d'environ 30,000 hommes. Le devoir lui commandait d'appuyer Conti, et de se joindre à lui pour rejeter les Suédois dans la mer. Malheureusement, à la cupidité féroce du routier il joignait une profonde incapacité militaire, et il négligea de secourir son collègue pour se livrer à d'indignes brigandages.

Gustave, maître de postes importants, qui, avec la ville de Stralsund, assuraient ses communications avec la Suède, porta ses vues sur la ville de Stettin. Cette place qui commandait l'Oder, lui offrait un point d'appui favorable pour s'avancer dans l'intérieur du pays. Elle n'avait qu'une faible garnison, au service du duc de Bogislas de Poméranie, et les impériaux avaient négligé de s'en assurer. S'apercevant trop tard de sa faute, Conti voulut la réparer, mais déjà Gustave l'avait prévenu et était entré dans Stettin. Ce succès eut des conséquences importantes pour le roi. Le duc Bogislas se vit contraint de signer un traité qui le livrait pieds et poings liés à la Suède. Il était déjà âgé et sans enfants ; après lui, ses domaines devaient échoir, par suite d'arrangements déjà anciens, à la maison de Brandebourg. Gustave fit insérer, dans le traité, une clause artificieusement calculée, pour lui assurer l'héritage de Bogislas, au détriment les droits du Brandebourg, montrant ainsi, dès l'abord, combien il était peu sincère dans ses fastueuses assertions d'être le libérateur désintéressé de l'Allemagne. Cette précaution prise pour l'avenir, il imposa de fortes contributions au duché, l'obligea de mettre sur pied quelques régiments, et incorpora dans son armée les troupes de Bogislas.

Peu après, la trahison lui ouvrit les portes de Damm et de Stargard. La prise de cette dernière place, l'un des magasins impériaux, fut d'autant plus sensible à Conti que ses communications avec la Poméranie orientale, surtout avec Colberg, se trouvaient coupées. Il rappela, à la hâte, les garnisons d'Anklam, d'Uckermunde et d'autres villes. Ces détachements, en se retirant sur Gartz, commirent de si horribles cruautés que le sentiment populaire, déjà fortement surexcité par leurs vexations, se déchaîna avec la plus grande violence contre eux. Partout les portes s'ouvrirent aux Suédois comme à des libérateurs. Partout on courait à eux pour les guider, pour leur porter le peu de vivres échappés à la fureur extravagante des anciennes bandes de Wallenstein, et les Impériaux, traqués de toutes parts, n'osaient se hasarder isolés dans les campagnes.

Sur ces entrefaites, le maréchal Horn amena un renfort de 8,000 hommes, au roi, dont l'armée s'accroissait en outre, chaque jour, aux dépens des Impériaux. Gustave remettant à Horn le soin de poursuivre les opérations de guerre en Poméranie, s'embarqua, dans le courant de septembre, avec 6,000 hommes, pour Stralsund, dans l'intention de faire une tentative sur le Mecklembourg. Son but était de se rapprocher de Magdebourg, où l'ancien administrateur Christian-Guillaume, reçu avec enthousiasme par les bourgeois, fomentait l'insurrection de tout l'évêché, de stimuler le landgrave de Hesse-Cassel, et de s'assurer des villes de Lubeck et de Hambourg, dont il espérait tirer de larges contributions. Ses premiers pas furent heureux, il enleva quelques postes dont les défenseurs passèrent sous ses drapeaux. A Ribnitz, il fit égorger la garnison, pour la punir d'un commencement de résistance et répandre la terreur parmi les Impériaux, oubliant qu'il autorisait ainsi leurs représailles. Mais il ne put pousser plus loin. Avant qu'il eût rejoint le duc de Lauenbourg, celui-ci avait été battu et pris par Pappenheim, qui barrait aux

Suédois la route de Magdebourg. Le plat pays, maintenu par les Impériaux, n'osa répondre à ses ardents manifestes. Rostock, qu'il espérait enlever comme Stettin, se trouva mis à l'abri d'un coup de main. Un combat heureux contre les troupes de Savelli ne lui donna que d'inutiles lauriers. La saison s'avançait et les opérations importantes entamées en Poméranie appelaient son attention, il renonça donc momentanément à son entreprise sur le Mecklembourg et retourna à Stettin.

Pendant son absence, le colonel Sperreuter avait attaqué Colberg, port de mer de la Baltique, la seule grande forteresse possédée par les Impériaux sur les côtes de la Poméranie, et dont l'importance naturelle s'accroissait par ce fait, qu'elle enfermait dans ses murs tout l'immense butin, ramassé dans le duché, par les officiers de Wallenstein. François de Mœrs, l'un des rares commandants qui surent remplir leur devoir, la défendait avec 1,500 hommes.

Sperreuter, trop faible pour l'emporter de force, en ferma les avenues. De son côté, Conti avait fait fortifier Greinfenhagen, sur la rive droite de l'Oder, et de là lançait des détachements, soit pour dégager Colberg, soit pour tenter un coup de main sur Stettin. Il échoua sur tous les points et ses troupes, rudement ramenées par Horn et Knyphausen, regagnèrent en désordre le camp de Gartz, où régnaient, avec la faim et sa compagne l'épidémie, le découragement et l'indiscipline. Conti désespérant de la fortune et atteint, d'ailleurs, d'une maladie grave, demanda son remplacement et eut pour successeur le comte Annibal de Schaumbourg. Quelque préparé que fût le nouveau général au spectacle misérable qui l'attendait, il trouva la réalité bien au delà de ses craintes. Les débris que lui laissait Conti ne méritaient plus le nom d'armée. «Les corps de guerre, dit Khevenhiller, n'ayant plus ni solde ni vivres, refusaient toute obéissance, se masquaient par bandes de plusieurs centaines d'hommes avec leurs officiers, pour courir les grands chemins, détrousser et massacrer les paysans, piller les fermes et incendier les villages. » Schaumbourg, rude soldat de l'école de Tilly, révolté des affreuses scènes qu'il avait journellement sous les yeux et désolé d'en encourir la responsabilité, sans pouvoir y porter remède, éclata en plaintes et manda à Vienne « que si on ne lui donnait pas à la main les moyens de changer un tel état de choses, il donnerait sa démission et quitterait l'armée, car il n'était pas possible à un loyal militaire d'assister silencieusement à de si horribles barbaries, moins encore d'y concourir. » Sa position était, en effet, désastreuse. Il crut du moins pouvoir espérer que l'hiver lui donnerait le temps de prendre les mesures exigées par l'état déplorable de ses troupes, car, dans les habitudes militaires de l'époque, l'hiver amenait toujours un armistice tacite entre les parties belligérantes. La rigueur inusitée de la saison lui rendait ce temps d'arrêt plus désirable encore. Pour s'en assurer, il se ménagea une entrevue avec les généraux suédois, les traita splendidement, puis, abordant la question, leur dit, « que malgré qu'il ne craignît personne, qu'il fût bien pourvu de troupes et de vivres, il désirait, à cause de l'âpreté exceptionnelle du présent hiver, mettre ses troupes en cantonnements, et qu'il espérait que les Suédois ne feraient rien pour s'y opposer, étant hors de doute que sous peu de mois une bonne et honorable paix se ferait entre l'empereur et le roi. » Les Suédois répondirent brièvement « que leurs gens guerroyaient aussi bien en hiver qu'en été, et n'avaient pas l'habitude de prendre des cantonnements et de fouler les pauvres gens, que les Impériaux étaient maîtres de faire ce que bon leur semblait, que pour eux ils viseraient à ne pas perdre leur temps pendant l'hiver. »

Ainsi déçu et prévenu, Schaumbourg n'eut pas même la consolation de pouvoir concentrer ses misérables ressources pour résister aux attaques dont on l'avisait. L'inflexible nécessité de vivre le contraignit de disperser ses troupes, là où elles pouvaient subsister, en dépit du danger de cet éparpillement de forces, et il ne put laisser plus de 2,500 hommes à Greifenhagen,

Gustave parfaitement instruit de ce qui se passait dans le camp impérial, méditait, en effet, un coup de main contre Greifenhagen et Gartz. Ses soldats, bien nourris, chaudement vêtus, aguerris d'ailleurs aux rudes frimas du Nord, ne demandaient qu'à se battre. Après avoir renforcé le corps qui assiégeait Colberg, il rassembla sous les murs de Damm douze régiments d'infanterie et quatre-vingt-cinq cornettes de cavalerie, appuyés d'une nombreuse artillerie, et se présenta devant Greifenhagen la nuit du 24 au 25 décembre. Aux premières dispositions de l'assaut, le commandant de la place, don Ferdinand de Capoue, l'abandonna et battit en retraite sur Gartz. Vivement poursuivi, il tourna tête avec son arrière-garde, pour donner au gros de la garnison le temps de gagner du terrain. Ce but, il l'atteignit, mais aux dépens de sa vie. Blessé mortellement dans la lutte, il fut fait prisonnier avec une centaine des siens, et amené à Stettin, où il mourut, peu de jours après.

La chute si prompte de Greifenhagen déconcerta Schaumbourg et jeta la terreur parmi ses soldats. Sans attendre l'attaque des Suédois, il abandonna son camp, incendia la ville, mit le feu à ses poudres, jeta à l'eau ses canons, ses vivres et ses bagages et se retira vers Francfort sur l'Oder, ville grande, forte et d'autant plus importante qu'elle était comme le centre de la Poméranie, de la Silésie, de la Saxe et du Brandebourg.

Cette retraite ressembla fort à une déroute. Elle avait été si précipitée que plusieurs régiments, cantonnés dans les campagnes, demeurèrent sans ordres et furent forcés de se sauver isolément dans la plus grande confusion, les uns à Francfort, les autres à Landsberg, sous la poursuite de la cavalerie suédoise, qui sabra impitoyablement tous les Croates et ne fit quartier qu'aux Allemands.

Ainsi, six mois après le débarquement de Gustave, la Poméranie entière était au pouvoir de ce monarque, à quelques places près, et il avait le pied dans le Brandebourg.

Pendant ce temps-là Tilly se trouvait en Westphalie, occupé à rassembler les forces de la Ligue. Obligé de laisser derrière lui de nombreuses garnisons et de détacher un corps d'armée contre Magdebourg, soulevé par l'administrateur Christian Guillaume, il ne pouvait réunir plus de 16,000 hommes d'infanterie et trente-six escadrons, en tout 24,000 soldats éprouvés. Par une de ces marches rapides auxquelles il avait dû, dans ses dernières guerres, tant de succès et que la saison rend plus étonnantes encore, il parut aux portes de Francfort, avant même qu'on y eût reçu la nouvelle de son départ. Son arrivée fut saluée comme celle d'un sauveur. Il amenait avec lui de l'argent pour solder les troupes, une artillerie bien attelée et de grands convois de vivres et de munitions. Des secours considérables lui étaient promis et, tandis que Gallas et Aldringen, rendus libres par la pacification de l'Italie, accouraient en Allemagne avec leurs vaillantes bandes, de nouveaux régiments s'organisaient.

Il trouva les troupes de Schaumbourg dans une détresse extrême ; sa présence, les distributions de vivres et d'argent qu'il fit faire aussitôt, relevèrent leur moral et, dans une grande revue, qu'il passa dans les plaines de Francfort, il constata que le chiffre total des forces dont il pouvait disposer, s'élevait à 34,000 hommes. Il fit travailler avec la plus grande activité aux fortifications de la place, y ajouta quelques ouvrages avancés et l'entoura d'un large fossé. En même temps, il fit avancer une forte division sur Landsberg et força les Suédois à lever précipitamment le siège de cette forteresse.

La subite apparition de Tilly déconcertait les projets formés par le roi sur Francfort et Landsberg. Mais la puissante fécondité de son esprit lui inspira immédiatement un nouveau plan. Il résolut de faire une fausse attaque sur le Mecklembourg, afin de donner le change à Tilly, l'éloigner de Francfort, le fatiguer, et par un mouvement rapide, pour lequel toutes ses mesures étaient prises d'avance, revenir sur ses pas et tomber comme la foudre sur Schaumbourg. La lâcheté de quelques officiers, l'incurie de la cour de Vienne et la disette de vivres contribuèrent singulièrement à faire réussir ce plan habile. En admettant que Tilly l'eût déjoué, le roi pensait au moins profiter de sa pointe, pour s'emparer de quelques passages importants, par où il pût mettre la Poméranie en sûreté et s'ouvrir le Mecklembourg.

En quittant Landsberg, Horn s'était retiré à Sodlin avec 9,000 hommes. Gustave lui ordonna de s'y retrancher, et de n'en pas sortir, à moins que l'ennnemi n'attaquât Stargard ; il envoya trois régiments renforcer l'armée de siège de Colberg, franchit l'Oder avec 16,000 hommes, et se dirigea sur le Mecklembourg. Il ne rencontra guère plus de résistance qu'en Poméranie. Prenzlau se rendit sans coup férir. Neu-Brandebourg, où le colonel Marzini commandait avec 1,600 hommes, fit d'abord mine de se défendre, mais capitula à la première apparence de tranchée. Klempenau et Treptow furent abandonnées par leurs garnisons.

La seule approche du roi répandait la terreur chez les Impériaux. Loitz, petite ville importante, parce qu'elle domine la route de Stralsund, semblait devoir offrir plus de difficultés. En recevant la première sommation, le commandant, italien du nom de Perazzi, répondit avec hauteur qu'il ne voulait pas être un lâche comme celui de Treptow, et qu'il se défendrait en cavalier jusqu'à son dernier homme. Là-dessus, fier de sa bravade, l'italien se revêtit de ses plus belles armes et alla parader devant les dames réfugiées à la citadelle, qu'il effraya de ses fanfaronnades. Mais à la première nouvelle de l'arrivée du roi, tout ce courage d'emprunt s'évanouit. Ébranlé par les cris des femmes éplorées, il se hâta de quitter son armure et de demander quartier. Le roi exigea qu'il parût en personne devant lui. Perazzi obéit. Comme il entrait dans la salle, une magnifique chaîne d'or, qu'il portait sur ses vêtements, frappa les yeux d'un volontaire suédois de la suite royale, qui supplia le roi de lui permettre de s'en emparer avant que la capitulation ne fût signée. Le monarque y consentit et, séance tenante, le volontaire dépouilla Perazzi de sa chaîne, sans que l'italien tremblant osât hasarder une seule observation.

La prise de Loitz facilita la jonction de Gustave avec le général Knyphausen, qui lui amenait de Stralsund 2,000 hommes d'infanterie et 1,000 chevaux. De là, l'armée suédoise marcha sur Demmin. Cette place, située sur la Peine, protégée par trois rivières, bordée de larges marais, aussi forte par sa position que par les murailles de défense, était de la plus haute importance pour Tilly : elle était à la fois un de ses grands magasins et la clef des deux duchés de Poméranie et de Mecklembourg. Aussi n'avait-il rien négligé pour la mettre en état de défense. Au duc de Savelli, qui s'y était enfermé, il avait donné dix-sept compagnies de ses meilleures troupes, des vivres en abondance, et l'ordre formel de s'y maintenir, au moins trois semaines et, en cas de capitulation, de se retirer sur Rostock.

L'énergie d'un commandant habile eût pu, en effet, paralyser les plans du roi et briser le prestige de ses armes, en sauvant la place. Mais Savelli s'entendait mieux à extorquer le dernier écu du paysan qu'à commander une armée ou à défendre une place. Aussi négligent que faible, aussi incapable que cruel et avide, il perdit la tête, oublia jusqu'au soin élémentaire de faire casser la glace des fossés, et rendit lâchement Demmin. Dès les premières attaques, afin de sauver ses richesses, il ne pensa pas même à faire insérer dans la capitulation, la clause de sa retraite sur Rostock ; il accepta, au contraire, l'obligation de diriger sa marche sur l'Elbe. En sortant de la ville, il laissait aux Suédois 8,000 muids de blé, 440 quintaux de poudre, 36 canons, et quantité d'objets d'équipement. Lorsqu'il défila devant le roi, le monarque ne put s'empêcher de lui dire qu'il se félicitait de ce qu'un aussi brillant gentilhomme eût bien voulu quitter ses magnifiques possessions d'Italie, pour venir faire la guerre en Allemagne.

Puis après l'avoir congédié, se tournant vers son état-major, il ajouta : « Je ne changerais pas ma tête pour celle de Savelli, car certes s'il était des miens, je la lui ferais sauter des épaules. Mais il ne lui arrivera rien, car ces gens-là comptent trop sur la mansuétude de l'empereur. »

La prise de Demmin consterna Tilly. Dans sa juste colère, il s'en prit à Savelli, et lui envoya l'ordre de quitter l'armée et d'aller chercher à Vienne le châtiment qu'il méritait (1).

Le général catholique retenu pendant quelque temps près de Francfort par la difficulté de réunir les subsistances de son armée, s'était ébranlé le 5 février. Comptant sur les défenseurs de Neu-Brandebourg, Treptow et Demmin, pour tenir le roi en haleine et retarder ses progrès, il se dirigea lentement, à l'Ouest, sur le Brandebourg. Cette direction avait un double but : de cacher ses véritables intentions au roi et d'intimider l'électeur de Brandebourg, auquel il reprochait d'avoir ouvert Custrin aux Suédois et de favoriser secrètement leurs entreprises. A Alt-Brandebourg, il tourna rapidement à droite et mena son armée, à marches forcées, sur le Mecklembourg, espérant passer entre Gustave et Horn et les battre séparément. En route, il apprit la reddition de Demmin et la nouvelle que le roi, au premier bruit de son approche, avait rebroussé chemin sur l'Oder, laissant une partie de son armée entre Neu-Brandebourg et la côte, sous les ordres de Knyphausen, et Banner, avec une forte garnison, dans Demmin. Il n'en continua pas moins sa marche sur Neu-Brandebourg, où Knyphausen avec 2,000 hommes se jeta, et mit aussitôt le siège devant cette place.

En partant pour Stettin, où il allait presser les préparatifs de son expédition contre Francfort, le roi avait laissé, à ses généraux, des instructions détaillées et portant, entre autres, « que dans le cas où les Impériaux attaqueraient Neu-Brandebourg, Banner se joindrait immédiatement à Knyphausen et le soutiendrait jusqu'à l'arrivée de secours plus efficaces. »

Depuis lors, d'autres ordres, envoyés de Stettin, enjoignaient à Knyphausen de ne pas sacrifier inutilement ses troupes dans une ville à moitié ouverte et de battre en

1. Le duc de Savelli, arrivé à Vienne, y fut arrêté et traduit devant un conseil de guerre. Mais il parvint à se justifier tant bien que mal, et en fut quitte pour quelques mois de prison, malgré les instances de Tilly qui demandait qu'exemple fût fait en sa personne. Il rentra même en grâce auprès de l'empereur, qui l'employa dans d'importantes affaires diplomatiques.

retraite. Mais ces ordres furent interceptés, et Knyphausen comptant sans doute sur un prompt secours de Banner, résolut de se défendre. Soit que Banner fût prévenu des nouvelles instructions du roi à son collègue, soit qu'il craignît de compromettre le sort de Demmin, il ne fit pas la moindre tentative de délivrer Neu-Brandebourg. Au bout de six jours, la place fut emportée d'assaut, et la garnison entière passée au fil de l'épée. Des 2,000 Suédois qui y étaient renfermés, 60 seulement échappèrent à cette boucherie et, parmi eux, Knyphausen, qui, terrassé dans la mêlée, fut fait prisonnier, malgré une défense désespérée.

La joie de ce léger succès fut singulièrement troublée pour Tilly, par la nouvelle de la prise de Colberg. Cette place de la Baltique, considérable par elle-même, le devenait encore plus pour les Suédois, parce qu'elle leur assurait un nouveau point de communication avec leurs flottes et rendait de plus en plus difficile leur expulsion de la Poméranie. La famine avait seule contraint son commandant, François de Mœurs à capituler. Pendant cinq mois, il avait résisté à toutes les attaques, mais l'arrivée de tous les petits détachements de troupes impériales qui, chassés de leurs cantonnements par les Suédois, étaient venus se réfugier dans la ville, épuisa ses ressources, sans rien ajouter à la force de sa défense. A bout de vivres, il fit battre la chamade. Le roi, plein d'égards pour sa vaillance, lui accorda une capitulation des plus honorables et le combla d'éloges. Trois jours après la reddition de la place, quatre bâtiments frétés par les Impériaux et chargés de vivres, se présentèrent devant le port. Ils avaient été longtemps arrêtés par les vents contraires et arrivaient trop tard. Ils faillirent être pris par les Suédois.

Au milieu de ces diverses opérations, Gustave faisait exécuter, sur la rive droite de l'Oder, aux environs de Schwedt, d'importants travaux. Fidèle à la prudente maxime de prévoir constamment les revers de fortune et de s'assurer, à chaque pas en avant, un point de retraite et de ralliement, il établit, sur ce point, un camp fortement retranché, aboutissant à la rive gauche par deux têtes de pont, fortifiées selon toutes les règles de l'art et défendues par une formidable artillerie. Cependant, à la nouvelle du siège de Neu-Brandebourg, il s'avança, pour essayer de dégager cette place. Arrivé à Friedlandt, il apprit qu'elle venait de succomber et que Tilly avait repris la route de Ruppin. Il revint immédiatement à ses lignes de Schwedt, dont il voulait surveiller, en personne, l'achèvement.

Ce n'était pas sans peine que Tilly s'était décidé à abandonner sa marche sur le Mecklembourg. La lâcheté de Marzini, de Savelli et des autres commandants de places avait ruiné tous ses plans, et là où ses habiles combinaisons, suppléant au défaut de troupes, avaient préparé un échec mortifiant pour les Suédois, il trouvait, pour lui-même, péril et confusion. La fortune qui, disait-il, n'a de faveurs que pour la jeunesse, commençait à fuir ses cheveux blancs. Engager son armée au delà de l'Oder était compromettre l'unique ressource des catholiques et lâcher la bride aux princes protestants qui, rassemblés à Leipzig, suivaient, d'un œil inquiet, les chances de la lutte, prêts à prendre les armes pour le roi de Suède ; c'était leur faciliter les moyens de délivrer Magdebourg, assiégé par Pappenheim, de lui fermer l'Elbe sur ses derrières et de l'enclore ainsi dans un cercle de fer. Il ne pouvait penser à couvrir Francfort et Landsberg, à cause de l'extrême difficulté de faire subsister ses troupes dans la contrée, ni courir les chances d'une bataille décisive, qu'il avait ordre d'éviter. Et cependant, en abandonnant ces places, il livrait aux Suédois la clef de la Silésie et des états autrichiens, il sacrifiait les dernières et meilleures troupes de l'armée impériale qui s'y étaient renfermées, il courait le risque de se voir obligé de laisser l'empire sans défense, pour s'épuiser à la poursuite du roi. Il écrivit lettre sur lettre à Munich pour représenter l'urgence de presser les levées, d'élever l'armée à un chiffre suffisant, pour agir à la fois avec vigueur et succès contre Magdebourg et contre les Suédois. Mais ses représentations, ses instances, secondées par Pappenheim, échouaient contre l'inertie des princes. Ceux-ci, fatigués des longs sacrifices que leur imposait la guerre, répondaient aux demandes des généraux par des lamentations sur leur propre misère, par de futiles réclamations d'allégement, criaient à l'importunité, à l'exigence insatiable, et allaient même jusqu'à accuser Tilly de rechercher plutôt les gloires égoïstes de victoires faciles, que l'intérêt bien entendu de ses souverains. Le vieux général, mal secondé, trahi par ses officiers, rebuté, sans argent, sans ressources, dans un pays rendu hostile par l'absurde cupidité des Impériaux, ne prévoyait que trop les suites funestes de l'incurie des princes. Profondément découragé, il insista pour faire agréer sa démission. Maximilien chercha à ranimer sa confiance, lui renouvela la promesse de son concours actif et lui envoya un peu d'argent.

Déjà Tilly était devant Magdebourg. Avec sa promptitude de résolution ordinaire, il avait rejoint Pappenheim, dans l'espoir ou d'attirer sur ses pas le roi de Suède et de sauver ainsi les provinces autrichiennes, ou de frapper par la prise de la grande forteresse du Nord un coup retentissant dans l'empire, capable d'intimider les princes protestants, de rétablir l'honneur compromis des armées impériales et de contrebalancer les succès de Gustave. Il avait adjoint à Schaumbourg le comte de Tiefenbach, nouvellement promu au grade de feld-maréchal, et avait jeté 8,000 vieux soldats dans Francfort. Landsberg, défendue par le brave Cratz, avait aussi été ravitaillée. Il comptait que ces deux places tiendraient le roi de Suède assez longtemps en échec pour qu'il pût les secourir et, si Magdebourg était prise par un énergique effort, mener ses soldats victorieux et enthousiastes à l'assaut des retranchements suédois.

A peine entré dans ses lignes de siège, il reçut avis que le roi de Suède, quittant le camp de Schwedt, marchait sur Francfort, par les deux rives de l'Oder, avec 20,000 hommes et 200 canons, convoyant une partie de l'infanterie et de la grosse artillerie embarquée sur le fleuve. Deux petites villes sur le passage des Suédois furent emportées et les garnisons massacrées. Le 2 avril, Gustave parut devant Francfort et commença sans tarder ses opérations de siège. Les mauvaises dispositions des généraux impériaux, leur négligence et la lâcheté des soldats firent tomber le premier jour entre les mains des Suédois les principales défenses de la place. Une surprise livra le lendemain la ville elle-même aux assiégeants et une horrible boucherie commença. Deux fois, les Impériaux battirent la chamade ; rien n'y fit ; les soldats de Gustave, ivres de fureur, égorgeaient tout ce qui leur tombait sous les mains. Les Impériaux éperdus voulurent s'échapper par le pont de l'Oder, qui conduit à Landsberg. Ce pont, bien fortifié, pouvait offrir une résistance sérieuse contre les Suédois et favoriser puissamment une retraite bien ordonnée. Mais, dans leur confusion, ils oublièrent ce moyen de défense et ne pensèrent qu'à fuir au plus vite. Le pont, bientôt encombré, devint impraticable ; des centaines d'hommes se noyèrent dans l'Oder, tandis que les Suédois, l'épée à la main, et s'escrimant à l'aveugle dans cette foule pressée, en firent un effroyable carnage. Chemnitz rapporte que, dans les rues débouchant sur le pont, l'accumulation des cadavres, amoncelés les uns sur les autres, intercepta le passage. Les Suédois ne firent de prisonniers que lorsqu'ils furent las de frapper. Les Impériaux laissèrent dans la ville plus de 2,000 morts, parmi lesquels les colonels Fernemont, Hénon, Hardegg, Herberstein. Un millier périt dans l'Oder, huit cents demeurèrent prisonniers, et dans le nombre, beaucoup d'officiers, tels que Sparre, Moers, Butler, etc. Le reste s'enfuit dans le plus affreux désordre jusqu'à Glogau, avec Tiefenbach, ou se dispersa dans la campagne ; sept régiments d'infanterie et un de cavalerie se trouvèrent ainsi réduits à néant. Toute l'artillerie, 900 quintaux de poudre, 1,200 de blé, 700 de mèches, 26 drapeaux et quatre étendards tombèrent aux mains du roi émerveillé de sa propre fortune. La conquête ne lui coûtait pas plus de 400 morts et blessés.

Trois heures de pillage furent la récompense du soldat ; il s'y acharna, et il fallut l'intervention armée des officiers et de Gustave lui-même pour le faire sortir des maisons, longtemps après l'heure du rappel. Les malheureux habitants, sans distinction de sexe, furent dépouillés même de leurs vêtements et abandonnés nus aux intempéries de la saison rigoureuse, leurs maisons bouleversées et radicalement vidées. Dans la nuit, un incendie éclata et brûla tout un quartier.

Il est digne de remarque que les historiens si faciles à accueillir et à propager les plus noires calomnies contre Tilly, à propos de la prise de Magdebourg, glissent, avec une étrange complaisance, sur le sac, mille fois plus abominable de Francfort sur l'Oder. Le massacre de la garnison n'était pas, à la vérité, un fait nouveau de la part des Suédois, chez qui ce mode de terrorisme était passé en habitude ; cependant à Francfort, il ne se justifie ni par la vigueur de résistance des assiégés, ni par la sanguinaire exaspération d'une prise d'assaut meurtrière. Mais ce qui ne peut pas même s'expliquer, c'est la brutale férocité des vainqueurs à l'égard des habitants. Ces derniers étaient protestants, connus par leurs dispositions favorables au roi de Suède. Ils expièrent cruellement le tort impardonnable, aux yeux du héros de la tolérance, de différer d'opinion avec lui sur quelques points de doctrine. Pendant le sac de la ville, le prédicant calviniste, Pesargul, vint se jeter aux pieds du roi et implorer sa pitié en faveur des infortunés Francfortois, il fut repoussé avec mépris : « Vous n'avez, lui dit le roi, que le juste châtiment des fausses doctrines que vous avez introduites dans l'Église. » Et le sac de la ville s'acheva.

Landsberg ne tarda pas à partager le sort de Francfort. Son commandant, ayant été tué, dès la première sortie, la garnison découragée capitula. Les Suédois, en la voyant défiler, remarquèrent, avec étonnement, qu'elle traînait à sa suite des milliers de femmes et une tourbe infinie de valets, circonstance qui explique assez comment cette armée de lions était changée en un troupeau de lièvres.

La nouvelle de la chute si prompte de Francfort trouva Tilly à Alt-Brandebourg. Le général catholique, qui surveillait attentivement les mouvements des Suédois, s'était mis en marche, au premier bruit de leur expédition contre Francfort, avec une partie de son armée. Chacun de ses pas semblait appeler une disgrâce. Si grande que fût sa diligence, elle était toujours en retard sur la fortune ennemie. Navré de douleur il reprit immédiatement la route de Magdebourg.

A ce moment, les princes protestants, de l'Allemagne étaient réunis en congrès à Leipzig, pour délibérer sur les moyens de faire valoir leurs griefs et de se soustraire à la prétendue tyrannie de l'empereur. L'électeur de Saxe, leur chef, docile aux inspirations d'Arnim, cherchait à profiter des circonstances pour élever, entre les catholiques et les Suédois, un tiers parti, et trouver moyen d'arriver, sans frais et sans risques, à ses fins. La plupart des autres princes partageaient ces sentiments : prodigues de vœux stériles pour Gustave, ils l'encourageaient comme un champion gratuit de leur cause ; le patriotisme les retenait peu, mais ils craignaient, avant tout, de se compromettre, et se berçaient de l'espoir que le roi jouerait, à leur égard, le rôle du chat de la fable. C'est ainsi que le duc Georges de Lunebourg, après avoir sollicité et obtenu des patentes de général, au service de Suède, attendit prudemment l'issue des premières entreprises de Gustave, avant de signer son acceptation et de rompre avec l'empereur. Seuls, le landgrave de Hesse-Cassel et les ducs de Weymar plaidaient hautement l'alliance suédoise, mais leur voix rencontra peu d'écho.

Après la prise de Francfort, Gustave s'empressa d'annoncer sa victoire à l'assemblée, et l'engagea à prendre une attitude plus décisive à son égard. Son appel fut infructueux. Les princes se séparèrent, après s'être arrêtés à la résolution commune de former une confédération séparée et d'armer, chacun chez soi, pour être prêt à tout événement. Afin de témoigner cependant de leurs dispositions pacifiques, ils acceptèrent l'invitation des catholiques à *une journée de composition*, qui fut remise au mois d'août suivant.

Bien que l'assemblée de Leipzig, tenue sans l'autorisation impériale, fût illégale, tous ses membres n'hésitèrent pas à signer une adresse à l'empereur, contenant, à la suite de la longue liste de leurs griefs, la demande du retrait de l'édit de restitution, le refus de payer désormais les contributions de guerre et la justification des armements purement défensifs, résolus par l'assemblée. La pièce se terminait par la banale formule des sentiments de fidélité inviolable et d'obéissance des signataires.

Fort de ses droits, l'empereur répondit en cassant toutes les décisions de l'assemblée, et défendit, par un mandat adressé à chacun de ses membres individuellement, de faire les armements auxquels ils s'étaient engagés.

Chapitre seizième.

LE SIÈGE DE MAGDEBOURG.

MAGDEBOURG merveilleusement favorisée par la nature, protégée par une triple enceinte d'épaisses murailles, puissante par ses richesses, son industrie, son antique renommée, était le plus redoutable boulevard du protestantisme révolutionnaire dans le Nord de l'Allemagne. Au temps où florissait la Ligue hanséatique, Magdebourg y avait joué un rôle prépondérant : son commerce rayonnait jusqu'aux extrémités du monde connu, ses nombreux vaisseaux sillonnaient les mers et ses vastes magasins étaient le grenier d'abondance de l'Allemagne. Mais les richesses y avaient amené leurs compagnes ordinaires, l'amollissement des mœurs, l'ambition et cet esprit de contestation et de révolte qui germe dans les bas-fonds de l'envie et qu'on décore du nom pompeux d'amour de la liberté. Sa bourgeoisie, devenue plus remuante à mesure que la fortune la grandissait, avait de bonne heure ouvert la lutte contre son seigneur légitime, l'Archevêque, et conquis successivement de grands privilèges. Elle embrassa avec ardeur la réforme, parce qu'elle y trouva un levier énergique pour achever l'œuvre de son orgueilleuse ambition et mit le sceau à son indépendance, en expulsant ses prélats catholiques et en forçant le chapitre à élire une de ces ombres d'évêques, conservées par les protestants, sous le nom d'administrateurs. Bientôt l'arbre porta ses fruits. Les diverses sectes de l'époque s'implantèrent à Magdebourg, qui devint le refuge des prédicants les plus exaltés et les plus fanatiques. Telle était leur réputation à cet égard que, lors de l'assemblée des protestants à Francfort en 1557, pour tâcher de trouver une formule de conciliation entre eux, les ministres magdebourgeois furent expressément exclus. Toujours prêts à souffler le feu de l'insurrection, ils entraînèrent la ville dans toutes les luttes du protestantisme contre l'autorité impériale. Leur influence sur le peuple était sans bornes, et ils exerçaient une véritable théocratie. Presque toujours divisés entre eux, inquiets et turbulents, ils entretenaient une constante agitation dans les masses et ils provoquèrent souvent de sanglantes émeutes.

Déjà deux fois Magdebourg avait bravé l'effort des armes impériales. Sauvée la première fois par la trahison de Maurice de Saxe, qui l'assiégeait au nom de Charles-Quint, elle eut, soixante ans plus tard, la gloire de résister au superbe Wallenstein et d'humilier l'orgueil de ce fier capitaine. Exaltée par ses exploits, elle s'était décerné le nom de Magdebourg-la-Pucelle et se regardait comme inexpugnable.

Cependant, le désir de s'affranchir des restes de domination qu'exerçaient encore sur elle ses administrateurs et d'obtenir le titre de ville libre impériale, avait empêché la ville de faire cause commune avec les princes soulevés contre l'empereur, et avec le roi de Danemark. Pour se concilier les bonnes grâces de Ferdinand, elle n'avait pas hésité à faire tous les sacrifices compatibles avec le soin de sa liberté, et l'imprudente agression de Wallenstein ne changea rien à ses tendances. Les partisans de cette politique se rencontraient principalement dans les rangs de la bourgeoisie, alors encore maîtresse du conseil. Mais ils avaient d'ardents adversaires chez les prédicants, qui s'appuyaient sur le peuple et sur lesquels s'appuyait à son tour l'administrateur de Magdebourg, Christian-Guillaume de Brandebourg. Ce prince, appelé dès l'âge de onze ans sur le trône épiscopal, était d'un caractère léger et présomptueux ; soutenant beaucoup de témérité par peu de capacité, hardi dans ses plans, facile à entraîner, il s'échauffait dans les détails et compromettait l'essentiel. Brave, mais dépourvu de jugement et de portée politique, faible dans ses conceptions et entêté dans ses idées il aimait à se produire et à se faire centre, même lorsque la nécessité lui commandait de s'effacer et de n'être qu'un point auxiliaire de la circonférence.

Après avoir passé sa jeunesse à disputer son autorité d'évêque protestant, tantôt au chapitre, tantôt à la ville de Magdebourg, il avait embrassé avec ardeur la cause du roi de Danemark, puis offert ses services à Gustave-Adolphe. A ses haines religieuses, se joignaient des ressentiments particuliers contre l'empereur, qui l'avait destitué en 1625. Plein d'une confiance sans bornes en lui-même, il rêva de conquérir seul l'Allemagne et en proposa sérieusement le plan au roi de Suède, à condition que ce prince lui fournirait les subsides nécessaires pour lever une armée de 30,000 hommes, qu'il assurait pouvoir mettre sur pied presque immédiatement. Gustave se borna à lui promettre une garantie de cent mille écus, en lui recommandant de s'occuper avant tout de bien préparer le terrain et de ne rien compromettre, avant que l'armée suédoise n'eût remporté des succès suffisants en Allemagne. Christian trouva que c'était trop attendre et craignit de perdre le beau rôle qu'il avait convoité. Il noua des relations avec les prédicants et les hommes les plus remuants de Magdebourg et, à la première nouvelle du débarquement de Gustave-Adolphe, il partit déguisé de Hambourg, accompagné de quelques agents de bas étage, et pénétra incognito dans la ville, le 26 juillet au soir. Quelques jours s'écoulèrent employés à travailler sourdement le peuple et à gagner quelques partisans dans le conseil. Le dimanche 1er août, l'administrateur fit annoncer officiellement son arrivée au conseil et se montra publiquement. La populace fanatisée par les prédicants l'accueillit avec transport, le conseil manifesta quelque hésitation. Les bourgeois, qui avaient quelque chose à perdre, reculaient, malgré l'exaltation de leurs opinions, devant toute démarche de nature à rompre en visière avec l'empereur. Ils auraient désiré s'en tenir à cette politique égoïste et mesquine, qui cherche les termes moyens et repousse les allures nettes. Rester en bons rapports avec les Suédois, sans se mettre mal avec l'empereur, jusqu'à ce que la victoire se fût déclarée pour l'une des parties, était le terme extrême de leurs désirs. La subite apparition du margrave proscrit leur créait un grand embarras. L'accueillir était une bravade dangereuse contre l'empereur ; le faire reconduire hors des murs, une insulte à Gustave-Adolphe. Leurs anxiétés grandirent jusqu'à l'angoisse, lorsque Christian secondé par Stallman, envoyé officiel suédois à Magdebourg, invita le conseil à poser les bases d'un traité d'alliance avec le roi de Suède. Un pas aussi grave heurtait trop leurs intérêts et leurs vues étroites pour que les menaces et les promesses exagérées prodiguées par Stallman pussent suffire à les convertir.

A bout d'éloquence, le prince et l'envoyé s'emportèrent et déclarèrent qu'ils allaient en appeler au peuple. On sait ce que les manifestations populaires ont de poids sur les esprits faibles et vulgaires, dont l'ambition se traîne dans le terre-à-terre des honneurs et de l'argent. La menace eut son plein effet. Le conseil céda en se bornant à poser des conditions trop caractéristiques pour ne pas être relatées ici. Les privilèges de la ville devaient être non seulement conservés, mais encore augmentés ; l'administrateur s'obligeait à racheter chaque bourgeois fait prisonnier et à indemniser la commune et les particuliers de tout dommage résultant de l'engagement de la ville avec lui. On voit que si les bourgeois de Magdebourg faisaient peu de cas de leurs devoirs envers l'empire et son chef, du moins ils se préoccupaient beaucoup de leurs intérêts. Quelques superstitieux remarquèrent que, le jour où tout ceci s'accomplit, l'Évangile de la fête roulait sur la destruction de Jérusalem, et ils en tirèrent de sinistres présages pour Magdebourg.

L'administrateur n'avait pas de soldats. Il prit, avec le consentement forcé du conseil, le commandement des troupes à la solde de la ville. Mais, au lieu d'en faire le noyau de l'armée qu'il avait promise au roi de Suède, il s'amusa à faire des excursions dans le voisinage. L'œuvre lui était facile, les places fortes étaient gardées par de faibles garnisons. Christian put donc piller, à son aise, tout le plat pays, détruire les couvents et incendier les villages de son propre évêché. La facilité du butin tenta les habitants de Magdebourg ; ils se joignirent en foule aux soldats de l'administrateur et luttèrent de rapines avec ces derniers. Le conseil s'effraya de la responsabilité qui pouvait en peser sur lui. Sa pusillanimité l'avait mis à la merci de l'administrateur et de la démagogie. Il crut faire acte habile de séparer officiellement sa cause de celle de Christian et publia une défense sévère, à tout habitant, de prendre part aux excursions des troupes soldées.

L'ordonnance du conseil resta naturellement à l'état de lettre morte, et cette mesure hypocrite ne trompa personne.

Mieux inspiré sur d'autres points, le conseil ne fut pas plus heureux. Dans la prévision d'un siège, il aurait voulu faire ramener, à Magdebourg, les grains, les armes, les canons, les munitions et les approvisionnements de toute espèce enlevés par les coureurs Brandebourgeois sur les Impériaux Les officiers de l'administrateur s'y opposèrent sous différents prétextes, mais, en réalité, parce qu'ils trouvaient plus de profit dans le gaspillage et la vente de tous ces objets. Lorsqu'en fin ils consentirent à se prêter à ces mesures de prudence vulgaire, il était trop tard, presque tous leurs convois furent enlevés par l'ennemi survenu en force. Loin de remplir les magasins de Magdebourg, ils les vidèrent, et consommèrent entre autres plus de cent quintaux de poudre appartenant à la ville, imprévoyance qui coûta cher à celle-ci.

Cependant les Impériaux, revenus de leur première surprise, se mirent en mesure de prendre leur revanche. Le comte Wolfgang de Mansfeldt, gouverneur du pays, se hâta de réunir, sous sa main, les détachements épars de quelques régiments et, tombant sur les pillards magdebourgeois, les tailla en pièces.

Christian commença à s'apercevoir de sa faute et donna l'ordre à ses officiers de ramener toutes leurs troupes à Magdebourg. Il ne fut pas obéi, et fit des pertes d'autant plus sensibles qu'il lui restait moins de moyens de les réparer. Toutes les forces qu'il put réunir se réduisaient à 2,000 hommes de pied et à 200 de cavalerie.

Tandis que ses affaires se gâtaient au dehors, il compromettait son influence dans la ville par son imprudence. Considérant les choses à son point de vue égoïste, il s'imaginait que le principal but des opérations de Gustave devait être la conquête de l'archevêché de Magdebourg. Il s'impatientait des retards du roi, exhalait sa colère en propos acerbes, qui se colportaient immédiatement dans le peuple, et y excitaient un profond mécontentement. Stallman, plus habile, essayait d'arrêter ces intempérances de langage, ou du moins, d'en affaiblir l'effet désastreux. Craignant d'être débordé, il redoubla d'activité pour faire franchir au conseil le dernier pas et entraîner immédiatement la ville dans une alliance formelle avec le roi de Suède. Son habileté l'emporta sur tous les obstacles et, le 14 septembre, un traité, complétant les engagements pris le 1er août précédent, fut signé par les magistrats. Christian en fit tous les frais. Il abandonna à la ville le peu qui lui restait de ses droits épiscopaux, et promit tant de choses qu'il ne put s'empêcher de dire ensuite à Stallman : « En vérité, j'ai promis beaucoup plus que je ne pourrai tenir. » Le véritable bénéficiaire du traité était le roi de Suède, qui se trouvait, sans peine et sans dépenses, maître d'une des plus importantes villes de l'Allemagne. Les Magdebourgeois, il est vrai, ne l'entendaient pas ainsi ; ils comptaient simplement s'abriter derrière le roi et exploiter successivement les circonstances, au profit de leur ambition et de leur avarice. Une de leurs conditions les plus expresses était de ne contribuer en rien aux frais de la guerre ; ils se croyaient, en outre, très prudents, parce qu'ils avaient refusé de recevoir, dans la ville, plus de 500 soldats, et très habiles, parce qu'ils rejetaient tout le poids des logements militaires sur les faubourgs dont ils souhaitaient la ruine. Ces faubourgs, la Neustadt et le Sudenbourg, formaient, autour de la cité, deux agglomérations considérables et indépendantes de la ville, soumises directement à l'évêque, et dont l'activité industrielle portait ombrage aux bourgeois de Magdebourg. L'administrateur y établit ses gens, et, par son incurie, réalisa pleinement l'attente des citadins.

Le bruit de ce qui se passait à Magdebourg étant parvenu à Vienne, l'empereur crut devoir adresser un avertissement sérieux au conseil, en l'invitant à rentrer dans la légalité, et à expulser de la ville les perturbateurs avoués de la paix publique, notamment l'administrateur, comme déchu de tous ses droits par l'arrêt qui l'avait mis au ban de l'empire.

Dans la réponse, le conseil se retrancha, sur ce qu'il ignorait que l'administrateur fût frappé de proscription, que ce prince était d'ailleurs venu seul, en secret, n'avait rallié autour de lui que des étrangers et de la vile *plébécule*, et que la bourgeoisie avait reçu défense de se mêler des affaires de l'administrateur, lequel agissait pour son propre compte. Les magistrats terminèrent par les protestations ordinaires de fidélité à l'empereur. Il était difficile d'être plus pauvrement fourbe. Le traité avec le roi de Suède n'avait cependant procuré à Magdebourg ni argent, ni troupes. Les promesses, si légèrement faites par l'administrateur, étaient loin de s'accomplir. L'électeur de Saxe prenait une attitude menaçante, les villes hanséatiques blâmaient leur collègue ; le roi de Suède, occupé au loin, n'envoyait que de stériles encouragements. Le mécontentement qui avait suivi les premiers revers de l'administrateur se propageait et le regret germait dans les cœurs, lorsque apparut soudain, sous la veste d'un pêcheur, le colonel Dietrich de Falckenberg. Cet officier, l'un des affidés et des plus dévoués compagnons d'armes de Gustave, était l'homme le plus propre à remplir les vues secrètes du roi, à l'égard de Magdebourg. Militaire plein d'expérience et d'énergie, diplomate habile et sans scrupules, il avait rendu de signalés services au roi de Suède, aussi bien dans les cours de l'Europe que sur les champs de bataille de la Pologne. Aussi inflexible dans ses idées que souple dans ses voies, il connaissait l'art de tourner les obstacles, et celui plus difficile encore de persuader les esprits. A ses yeux, la fin justifiait les moyens, et la souveraineté du but remplaçait celle de la conscience. Il arrivait fermement résolu à ne reculer devant aucun moyen, devant aucun sacrifice, si sanglant, si effroyable qu'il fût, pour remplir sa mission, et ne se démentit effectivement pas un seul instant, sous ce rapport. Bien qu'il fût seul et qu'il se présentât déguisé, comme un malfaiteur, sa présence valait un corps d'armée, car il apportait l'indomptable volonté de sauver Magdebourg ou de l'anéantir.

L'arrivée de Falckenberg produisit d'autant plus d'effet qu'il se disait chargé d'annoncer l'approche de l'armée Suédoise et qu'il montrait ses mains pleines de lettres de change sur Hambourg, où, disait-il, la Suède avait déposé des sommes considérables. Quantité de bourgeois prudents se hâtèrent de lui escompter ces lettres, afin de mettre leurs richesses à l'abri de tout événement. Le peuple le salua avec transport ; les prédicants, qu'il sut gagner par des flatteries et des présents, le portèrent aux nues. On le nomma commandant de la forteresse et, par une faveur exceptionnelle, on lui permit d'introduire dans la ville des recrues qu'il s'occupa immédiatement de ramasser, à l'aide de l'argent des bourgeois. Il porta, dès l'abord, ses soins sur les fortifications. Elles étaient fort défectueuses. Un épais mur d'enceinte, flanqué de tours, fermait la ville de toutes parts, même du côté de l'Elbe. Au pied courait un fossé profond, que défendaient des tours basses, très fortes. Les avenues de la place étaient fermées par une série de portes garnies de tours élevées et une seconde ligne de fortifications, enveloppant les faubourgs de Sudenbourg et de Neustadt, défendait les point les plus accessibles de la ville. Du côté du Sudenbourg, s'élevait le fort Heideck ; de ce fort partait une muraille qui aboutissait à l'Elbe et se terminait par une double demi-lune, qui abritait particulièrement la cathédrale et ses environs.

Falckenberg y fit ajouter de nouvelles défenses, près du faubourg du Sudenbourg. Vers la plaine, au Sud-Ouest, depuis le fort Heideck jusqu'à la porte Saint-Ulrich, l'enceinte était couverte par un ouvrage à couronne et, de ce point jusqu'à la porte dite Schroettendœrferthor, par de grands ouvrages à cornes. En cet endroit, le mur formait un angle obtus jusqu'au Krœckenthor, courait le long du faubourg de Neustadt, avec lequel il communiquait par une porte dite la Porte-Haute, et se repliait sur l'Elbe. A sa jonction avec le fleuve, on avait élevé des retranchements, appelés le Fort-Neuf. Mais les travaux, faits avec précipitation et négligence, laissaient fort à désirer ; les fossés étaient à moitié secs et faciles à vider ; les talus manquaient de pente. Une partie de l'ouvrage s'appuyait directement sur le mur d'enceinte et était percé d'une poterne, dite la Stuckthor. Falckerberg aurait désiré obvier à cet inconvénient, qui eut des suites désastreuses, au moyen d'un large fossé, creusé entre le rempart et le Fort-Neuf. Mais les bourgeois prétendirent que ce serait peine inutile, et ce projet n'eut pas de suite [1].

La véritable clef de la ville était le fort de la Douane, qui formait tête de pont sur la rive droite de l'Elbe. Ouvert du côté de la ville, il avait devant lui une île, formée par un bras du fleuve, et coupée en deux parties inégales, nommées le Grossmarsch et le Holzmarsch, par une large et profonde tranchée, que traversait un pont étroit. Un autre pont, dit le Long-Pont, aboutissant à la porte, nommée de là, Porte-du-Pont, reliait le Holzmarsch à la ville. Aux abords du Long-Pont, du côté du Holzmarsch, était un fort bastion, que baignaient les eaux du fleuve. Le fort de la Douane était, en outre, flanqué, au Sud, par la tour de Krakau, qui communiquait, au moyen d'un pont, avec un îlot du même nom, sur lequel se trouvait un retranchement en terre. Falckenberg compléta cette défense, en faisant construire, au Nord-Est, un ouvrage, qu'il baptisa du nom de Nargue-Empereur, afin de stimuler le courage des bourgeois par des démonstrations de sa pleine confiance dans ses moyens de résistance.

Infatigable dans son activité, il ne cessait de presser les travaux de réparations, faisait planter des palissades aux endroits les plus faibles, approfondir les fossés, remplir les brèches, relever les terres éboulées. Non content de ces soins, il imagina de prolonger les défenses extérieures de la ville, pour en rendre l'accès plus difficile et s'assurer la pleine possession de l'Elbe, sur la rive gauche du fleuve. Près de Bukow, s'élevait le vieux fort de ce nom ; il le flanqua de deux retranchements nouveaux, qui s'appuyaient d'autre part au Sudenbourg. Sur la rive droite, au Sud de la tour de Krakau, il érigea quatre redoutes, qu'il nomma Nargue-Pappenheim, le Secours de Magdebourg, Nargue-Tilly et le Prester. L'île de Krakau fut munie d'une demi-lune et la tranchée du

1. Bemen, *Magdebourg*, p. 427. — Francheville, *Tableau militaire*.

Holzmarsch défendue par deux redoutes, l'étoile de la Corne-Rouge et l'ouvrage à couronne ([1]).

Plus tard, il poussa encore plus loin et construisit, près de Schoenbeck, à deux lieues environ de la ville, au point de jonction du vieux lit de l'Elbe avec le nouveau, une redoute qui reçut le nom Kreuzhorst. Ce poste avancé devait servir, dans sa pensée, à faciliter ses communications avec la Saxe, d'où il tirait effectivement de nombreux approvisionnements, service d'autant plus précieux que les bourgeois, dans leur sordide égoïsme, refusaient de fournir les subsistances nécessaires à la garnison. Néanmoins, ses mesures de défense furent plus funestes qu'utiles, elles l'obligèrent à disséminer ses forces, ses canons et ses munitions ; or, il manquait d'hommes, d'artillerie et surtout de poudre, et la dépense qu'il fit, sous ce triple rapport, fut loin d'être compensée par le bénéfice de vivres, que parut lui valoir pendant quelque temps sa chaîne de redoutes.

Pendant que Falckenberg déployait, à Magdebourg, toutes les ressources apparentes de son habile talent, Tilly était à Hameln, occupé à rassembler les forces de la Ligue, pour les mener contre le roi de Suède. A la nouvelle des événements de Magdebourg, il réunit un conseil de guerre, pour délibérer sur les mesures à prendre d'urgence.

C'était le 26 novembre. Il se trouva que, ce même jour, un ouragan furieux éclata sur Magdebourg et y causa des dégâts considérables, circonstance qui parut de mauvais augure pour la ville menacée. A ce conseil assistait Pappenheim, dont l'audace naturelle était encore accrue par ses récents succès sur les paysans autrichiens et sur le duc de Saxe-Lauenbourg. Il offrit présomptueusement de mettre Magdebourg à la raison, avec 2,000 hommes de pied et 200 chevaux. Le sage Tilly répondit qu'il pousserait volontiers ce chiffre jusqu'à 3,000 ; toutefois, il engagea son fougueux lieutenant à considérer qu'il n'avait plus à faire à de timides paysans de la campagne, mais à une ville bien fortifiée et vaillamment défendue.

Le siège de Magdebourg fut cependant décidé et Pappenheim reçut la mission d'en préparer les opérations. Il réunit aussitôt quelques régiments et marcha directement sur la cité rebelle. Il chassa les soldats du margrave de toutes les places

1. Ibidem. — Rathman, tome IV, p. 249.

qu'ils occupaient, fit prisonnier le colonel Schneidevind, inonda les campagnes de ses cavaliers, coupa toutes les communications et vint prendre une position menaçante devant la place. En attendant son parc de siège et les nombreux approvisionnements qu'il faisait ramasser à Wolfenbuttel, il s'appliqua à fermer toutes les issues de la ville et à la resserrer de plus en plus dans le cercle de ses lignes.

Vers la fin de décembre, Tilly vint lui-même à Halberstadt avec le gros de l'armée catholique. Dans l'espoir de ramener par de bonnes paroles l'esprit égaré des Magdebourgeois, il adressa sous la date du 29 décembre aux magistrats et au margrave des lettres conçues en termes conciliants.

Le conseil mit 14 jours à répondre. Sans doute, il commençait déjà à mieux réfléchir sur les dangers de l'entreprise dans laquelle il s'était inconsidérément jeté. Sa dépêche, conçue en termes généraux et respectueux, s'étendait sur les services rendus, en toute circonstance, à l'empereur par la ville et protestait du dévouement de la bourgeoisie magdebourgeoise à la personne de Sa Majesté Impériale.

L'administrateur, plus tardif encore, fut aussi beaucoup moins modéré. Il se répandit en plaintes amères, déclara qu'il ne laisserait pas humilier en lui la dignité de prince de l'empire, et termina, en se disant prêt à tout oser et à tout risquer pour sa religion et sa conscience.

Mais déjà Tilly avait quitté les environs de Magdebourg pour s'avancer au secours de l'armée impériale de la Poméranie. Jusqu'au mois d'avril, il ne fit qu'une courte apparition devant la place et laissa provisoirement la conduite du siège à Pappenheim. Ce général était loin d'avoir à sa disposition le nombre de troupes qui eût été nécessaire pour entreprendre des opérations sérieuses contre une place aussi grande et aussi forte que Magdebourg. Forcé de reconnaître l'impossibilité d'un succès de vive force, il essaya de corrompre Falckenberg. Un parlementaire, envoyé dans la ville, sous un faux prétexte, offrit au commandant suédois, de la part du feldmaréchal impérial, 400,000 rixdalers et le titre de comte pour prix de sa trahison. A l'instant, Falckenberg contraignit le messager de répéter les termes de sa mission secrète devant un notaire assisté de témoins et le renvoya avec cette réponse : « Que si Pappenheim avait affaire d'un traître, il n'avait qu'à le chercher en lui-même, et que le premier parlementaire qui se présenterait à Magdebourg avec une semblable commission, recevrait un bout de corde autour du cou pour sa récompense. »

Le temps se passa en escarmouches fréquentes, dont l'issue fut rarement favorable aux Impériaux. Ils ne purent empêcher les Magdebourgeois d'enlever par de hardis coups de main de nombreux troupeaux et même de prendre pied dans quelques petites places fort bien situées pour favoriser le service des approvisionnements de Magdebourg. La plupart des entreprises tentées sur les redoutes avancées de la place échouèrent. Tous ces échecs avaient pour principale cause les dissentiments qui s'étaient élevés entre Pappenheim et le comte Wolf de Mansfeldt, gouverneur impérial de l'archevêché. Tous deux se disputaient d'avance la charge de châtelain de Magdebourg, et chacun d'eux craignait d'aider son rival à acquérir l'honneur de la conquête. Ces misérables compétitions vinrent subitement au grand jour par un petit fait de guerre, d'ailleurs sans autre importance.

Un officier impérial fort distingué, le lieutenant-colonel Chiesa, ayant été tué dans une surprise par les Magdebourgeois, on trouva sur lui un paquet de dépêches qu'il était chargé de porter à Vienne. La plupart émanaient de Pappenheim et de Mansfeldt ; elles développaient les plans des Impériaux et contenaient une foule d'accusations et de dénonciations réciproques des deux généraux l'un contre l'autre. Falckenberg tira grand profit des renseignements qu'il puisa dans ces dépêches. Il fit ensuite imprimer les lettres pour jeter de la déconsidération sur ses adversaires.

La température s'étant adoucie, Falckenberg redoubla d'activité dans ses travaux de défense. Ce fut alors qu'il éleva la redoute de Kreuzhorst. Les Impériaux qui s'aperçurent trop tard de son dessein, attaquèrent ses travailleurs, mais ils furent repoussés avec perte et l'ouvrage mis immédiatement à l'abri d'un coup de main. Peu après, un officier magdebourgeois surprit, à Barby, quelques-uns disent avec la connivence de l'électeur de Saxe, un magasin de blé que les Impériaux avaient déposé dans les caves de l'hôtel-de-ville.

De son côté Pappenheim, stimulé par l'annonce de la prochaine arrivée de Tilly, mit en réquisition tous les travailleurs qu'il put rencontrer dans les campagnes et fit amener la grosse artillerie de siège avec tant de célérité qu'il eut bientôt réuni un parc de 35 canons, chiffre considérable pour l'époque. Mais, malgré toute son activité, il se trouvait bien peu avancé dans ses opérations, lorsqu'à la fin de mars, Tilly apparut avec son armée dans les environs de Magdebourg. Son orgueil en fut cruellement blessé, car il n'avait point oublié ses trop récentes bravades. Incapable de se courber sous la plus légère humiliation, il s'en prit à tout, excepté à lui-même, et son cœur ulcéré se remplit d'un surcroît de haine contre Tilly. Il écrivait quelques jours plus tard à Wallenstein.

« J'aurais été heureux de vous entretenir du bon état de nos affaires, mais il semble que tous les bons succès nous ont quittés en même temps que la personne de V. G. P., et quoique j'aie attentivement observé votre méthode d'attaquer l'ennemi à temps et en force, de ne le point mépriser, de ne pas être téméraire en projets, bien que j'aie donné sincèrement mon avis et démontré de quelle manière V. G. P. avait dominé et tenu en bride l'empire entier, en terrassant l'ennemi, je suis bien plutôt ridiculisé qu'écouté. Mais maintenant qu'il est trop tard et que la vache est hors de l'écurie, on reconnaît qu'il n'y avait pas d'autre remède que le mien, et que mes avis étaient plus malheureux que mauvais.

« Nos affaires ici sont en telles voies, que nous savons seulement, par le bruit public, que Francfort-sur-l'Oder a été pris d'assaut par l'ennemi; mais nous ignorons jusqu'à présent comment cela s'est passé; en outre, nous ne savons pas un mot de l'endroit où se trouve le roi avec toute son armée, bien moins encore s'il est fort ou faible. Du reste, les deux armées catholique et impériale sont réunies devant Magdebourg; elles forment un beau corps de 7,000 chevaux et de 20,000 hommes de pied; mais il en faudrait encore une autre aussi forte, pour résister à ce fatigant ennemi qui ne fait que s'abriter derrière les fleuves et les passages, et pour couvrir l'empire, sans parler de ce qui serait nécessaire contre les princes protestants. Les causes accessoires de notre mal sont *confidentia* et *avaritia*, et que nous avons voulu épargner ceux qui sont nos ennemis, et qui s'apprêtent, avec bonheur, à nous rompre le cou. Mais les principales sont le départ de V. G. P., et l'absence d'autorité et de résolution, qualités que possédait à un si haut degré V. G. P., l'art de se fortifier à temps et de marcher droit au but. Si V. G. P. ne met pas la main à l'œuvre, je ne vois personne qui puisse mettre un terme à la guerre d'Italie et qui veuille, sache ou puisse rassembler une force suffisante. Dieu nous soit en aide! sinon, nous sentons singulièrement le roussi. »

Cette lettre, où Pappenheim révèle avec tant d'amertume ses ressentiments, leurs causes et ses aspirations, en dit plus que de longues dissertations sur la nature des difficultés intérieures devant lesquelles Tilly, après une lutte aussi méritoire qu'obscure, devait enfin succomber.

Ainsi que le disait le feld-maréchal, les forces réunies devant Magdebourg montaient à 30,000 hommes environ, y compris une réserve de 5,000 hommes, que Tilly établit dans le camp fortifié de Dessau, pour observer les frontières de la Saxe et se rendre complètement maître du cours supérieur de l'Elbe.

Le 3 avril, Tilly établit son quartier-général à Moeckern, et concentra ses magasins à Zerbst. Le 8 avril, il reconnut les abords de la place et prit ses dispositions pour enlever toute la chaîne des redoutes extérieures de Falckenberg. Le comte de Mansfeldt fut chargé d'agir contre les ouvrages de la rive gauche et Pappenheim reçut le commandement de l'attaque de la rive droite. Le même jour, Tilly, par un mouvement habile, plaça son armée entre le Kreuzhorst et la redoute du Prester, et commença à faire dresser des batteries sur les deux rives de l'Elbe. Le commandant du Kreuzhorst, se voyant coupé de la ville, jugea inutile de sacrifier la vie de ses soldats et se rendit avec 80 hommes et 4 pièces d'artillerie.

La nuit suivante, Mansfeldt emporta d'assaut le fort de Bukow et les ouvrages qui le flanquaient. Au même instant, Pappenheim parvenait à isoler complètement les redoutes du Prester, du Secours de Magdebourg, du Nargue-Pappenheim, du Nargue-Tilly, au moyen d'une double tranchée de 800 pas de longueur, tracée entre ces ouvrages et le fort de la Douane. Les fossés, desséchés par ce travail, se trouvant vides, Tilly lança quelques compagnies contre le Secours de Magdebourg que défendait un lieutenant avec 24 hommes. Cinq fois les Impériaux furent repoussés avec perte d'une centaine de morts. A la sixième attaque, l'officier magdebourgeois, ayant été renversé par un biscaïen, fut fait prisonnier et ses gens massacrés. Tilly, témoin de cette valeureuse défense, se fit amener le lieutenant, le combla d'éloges, et le renvoya sous une escorte d'honneur, dans la ville, pour s'y faire traiter de ses blessures (1).

Les canons du Secours de Magdebourg furent aussitôt

1. Pour apprécier dignement cette magnanimité exceptionnelle pour l'époque, il suffit de la comparer avec la conduite de Gustave-Adolphe dans des circonstances identiques. Voyez Gfrœrer, p. 887.

tournés contre le Nargue-Pappenheim, et, après quelques volées de boulets, le lieutenant-colonel Grossa assaillit la redoute. Elle ne tint guère ce que son nom promettait et succomba au premier choc. Le Nargue-Tilly, déserté par ses défenseurs, fut immédiatement occupé, et le feu des batteries impériales se concentra sur le Prester (1).

Le 10 avril, Pappenheim se disposait à conduire lui-même le régiment de Savelli à l'assaut de cette dernière redoute, lorsqu'on s'aperçut qu'elle était abandonnée. Restait le fort de Krakau. Battu pendant plusieurs heures par l'artillerie impériale, il offrit bientôt de larges brèches. Le 11 avril, Pappenheim ordonna l'attaque. La petite garnison se défendit avec vigueur, et les Magdebourgeois, inquiets des dangers que la perte de ce poste pouvait faire courir à leur tête de pont, opérèrent une vive sortie contre les assiégeants. Mais ils furent ramenés en désordre et ne retardèrent pas d'un instant la prise du Krakau.

En 48 heures, les Magdebourgeois avaient perdu tous leurs ouvrages extérieurs, une partie de leur artillerie et 500 hommes. L'ennemi était à leurs portes et le roi de Suède, sans cesse annoncé, encore bien loin. Leurs forces se trouvaient singulièrement réduites, elles consistaient seulement en 300 cavaliers du colonel Usslar, 1,200 fantassins des régiments Schneidevind et Longius, 800 du régiment de Falckenberg, sous les ordres du lieutenant-colonel Trost, et 500 soldats de la ville. Ces troupes, mal payées, étaient indignement rançonnées par les bourgeois et manquaient de tout. La division régnait dans la ville, et quelques voix de découragement s'étaient fait entendre. Tilly crut pouvoir espérer une réaction. Il suspendit, pendant quelques jours, ses attaques, et ce moment de répit fut encore prolongé par le mouvement qu'il fit pour aller porter secours à Francfort. A son retour, il trouva les dispositions des Magdebourgeois persévéramment hostiles et, fatigué d'attendre, il recommença ses opérations avec énergie.

Par ses ordres, le duc de Holstein et le colonel Wangler ouvrirent la tranchée contre le fort de la Douane et furent bientôt en état de dresser deux grandes batteries, qui battirent

1. Dans son rapport, sur cette action, à l'électeur de Bavière, Pappenheim remarque que les défenseurs du Nargue-Pappenheim étaient tous possesseurs de charmes contre les balles, et qu'il fallut les assommer à coups de crosse de mousquet.

le fort pendant plusieurs jours. Un assaut infructueux coûta aux Impériaux 200 hommes. Une seconde attaque de 800 mousquetaires ne fut pas plus heureuse. Pressé d'atteindre son but, Tilly, sans se relâcher de l'attaque principale, imagina d'en diriger une seconde contre les défenses du Long-Pont, afin de forcer les assiégés à évacuer le fort de la Douane. Le 28 avril, Pappenheim aborda l'île de Krakau, dans de mauvais canots, assemblés à la hâte, et l'enleva, sans perdre un seul homme. Il dirigea ensuite un feu violent d'artillerie contre l'Étoile de la Corne-Rouge, la pulvérisa et força la garnison de l'abandonner. Tilly y fit passer aussitôt un régiment d'infanterie, et s'empressa de construire quelques épaulements, pour l'abriter contre le feu de l'ouvrage à couronne de la coupure.

De son côté, le duc de Holstein avait serré les Magdebourgeois de si près, avec ses tranchées, qu'ils s'étaient vus contraints de se retirer du Nargue-Empereur, et de quelques autres points de défense. Les combattants des deux partis s'étaient rapprochés au point de pouvoir se lancer les grenades à la main. La situation des assiégés devenait critique. Leurs remparts, incessamment battus par une nombreuse artillerie, étaient minés par la sape. Le moment parut favorable pour un assaut ; il fut fixé au 30 avril, mais un orage subit inonda les approches des Impériaux et les força à différer leurs projets. Les Magdebourgeois virent, dans cet incident, un prodige d'heureux présage pour eux et se vantèrent que la puissance divine fut intervenue pour paralyser les desseins de l'ennemi. Leur joie fut de courte durée. Dans la nuit du 30 avril au 1er mai, ils s'aperçurent que Tilly prenait des dispositions sérieuses pour attaquer, à la fois, le fort de la Douane et la Coupure. Falckenberg inquiet convoqua, à l'instant, les magistrats de la cité et leur proposa d'abandonner le fort qu'il déclara impossible à tenir. Cet avis rencontra quelques contradicteurs. Ils représentèrent que le fort de la Douane était la clef de l'Elbe et le point conséquemment indispensable à conserver, pour ouvrir l'entrée de la ville aux Suédois, s'ils se présentaient. Ces opposants concluaient, avec raison, de l'abandon que l'on renonçait à l'espoir d'être délivrés par le roi, et soutenaient que, dans ce cas, le plus sage était de négocier. L'argument était dangereux à force de justesse. Falckenberg évita adroitement de le combattre en face; il se rejeta sur des précédents nombreux et fit appel aux passions. A sa prière, les prédicants intervinrent, la populace s'agita menaçante et le conseil intimidé adopta silencieusement la proposition de Falckenberg (1). Aussitôt, celui-ci envoya l'ordre d'évacuer le fort de la Douane et tous les ouvrages accessoires, sauf le Holzmarsch ; il fit aussi détruire le pont de la coupure et une partie du Long-Pont.

La première impression de Tilly, en apercevant les remparts de la Douane déserts, fut un sentiment de défiance. Ne pouvant s'expliquer un pareil abandon, il soupçonna une ruse, quelque mine et retarda de plusieurs heures la prise de possession du fort. Vers le soir, ayant fait pousser des reconnaissances, il y envoya quelques compagnies qui se hâtèrent d'élever des retranchements du côté de la ville.

Sur la rive gauche de l'Elbe, Mansfeldt n'était pas moins heureux que Pappenheim. Chargé d'attaquer les redoutes qui couvraient le Sudenbourg, il les emporta de haute lutte et menaça le faubourg lui-même. Cette série de succès et surtout la prise du fort de la Douane, jetèrent les bourgeois de Magdebourg dans une extrême anxiété. Pleins de foi dans l'inexpugnabilité de leurs murailles, vainqueurs de Wallenstein, ils n'avaient pu croire à un siège sérieux de la part de Tilly et s'effrayaient de voir surgir soudain la terrible réalité. Passant brusquement d'une folle confiance aux angoisses de la peur, ils s'exagérèrent le danger et, les passions haineuses de la jalousie mercantile aidant, ils se firent vandales et sacrifièrent impitoyablement leurs concitoyens des faubourgs au péril du moment. Le Sudenbourg et la Neustadt comptaient environ 10,000 habitants. Séparés d'intérêts des Magdebourgeois, soumis directement à l'évêque, d'une grande aptitude pour le commerce et l'industrie, ces deux faubourgs étaient en hostilité permanente avec la ville et en butte à l'animadversion des Magdebourgeois. Aussi, lorsque après la chute de son système de redoutes, Falckenberg conseilla aux magistrats de détruire les faubourgs, sa proposition rencontra-t-elle peu d'opposition. Le Sudenbourg paraissant plus immédiatement menacé, ce fut par lui qu'on commença l'œuvre de destruction. Dans la soirée du 1er mai, le feu fut mis aux maisons et la sape renversa ce que l'incendie avait épargné. Les malheureux habitants furent parqués dans la ville, comme des troupeaux chassés de la bergerie, et le

1. Otto Gericke, *Relation du siège de Magdebourg.*

spectacle de leur désolation, le bruit de leurs gémissements et de leurs sanglots éveillèrent de sombres pressentiments chez ceux des citadins que n'aveuglaient ni la passion ni la présomption. Dès les premières lueurs du jour suivant, Mansfeldt pénétra dans le faubourg dévasté, s'établit sur ses ruines encore fumantes et logea ses travailleurs assez près de la ville pour qu'ils fussent au-dessous du tir des grosses pièces de rempart.

La prise du fort de la Douane coupait toutes les communications de Magdebourg avec le fleuve. Tranquille sur ce point, Tilly résolut de concentrer ses efforts du côté des faubourgs, où la place avait les défenses les plus faibles. Il sentait le besoin de presser la fortune et de ne pas se laisser attaquer par le roi de Suède, avant d'être maître de la ville. Une lettre de Gustave, interceptée par ses coureurs, vint donner un nouveau stimulant à son activité. Dans cette lettre, le monarque suédois, après un exorde pompeux sur ses succès, informait les Magdebourgeois que, malgré les fatigues de son armée, il se disposait à marcher immédiatement à leur secours, si, comme il l'espérait, il parvenait à s'entendre avec l'électeur de Brandebourg. Il les priait donc de tenir encore seulement trois semaines, promettant de les délivrer, *aussi vrai qu'il était un roi d'honneur.* Tilly dont la loyauté ignorait l'art des calculs machiavéliques et des promesses fallacieuses, ajouta pleine foi aux assurances du roi et se crut à la veille d'être attaqué. Il pressa en conséquence ses opérations. Le 2 mai, il donna ordre à Pappenheim de passer l'Elbe avec 5 régiments et d'enlever à tout prix la Neustadt. Pappenheim obéit sans délai : le même jour, il franchit le fleuve à Schoenbeck sur un pont volant, prit position à Rotensee et porta son quartier-général à Bardeleben. Comme il tardait à attaquer, parce que ses convois et ses munitions étaient en retard, Tilly lui dépêcha un adjudant général chargé de le semoncer sur la nécessité impérieuse de se hâter et de lui communiquer la lettre de Gustave-Adolphe. Par malheur, l'adjudant général tomba dans un parti ennemi et fut fait prisonnier. Les dépêches furent portées à Falckenberg qui, mis ainsi au courant des dispositions des Impériaux, réunit à la hâte le conseil et lui proposa de faire subir au faubourg de la Neustadt le même sort qu'au Sudenbourg. La consternation régnait parmi les magistrats et se répandait dans la bourgeoisie. La discussion s'égara et devint confuse. Au lieu d'aborder directement la proposition du commandant suédois, plusieurs des membres du conseil émirent l'idée d'invoquer la médiation des électeurs de Saxe et de Brandebourg, de demander un armistice, de s'adresser à l'empereur, etc. Inquiet de la tournure que prenaient les débats, Falckenberg usa de la lettre du roi de Suède, montra l'arrivée de Gustave comme prochaine et n'épargna rien pour tranquilliser les esprits. Il fut activement secondé par les prédicants. Ceux-ci, courant dans les églises, y appelèrent le peuple, taxèrent de trahison et d'abominable impiété la seule pensée d'un acte de soumission envers l'empereur et réussirent à fanatiser de nouveau la bourgeoisie. L'arrêt de mort de la Neustadt fut prononcé. Au même instant, les incendiaires se répandirent dans le malheureux faubourg, mais ils rencontrèrent une vive résistance de la part des habitants; ceux-ci exaspérés de ces mesures sauvages défendirent leurs foyers avec la rage du désespoir. Au milieu du conflit et avant que le feu eût pu faire quelques progrès, Pappenheim pénétra de vive force dans les rues de la Neustadt. Aux abords d'une place, il rencontra les Magdebourgeois, les mit en fuite et s'empara du faubourg sans autre difficulté.

A dater du 3 mai, le siège prit une tournure plus nette et plus régulière. Pappenheim demeura dans la Neustadt, ayant sous ses ordres les colonels Wangler et Gronsfeld. Vis-à-vis de lui, le comte de Mansfeldt, établi dans le Sudenbourg, eut la mission de diriger les opérations contre le Heideck. Le duc de Holstein fut posté dans la plaine de l'Ouest, du côté le plus fort de la ville. Son rôle, moins agressif que celui des autres généraux, était tout de surveillance. Sa cavalerie, sillonnant sans cesse la plaine en tous sens, repoussait les sorties et s'appliquait à intercepter toutes les communications de la place au dehors. Piccolomini remplissait les mêmes soins de vigilance du côté de l'eau. Tilly s'était réservé la direction générale du siège et son œil attentif surveillait, d'une manière spéciale, les abords de l'Elbe et les routes par lesquelles aurait pu s'avancer l'armée Suédoise. De nombreuses réquisitions, exercées sur les campagnes des environs, amenèrent, au camp impérial, plusieurs milliers d'ouvriers, qu'on employa à creuser les tranchées d'approches. Bien que l'armée impériale manquât à un point extraordinaire d'ingénieurs, les travaux furent poussés avec vigueur, et bientôt des batteries menaçantes se dressèrent en grand nombre contre la ville.

Tilly crut le moment favorable pour faire une nouvelle tentative auprès des Magdebourgeois. Comme général, il comprenait tous les avantages que pouvait lui procurer la possession d'une ville intacte et pleine de ressources; comme homme, il se sentait animé d'une pitié profonde pour ces victimes infortunées d'une aveugle obstination. Il écrivit, en conséquence, aux magistrats, à l'administrateur et à Falckenberg les lettres suivantes, que nous citerons textuellement, comme pièces importantes du procès historique, d'où sortira, aux yeux de tout juge impartial, la pleine et entière justification du général catholique.

Voici la première :

« Vous avez éprouvé, plus sensiblement que vous ne l'eussiez voulu, les calamités qui ont été la conséquence de votre injustifiable et obstinée rébellion envers Sa Majesté Impériale, presque tous vos biens sont déjà enlevés, et la Providence divine a permis qu'il ne dépendît plus que de nous de vous précipiter, vous, vos femmes et vos enfants dans une ruine complète et sans remède; comme nous ne pouvons nous imaginer que vous soyez assez enfoncés et plongés dans votre endurcissement, pour ne pas désirer de rentrer, avec un vrai repentir, dans votre devoir et de vous soumettre à la grâce et clémence de Sa Majesté Impériale, nous n'hésitons pas, en raison de l'affection et de l'intérêt que nous vous portons, à vous exhorter surabondamment et même à vous avertir sérieusement de ne pas fermer vous-mêmes la porte de miséricorde, qui vous est encore ouverte, de renoncer, sans retard et en réalité, à votre obstination, ou de rentrer dans l'obéissance que, de votre propre aveu, vous devez à l'autorité souveraine, afin de vous rendre dignes de sa bienveillance. Nous nous plaisons à espérer que vous pèserez mûrement, en vous-mêmes, les considérations ressortant des circonstances graves et si importantes, dans lesquelles vous vous trouvez, et que vous ne vous laisserez pas réduire aux inévitables et infaillibles extrémités. d'où résulteront pour vous, pour vos femmes et vos enfants, pour vos biens et vos richesses, à mon extrême regret, ruine sans ressource, désolation sans remède.

« Réfléchissez, en outre, que le but de vos prétendus défenseurs ou protecteurs n'est pas de favoriser votre bien-être et de chercher votre utilité, mais d'amener votre perte et celle de tout le pays. Nous joignons ici, pour votre gouverne, copie des lettres que nous adressons à S. G. P., le margrave Christian-Guillaume de Brandebourg, et au colonel et chambellan Dietrich de Falckenberg. Nous attendons, par le retour du trompette, porteur des présentes, votre réponse et détermination finale et catégorique.

« Donné à Westerhausen, le 4 mai 1631. »

Dans la lettre à l'administrateur, Tilly, après avoir déploré que ses premières démarches fussent demeurées infructueuses, s'exprimait ainsi :

« ... Et maintenant les choses en sont venues au point que si V. G. P. continue à s'obstiner dans ses desseins pervers, non seulement elle en sera la première victime, mais elle entraînera, à sa suite, dans l'abîme béant et ouvert visiblement sous ses yeux, les habitants de Magdebourg avec leurs femmes et leurs enfants, et quantité de pauvres êtres innocents, dont les âmes crieront vengeance au ciel. Or donc, afin d'éviter cet horrible malheur, dont la pensée seule nous fait frémir, comme peut bien le penser V. G. P., et que nous voudrions éviter de toutes nos forces, mais dont la lourde responsabilité appartiendra seule à ceux qui auront égaré V. G. P. et la ville de Magdebourg, nous n'avons pu hésiter à renouveler, près de V. G. P., nos sincères et bienveillantes instances. Nous la prions de rentrer en elle-même et de bien réfléchir qu'elle peut encore secouer le joug des factions rebelles et qu'il est de son devoir de cesser son opposition, de déposer au plus tôt les armes, de dissuader les Magdebourgeois de leur obstination et de se soumettre à l'obéissance de Sa Majesté Impériale. C'est pour V. G. P. le seul moyen de détourner les calamités imminentes, de rentrer en grâce près de l'empereur et d'obtenir pour la ville de Magdebourg une capitulation honorable et telle que plus tard elle ne saurait plus l'espérer. V. G. P. et la ville de Magdebourg comprendront d'autant mieux la nécessité de s'accommoder de suite, qu'elles ont pu voir que les étrangers, en qui elles ont eu tant de confiance et qui les ont conduites dans ce labyrinthe, ne sont prodigues que de vaines promesses, et qu'il n'y a nul secours efficace à attendre désormais d'eux.

« Donné à Westerhausen, le 4 mai 1631. »

La lettre à Falckenberg exprimait les mêmes sentiments, et représentait, avec plus de force encore, les dangers de Magdebourg et la responsabilité de ses chefs.

« Et attendu que loin de nous plaire à l'idée de la ruine de cette cité, nous n'avons rien tant à cœur que de détourner ces malheurs, au moyen de sa soumission à Sa Majesté Impériale, attendu qu'il ne serait ni juste, ni chrétien, et moins justifiable encore devant le Tout-Puissant, d'exciter les esprits dans un autre sens et de s'entêter dans un aveuglement, qui doit nécessairement avoir pour résultat de précipiter tant d'êtres innocents dans une mer de calamités incalculables et de mener les soldats du roi à une boucherie inévitable, nous n'avons pu hésiter à redoubler nos bienveillantes instances auprès de vous, et de vous rappeler les devoirs qui vous incombent envers Sa Majesté Impériale, comme sujet possesseur de fiefs impériaux, afin qu'après mûr examen de ces choses, cessant d'encourager lesdits Magdebourgeois dans leur rébellion, vous les ameniez à un accommodement convenable et leur évitiez ainsi les malheurs qui frapperaient infailliblement leur obstination, persuadé qu'en telles circonstances, Sa Majesté le roi de Suède n'agirait pas autrement et vous donnerait même des ordres en conséquence. »

En même temps que ces dépêches étaient remises à leurs différents destinataires, il circulait, dans la ville, des lettres d'un membre du conseil, nommé Ahleman, homme généralement considéré, qui se tenait au camp impérial, dans un but de conciliation. Ahleman exhortait vivement ses concitoyens à ne pas courir les risques d'une ruine inévitable et leur offrait sa médiation, pour obtenir des conditions avantageuses. Ces conseils trouvèrent d'autant plus d'écho que le parti de la résistance avait perdu beaucoup de sa popularité. Des rassemblements, provoqués, principalement par les brasseurs, se formèrent et devinrent tumultueux. On y résolut de se porter, en masse, à l'hôtel de ville, pour imposer au conseil d'accepter une capitulation. Prévenus à temps par Hans Herckel, apothicaire mal famé, l'un des plus fougueux partisans des Suédois, l'administrateur et Falckenberg mirent tout en œuvre pour conjurer l'orage. On fit comparaître, en public, un certain Cummius, avocat sans cause, qui s'était employé peu auparavant à porter un message à Gustave-Adolphe. Cet homme produisit effrontément de fausses lettres du roi, fabriquées, pour les besoins de la cause, dans les bureaux du commandant, lettres dans lesquelles Gustave annonçait sa prochaine arrivée (1). Comme preuve à l'appui, on présenta, de nouveau, la dépêche prise sur l'adjudant-général de Tilly. Afin d'éteindre jusqu'aux moindres traces de doute, le magistrat fit préparer, dans plusieurs maisons

1. Après la destruction de la ville, ce Cummius, écrit Gericke, nous dit à moi et à d'autres, que S. M., (alors qu'il lui exposait comment la bourgeoisie s'était toujours flattée de l'espoir d'être délivrée par le roi, et attendait vainement le secours depuis longtemps) répondit : « Nous ne pouvions prévoir que l'administrateur irait si vite en besogne. » Cummius avait obtenu du roi la promesse d'une récompense de 200 doublons. Cette somme ne lui ayant pas encore été payée, lorsque les Suédois reprirent Magdebourg, Baner, sur sa demande, l'autorisa à faire vendre, à son profit, le bronze fondu qu'il pourrait trouver dans les décombres de la ville. L'opération fut, paraît-il, très lucrative pour Cummius. Ces sortes de gens, dit encore Otto Gericke, savent toujours se faire payer.

du Marche-Neuf, des appartements pour le roi et sa suite, comme si on l'attendait d'un jour à l'autre. A plusieurs reprises, l'administrateur monta jusqu'aux balustrades de la tour de la cathédrale, sous prétexte de vérifier si l'on n'apercevait pas déjà les Suédois. A ces misérables jongleries, il joignit des moyens, sinon moins grossiers, du moins plus sensibles. Il flatta les prédicants, les combla de présents, et leur promit force canonicats. Aussi, leur zèle ne connut-il plus de bornes. Du haut de leurs chaires, ils tonnèrent à l'envi contre les mauvais patriotes et l'Antechrist impérial. L'un des plus fanatiques, Gilbert de Spaignart, osa affirmer qu'un ange lui était apparu et lui avait promis la délivrance de la ville.

Le peuple, ébranlé, étourdi par tant de manœuvres, se laissa persuader. La bienveillante longanimité de Tilly ne lui parut plus que le piège vulgaire d'un général employant le mensonge pour éviter un échec certain. La lettre interceptée du roi fut largement exploitée dans ce sens. Afin d'achever la réaction par une diversion habile et de mettre à profit les nouvelles dispositions de la bourgeoisie, Falckenberg la mêla aux soldats. Dans un conseil de guerre, tenu le soir même du 4 mai, les chefs militaires se partagèrent la défense de la place. Outre la haute direction de l'ensemble, Falckenberg se réserva plus particulièrement le commandement du Heideck et de tous les remparts, jusqu'au Kroekenthor. Le général-major, Cuno de Ambsterroth, fut chargé de la garde de la partie de la ville située en face de la Neustadt. Le lieutenant-colonel Trost eut la surveillance des ouvrages du Holzmarsch, du Long-Pont et de la porte y attenante. L'administrateur ayant sous ses ordres le lieutenant-colonel Longius, eut pour mission de défendre le côté de la cathédrale et les forts qui regardent le Sudenbourg. La partie baignée par l'Elbe, dite rivage des pêcheurs, fut confiée à la corporation des pêcheurs. Sous le prétexte, assez spécieux, d'ailleurs, que le nombre des soldats était trop petit pour la vaste enceinte à garder, on appela les habitants à leur aide. La bourgeoisie fut divisée en dix-huit quartiers, à chacun desquels fut assigné un poste distinct. Tous veillaient la nuit ; la moitié se reposait le jour, à tour de rôle. Les premiers jours, tout alla bien. Le 5 mai, entre onze heures et midi, Ambsterroth fit une sortie avec 40 hommes, sur la Neustadt, surprit les Impériaux dans leurs tranchées, en tua seize, bouleversa leurs travaux et ramena deux prisonniers. A son retour, il apprit de ces derniers, que quelques pas plus loin, il aurait pris Pappenheim, qui s'était réfugié derrière un mur. Mis en goût par ce succès, Ambsterroth fit une nouvelle sortie par le Kroekenthor, et tua 40 Impériaux; à son exemple, le lieutenant-colonel Trost attaqua l'ennemi dans le Gross-March, le mit en désordre, et ne se retira que devant un régiment, envoyé en toute hâte par Tilly.

Ces exploits exaltèrent les bourgeois ; il ne fut plus question de répondre à Tilly sinon pour gagner du temps. Le 7 mai, l'administrateur écrivit le premier. Dans sa lettre il se posait en victime, affirmant qu'il n'avait rien fait pour déplaire à l'empereur et qu'il s'était borné à se défendre. Il ajoutait que, désirant invoquer la médiation des électeurs de Saxe et de Brandebourg, il priait Tilly de lui accorder des passeports pour ses députés auxdits princes *sans autre condition.*

Dès le 9, et avant d'avoir reçu aucune nouvelle des magistrats de Magdebourg, Tilly fit remettre à l'administrateur la dépêche suivante :

« ... Comme le contenu de la lettre de V. G. P. est fort important et qu'il m'est impossible de répondre si promptement aux divers points qu'elle traite, comme aussi la chose est en termes tels qu'il est nécessaire de peser mûrement les moyens sûrs d'amener un accommodement convenable, comme enfin nous avons appris entre autres choses de la ville, qu'elle était d'intention de nous députer un des siens, nous avons pris le parti d'envoyer à ladite ville un trompette sûr, pour assurer formellement les magistrats de nos dispositions toutes bienveillantes et pacifiques, avec mission d'en donner également l'assurance circonstanciée à V. G. P. »

Le conseil ne pouvait plus rester en retard. Le 10 mai, il envoya enfin sa réponse à Tilly. Après le début ordinaire sur son dévouement à l'empereur, sur sa parfaite innocence et sur les vexations imméritées, subies par la ville, bien certainement contre le gré de Sa Majesté Impériale, les magistrats invoquaient également la médiation des électeurs de Saxe et de Brandebourg, et demandaient des passeports pour leurs députés avec un armistice.

Cette dernière prétention était exorbitante, elle cachait une ruse trop grossière pour être habile. Tilly ne pouvait s'y laisser tromper. Néanmoins, tel était son désir d'épargner la ville, qu'il ne voulut reculer devant aucune concession pour atteindre à ce but. Le 12 mai, il envoya les passeports demandés, avec deux lettres, l'une pour les magistrats, l'autre pour l'administrateur.

La première était conçue en ces termes :

« ... Comme nous n'avons pas de plus grand désir, ainsi que le témoignent suffisamment nos lettres précédentes, que de vous voir rentrer dans l'obéissance due à Sa Majesté Impériale, notre auguste souverain, et que nous ne doutons pas que ce sentiment sera partagé par Leurs Altesses Électorales, que même elles vous y exhorteront de tout leur pouvoir, nous avons accueilli avec empressement votre demande, et nous vous envoyons, à cette fin, les passeports en question. Mais, considérant que ladite députation exigera beaucoup de temps et que les choses sont déjà en termes de ne souffrir aucun délai, nous craignons que ce moyen ne réussisse trop tard et nous croyons que vous feriez beaucoup mieux de prendre vous-même une résolution définitive. Toutefois, nous laissons à vos réflexions de juger ce qui vous sera le plus avantageux, en considérant que votre bien-être et votre existence sont en péril. Entretemps, vous ne pourrez imputer qu'à vous-même et à nul autre, les calamités qui pourront résulter de vos retards, et dont le danger est de la plus évidente imminence.

» Donné à Westerhausen, le 12 mai 1631. »

P. S. « Afin de garantir d'autant plus la sécurité de vos députés dans leur voyage, nous vous offrons de les faire escorter par un trompette, partout où ils voudront se rendre, vous priant de nous prévenir du jour du départ de vos députés et du lieu où nos trompettes devront se trouver. »

La missive, adressée à l'administrateur, à peu près dans les mêmes termes se terminait par ces paroles remarquables :

« De notre côté, nous attestons Dieu et notre conscience de chrétien, que la responsabilité des suites déplorables qui peuvent résulter de ces retards ne peut être imputée qu'à leurs auteurs. »

Ces avertissements, d'une éloquence rendue si émouvante par les progrès du siège, demeurèrent infructueux. Les Magdebourgeois ne prirent même pas la peine de donner quelque apparence sérieuse à leurs demandes de médiation. Les dernières communications restèrent deux jours sans réponse et, le 14 mai seulement, ils firent savoir à Tilly que leurs députés étaient provisoirement nommés. Ils insistèrent, en même temps, pour obtenir un armistice de quatre jours. C'était demander, en d'autres termes, la levée du siège et courir au-devant d'un refus. Malgré tant d'épreuves, la patience de Tilly n'était pas épuisée. Quant à la médiation mise en avant par les Magdebourgeois dans l'unique but de donner au Roi de Suède, qui les sacrifiait froidement à ses calculs, le temps d'arriver à leur secours, Tilly l'avait déjà invoquée et poursuivie sérieusement. Dès le 10 mai, il avait adressé une lettre des plus pressantes, dans ce sens, à l'électeur de Saxe ; le 15, il fit la même démarche auprès de l'électeur de Brandebourg. La lettre à ce prince mérite d'être citée, tant à cause de l'ardeur qu'il y montre de sauver Magdebourg, qu'en raison de la clarté prophétique et de la profondeur de ses appréciations sur les choses de son temps.

Après avoir déploré les *foules de guerre* dont le pays est affligé par suite de la résistance de Magdebourg, il rappelle les sincères exhortations qu'il a adressées, à plusieurs reprises et malheureusement sans succès, aux habitants de la ville, et conclut en suppliant l'électeur de les déterminer à accepter une capitulation honorable.

« Cet état de choses est gros de conséquences incalculables qui peuvent être désastreuses pour les pays de Votre Altesse Électorale, voisins de Magdebourg, ainsi que pour d'autres membres et sujets obéissants de l'empire. Votre Altesse peut d'ailleurs juger dans sa sagesse le fond qu'il y a à faire sur les potentats étrangers, car *l'expérience et les exemples de tous les jours montrent suffisamment que leur but unique est leur intérêt privé et le soin de leur propre puissance, de conserver sans vergogne tout ce qu'ils pourront prendre et s'approprier, jusqu'à ce que enfin chefs et sujets achèvent de secouer le joug du devoir et démembrent l'empire.* Nous n'avons donc pu nous empêcher plein d'humble confiance dans la sagesse de Votre Altesse Électorale, de venir la supplier de nouveau de prendre ceci à cœur et de nous prêter son concours pour engager lesdits Magdebourgeois à rentrer dans l'obéissance due à Sa Majesté Impériale et à prévenir ainsi les calamités qui sont à leurs portes, car, si Magdebourg n'est pas réduite à l'obéissance, si, s'obstinant dans sa rébellion, elle attire dans ce pays des auxiliaires étrangers, nul doute qu'à cet exemple d'autres nations ne pénètrent dans l'empire et selon le cours ordinaire des choses, se succédant mutuellement, ne jettent le pays dans la plus extrême confusion.

« Donné à Westerhausen, le 15 mai 1631. »

Ces démarches ne pouvaient avoir aucun succès. Les événements marchèrent, d'ailleurs, plus vite que les dépêches.

En effet, les négociations n'arrêtaient, en aucune façon, les progrès du siège. Les nouvelles de l'approche de Gustave-Adolphe inquiétaient Tilly. Des coureurs suédois s'étaient montrés près de Zerbst, et déjà, en général prévoyant, Tilly avait pris ses mesures, pour le cas où il aurait été obligé de battre en retraite, ou de livrer bataille au roi. Dans cette prévision, il avait envoyé, aux garnisons de quelques villes, et au corps d'armée placé à Dessau, l'ordre de le rallier en toute hâte. Mais, tout en prenant ces précautions, il faisait presser ses travaux avec une ardeur fébrile.

Tandis qu'une batterie de cinq pièces de canons foudroyait les ouvrages de la coupure du Holzmarch, Pappenheim et Mansfeldt rivalisaient d'activité pour pousser leurs tranchées. Le premier, favorisé par les habitations demeurées presque intactes de la Neustadt, sillonna le faubourg de ses tranchées et, s'aidant des caves, des souterrains et du moindre morceau de muraille, poussa ses travaux jusque dans les fossés de la ville. Le 10 mai, il érigea sa première batterie et canonna la demine-lune protégeant le rivage des pêcheurs. Les boulets démolirent parapets et meurtrières, mais le feu de la ville, concentré sur cette batterie, la réduisit pendant quelque temps au silence. Le lendemain, la batterie était déjà remontée et, quelques jours plus tard, quatre autres batteries de seize gros canons joignaient leur feu au sien. Pappenheim creusa des galeries, fit jouer la mine et parvint, à force d'efforts habilement dirigés, à porter ses approches au pied des remparts. D'une part, il enferma toute la face de la fausse braie du Fort Neuf entre ses tranchées, pénétra dans les fossés, fit détacher les palissades, de manière à ce qu'elles pussent être arrachées sans efforts au besoin, et apporter des milliers d'échelles pour l'assaut. Du côté de l'Elbe, les atterrissements du fleuve avaient rempli les fossés de la demi-lune placée devant la Porte Haute de sorte qu'on pouvait facilement les traverser à pied et parvenir, à la demi-lune. Lorsque les murailles de revêtement de cet ouvrage eurent été suffisamment battues, Pappenheim fit construire une levée de hauteur égale à celle de la fausse braie, et se fraya ainsi, autour de la demi-lune, un chemin, jusqu'au rivage des pêcheurs.

Enfin, à la corne du Kroekenthor, la contrescarpe fut

percée par deux galeries, qui permirent aux Impériaux de s'avancer jusqu'au pied de l'enceinte.

Afin de protéger ses travailleurs, Pappenheim fit creuser, en avant des tranchées, quelques trous dans lesquels il logea ses meilleurs tireurs. Cette ingénieuse disposition eut tout le succès désiré. Les assiégés, ne pouvant plus montrer la tête hors du parapet sans être criblés de balles, se trouvèrent fort incommodés dans leurs moyens de défense, et leurs sorties, signalées à temps par les hardis tirailleurs, furent dès lors constamment déjouées.

De son côté, le comte de Mansfeldt, bien moins favorisé que Pappenheim par les circonstances locales, dressa deux batteries de gros calibre contre le mur d'enceinte attenant au Sudenbourg et autant contre le Heideck. Ne pouvant parvenir à ébranler les murs de ce dernier fort, malgré l'adresse de ses artilleurs, il poussa ses tranchées jusqu'au fossé, perça une galerie, à travers la contrescarpe, et, après avoir essayé vainement de battre en ruines les fondements du fort, il reporta son artillerie sur un autre point et consolida sa galerie, pour s'assurer, en cas d'assaut, un passage couvert vers le pied du rempart.

Le 17 mai, les travaux des assiégants se trouvant fort avancés et toutes leurs batteries dressées, la canonnade devint générale sur toute la ligne. Une pluie de boulets s'abattit sur la ville, portant en tous sens le ravage et la mort. Les Magdebourgeois répondirent vaillamment de toutes leurs pièces, habitants et soldats entretinrent tout le jour un feu nourri de mousqueterie contre les travailleurs de l'ennemi. Dans l'ardeur de la lutte, ils chargèrent leurs mousquets de tout ce qui se trouva sous leur main. Comme le bruit courait parmi eux que les Impériaux étaient invulnérables par suite de certains charmes, ils se servirent de balles ramées; or, l'emploi de ce projectile passait alors, soit par suite des propriétés magiques qu'on lui attribuait, soit à cause des affreuses blessures qu'il fait, pour être contraire aux lois d'une guerre loyale. L'irritation des Impériaux s'accrut encore d'une autre circonstance. Du haut de leurs murailles, les Magdebourgeois les insultaient avec mépris, les accablaient d'injures et vomissaient les plus horribles imprécations contre la très sainte Vierge, Mère de Dieu. Ces invectives et surtout les blasphèmes frappaient les catholiques plus douloureusement encore que les balles de l'ennemi. L'exaspération la plus grande régnait parmi eux. En attendant que sonnât l'heure de la vengeance espérée, ils se battaient en silence et poussaient leurs travaux avec toute ardeur. La nuit, loin de mettre un terme à l'intensité de la lutte, sembla exciter encore les Impériaux. Deux batteries de mortiers établies, l'une à la Neustadt, l'autre au Sudenbourg, furent démasquées et les bombes se croisèrent dans les airs. Des incendies éclatèrent en différentes parties de la ville, mais ils furent comprimés aussitôt, grâce aux précautions de Falckenberg. Partout les secours étaient préparés, les toits couverts de fumier, les matières combustibles mises à l'abri, et les 300 projectiles creux lancés par Tilly n'occasionnèrent que d'insignifiants dégâts.

Le 18 et toute la matinée du 19, le feu des Impériaux se maintint avec la même violence. Le 18, la tour de la haute porte s'écroula, mais, au lieu de remplir le fossé de ses décombres, comme l'avait pensé Pappenheim, elle se renversa de côté sur le rempart et loin de diminuer l'obstacle, l'augmenta.

Tilly avait espéré que l'énergie de ses attaques ébranlerait enfin l'obstination des assiégés. Il s'était tenu toute la journée du 17 à la Neustadt, dans l'espoir de voir apparaître quelque messager de soumission. Averti de tout ce qui se passait dans la ville par des bourgeois mécontents, il savait que les esprits y étaient divisés et irrités. Le système d'affecter toujours le même quartier aux mêmes défenseurs rendait la tâche des uns aussi fatigante et périlleuse que celle des autres était facile et sûre. De là, des plaintes jalouses et d'amères récriminations. En outre, tandis que le pauvre payait de sa personne, le riche se faisait remplacer par ses domestiques et se tenait paresseusement près de son foyer. Autre sujet de réclamations violentes et de haines sourdes. La plupart de ceux qui se rendaient à leur poste y faisaient d'ailleurs fort peu de service. Ils remplissaient les cantines et se livraient à toutes sortes de plaintes contre les exigences intolérables du conseil, de l'administrateur et de Falckenberg, qui, après leur avoir promis que la défense de Magdebourg ne leur coûterait ni peine ni argent, vidaient le trésor public et les contraignaient à remplir l'office de soldats.

Cette attitude molle et pleine de mauvais vouloir, inspirée par l'égoïsme le plus mesquin, se doublait des calculs d'intérêt les plus insensés. La garnison devint pour la bourgeoisie un véritable objet de spéculation. Nul ne voulait contribuer soit à la payer, soit à la nourrir, soit même à la loger. On lui vendait des vivres au poids de l'or, et encore ne lui fournissait-on, la plupart du temps, que des provisions avariées et falsifiées. Des soldats moururent littéralement de faim. D'autres périrent empoisonnés par la bière de munition, que leur vendaient les brasseurs de la ville; d'autres encore, poussés par le besoin, désertèrent. On en vit mendier un morceau de pain dans les rues. Tout le temps du siège, la cavalerie fut obligée de bivouaquer à la belle étoile, sur la place publique. Elle offrit de combattre à pied aux postes les plus périlleux, pourvu que la bourgeoisie consentît à lui donner les vivres et l'abri. Cette offre fut repoussée et, plutôt que de fournir gratuitement quoi que ce fût à ces braves gens, qui tous les jours exposaient leur vie pour eux, les habitants de Magdebourg cachaient, dans leurs caves, leurs provisions de subsistances et de fourrages.

Ce qui maintenait encore leur résolution et leur répugnance à capituler, c'était l'intime persuasion où ils étaient de leur délivrance imminente par Gustave-Adolphe. Pour entretenir cette illusion, son seul moyen d'influence sur eux, Falckenberg passait les nuits à fabriquer de fausses lettres du roi, dont il faisait ensuite répandre les copies dans la ville: l'administrateur multipliait ses ascensions à la tour de la cathédrale et les prédicants redoublaient de violence et de mensonges dans leurs chaires.

L'attente de Tilly fut donc vaine, mais ses espérances se réveillèrent le lendemain 18. Le feu de l'artillerie magdebourgeoise, jusque-là bien nourri, s'affaiblit par degrés et finit par s'éteindre complètement. Tilly dépécha aussitôt à la ville un parlementaire chargé des sommations les plus énergiques pour le conseil, l'administrateur et Falckenberg. Il écrivait à la ville:

« Bien que nous soyons tout disposé à vous envoyer de nouveau les passeports que vous avez demandés pour les personnes par vous désignées, considérant cependant que les choses avec la ville sont venues en telles extrémités, qu'elles ne peuvent souffrir le moindre retard sans grand péril, ainsi que vous pouvez l'apprécier vous-mêmes, nous pensons que la légation en question arriverait trop tard et n'aboutirait à rien. Il ne vous reste évidemment, toute autre préoccupation à part, que de prendre une prompte résolution ; c'est à quoi nous venons surabondamment vous exhorter par un surcroît de bienveillance, vous invitant à prendre en sérieuse considération les inévitables et terribles dangers que courent votre vie, votre personne et vos biens, et à vous soumettre en conséquence, sans retard, à l'obéissance due à l'empereur, votre auguste souverain, unique moyen de vous sauver et d'obtenir une capitulation que désormais vous ne pouvez plus espérer.

« Que si cette démarche bienveillante et sincère est suivie d'effet, vous aurez agi pour votre meilleur intérêt ; sinon, nous nous en lavons les mains, nous serons justifié devant Dieu et devant les hommes, et assuré, dans notre conscience, que la responsabilité de votre malheur n'appartiendra qu'à vous et à ceux qui vous entretiennent dans votre obstination, et que vous avez seuls à en supporter le poids devant le Tout-Puissant et devant la postérité équitable.

« Donné à Westerhausen, le 18 mai 1631. »

Les lettres adressées à l'administrateur et à Falckenberg n'étaient pas moins pressantes. Tilly les appuya de ses canons. Le 19, à midi, son parlementaire n'étant pas revenu, il commença à désespérer du résultat de ses démarches. Son anxiété était extrême. L'électeur de Bavière lui écrivait tous les jours qu'il fallait prendre la ville à tout prix. D'autre part, des nouvelles inquiétantes du roi de Suède ne cessaient de lui parvenir. Il redoutait autant la réussite que l'insuccès de l'assaut. La réussite, c'était dans les dispositions de ses troupes et dans les mœurs militaires de l'époque, la ruine de Magdebourg; l'échec, c'était l'humiliation de l'autorité impériale, le déchaînement de toutes les passions prêtes à se révolter contre le pouvoir suprême, mais jusqu'ici contenues par la crainte. Dans l'après-midi, il donna l'ordre de suspendre le feu, voulant montrer par là aux Magdebourgeois qu'il interprétait le silence de leur artillerie comme un prélude de capitulation. Mansfeldt profita de ce répit pour faire enlever quelques-unes de ses pièces probablement détériorées ou destinées à être mises en batteries sur d'autres points. Cette circonstance fut mise habilement à profit par Falckenberg et les prédicants, pour faire croire à la bourgeoisie que les Impériaux se disposaient à lever le siège. Vers le soir, Tilly convoqua les généraux de son armée en conseil de guerre, pour délibérer sur la question de savoir si l'on donnerait oui ou non l'assaut. La discussion fut assez longue. Nulle part, il n'y avait encore de brèche praticable et les conditions de l'escalade étaient peu favorables. Tilly penchait pour la négative, mais l'ardent Pappenheim plaida l'affirmative avec tant d'éloquence et d'entraînement, qu'il rallia à ses vues la majorité de ses collègues. On décida que l'assaut aurait lieu et serait donné à la fois sur tous les points d'attaque, afin de diviser les forces de l'ennemi. On arrêta, pour mot d'ordre: « *Jesus! Maria!* » pour signe de ralliement, une écharpe blanche au bras, et pour signal de l'attaque, six coups de canon d'une batterie déterminée. Ces décisions prises, les généraux se rendirent à leurs postes respectifs pour prendre les dispositions nécessaires et se préparer à la scène suprême, où allait s'accomplir la ruine de Magdebourg.

Pendant toute la nuit, une agitation extrême régna dans les quartiers impériaux et fit retentir ses rumeurs jusque dans la ville. Les transports d'armes, de munitions, d'échelles et de tous les engins meurtriers d'assaut se croisaient en tous sens. Les ambulances se préparaient, les travailleurs agrandissaient les galeries, les soldats que le service laissait libres s'assemblaient, échangeant les imprécations de leur haine contre les Magdebourgeois, insulteurs de la Vierge, traîtres aux lois de la guerre, et leurs espérances dans le pillage d'une ville où, disait-on, se trouvaient assez de trésors pour acheter trois royaumes. A la Neustadt, où commandait Pappenheim, l'activité était plus grande que partout ailleurs. L'aurore du 20 mai trouva les troupes rangées dans les places d'armes, impatientes du signal. Des régiments de dragons et de cuirassiers avaient sollicité de combattre à pied, pour avoir l'honneur de prendre part à l'assaut. Des vivandières, courant de rang en rang, distribuaient des cannettes pleines d'excellent vin du Rhin, largesse de Tilly à ses soldats. De courtes mais énergiques harangues des chefs de corps achèvent d'enflammer les courages.

Cependant l'heure se passe et le canon demeure muet. Vers les 6 heures, une ordonnance vient convoquer les généraux à un nouveau conseil de guerre. Tilly, en proie aux plus vives perplexités, avait passé la nuit en prières, sauf une heure consacrée au sommeil. A la pointe du jour, il entendit selon son habitude deux messes successives; son âme agitée par mille sentiments divers, effrayée de sa lourde responsabilité, cherchait aide et secours auprès de Dieu. Au moment solennel il hésitait encore et, mû d'un vague espoir de voir revenir son parlementaire avec une réponse à sa guise, il cherchait, sans peut-être s'en rendre bien compte, à gagner du temps. Au milieu des fluctuations contradictoires de son esprit, il avait laissé écouler l'heure convenue. Maintenant, il lui semblait que l'instant favorable était passé et que l'entreprise était devenue téméraire. Lorsque ses officiers furent réunis autour de lui, il leur exposa ses doutes et longtemps on discuta sans se mettre d'accord. A la fin, un capitaine italien qui se trouvait là, rappela que récemment Maestricht avait été ainsi surprise par une attaque en plein jour, parce que les défenseurs, fatigués de leur veille, s'étaient endormis sur les remparts. Cette citation pleine d'à-propos eut complet succès. Le conseil vota unanimement pour l'assaut et Tilly en donna enfin l'ordre formel.

Pendant ce temps-là, que se passait-il dans la ville? Grande avait été la consternation du conseil lorsque, le 18 mai, les magistrats préposés aux magasins militaires l'avaient informé que la poudre et les mèches allaient manquer. Avis en fut donné à Falckenberg. Le gouverneur affecta une vive surprise et donna aussitôt l'ordre de suspendre le feu de l'artillerie, afin de réserver le peu qui restait de munitions pour le cas d'un assaut. Un relevé exact des matières en magasin ayant démontré qu'il existait encore de grandes provisions de soufre et de salpêtre, on mit en réquisition tous les moulins à la main et jusqu'aux mortiers d'apothicaire pour fabriquer de la poudre. Il semble étrange qu'un officier aussi distingué et aussi prévoyant en toutes choses que Falckenberg ait ignoré l'état de ses poudrières et négligé cette branche si essentielle du service, au point de n'être informé qu'au dernier moment, et par voie indirecte, de la menaçante lacune qui s'ouvrait dans ses moyens de défense. Mais l'énigme n'est qu'apparente et la surprise témoignée par le gouverneur suédois est purement fictive.

Sa mission à Magdebourg était d'empêcher, à tout prix, que la ville ne tombât au pouvoir de l'ennemi. Les mêmes raisons, qui faisaient tant désirer à Tilly la possession de la forteresse intacte, agissaient en sens inverse sur lui.

Le dur soldat, qui n'avait pas hésité un instant à sacrifier aux besoins de la défense deux populeux et riches faubourgs, ne pouvait reculer devant d'autres moyens non moins horribles et désespérés, de prolonger la lutte et d'arracher à l'ennemi triomphant tout le fruit de sa victoire. Esclave de sa consigne, résolu à toutes les extrémités, dédaigneux de la mort, méprisant les bourgeois, dont l'avarice et l'inertie lui suscitaient mille obstacles, et qu'il ne cessait de tromper, insensible à toute autre chose qu'au soin d'atteindre à son but il n'avait en lui, ni autour de lui rien qui pût arrêter un moment sa ferme volonté d'y arriver. Capitaine de navire, il eût été homme à se faire sauter plutôt que de se rendre ; commandant de forteresse, il ne balança pas à s'ensevelir sous les ruines de Magdebourg, plutôt que de livrer à un ennemi abhorré une place dont l'importance et les richesses pouvaient peser d'un grand poids dans les destinées de la guerre. Trop habile et expérimenté pour ne pas prévoir l'imminente victoire de Tilly, il ne voulut du moins lui laisser qu'un monceau de décombres. Secondé par un petit nombre de fanatiques il fit creuser secrètement, sur différents points de la ville, dans la direction des principales portes, des mines, reliées entre elles par des traînées de poudre. Dans la rue, dite Breite Strasse, des fougasses furent ainsi pratiquées sous chaque deuxième ou troisième maison. Des débris de cercles goudronnés, retrouvés après le siège, prouvent que des mesures avaient été prises pour aider à l'incendie. Quelques initiés se chargèrent de l'exécution (1).

Sur ces entrefaites, le parlementaire impérial ayant présenté ses lettres aux chefs de la ville, le conseil convoqua les dix-huit quartiers pour le dix-neuf, dans les demeures de leurs capitaines, afin de délibérer sur la réponse à faire aux sommations de Tilly. Le conseil, en agissant ainsi, espérait s'éclairer des sentiments réels de la bourgeoisie et se décharger aussi de la terrible responsabilité qui pesait sur lui. Mais il arrive trop souvent que les assemblées populaires, se laissant dominer par un petit nombre d'influences hautaines, ne révèlent pas le sentiment intime qui est au cœur de tous et qu'opprime soit la crainte, soit je ne sais quelle fausse honte, soit l'esprit de parti. C'est ce qui advint, en effet, dans cette circonstance. Un véritable terrorisme régnait à Magdebourg ; quiconque osait parler de capitulation était à l'instant signalé comme traître et apostat du haut des chaires et signalé à la vindicte publique. Deux jours auparavant, les prédicants, Gilbert de Spaignart à leur tête, s'étaient présentés en corps devant le conseil, pour protester contre toute idée de lâche reddition. Leurs déclamations augmentaient de violence avec le danger. Maîtres de l'autorité, par l'appui que leur donnaient Falcken-

1. Après la prise de la ville, on découvrit plusieurs de ces mines qui n'avaient pas éclaté. Une, entre autres, sous le grand marché, contenait cinq quintaux de poudre. Hoffman, p. 159. Wessenberg, Teutscher-Florus, *Bustum Virginis Magdeburgicæ*, p. 16. *Ausfuhrl. Bericht*, p. 11. Adgreitter, p. 230. Rapport de Tilly. Pappenheim, Ruepp, etc. Bensen, 473.

berg et l'administrateur, soutenus par une populace fanatisée, ils intimidaient les hésitants, flagellaient les mous, portaient aux nues les énergumènes, et se rendaient redoutables à tous par la violence de leur langage et les âpretés de leurs furibondes apostrophes.

Les quartiers, dominés par la crainte, osèrent à peine se prononcer. La majorité n'eut pas le courage de donner son avis et s'en référa complètement au conseil. Quelques-uns, en petit nombre, votèrent pour la capitulation. Le reste la repoussa énergiquement. Il y eut même un quartier qui, suspectant la sincérité de son capitaine, envoya une députation spéciale au conseil pour lui signifier son opposition à toute négociation contre Tilly [1].

Le conseil se réunit, à son tour, dans l'après-midi du 19. Peu de membres se trouvèrent présents, tant il est vrai que le courage d'émettre franchement son opinion en public est plus rare que la bravoure militaire des batailles. Otto de Géricke, directeur des travaux de la ville, exposa que les palissades des fossés au Fort-Neuf, à la Neustadt avaient été arrachées, que, partant, les défenseurs de la fausse braie pouvaient être surpris à chaque instant, et qu'il importait de prendre une décision avant qu'il ne fût trop tard. Le docteur Jean Denckhardt, syndic de la ville, prenant ensuite la parole, fit remarquer qu'en présence de cette déclaration et vu le manque de poudre et l'impossibilité évidente de prolonger la résistance, il serait insensé d'exposer la vie et les biens de tant de milliers d'hommes et conclut pour la capitulation.

Les conseillers présents, ébranlés par ces déclarations, décidèrent d'ouvrir les négociations avec Tilly et changèrent Otto de Géricke de communiquer à Falckenberg cette résolution appuyée des motifs qui l'avaient dictée.

Falckenberg était occupé à diriger deux sorties contre l'ennemi, lorsqu'il fut abordé par Géricke. En apprenant les avantages conquis par les Impériaux du côté de la Neustadt, il donna l'ordre de faire, pendant la nuit, une troisième sortie sur le point où ceux-ci étaient le plus avancés, et manda au bourgmestre de ne faire aucune démarche près de Tilly sans

1. Otto Géricke, à qui nous empruntons ces détails, dont il fut le témoin oculaire, fait remarquer que ni l'Empereur, ni Tilly n'avaient parlé de changement de religion, ni réclamé des Magdebourgeois autre chose que le retour à la soumission légale et légitime.

Ajoutons que dans aucune des capitulations imposées par Tilly, à Gottingen, à Nordheim, à Stad, etc., il n'est question de changement de religion.

l'avoir consulté, et de convoquer le conseil pour le lendemain matin à quatre heures, pour examiner les divers points de la capitulation à demander.

Incurie, mauvais vouloir ou trahison, la sortie ostensiblement commandée par Falckenberg n'eut pas lieu. Aucune instruction particulière ne fut envoyée aux troupes de service, les corps de garde demeurèrent dépourvus de mèches, de haches-d'armes et de piques. La cavalerie seule eut ordre de se tenir sur le Marché-Neuf, prête à monter à cheval, unique indice qu'on craignît encore une attaque.

La nuit vient sombre et froide. Elle paraît longue aux défenseurs de Magdebourg. Soldats et bourgeois, répandus sur le rempart, prêtent l'oreille aux mille rumeurs que le vent leur apporte des quartiers impériaux, et s'efforcent de percer du regard le mystère des ténèbres. Ils se communiquent, à voix basse, leurs impressions, et oublient de jeter à l'ennemi leurs imprécations ordinaires. Partout sur ces murailles, naguère si bruyantes, règne le silence de l'anxiété, interrompu seulement par le cri monotone des sentinelles.

Cependant, à mesure que les heures s'écoulent, le bruit semble diminuer dans les tranchées des assiégeants. Au cliquetis des armes, au sourd roulement des canons, au piétinement des chevaux a succédé un calme de plus en plus complet. Lorsque les premières clartés du jour commencent à chasser la nuit et que l'œil des sentinelles, se promenant dans la plaine, n'y aperçoit qu'une fallacieuse absence de mouvement, l'idée d'une attaque s'efface de l'esprit des Magdebourgeois. Falckenberg lui-même semble s'y laisser tromper. Au coup de cinq heures sonné par l'horloge de la cathédrale, il donne l'ordre de relever les postes, comme à l'ordinaire, se fait amener son cheval et galope vers l'hôtel de ville. A son exemple, ceux des officiers que ne retiennent pas les strictes exigences du service regagnent la ville, les bourgeois se débandent et se dispersent, soit pour aller dormir, soit pour se rendre, dans les églises, entendre le prêche du matin, soit pour chercher des nouvelles à l'hôtel de ville. A peine reste-t-il sur les remparts, 600 hommes, soldats et citadins, fatigués de leur veille, anxieux et prêts à se laisser aller au sommeil. Cependant, à heure convenue, le conseil, renforcé des capitaines de quartiers, était entré en séance, dans la salle ordinaire de ses délibérations, à l'hôtel de ville. Dans une salle voisine se réunissent Falckenberg, Stallman et trois conseillers de l'administrateur. Le choix des députés à envoyer à Tilly occupe d'abord les magistrats et donne lieu à de longues discussions. A la fin, on se met d'accord. Le bourgmestre en charge, Kuhlewein, le syndic Denckardt, le conseiller Conrad Gerhold et Otto de Géricke, sont chargés de dresser le projet de capitulation avec le concours de Falckenberg. Le temps presse et l'heure matinale,proposée par Falckenberg lui-même pour la réunion, indique qu'il est des premiers à comprendre l'urgence d'une prompte décision. Une simple ruse de plus de l'inflexible commandant. Peu lui importe le sort des milliers de créatures, dont il tient la fortune et la vie entre les mains, pourvu qu'il parvienne à ses fins secrètes. Lorsque les délégués du conseil sont admis près de lui, il prend la parole, mais au lieu d'aborder directement l'objet de la conférence, il se perd en longues digressions sur les promesses solennelles du roi de Suède, sur la prochaine délivrance de la ville, et remarquant, sans doute, quelque impatience chez ses auditeurs, il s'écrie, avec véhémence, que le danger n'est pas aussi grand que certaines personnes veulent bien le dire, et que, d'ailleurs dans les circonstances présentes, alors que, à chaque minute, à chaque seconde, on doit s'attendre à voir paraître le libérateur royal, le gain d'une seule heure ne se pourrait payer avec des tonnes d'or. Il parle, en effet, plus d'une heure sur ce ton, et il parle encore, quand le secrétaire de la ville vient le prévenir, de la part du conseil, que les veilleurs de la cathédrale et de la tour Saint-Jacques ont donné avis que les Impériaux se montrent en force dans les faubourgs. Au même instant, accourt tout effaré, des remparts, un bourgeois, annonçant qu'on a vu de grosses troupes de cavalerie se masser dans la campagne, derrière les ondulations de terrain. Le devoir de Falckenberg était incontestablement d'aller immédiatement aux remparts, de vérifier les faits et d'organiser la défense. Il n'en est rien; il écoute, impassible, les rapports des survenants et y répond, en s'écriant : « Je voudrais pour beaucoup, que les Impériaux s'aventurassent à donner l'assaut, je les recevrais de manière à les en faire cruellement repentir. »

Inaction et bravade étranges, si l'on considère que Falckenberg n'a pris aucune précaution contre une attaque éventuelle, qu'il ne peut ignorer l'inexécution de l'ordre de sortie, donné par lui, la veille, et par conséquent, l'imminent péril auquel sont exposés les défenseurs des ouvrages de la Neustadt, que loin de renforcer les postes, il en a fait relever une partie, qu'il a négligé de les faire pourvoir de mèches et d'armes blanches, en un mot que, de son su et connu, tout est à l'abandon sur les remparts. Falckenberg, dans sa pensée intime, faisait-il donc allusion aux mines destructives, creusées par ses agents secrets ? Le doute ne peut être permis, car cette inertie, dans un chef aussi actif, cette fanfaronnade dans la bouche d'un homme aussi brave ne se peuvent expliquer autrement.

Il n'a cependant pas achevé ce propos si cruellement mystérieux, que les veilleurs de la tour Saint-Jean sonnent le cor d'alarme. Au dehors éclate un violent tumulte. Le cri de : Voilà les Impériaux! retentit de toutes parts. Otto de Géricke se précipite hors de la salle, court jusque dans la rue des Pêcheurs, y rencontre des Croates occupés à piller et revient, hors d'haleine, raconter ce qu'il a vu. Derrière lui, arrivent les pages de Falckenberg, avec la nouvelle que les troupes de Pappenheim ont surpris le Fort-Neuf et pénètrent déjà dans la ville. Falckenberg, parvenu enfin à son but, retrouve soudainement toute son activité. Il saute à cheval et s'éloigne au galop vers le Holzmarsh, pour y chercher le régiment de Trost. Les prédicants et la plupart des magistrats s'enfuient éperdus. Quelques-uns, se raccrochent encore à une lueur d'espoir, ils vont au Marché-Neuf et de là dépêchent, coup sur coup, à Pappenheim des tambours en parlementaires, dont aucun ne revint.

En effet, vers sept heures et demie, Pappenheim n'entendant pas le signal, n'avait pu contenir plus longtemps son impétuosité. Poussant le cri de ralliement : *Jesus! Maria!* il se précipite dans les fossés du Fort-Neuf, à la tête de ses colonnes d'assaut. Les palissades, déracinées d'avance et maintenues seulement pour la forme, sont arrachées, les échelles se dressent sur tous les points à la fois. La fausse braie est escaladée. Quinze soldats s'y trouvent, mais ils n'ont pas d'armes et s'enfuient sur le rempart supérieur. Les Impériaux les suivent et, le premier, Pappenheim plante, de ses propres mains, l'étendard impérial sur les parapets. Dans un second corps-de-garde, une troupe de Magdebourgeois écoute les fanatiques déclamations d'un prédicant. Surpris, ils sont massacrés en partie, le reste se sauve par la poterne dite le *Stuckthor*, qui conduit dans la rue des Vernisseurs. Les Impériaux y pénètrent avec eux et s'avancent jusqu'à l'église Saint-Jacques, où ils cherchent à s'établir. Au même instant, les Croates poussent leurs chevaux dans les basses eaux de l'Elbe, remontent le long de la rive, jusqu'à la porte des pêcheurs qu'ils trouvent ouverte. Quelques compagnies d'infanterie les suivent par la levée érigée par Pappenheim, autour de la demi-lune, et tous ensemble se jettent sur le quartier sans défense qu'ils s'empressent de piller.

Près de là, les colonels Wangler et Gronsfeld attaquent la Porte-Haute. Ils trouvent les sentinelles endormies, les égorgent, garnissent les remparts de leurs troupes et débouchent, à leur tour, dans la ville. Mais la résistance commence à s'organiser. Le drapeau blanc, signal d'alarme, hissé à toutes les tours des églises et les sons pressés du tocsin appellent, de toutes parts, le peuple aux armes. Les bourgeois sortent en foule dans les rues et courent à l'ennemi. Les uns l'attaquent de front, les autres, se logeant dans les maisons, le fusillent sans danger, à bout portant. Sur ces entrefaites, Falckenberg arrive avec 400 hommes du régiment de Trost, se jette sur les Impériaux et, dans le premier choc de son élan, les culbute dans les fossés de la place.

Furieux de ce premier échec, qui lui coûte une centaine d'hommes, Pappenheim s'obstine avec plus d'ardeur à son entreprise. Il s'élance vers le régiment de Savelli et lui ordonne de monter à l'assaut. Il est huit heures, les six coups de canon du signal convenu tonnent, et l'attaque, jusqu'ici isolée, devient générale. Pappenheim n'a plus devant lui des remparts déserts et des sentinelles endormies ; les parapets sont garnis de soldats qui vomissent la mort sur tous les points. Mais le danger devient un stimulant pour le bouillant courage des Impériaux ; à l'ordre donné, ils appuient leurs échelles contre les murs et montent en foule, au milieu d'une grêle de pierres ; les premiers sont renversés, d'autres leur succèdent; et bientôt les murs fourmillent de brassards blancs. Les assiégés reculent sous l'effort de cette avalanche d'assaillants. Après une demi-heure d'un combat acharné, Pappenheim a reconquis ses premiers avantages. Informé que Gronsfeld et Wangler sont arrêtés par la mousqueterie meurtrière partie des maisons accolées contre la Porte-Haute, il donne l'ordre de mettre le feu aux deux ou trois premières ; l'ordre est exécuté. Chassés de leur poste par l'incendie [1], les Magde-

1. Cet incendie ne dévora que les deux ou trois maisons attenantes à la Porte-Haute. Il s'était éteint faute d'aliment, quand éclata, dans une direction opposée, le vaste embrasement qui détruisit Magdebourg. C'est ce qu'attestent le capitain Ackermann dans une brochure publiée après la prise de Magdebourg et d'autres témoins oculaires.

bourgeois se replient avec quelque confusion. Falckenberg accourt à leur aide et déjà croit vaincre une seconde fois, lorsqu'une balle le renverse mortellement blessé. Les soldats le portèrent mourant dans une maison voisine, qui devint, plus tard, la proie des flammes. Le lieutenant-colonel Trost, le remplace et succombe à son tour ; le colonel Usslar, veut charger avec la réserve de cavalerie ; il est culbuté, et ses soldats ralliés au Marché-Neuf refusent de fournir une nouvelle charge. Les progrès des Impériaux ne sont pas moindres dans la rue des Vernisseurs. L'absence de direction dans la défense les favorise. Les bourgeois, sans officiers, sans ordres, s'enfuient ou cherchent à gagner quelque point de ralliement. Les Impériaux, ne voyant plus d'ennemis devant eux, cèdent à l'appât du pillage, se débandent et se dispersent dans les maisons. Un officier de mérite, le capitaine Shmidt, saisit ce moment avec une rare présence d'esprit. Suivi d'une poignée d'hommes dévoués, il tombe sur les gens de Pappenheim, les pousse en désordre devant lui, comme un troupeau, les chasse des portes et les ramène à leurs échelles.

Pour la seconde fois, Pappenheim voit, avec désespoir, la victoire sur le point de lui échapper. Il est neuf heures, la chaleur est déjà grande, ses soldats sont épuisés, ruisselants de sueur, presque découragés. Trois fois, il a envoyé demander du secours à Tilly, ce secours n'arrive pas, et l'impatient capitaine se déchaîne contre la jalousie imaginaire qui veut le sacrifier. Il ignore que l'armée impériale tout entière est engagée, que Mansfeldt et le duc de Holstein luttent avec la plus vaillante énergie contre la plus héroïque défense ; que Piccolomini, maître des retranchements du Holzmarsch, est invinciblement arrêté par la rupture du Long-Pont.

Sur tous les points, le combat est dans sa plus grande ardeur. A l'appel de Pappenheim, Tilly s'est transporté lui-même à la Neustadt ; il trouve son infatigable lieutenant occupé à faire sauter les murs du revêtement des fossés et à faire creuser, à coup de haches et de pioches, dans les talus du rempart, de larges degrés, par où quatre escadrons de cuirassiers et un escadron de Croates hissent leurs chevaux. Cette cavalerie se met en bataille sur les remparts et pénètre, musique en tête, au bruit des timbales et des trompettes, dans la rue des Vernisseurs. Elle est appuyée par plusieurs compagnies d'infanterie qui la suivent, à courte distance. Le capitaine Shmidt vient d'être renversé par une balle; sa troupe décontenancée ne se bat plus qu'avec mollesse. Les chaînes de la rue ne sont plus tendues et la masse imposante des cuirassiers s'avance, écrasant toute résistance sur son passage.

Sur un point voisin de la muraille d'enceinte, l'œil vigilant de Tilly a aperçu une poterne non gardée. Il y fait attacher un pétard, la porte cède et, par l'ouverture, un détachement d'Impériaux amène, vers les rues aboutissant à la Porte-Haute, des canons arrachés au rempart, et balaie tout le rayon dominé par leur feu.

Une salve générale des Impériaux annonce que leur triomphe est complet dans cette partie de la ville et marque l'heure de la chute de Magdebourg. Les Magdebourgeois éperdus se sauvent dans toutes les directions, les uns vont se cacher dans leurs caves ou dans les églises, les autres cherchent un refuge derrière les murs des cimetières, afin d'y mourir en combattant. La majeure partie, troupe confuse que l'idée du danger égare, se précipite du côté de la porte du Long Pont et l'ouvre dans l'espoir de trouver un abri dans le Holzmarsch. Mais ces malheureux se heurtent contre les Croates, qui sont parvenus à réparer, tant bien que mal, le Long-Pont ; la porte, ouverte si imprudemment, ne peut plus être refermée. La force d'impulsion de la foule vient se briser contre le poitrail des chevaux des Croates ; une scène de meurtre et d'indescriptible confusion a lieu sur l'étroit espace qu'offrent les abords du Long-Pont. Les premiers des fuyards s'abattent sous le sabre de l'ennemi ou vont se précipiter dans le fleuve ; les derniers tournent tête et courent en divers sens, poursuivis par les Croates. Le corps entier de Piccolomini entre dans la ville.

Cependant la lutte continue sanglante au Kroekenthor et au bastion du Heideck. Le duc de Holstein n'a pu encore avancer d'un pas, et Mansfeldt n'a obtenu de légers avantages qu'au prix de sanglants sacrifices. L'acharnement est si grand parmi les combattants, le fracas des détonations si étourdissant, qu'aucun des partis ne s'aperçoit de ce qui se passe dans le reste de la ville. C'est au plus fort du combat que les défenseurs du Kroekenthor sont surpris et massacrés par un détachement d'Impériaux, qui a tourné les remparts. La porte est brisée à l'intérieur et livre passage aux troupes exaspérées du duc de Holstein.

Au bastion du Heideck, 300 soldats se battent avec un courage désespéré contre les flots toujours grossissants des gens de Mansfeldt. Tout à coup ils voient apparaître et venir à eux, le long des remparts, une troupe d'Impériaux agitant des drapeaux conquis. Se voyant perdus sans ressource, ils s'avancent au-devant de ces nouveaux assaillants et demandent quartier. On leur répond par des cris de mort ; les trois quarts sont égorgés, quelques-uns se sauvent pour aller périr plus loin. Le corps de Mansfeldt envahit dès lors, sans obstacles, les remparts, et se précipite comme un torrent dans la ville.

Magdebourg est pris ! et cependant la lutte n'est pas terminée. Le désespoir anime les Magdebourgeois et double leurs forces. Soldats et habitants, postés dans les maisons, sur les tours, derrière les murs des cimetières, accueillent par un feu meurtrier les Impériaux vainqueurs. Les femmes font pleuvoir sur eux les meubles, le plomb fondu, l'huile bouillante. Dans quelques rues, les chaînes sont tendues et arrêtent les assaillants, exposés à tout les projectiles qu'invente la fureur, poussée à son suprême degré. Plus de 700 Impériaux succombent ainsi dans ces luttes isolées, favorisées par le peu de largeur des rues. Cette résistance meurtrière et inutile achève de les mettre hors d'eux-mêmes, et alors commence le plus épouvantable drame.

Les Impériaux furieux, altérés de vengeance, se répandent dans les maisons, égorgent tout ce qu'ils rencontrent, ils n'écoutent ni cri de quartier, ni supplications. Ivres de chaleur, de poudre et de rage, ils brisent, pillent, et massacrent.

Aux premiers arrivés viennent sans cesse se joindre de nouvelles bandes de forcenés. La cavalerie impériale, massée devant la porte Saint-Ulrich, se la fait ouvrir à l'intérieur, et roule, comme une vague furieuse, dans la malheureuse ville, ou elle achève de porter la mort. Les Croates se distinguent par leur insatiable cruauté : pendant le siège, les Magdebourgeois ne leur ont fait aucun quartier; à leur tour, ils sont sans pitié pour les vaincus, victimes de l'inflexible loi du talion. Les anciens régiments de Wallenstein, qui comptent un grand nombre de protestants, se signalent, comme d'habitude, par des débordements de férocité et de brutalité. Rien n'est sacré pour eux, pas même la mort, qu'ils profanent par d'infâmes excès. Ils inventent des tortures de sauvages pour arracher aux habitants le secret de leurs cachettes, et se ruent dans des désordres sans nom. Le sang coule dans les rues et y forme des ruisseaux; les cadavres s'amoncellent, on les jette par les fenêtres et près des mères égorgées gémissent de pauvres enfants épargnés par hasard.

Devant ce spectacle d'horreur, les vétérans de Tilly frémissent et s'indignent. Leur cœur s'émeut et, tout irrités qu'ils sont contre les insulteurs de leur foi, ils épargnent et protègent leur vie. Tilly lui-même parcourt, avec son état-major, les rues de la ville, pour arrêter le carnage. Mais en vain interpose-t-il son autorité. Il n'y a plus pour cette soldatesque effrénée, ni chefs, ni autorité. Elle répond par des menaces, et Tilly est impuissant même à l'empêcher de se déchirer entre elle pour le partage du butin (1).

Comme il passe sur la place dite l'Alte-Ring, il aperçoit, reconnaissable à son costume blanc, le père Sylvius, prieur des Prémontrés, qu'entoure une foule de malheureux, implorant sa protection. Il va à lui, accompagné de Pappenheim, lui donne la main, le félicite de sa préservation et lui dit en français: « Mon père, sauvez-en tout ce que vous pourrez. » Puis, avisant un enfant accroché au cou de sa mère mourante, il descend de cheval et, élevant la pauvre créature dans ses bras, s'écrie, les larmes aux yeux : « Voici ma part de butin ! » La lutte est finie, le sac a commencé. Au sourd grondement du canon, aux bruyantes détonations de la mousqueterie, ont succédé les clameurs, les gémissements, les hurlements de douleur, les cris de vengeance et le râle des mourants. Tout à coup, le feu éclate dans une maison de l'Alte-Ring, voisine de la pharmacie municipale, où se trouvait un amas de poudre. L'explosion qui s'ensuit est comme un signal auquel répondent d'autres explosions sur cinquante ou soixante points différents, dans tous les quartiers de la ville, même dans ceux où n'ont pas encore pénétré les Impériaux. Une brise soudaine avant-coureur du plus violent ouragan favorise les progrès de l'incendie. Les mines sautent, ouvrant de larges cratères en flammes où s'engloutissent des maisons entières. L'incendie se propage avec d'autant plus de rapidité que la plupart des maisons sont construites

1. Est-il nécessaire de faire remarquer que le mot dramatique, attribué par Schiller à Tilly : « Revenez dans une heure, etc. » est dénué de toute espèce de fondement ? Nous croyons que ce serait faire injure au lecteur que d'insister sur ce point. Il fut inventé par Spanheim, professeur genevois, à la solde de Gustave-Adolphe, qui l'introduisit sous forme de simple rumeur, dans son *Soldat suédois*, publié en 1633. C'est là que Schiller l'a repris et s'en est emparé, en lui donnant la forme la plus affirmative.

en bois ; là où il semble se ralentir, la main des incendiaires le ravive avec de la résine. De noirs tourbillons de fumée viennent frapper les Impériaux au visage, pénètrent dans les maisons, envahissent les caves, asphyxient ceux qui s'y trouvent, chassent tout devant eux. De longs jets de flamme se lancent comme des dards de feu contre les plus obstinés, les enveloppent et les dévorent.

Tilly s'arrête effrayé devant l'inexplicable embrasement. Ses funestes pressentiments se trouvent accomplis. Il voit avec une désolation sans égale l'irréparable ruine de cette grande et belle cité dont il avait espéré faire son inexpugnable place d'armes contre Gustave-Adolphe et le pivot de ses futurs triomphes ; le cœur lui saigne à l'aspect de ce saccagement impie et parricide dont la calomnie devait lui faire porter la responsabilité (1).

Il fait appel à ses vieux soldats, leur signale ce nouvel et terrible ennemi, leur ordonne de le combattre. Ils obéissent ; mais l'incendie se multiplie tout autour d'eux, les presse sans relâche, éclate à droite, éclate à gauche, coupe leur retraite, s'élance d'une rue à l'autre, avec la rapidité de la foudre. Des habitants, les uns sont trop effarés pour donner même des indications utiles, les autres applaudissent à la catastrophe. Tilly, qui se montre partout où apparaît le danger, ne cède le terrain que pas à pas et ramène sans cesse ses hommes rebutés par l'étouffante chaleur de cette ardente fournaise. On vient lui annoncer que la cathédrale, où des milliers de familles entières se sont enfermées, est menacée par les flammes. Il rallie aussitôt 500 hommes, court avec eux à la cathédrale et y reste jusqu'à ce que le péril ait disparu.

Mais à peine a-t-il accompli sa noble tâche, qu'il apprend que le couvent des Prémontrés, asile de plus de 600 habitants, commence à brûler. Il y mène ses braves soldats, éteint jusqu'à sept fois l'incendie naissant et ne s'éloigne qu'après avoir promis la liberté à tous ceux qui concourraient à sauver le couvent. Le couvent fut enfin sauvé. Ses portes ouvertes offrirent un refuge à quantité de malheureux fuyards et le lendemain, il était si plein qu'on ne savait où mettre le pied.

Vers midi, le vent prit une violence toujours croissante ; l'embrasement devint général et la chaleur si intense que

1. Magdebourg fut sacrifiée, dit l'historien hollandais Aitzema, aux intérêts ambitieux du roi de Suède. *Saken van staat en de oorlog*, t. III, p. 552. Édition in-8°.

Tilly donna l'ordre de ramener toutes les troupes sur les remparts, laissant divers détachements pour la surveillance de la cathédrale et des édifices encore intacts, et vint se poster à la porte du Sudenbourg pour assister au défilé de son armée. Dans cette circonstance, il signala encore son humanité généreuse. Voyant des femmes de bourgeois emmenées prisonnières par la troupe, il les délivra et les fit enfermer dans des maisons attenantes à la porte, pour les mettre à l'abri de tout mauvais traitement; sa sollicitude s'étendit jusqu'aux hommes dont il assura la liberté, moyennant une modique rançon.

A ce moment, la ville entière brûlait. Spectacle effroyable, capable d'arracher des larmes aux plus indifférents, et qui navrait le cœur de Tilly, de ce vieux soldat bronzé par tant de batailles, habitué depuis si longtemps aux scènes hideuses qu'offre la guerre. Sur une étendue immense, des langues de flammes s'élançaient dans les airs, léchaient jusqu'aux toits des plus hautes tours, entremêlaient leurs pointes. A ce sifflement particulier, qui fait frémir quiconque l'a entendu une fois, se joignaient les craquements des toitures renversées dans les brasiers, le fracas des murs écroulés, des mines éclatant avec d'épais nuages de fumée. De temps à autre, du sein des hautes cheminées s'élevaient comme des fusées volantes, qui faisaient explosion dans l'air, avec accompagnement d'étincelles brillantes. C'étaient des bandes de lard que les habitants avaient amassées en quantité considérable dans leurs cheminées, provisions d'avarice qu'ils avaient refusé de partager avec leurs défenseurs, et que le feu dévorait. Les cendres et les brandons enflammés, poussés par l'ouragan, volèrent jusqu'à Wanzleben, Egeln et plus loin encore (1).

1. Le P. G. Wiltheim, aumônier du comte Wolf de Mansfeldt, pendant le siège, raconte qu'il rencontra Tilly et Mansfeldt, au moment où ces deux généraux pénétraient dans la ville. Ils n'avaient pas assez de larmes, dit-il, pour pleurer l'embrasement de Magdebourg. Tilly, accablé par la chaleur et mourant de soif, vit un soldat qui buvait de l'eau et lui en demanda un trait. Je l'abordai en le suppliant de sauver les malheureuses réfugiées dans la cathédrale. Il me commanda de l'y mener sur-le-champ, entra dans l'église et, après avoir adressé à la foule quelques vives paroles de reproches sur son funeste entêtement, cause de l'effroyable calamité, il fit poser des gardes aux portes avec défense de laisser entrer qui que ce fût. A peine était-il remonté sur son cheval, que l'un des plus fougueux prédicants du temps du siège, l'un de ceux qui avaient le plus poussé à la résistance à outrance, vint embrasser ses genoux et crier grâce. Tilly le fit mettre en sûreté.

L'incendie dura tout l'après-midi et commença seulement à perdre de sa violence vers dix heures du soir. A onze heures, le reflet des brasiers ardents sur le ciel était encore si puissant, qu'au camp de Farmersleben on pouvait lire une lettre aussi facilement qu'en plein jour. Peu à peu dans la nuit, les flammes s'éteignirent, la fumée monta seule vers le ciel, comme pour y porter le dernier soupir de Magdebourg.

Le 21 mai, au matin, les troupes eurent, conformément aux usages de la guerre, la permission d'aller explorer les ruines de Magdebourg. Officiers et soldats, également âpres à la curée, s'y rendirent en foule, les uns pour y chercher du butin, les autres pour se faire délivrer les rançons de leurs prisonniers. Tous les quartiers de la ville n'étaient pas accessibles, car le feu couvait encore. Des caves s'étaient écroulées ensevelissant le secret de leurs trésors ; ailleurs, l'action du feu avait été si violente que les pièces d'argent s'étaient fondues. Néanmoins, les Impériaux trouvèrent encore d'immenses richesses et de prodigieux approvisionnements de vivres, de vins et de bière. S'installant dans les caves, au milieu des cadavres, dont ils se servaient en guise de bancs, ils se livrèrent à tous les débordements de leurs brutales passions.

La journée entière se passa ainsi en festins et en débauches, au milieu des chants de joie et de triomphe, interrompus par les gémissements des blessés et les cris des enfants errants de tout côté. Elle eut ses victimes ; beaucoup d'imprudents, poussés par l'avidité, se hasardèrent trop loin dans les caves et furent étouffés ; d'autres, tombés ivres à terre, furent noyés dans le vin et la bière, coulant des tonneaux percés par eux. Il y en eut qui s'entretuèrent, à la suite de querelles, nées du partage du butin. Mais la plupart revinrent au camp surchargés de prises de toute espèce, riches pour quelques jours et le cœur disposé à la générosité, car, non contents de relâcher leurs prisonniers, beaucoup d'entre eux, principalement les gens de la Ligue, leur donnèrent de l'argent et des moyens de transport.

Un peu avant que l'incendie ne fût général, un phénomène étrange se produisit. Il semblait que l'air et les rues fussent pleins de neige. C'est que pour emporter plus facilement leur butin, les Impériaux, déjà répandus dans les maisons, avaient vidé par les fenêtres les lits, les coussins de plumes, alors fort communs à Magdebourg, afin de s'en servir comme de sacs et ces plumes, emportées par le vent, flottaient dans l'air, avant de retomber sur le sol.

Le P. G. Wiltheim réussit à sauver, au péril de sa vie, quantité de femmes et d'enfants, entr'autres la fille d'un prédicant. Son dévouement fut héroïque.

Malgré le gaspillage effroyable commis par les pillards, les magasins de l'armée regorgèrent des subsistances si étrangement épargnées pour elle par les Magdebourgeois. Tilly, qui savait ce que les défenseurs soldés de la ville avaient eu à souffrir de faim, ne put s'étonner assez de l'inconcevable avarice des bourgeois. Outre les vivres, il fit recueillir tout ce qu'on put trouver de cloches, de bassins de brasserie et d'objets en cuivre, par le grand maître de l'artillerie, Schœnbourg, et prit parmi les nombreux canons qui peuplaient les rempart, 75 pièces de bronze (1).

Le 22, de grand matin, Tilly fit son entrée solennelle dans la ville, entouré de ses officiers. Il se dirigea tout d'abord vers la cathédrale où, depuis le 20 mai, plusieurs milliers de personnes, la plupart femmes et enfants, étaient enfermés. Il leur fit annoncer quartier, et les engagea à abandonner toute crainte. Aussitôt la porte s'ouvrit et livra passage à une longue procession de visages hâves et désolés, conduits lentement par Richard Bake, ministre de la cathédrale. Bake s'avança jusqu'auprès du généralissime et, tombant à genoux, lui adressa ces vers si tristement appropriés à la circonstance:

> Venit summa dies et ineluctabile fatum Magdeburgo.
> Fuimus Troes, fuit Illium et ingens gloria Parthenopes.

Tilly, ému jusqu'aux larmes, le fit relever et s'efforça de le rassurer ainsi que ses compagnons. Puis, avisant au plus pressé, il distribua aux femmes et aux enfants des paniers de vivres, dont il s'était fait suivre. Les hommes furent conduits, de leur côté, dans les bâtiments de l'évêché, où ils trouvèrent amplement à se refaire. Non contents de ces mesures d'humanité, qu'il voulut surveiller lui-même, Tilly commanda de ramasser quantité d'enfants qui erraient en pleurant dans les rues et de les mener au camp, où l'on en prit le plus grand soin. Ces devoirs de chrétien remplis, il retourna avec Pappenheim à la cathédrale, faire l'inspection des soldats et s'assurer s'il n'y avait pas de déserteurs. Il offrit aux simples soldats liberté sans rançon, s'ils voulaient prendre du service dans son armée, et adressa de vifs reproches aux officiers pour avoir défendu avec tant de mollesse et d'incurie

1. On voit encore à Cologne, dans l'église des Jésuites, des candélabres et une grille faits avec le bronze de quelques pièces de canon, prises à Magdebourg, et que Tilly donna à ses premiers instituteurs.

une si noble ville. Puis il les fit tous conduire au camp impérial et ordonna de nettoyer la cathédrale afin qu'on pût y célébrer, au plus tôt, une messe d'action de grâces.

Le même jour, Tilly organisa une commission d'enquête, chargée de rechercher quels étaient les instigateurs de la rébellion de Magdebourg et principalement de l'alliance avec le roi de Suède. Presque tous les prisonniers comparurent comme témoins. Leurs dépositions unanimes désignèrent Henri Poepping comme l'âme des événements dont l'issue avait été si funeste à Magdebourg. Poepping fit des aveux sans réserve et implora l'indulgence de Tilly. Après lui les plus compromis furent le prédicant Gilbert de Spaignart Hermann Cummius et Hans Herckel. La commission les déclara coupables. Ils auraient difficilement échappé à la mort si la clémence de Ferdinand II ne s'était étendue sur eux. Poepping mourut en prison, plein de repentir, les autres terminèrent leur vie dans l'obscurité.

Le 23 mai, Tilly revint à Magdebourg, où ses officiers lui offrirent, dans la cathédrale, 40 drapeaux pris sur l'ennemi. Il parcourut les ruines de la ville et rentra au camp, profondément affecté de ce qu'il avait vu.

Deux jours avant, Magdebourg comptait 1,500 maisons, 6 églises paroissiales, dont l'une, celle de Saint-Jean, était couverte en cuivre, un nombre prodigieux de collégiales, de couvents avec leurs chapelles, d'édifices publics admirés de l'Allemagne, de tours et de bâtiments. De tout cela, il ne restait que la cathédrale, le couvent de Notre-Dame, celui des Ursulines, une partie du couvent des Augustins, quelques maisons de chanoines, au Marché-Neuf, et quelques habitations de vicaires au Trullmoenchen, le syndicat de la cathédrale et la Mullenvogtei, plus une centaine de cabanes de pêcheurs, qui s'étaient trouvées probablement en dehors de la direction du vent.

Le nombre des victimes de l'assaut et de l'incendie est difficile à évaluer. Les historiens varient considérablement entre eux. Un contemporain dit que les troupes du comte de Mansfeldt (1), qui furent chargées du soin d'enterrer les morts, passèrent quinze jours à cette besogne, y employèrent

1. Le comte Wolfgang de Mansfeldt se montra particulièrement humain et généreux. A la prière du Père Marc-Noël, jésuite, il recueillit 80 orphelins magdebourgeois et les entretint à ses frais, pendant tout le temps qu'il resta à Magdebourg, dont le commandement lui fut confié par l'empereur.

quatre chariots à la fois, et comptèrent 24,000 cadavres, dont la plupart furent jetés à l'Elbe. Une autre relation fait remarquer que dans ce nombre sont compris les Impériaux, tués dans les rues ou dans l'incendie. Le nombre de ces derniers doit avoir été assez considérable, car outre ceux qui périrent dans la lutte, il y en eut beaucoup qui se laissèrent enfermer dans le cercle de l'incendie, en s'obstinant au pillage. Géricke parle de 20,000 morts en tout; c'est le chiffre le plus vraisemblable; en tout cas, il ne peut qu'être approximatif, car il est impossible de s'être rendu compte du nombre de ceux qui, enfermés dans les caves, dans les maisons, dans les églises furent écrasés par les mines ou dévorés par le feu.

Parmi les prisonniers de distinction, se trouvèrent l'administrateur de Magdebourg, l'agent Stalmann, le général Ambsterroth, les colonels Usslar et Boy, les bourgmestres Georges Schmidt, Georges Kuhlewein, Jean Westphal, l'ingénieur Othon de Géricke.

L'administrateur, blessé dans la matinée, au bastion du Heideck, était allé se faire panser chez lui. Comme il retournait à son poste, il entendit le cri de : « Voilà l'ennemi, » courut sur le point d'où partait l'alarme et tomba au milieu des Impériaux. Au moment d'être massacré, il aperçut l'adjudant-général de Tilly, naguère son prisonnier, et lui tendit son épée. L'officier lui promit quartier, mais il eut beau crier : Tilly! Tilly! les soldats furieux qui avaient reconnu le prince, s'acharnèrent contre lui. L'un lui déchargea un pistolet dans la cuisse, l'autre lui asséna un coup de pertuisane. Christian-Guillaume, renversé de cheval, fut accablé de coups de crosse de mousquet, accompagnés de mille invectives. — « Épargnez-moi, criait-il, je suis l'administrateur.— Ah! c'est toi qui n'as pas eu honte de te révolter contre l'empereur, tu mourras, répondaient les soldats. — Grâce, grâce, répéta le malheureux, grâce, braves soldats, si je n'avais pas mal agi, vous n'auriez pas le butin que vous avez. » A ces mots, un Croate lui asséna un vigoureux soufflet en criant: « Tiens, voilà pour les dix mois de cachot que tu m'as fait subir, à moi prisonnier de guerre. » On lui prit son chapeau, son épée, son hausse-col, tous ses habits, et il eût probablement fini par être égorgé, si un lieutenant impérial ne s'était interposé en sa faveur. On le porta sur deux piques dans la tente de Pappenheim, où le soir, le duc de Holstein vint lui adresser les plus durs reproches. Presque tous les officiers-généraux vinrent le visiter ; Tilly seul refusa de le voir. Pappenheim ne put s'empêcher de lui représenter la folie de sa conduite, principalement en ce qu'il s'était fié à ces bourgeois de Magdebourg, qui le vendaient à beaux deniers et informaient chaque jour les Impériaux de ce qui se passait dans la ville. Le lendemain, malgré son triste état, on le fit transporter à Wolmirstedt, pour le soustraire à la vue des soldats qui étaient particulièrement irrités contre lui et menaçaient de le tuer. Plus tard, il fut détenu à Ingolstadt, où il se fit catholique.

Ambsterroth mourut de ses blessures, peu de jours après la prise de Magdebourg.

Stalmann fut assez maltraité par les Impériaux. Mais, le 24 mai, un violent incendie ayant éclaté dans le camp de Farmersleben, il en profita pour s'échapper. Lorsqu'on annonça sa fuite au comte de Mansfeldt : laissons, dit le comte, laissons-le à la justice de Dieu. Cette parole fut une prophétie. Stalman retomba, en effet, dans ses intrigues politiques et fut pendu, en 1635, à Magdebourg, par ordre du maréchal Banner.

Bien que les prédicants fussent un objet de haine spéciale pour les soldats, presque tous échappèrent, sinon aux mauvais traitements, du moins à la mort. Après quelques semaines d'emprisonnement, ils furent remis en liberté, grâce à la clémence de ce même Tilly qu'ils s'étaient efforcés de peindre comme un monstre de fanatisme et de cruauté. Après avoir poussé les Magdebourgeois dans l'abîme, les plus ardents s'étaient cachés dans les caves, au moment du combat ; c'est là que Gilbert de Spaignart fut découvert aux Impériaux par ses propres paroissiens. Témoins des ruines causées par leur aveugle et fanatique orgueil, ils ne songèrent plus tard qu'à en charger l'homme auquel ils devaient la vie, étouffant ainsi le remords sous le poids de l'ingratitude et de la calomnie.

Le 24 mai, dès l'aube du jour, le roulement des tambours par toute la ville annonça que le temps du pillage exigé par les mœurs du temps, après les prises d'assaut, était écoulé, et défense fut faite, sous peine de mort, aux soldats, de toucher à quoi que ce fût de ce qui restait de biens aux habitants. Les ruines de la ville furent complètement évacuées, et alors on vit sortir de dessous les décombres, du fond des caves et même du milieu des cadavres, une quantité de malheureux affamés et criant miséricorde. Tilly, qui, pour assurer l'exécution de ses ordres, s'était rendu à Magdebourg, leur fit donner des vivres, et leur assura toute liberté de s'établir où bon leur semblerait. Nombre d'habitants accoururent du voisinage pour remuer les ruines de leurs maisons, rechercher, qui les restes de leurs parents, qui les débris de leur fortune. Des détachements de soldats furent commandés pour les aider et surtout pour dégager tous les cadavres d'hommes et d'animaux, dont les émanations commençaient à corrompre l'air.

Le 25 mai, la cathédrale, suffisamment nettoyée, fut consacrée de nouveau au culte catholique, au grand scandale des Magdebourgeois, dont le fanatisme survivait à leur misère. Un *Te Deum* solennel y fut chanté, en présence des officiers de tous les corps de l'armée, au bruit du canon des remparts. Dans l'après-midi, un funeste événement arriva au camp impérial de Farmersleben. Un violent incendie, allumé par des prisonniers magdebourgeois, ravagea ce camp, et détruisit une grande partie des approvisionnements, déjà tirés de Magdebourg. Plusieurs soldats y perdirent la vie, tout leur butin, et une foule de captifs profitèrent de la confusion pour s'échapper.

Tel fut le siège de Magdebourg. On comprend que nous nous y arrêtions longuement. Il est pour ainsi dire le point capital de la vie de Tilly, puisque c'est à son occasion que l'esprit de parti s'est plu à accumuler la montagne de calomnies, qui a si longtemps obscurci la gloire du grand capitaine. Déjà, la vérité a commencé à se faire jour. Des écrivains distingués, étudiant l'histoire dans ses sources, et les faits dans toutes leurs circonstances, ont rendu, sans acception de parti, à Tilly la justice qui lui était due. A leur tour, ils ont accumulé les preuves; nous avons suivi leurs traces, sans autre travail que de vérifier l'exactitude et le fondement de leurs assertions. Depuis quelques années, en effet, une réaction sensible se fait remarquer dans les appréciations historiques sur Tilly. Menzel et Gfroerer, sans se prononcer sur le véritable auteur de la destruction de Magdebourg, en justifient du moins Tilly. Depuis lors Heising Bensen et Onno Klopp ont, par leurs savantes publications, jeté une si vive lumière sur la question, qu'il n'appartient plus qu'à la plus ignare passion de parti d'accuser Tilly. Les dissertations de ces auteurs, d'ailleurs parfaitement concluantes, et appuyées sur des monceaux de preuves, sont trop longues pour que nous les reproduisions. Nous nous contenterons d'insérer comme appendice le rapport de Tilly à l'infante. Cette pièce importante, jusqu'alors inédite, est plus explicite que toutes celles connues jusqu'à ce jour, sur les causes de l'incendie.

Lettre du comte de Tilly à l'infante.

Madame,

Comme je ne doubte que votre Altesse Sérénissime attendra avec désir les nouvelles du succès qu'aurons eu devant cette ville de Magdenbourg, je n'ai voulu manquer de l'en advertir incontinent, et de dire à icelle, qu'estant nostre soldatesque venue avec ses approches jusques dans le fossé, et ayant advis que roy de Suède estoit ja arrivé à douze lieues d'ici avecq onze régiments d'infanterie et douze de cavalerie, pour donner le secours, j'ay, le vingt du courant, fait tenter la place par un assault général, lequel Dieu, par sa sainte grâce, a secondé, en sorte que la ville a esté emportée de force nonobstant une contestation, et résistance fort opiniâtre de ceux de dedans, parmy laquelle, et la furie de la soldatesque, *le feu ayant été mis en aucunes maisons* PAR LES BOURGEOIS MESMES, *il a causé un tel embrasement que horni le Domb, et quelque peu de maisons, tout est allé en cendres*, et a esté un spectacle autant pitoyable, qu'exemplaire de veoir si belle et renomé cité, réduite, en peu d'heures, à une extrême désolation. Il y a eu un grand nombre de tués, entre lesquels est le maréchal de camp M. Falckenberg, qui commendait, dans la ville, de la part du roi de Suède, mais on tient bien encore plus grand le nombre de ceux qui sont esté accablez par le feu et estouffez dans les caves et voutes. L'administrateur est blessé et prisonnier avecq encore aucuns aultres officiers; de drappeaux on en at eu quelque quarante, cornettes cinq, et septante pièces de bronze. De nostre costé, la faction ne s'est ainsi passé sans quelque perte de gens, entre lesquels est un lieutenant coronel et deux capitaines.

Je me conjouis très humblement avecq vostre Altesse Sérénissime de ceste victoire, laquelle ne peut espérer que tourner à l'avantage de nos affaires, apportera du changement en celles de l'ennemy, et donnera à penser a aulcuns, qui s'estoient imprimez toute autre chose que ce succès, et je demeure etc. (1)

Du camp, devant Magdenbourg, 22 mai 1631.

Si, après avoir lu ces relations, on reporte sa pensée sur les différentes scènes du même genre, si fréquentes, dans

1. Archives du royaume. Liasses de l'audience.

cette longue et cruelle guerre, si l'on parcourt, entre autres, la relation du sac de Francfort sur l'Oder et du massacre de ses habitants *inoffensifs* par les Suédois, fait qui précéda de peu la prise de Magdebourg, si on jette un coup d'œil sur les épouvantables cruautés, pilleries et rapines, commises en Allemagne, principalement dans les évêchés du Mein et du Rhin, par les soldats de Gustave-Adolphe, on pourra plus difficilement que jamais s'expliquer l'archarnement calomnieux déployé contre Tilly, par des écrivains qui pardonnent tout à Gustave-Adolphe, même la ruine de l'unité et de la puissance de l'Allemagne. Le mot de l'énigme est dans la foi catholique de Tilly.

Chapitre dix-septième.

LA nouvelle de la prise de Magdebourg jeta la terreur et la consternation dans les états protestants de l'Allemagne et provoqua une tempête de reproches contre le roi de Suède. Pour calmer l'indignation de ses coreligionnaires, le roi se vit contraint de publier un manifeste justificatif dans lequel il s'efforça de rejeter la responsabilité de son inaction sur les hésitations de l'électeur de Brandebourg et sur le refus de concours de l'électeur de Saxe. Il ménagea peu les Magdebourgeois eux-mêmes et chercha à dissimuler le côté faible de sa conduite sous un nuage de récriminations.

En réalité, Gustave Adolphe n'avait pas voulu délivrer Magdebourg (1). Ses encouragements, ses promesses solennelles à cette malheureuse ville, ses serments de venir à son aide « aussi vrai qu'il était un roi d'honneur », tout cela avait simplement pour but de prolonger la résistance des habitants. Magdebourg absorbait les forces de Tilly et était l'objet des plus vives préoccupations de l'électeur de Saxe. Le roi pouvait espérer, sans présomption, que le danger couru par Magdebourg déterminerait enfin l'électeur à se prononcer, et sa correspondance montre qu'il faisait de la délivrance de cette ville un leurre, pour tenter les adhésions explicites des intéressés.

La prudence lui commandait d'ailleurs de ne pas s'avancer sans s'être assuré de ses moyens de retraite. Il arracha à la faiblesse de son allié, l'électeur de Brandebourg, la possession des forteresses de Custrin et de Spandau, jusqu'à la délivrance de Magdebourg. Au lieu de marcher directement sur cette dernière place, il perdit le temps en manœuvres sans portée, uniquement occupé de négocier avec la Saxe.

---

1. Le chancelier Oxenstiern, se trouvant à Hambourg, ne craignit pas de dire que « le Roi ne pouvant délivrer Magdebourg, sans risquer une bataille, et cette place étant la clef de la Haute comme de la Basse Saxe, le dit Roi avait été charmé que Falckenberg y eût mis le feu, afin que les Impériaux fussent privés des avantages qu'ils comptaient retirer de leur victoire. » Lettre du colonel Reinach, de Stade, le 5 juin 1631, à l'Évêque François-Guillaume d'Osnabruck. Archives du chapitre. Klopp. *La catastrophe de Magdebourg*, p. 7.

Magdebourg n'était encore une fois, pour lui qu'un moyen de peser sur les résolutions du prince Saxon, et son unique intérêt était de ne pas la laisser tomber intacte aux mains de ses adversaires. Jusqu'alors, il avait évité avec soin toute rencontre décisive avec Tilly; il ne se sentait encore ni assez affermi, ni assez sûr de ses alliés, pour livrer toute ses espérances au sort d'une bataille dont la perte eût été irréparable. On peut donc affirmer qu'il n'eut pas un seul moment la pensée sérieuse de marcher au secours de Magdebourg, tant que la Saxe persisterait dans sa neutralité. Profondément égoïste et ambitieux, il démêlait sans peine les calculs tout aussi égoïstes et ambitieux de ceux qu'il se vantait de venir délivrer et que, en réalité, il venait asservir; et ceux-ci, à leur tour, peu sensibles aux manifestes libérateurs du roi, cherchaient à en exprimer, sans se compromettre, tous les services possibles, sauf à le rejeter ensuite dans ses neiges, comme une écorce désormais sans valeur.

Magdebourg tomba victime de ce manège d'ambitions croisant leurs lacs, et sa ruine fut plus utile à la cause suédoise que ne l'eût été sa délivrance.

Cette cité splendide, l'orgueil de ses habitants, l'envie de ses voisins, dont la possession avait coûté à Tilly tant de veilles et de sanglants sacrifices, cette cité, dont le plus grand charme, aux yeux de son vainqueur, était dans ses greniers d'abondance et ses magasins, n'était plus qu'un monceau de ruines fumantes. La main sacrilège de quelques fanatiques avait anéanti, en peu d'heures, avec le trophée promis au triomphe du soldat, les ressources convoitées par la sagesse du général. L'espoir trompé de l'abondance succédant aux privations, du butin récompensant de cruelles fatigues, démoralisa les troupes. L'affluence des prisonniers, qu'on fut obligé d'évacuer sur le camp, faute de pouvoir les loger dans la ville, donna lieu à de graves désordres et augmenta la difficulté des subsistances. Enfin l'inégalité de participation au pillage, dans les premiers moments de la conquête, avait occasionné des jalousies, des haines et des querelles particulières.

La désunion n'était pas moins grande dans le brillant entourage de Tilly. Une inimitié profonde divisait Pappenheim et les généraux impériaux, comte Wolf de Mansfeldt et duc Adolphe de Holstein. Contenue un moment par l'influence de Tilly et les exigences de la lutte, cette inimitié éclata dans toute sa violence, après la prise de Magdebourg. Pappenheim fier de la grande part qu'il avait prise au succès, en prétendit monopoliser les honneurs et les profits. Il convoitait ardemment le gouvernement de la ville, que lui disputait Wolf de Mansfeldt. Il croyait pouvoir l'espérer d'autant plus que l'intention de l'électeur de Bavière avait été dans le principe de confier Magdebourg à une garnison de la Ligue; mais Tilly fit observer à Maximilien que, l'archevêché de Magdebourg appartenant à l'empereur, il paraissait tout au moins convenable de remettre le chef-lieu aux troupes impériales. Cette considération fut accueillie de l'électeur et Wolf de Mansfeldt, déjà gouverneur du pays pour l'empereur, prit aussi le commandement de la place.

L'amour-propre de Pappenheim fut cruellement blessé de ce qu'il appela un passe-droit. Sa colère fit éclat, il cria bien haut qu'il avait été sacrifié, trahi, abandonné, lors de l'assaut, et que, après Dieu, il ne devait son salut qu'au courage de ses soldats; il affirma qu'on voulait à toute force sa perte et sa ruine, réclama des juges, écrivit à l'empereur et remplit les cours catholiques du bruit de ses griefs. Au fond, le plus réel et le plus sensible de ses froissements était sa position subalterne. Depuis longtemps, il supportait avec peine la supériorité de Tilly et saisissait toutes les occasions de le dénigrer. D'une part, il n'avait oublié ni les magnifiques perspectives que lui avait fait entrevoir Wallenstein, ni les obstacles créés sur le chemin de ces grandeurs par le sévère désintéressement du général catholique. D'autre côté, les sages lenteurs, la prudente circonspection de Tilly n'étaient à ses yeux que l'effet de la faiblesse et des infirmités de l'âge. Il se regardait comme le vainqueur exclusif de Magdebourg et son orgueil échauffé par l'ambition le rendait impatient de toute subordination. Brave jusqu'à l'héroïsme, dévoué à la cause de l'Église et de l'empereur, ardent à la lutte, plus habitué à forcer les obstacles qu'à les tourner, il ne faisait aucune part à la sagesse prévoyante, qui lui avait préparé les voies, et se croyait grand capitaine, parce qu'il avait été heureux lieutenant.

Tilly n'ignorait pas l'animosité de Pappenheim contre lui; au lieu de s'en offenser, il s'efforça de calmer, par ses prévenances et par les marques les plus honorables de confiance, les susceptibilités blessées de l'irritable maréchal. Il lui refusa des juges, mais il ne négligea rien pour le mettre en relief, pour faire ressortir et récompenser ses services. Malheureusement, tous ces efforts furent inutiles. Pappenheim, toujours disposé à critiquer les mesures de son chef, diligent à le dénigrer jusqu'auprès de l'électeur de Bavière, indocile à ses ordres, fut la cause efficiente de la ruine de Tilly.

Du reste le vieux général ne se dissimulait aucun des dangers qui l'environnaient. Devant lui, le roi de Suède appuyé sur d'importantes forteresses, maître des principaux passages, recevant de continuels renforts, abondamment approvisionné de vivres et de munitions. Derrière lui des princes plus ou moins ouvertement ennemis, coupant ses communications avec les états de la Ligue. A ses côtés, un pays complètement épuisé, des populations hostiles, sourdement irritées. Sous sa main une armée composée d'éléments hétérogènes et jaloux, mal nourris, mal payés, affaiblis par les longues fatigues d'un siège pénible, réclamant avec murmures du pain et de l'argent.

Il signalait avec force ces périls de sa position à l'empereur et à l'électeur, leur représentant l'impérieuse nécessité de nouveaux sacrifices et de nouveaux armements, insistant avec un redoublement de force sur l'urgence de prévenir par la paix « de grands troubles, de déplorables extrémités et une effroyable confusion dans l'empire. »

Le sentiment de l'impérieuse urgence de la paix dominait tous les autres dans la pensée de Tilly. Désarmer les membres de la confédération de Leipzick, leur faire ensuite des conditions qu'ils fussent heureux d'accepter, telle était la politique de cet esprit élevé et généreux qu'on s'est tant plu à rabaisser. Mais pour appliquer cette politique, il fallait de l'énergie, de la promptitude dans l'action et surtout une complète unité de vues chez les princes catholiques. Or, cette unité n'existait pas et c'est le lieu de faire ressortir, à cause des suites funestes qui en résultèrent pour Tilly, ce que la situation des catholiques avait de faux et d'embarrassé.

Lorsque se forma la Ligue catholique, ses membres s'appuyèrent, pour justifier cette création anormale, sur les précédents posés par les protestants de l'Union et sur la nécessité de pourvoir à leur sûreté, en l'absence d'un pouvoir supérieur assez fort pour les protéger. Mais par le fait même, ils confirmèrent ces précédents et élargirent la voie aux confédérations protestantes. A la vérité, ils alléguaient que la Ligue avait pour but la défense de l'empire et de l'autorité suprême, mais les confédérés de Leipzick prétendaient avoir le même but. Il y avait de l'hypocrisie, il y avait même fausseté complète chez ces derniers, comme l'événement le prouva, mais tant que les faits n'avaient pas parlé, les protestants pouvaient affirmer la loyauté de leurs intentions au même titre que les catholiques.

La Ligue objectait qu'elle avait reçu l'assentiment de l'empereur, tandis qu'au contraire les confédérés de Leipzick avaient agi contrairement aux défenses formelles de l'autorité impériale. Les confédérés répondaient avec raison que cet assentiment dont se targuait la Ligue n'avait rien d'officiel et ils citaient des ordonnances impériales qui, au contraire, avaient formellement déclaré la Ligue illégale. La désobéissance des uns, si tant est qu'il y eût désobéissance au point de vue des constitutions de l'empire, ne justifiait-elle pas celle des autres ?

On ne peut se dissimuler que les catholiques de la Ligue devaient se trouver fort empêchés de réfuter l'argumentation des protestants de Leipzick. Eussent-ils eu le droit de leur côté et en main la force de le faire respecter, la politique leur défendait de s'aliéner sans retour un prince avec lequel ils avaient, sur certains points essentiels, communauté de vues et d'intérêts, ainsi que l'avait surabondamment prouvé la diète de Ratisbonne. Les relations des cours de Vienne et de Munich n'étaient pas demeurées pures d'altération, et bien que les concessions importantes de l'empereur, lors de cette même diète, eussent fait disparaître les plus graves sujets de dissentiment, l'accord n'était pas complet. La Bavière avait prêté un moment l'oreille aux propositions faites par la France de négocier un traité de neutralité entre la Suède et la Ligue. L'ordre envoyé à Tilly, le 8 juillet 1631, de donner passage et escorte, avec les honneurs convenables, aux envoyés français qui pourraient passer par ses quartiers, montre que l'électeur Maximilien se flattait encore d'obtenir quelque effet de la médiation de la France [1].

Cependant tout en partant de points de vues qui n'étaient pas les mêmes, la Ligue et l'empereur arrivaient aux mêmes déterminations vis-à-vis de l'électeur de Saxe. La position de l'empereur était, il est vrai, moins délicate à l'endroit de la confédération de Leipzick, que celle des princes catholiques, mais elle avait aussi ses difficultés. Tout forcé que fût son

1. Westenrieder '*s Beitrage*, t. VIII, p. 180.

assentiment de fait à la Ligue, il affaiblissait singulièrement l'autorité de ses mandats contre les confédérés protestants. Néanmoins les mesures énergiques prises contre le duc de Wurtemberg et d'autres signataires de la convention démontrent que sa modération à l'égard de la Saxe prenait sa source dans des motifs tout particuliers. Aux jours de sa détresse, il avait trouvé un allié fidèle dans l'électeur de Saxe et, malgré le haut prix dont il avait payé ce prince, il ne se croyait pas encore dégagé de toute reconnaissance envers lui. Sincèrement attaché à Jean-Georges, plein de confiance dans son dévouement, il se croyait sûr de le ramener à temps et de trouver même en lui un appui solide, soit contre les entreprises ultérieures du roi de Suède, soit contre les prétentions à craindre de la Ligue, car la Saxe jouait alors dans l'empire le rôle de ce centre oscillant que, dans les états constitutionnels de nos jours, chaque parti se flatte et tâche d'entraîner. Rien ne prouve mieux la puissance de ces sentiments et de ces considérations sur l'esprit de Ferdinand II que la défense faite au comte de Tiefenbach [1] d'opérer une diversion agressive en Saxe, alors que l'armée saxonne envahissait elle-même la Bohême.

Tout se réunissait donc pour commander à l'empereur et à la Ligue d'extrêmes ménagements envers la Saxe, et ce qu'on savait des intrigues de Gustave-Adolphe près de l'électeur, était une raison de plus pour les puissances catholiques d'éviter avec soin tout ce qui pouvait blesser le prince Saxon et le jeter dans les bras du Suédois.

Les plans de Tilly furent cependant acceptés en partie. Les membres de la Ligue réunis à Dinkelsbuhl consentirent à de nouveaux sacrifices, ordonnèrent la levée de 9,000 hommes de pied et de 2,000 cavaliers. L'empereur recruta de son côté de nouvelles troupes, renforça le corps d'armée commandé par le comte de Tiefenbach en Silésie et réclama à l'infante les régiments de Rouveroy, de Wittenhorst, de Breuner et Coronini qui servaient aux Pays-Bas [2]. La fin de la guerre de Mantoue rendait disponibles des forces imposantes, déjà en marche pour rentrer en Allemagne. Elles se montaient à 25,000 hommes. Une partie, 8,000 hommes environ, commandée par le général Aldringen, fut dirigée sur

1. Khevenhiller. 2. II, p. 1701.
2. Archives du Royaume. Secrétairerie d'État allemande, Correspondance de Ferdinand II.

le Nord où elle devait rejoindre Tilly. Le reste, sous les ordres du comte Egon de Furstenberg, reçut mission de désarmer les signataires de la convention de Leipzick dans la Haute-Allemagne et d'aller ensuite donner la main à Tilly. Les villes de Memmingen et de Kempten expièrent par des amendes de 30,000 et de 80,000 florins la part qu'elles avaient prise à la confédération protestante, et reçurent garnison impériale. Ulm n'échappa qu'avec peine à un coup de main. Sans s'arrêter à l'attaquer, Furstenberg poussa droit au duc de Wurtemberg et l'obligea de licencier ses troupes. Le cercle de Souabe se soumit tout entier. Ulm se voyant isolée, accepta garnison impériale et paya une forte amende. Le cercle de Franconie effrayé n'attendit pas l'arrivée des Impériaux pour renoncer à la convention. Les instructions du général impérial lui prescrivaient de se diriger ensuite sur la Hesse, où il devait retrouver Tilly. Mais le bruit courait que les Hollandais s'apprêtaient à secourir le landgrave Maurice et qu'ils avaient déjà massé sur la frontière 5,000 hommes d'infanterie et 1,500 cavaliers. Furstenberg s'assura que cette intervention inopportune serait paralysée par les Espagnols (1), et continua sa pointe sur la Hesse.

Si au même moment ou plus tôt encore, Tilly était entré en Saxe, avant que l'armée électorale ne fût organisée, ou le roi de Suède assez près pour la secourir, nul doute qu'il n'eût eu le même succès que Furstenberg dans la Haute-Allemagne. C'était alors son désir, car il ne doutait plus de la trahison de l'électeur (2) et il voyait avec impatience échapper l'occasion d'agir, mais des ordres précis de Vienne et de Munich lui lièrent les mains au temps favorable.

A Vienne et à Munich, on se berçait toujours, comme nous l'avons dit, de l'espoir de ramener l'électeur de Saxe, sans faire de sacrifice. L'édit de restitution était le grand obstacle au rapprochement. Il eût suffi très probablement, pour contenter l'électeur, d'en supprimer les effets quant aux trois évêchés saxons, Meissen, Mersebourg et Naumbourg, et de faire une concession quant à l'archevêché de Magdebourg, dont le prince Auguste de Saxe avait la survivance.

Jean Georges, fort égoïste de sa nature, se fut peu inquiété qu'on appliquât les mesures de restitution dans le reste de

1. Archives du Royaume. Secrétairerie d'État de la guerre. Carton 192. Lettre du comte de Furstenberg à l'infante.
2. Westenrieder. *Beytrage*, t. VIII, p. 185.

l'Allemagne; mais d'une part les princes de la Ligue avaient déclaré à Dinkelsbühl qu'ils ne feraient aucune concession relativement à l'édit, et de l'autre, l'empereur avait fait élire son fils Léopold par une partie du chapitre de Magdebourg. Bien que les divergences eussent éclaté entre les deux cours catholiques, sur la disposition à prendre à l'égard des biens ecclésiastiques restitués — car la Ligue, visant surtout à l'extension de l'influence catholique en Allemagne, voulait qu'on rétablît autant que possible les anciennes destinations et que le reste fût appliqué à de nouvelles fondations religieuses, tandis qu'à Vienne prédominait l'opinion que l'empereur pouvait disposer de ces biens, soit en faveur de l'Église, soit pour récompenser ses ministres, — toutes deux étaient d'accord sur le maintien de l'édit. L'anéantir pour la Saxe et l'exécuter vigoureusement pour le reste de l'Allemagne eût d'ailleurs été criant. De plus, on croyait pouvoir ramener avec de simples ménagements Jean Georges. De là, des demi-mesures impuissantes à atteindre le but, et propres à favoriser les intrigues du roi de Suède et des mécontents. L'empereur convoqua pour le 3 août, à Francfort, une assemblée dite de composition, où se devaient débattre les bases de la paix. Dans l'intervalle, les chancelleries se mirent à l'œuvre et échangèrent vaillamment d'interminables factums, où les docteurs *utriusque juris* développèrent lourdement leur science et leur subtile faconde, sous les formes les plus fastidieusement prolixes. Le conseiller intime Hegenmuller partit de Vienne pour Dresde, chargé, non pas de propositions claires et précises, terrain limité de discussions fructueuses, mais d'une véritable plaidoirie *in causa imperatoris.* Il en revint peu après avec un contre-plaidoyer saxon plein de protestations ordinaires de dévouement, mais parfaitement vide de germes propres à faire fleurir la paix. Les envoyés se croisèrent ainsi pendant plusieurs mois, en tous sens de Vienne, de Munich, de Dresde, sans qu'un seul pas fût fait pour la pacification.

Tilly ne se laissa pas longtemps abuser par cet appareil de négociations. Il redoubla d'instances pour obtenir toute liberté d'action, représentant que les choses allaient s'empirant chaque jour et qu'il n'y aurait bientôt plus de remède au mal. Ses efforts furent inutiles.

En attendant ses instructions, il demeura à Magdebourg, organisant, avec une peine indicible, le service des subsistances de son armée, relevant les fortifications, déblayant les ruines, tâchant de repeupler la ville. Vers la fin de mai, apprenant que l'archevêque protestant de Brême, membre du congrès de Leipzick, levait des troupes, il détacha vers Brême le colonel Reinach, qui força le belliqueux prélat à licencier ses recrues et à renoncer à la convention de Leipzick. La lettre que Tilly écrivit à l'archevêque mérite d'être citée pour montrer une fois de plus à quel point il appréciait sainement la situation de l'Allemagne et avec quelle sûreté de coup d'œil il pénétrait les dangers de l'avenir.

« On sait assez quels graves soulèvements quelques esprits séditieux et ennemis de S. M. I. ont excités dans l'empire, et en quelles misères et calamités des communes, villes, contrées et cercles entiers ont été entraînés par là, avec tant d'innocents ; pareillement en quel état de confusion se trouve encore le Saint-Empire. Cette situation est déplorable, mais plus déplorable est-il encore qu'elle ne semble pas dévoir finir, que tous les jours se nouent des intrigues de plus en plus funestes, ainsi que des ligues illégales, fécondes en guerres et en rébellions, qu'ainsi des potentats étrangers sont attirés dans l'empire, lesquels savent d'abord s'insinuer sous le spécieux prétexte d'assister tel ou tel de leurs coreligionnaires, et dans le fait ne cherchent autre chose que leur propre dominat, leur intérêt particulier et dès qu'ils ont pris pied et atteint leur but, imposent aux villes et communes le joug de la servitude, ainsi que cela se peut voir clairement par les procédés du Roi de Suède, qui non seulement détient de fait ce qu'il occupe, sans égard pour personne, même pour ses alliés, et le proclame sien, mais encore s'est emparé en Poméranie et ailleurs des villes maritimes et ne s'y fortifie pour d'autre fin, sinon celle de couper le commerce aux villes d'Allemagne qui y puisaient leur bien-être et leur opulence, de le transférer à sa volonté, et enfin de charger les dites villes maritimes d'une contribution permanente et d'une pression intolérable.

Enfin, le 3 juin, il se mit en mouvement à la tête de 25,000 hommes, dans la direction de la Thuringe, laissant à Magdebourg le comte Wolf de Mansfeldt, avec une faible garnison. Il se proposait de réduire par la force les princes de Saxe Weimar et le landgrave de Hesse-Cassel, ennemis acharnés de l'empereur, qui, après s'être fait remarquer par la violence de leurs déclamations à Leipzick, avaient couru vendre leur épée au roi de Suède et placer « la liberté allemande » sous la protection du despotisme étranger.

Avec la rapidité de marche qui lui était ordinaire, Tilly eût écrasé la Hesse, avant qu'elle eût pu se mettre en défense.

Mais les temps et les choses étaient bien changés. Traînant après lui, à travers un pays désolé et hostile, des troupes alourdies par le butin de Magdebourg, mal unies, démoralisées par la faim, et dont sa sévérité ne pouvait contenir l'indiscipline, il n'avança qu'avec une extrême lenteur. Khevenhiller raconte qu'un parti de Hessois, ayant tué sept cavaliers impériaux, dont deux enseignes, trouva sur leurs cadavres, 24,000 rixdalers en or et une foule de bijoux. Des soldats riches ne valent rien, remarque judicieusement Gfrœrer, à ce propos. Le passage des gorges du Harz fut particulièrement difficile. Les paysans, soulevés par leurs seigneurs protestants, attaquèrent les détachements isolés, massacrèrent tous les traînards. Un régiment que Tilly avait fait rétrograder pour escorter un convoi de vivres, envoyé de Wolfenbuttel, trouva la route jonchée d'un si grand nombre de cadavres, qu'on eût dit qu'une bataille venait d'être livrée dans les défilés.

Le 15 juin, l'armée impériale n'était encore qu'à Oldisleben. Presque en même temps que Tilly y arrivèrent les sieurs de Miltitz et de Wolfersdorf, chargés par l'électeur de Saxe de lui proposer la médiation de ce prince, pour obtenir un armistice du roi de Suède, jusqu'après la journée de composition de Francfort, et de plaider la cause des signataires de la convention de Leipzick. Tilly les reçut mal ; informé des relations suspectes que l'électeur entretenait avec le roi de Suède, par l'intermédiaire d'un des anciens généraux de Wallenstein, Arnim, devenu depuis peu feld-maréchal de l'armée saxonne, il attribuait aux démarches de ce dernier la ténacité du roi de Suède à poursuivre la guerre et la défection de l'électeur de Brandebourg. Aussi ne voyait-il plus, dans l'électeur de Saxe, qu'un hyprocrite ennemi, lui tendant des pièges. Son langage se ressentit de ces dispositions d'esprit. D'accord avec les commissaires impériaux, Jean Reinhard de Metternich, et Reinhard de Walmerode, il repoussa nettement les propositions des deux envoyés saxons et déclara, qu'avant toute négociation, il fallait que l'électeur renonçât à la convention de Leipzick et licenciât son armée : « Le palatin, lui aussi, dit-il aux envoyés saxons, a fait ses armements sous divers autres prétextes, avant de jeter le masque. A Francfort les docteurs disputeront et entasseront les subtilités, mais ils n'amèneront pas de paix. Il faut que l'électeur prenne des engagements formels envers l'empereur. Autrefois, c'étaient les protestants qui commandaient aux catholiques, aujourd'hui les rôles sont renversés, et c'est aux catholiques à user de leurs avantages. La paix de religion ne les lie pas, ce n'était qu'un intérim imposé par la force, l'électeur fera bien de restituer ses bénéfices de bonne grâce. Ce sont biens mal acquis et funestes, qui ne lui profiteront pas, et sur lesquels d'ailleurs l'empereur ne cédera pas (1). »

Miltitz et Wolfersdorf interdits se retirèrent. Plein d'égards, du reste, pour leurs personnes, Tilly les fit traiter splendidement par ses généraux. Ceux-ci paraissent avoir mis beaucoup de chaleur dans leur hospitalité, car Miltitz se plaignit amèrement, dans son rapport, qu'on les eût fait trop boire, ce qui était cause que, en sortant de table, Wolfersdorf avait roulé sur les escaliers et s'était grièvement blessé.

A Oldisleben, Tilly reçut la nouvelle de quelques démonstrations des Suédois sur la rive gauche de l'Elbe. Il détacha immédiatement Pappenheim avec 7,000 hommes, pour observer les mouvements du roi et gêner, autant que possible, l'exécution de ses projets.

En même temps, il communiqua à l'empereur la démarche de l'électeur de Saxe, en faisant observer : « que le point essentiel était de déterminer ce prince à désarmer, attendu que ses amis suivraient son exemple et que la position du roi de Suède en serait profondément altérée : que, dans aucun cas, cependant, il ne fallait admettre ni médiation de la Saxe entre l'empereur et le roi, ni armistice, parce qu'il n'en résulterait que du préjudice pour l'empereur. » Peu après, il écrivit encore : « Que l'intention de la Saxe était de traîner les choses en longueur, que les armements des protestants prenaient de plus en plus d'extension et qu'il était de la dernière nécessité d'attaquer la Saxe, parce que, autrement, la confusion et le feu de la guerre envahiraient l'empire, sans que, de longtemps, on y pût porter remède (2). »

Pappenheim s'exprimait, dans le même sens, à l'électeur de Bavière : « Il conste, disait-il, dans une de ses dépêches, que Arnim a été envoyé à Spandau, près du roi, par l'électeur de Saxe. Sur quoi le roi a donné contre-ordre aux troupes qu'il avait déjà retirées de ces contrées, et les y a fait rentrer, d'où

1. Helbig, *Gustave-Adolphe*, p. 80. Les paroles attribuées à Tilly sont extraites du rapport de Miltitz. Elles nous semblent avoir été exagérées ou mal rendues sur certains points.

2. Mailath, t. III, p. 256.

la conclusion est facile à tirer. En attendant, on croit tout ce qu'ils disent, on néglige ce qui nous serait commode et utile, *sed post hæc, occasio calva* (1). »

Ces pressantes observations ne purent encore vaincre les hésitations de la cour de Vienne. Obligé encore de temporiser vis-à-vis de la Saxe électorale, Tilly répandit ses troupes sur les duchés de la Haute-Saxe, mit des garnisons dans les villes de Franckenhausen, Gotha, Weimar, Arnstadt, etc., et leva, sur tout le pays, de fortes contributions. Erfurh n'échappa à un siège, qu'en livrant des approvisionnements considérables et une somme de dix mille écus.

A la suite de ces dispositions, Tilly porta son quartier-général à Mulhausen, et fit sommer le landgrave de Hesse-Cassel :

1° De loger cinq régiments impériaux dans la principauté;
2° De licencier ses levées ;
3° De recevoir garnison impériale dans sa résidence de Cassel, et dans la forteresse de Ziegenhain ;
4° De déclarer catégoriquement s'il était ami ou ennemi ;
5° De payer des contributions de guerre.

Le landgrave, enorgueilli de ses forces, qu'il avait eu le temps d'organiser et d'exercer, comptant sur l'appui de l'électeur de Saxe et surtout sur celui de Gustave-Adolphe, répondit avec hauteur : « Je ne suis ni ami ni ennemi, dit-il aux officiers de Tilly, et je ne suis nullement disposé à admettre des troupes étrangères dans mes états, encore moins dans ma résidence de Cassel. J'ai besoin de mon armée, et je n'entends point la licencier ; d'ailleurs, mes soldats ne sont que des recrues et ceux du comte de Tilly sont des vétérans. Ils s'accommoderaient mal ensemble, et ils ne sauraient conséquemment pas tenir garnison aux mêmes endroits. Si l'on commet des hostilités contre moi, je me défendrai de mon mieux. Quant à la demande d'entretien et de contributions que m'adresse le comte de Tilly, je ne puis lui répondre que par un bon conseil, celui de marcher sur Munich ; il y trouvera des magasins considérables, remplis de longue main. »

Le landgrave appuya cette réponse de mesures énergiques. Il retira ses troupes derrière la Werra, en massa la plus grande partie autour de Cassel et de Ziegenhein, et força les

1. Du Jarry de la Roche, t. II, p. 88.

paysans d'abandonner tous les villages de la frontière, à six milles à la ronde, en emportant toutes les subsistances.

Malgré le refus d'obéissance et les dispositions hostiles du landgrave, Tilly se borna à lancer quelques partis sur le territoire hessois. On s'est perdu en conjectures sur les motifs de sa longue inaction. La plus plausible est qu'il espérait recevoir, à tout moment, l'autorisation d'agir contre la Saxe. Il regardait la soumission de la Hesse comme une conséquence forcée du désarmement de la Saxe, et les yeux toujours fixés sur le point principal, il ne voulait pas courir le risque d'engager ses forces dans une entreprise secondaire, afin de les tenir sous sa main, prêtes à frapper, sans retard, le coup décisif. Le 26 juin, il écrivit à l'empereur :

« L'électeur (de Saxe) continue ses armements; il faut absolument que nous en finissions. De deux choses l'une, il faut céder tout à fait, ou il faut attaquer la Saxe, sans perdre un instant, disperser et désarmer les nouvelles levées. Nous étoufferons ainsi le mal dans son germe, et les autres états seront réduits par l'épouvante. Je suis convaincu qu'on n'obtiendra rien de la Saxe par la voie amiable. En tout cas, il faut se décider promptement, car chaque jour de délai apporte un obstacle de plus [1]. »

Tilly libre, combien autre eût été l'issue de la lutte. L'histoire est pleine de ces *si* à l'aide desquels Dieu se plaît à confondre les calculs humains. Nous en retrouverons encore beaucoup sur notre route, tous s'accumulent pour grandir le piédestal du héros catholique et rendent témoignage à la profonde sagesse de ses conceptions, à la prophétique sagacité de son esprit.

Après de longs jours d'infructueuse attente, Tilly se mit en devoir de presser ses opérations contre la Hesse et il se disposait à attaquer Cassel, lorsque des courriers, dépêchés en toute hate par Pappenheim, lui apportèrent de graves nouvelles du roi de Suède.

La chute de Magdebourg avait mis Gustave-Adolphe dans une position difficile. Il s'était engagé à rendre la forteresse de Spandau à l'électeur de Brandebourg, aussitôt après la délivrance de Magdebourg. Cette ville prise, il fallait donc rendre Spandau. Or, Spandau était indispensable au roi pour ses opérations ultérieures, et il résolut de la conserver à tout

1. Du Jarry, t. II, p. 88.

prix. Il eut d'abord recours à la ruse. Il feignit de vouloir retirer ses troupes, afin de fermer la bouche aux malveillants qui osaient soutenir qu'en se faisant céder Spandau, il avait vu une autre chose que la « sûreté de sa personne et le bien de la cause protestante ». L'électeur craignait que cette brusque retraite ne le livrât sans défense aux vengeances des Impériaux ; il fit prier le roi d'attendre quelque temps. Gustave n'y consentit que sous la condition, que l'électeur contracterait envers lui des engagements formels, et exigea une réponse prompte et nette.

Ainsi mis en demeure, l'électeur tergiversa. Des négociations, où la bonne foi était absente des deux côtés, se nouèrent, jusqu'à ce qu'enfin Georges Guillaume se décida à réclamer du roi l'exécution pure et simple de ses premières promesses. Gustave n'hésita plus à jeter le masque et à demander à la force ce que l'astuce n'avait pu lui donner. Il quitta Spandau, mena son armée droit sur Berlin et menaça de mettre la ville à feu et à sang, si l'électeur ne se courbait sous ses fourches caudines.

La résistance était impossible. L'électeur, contraint d'accepter la loi de cet étrange allié, signa, le 21 juin, un traité, par lequel il cédait au roi les forteresses de Spandau et de Custrin, lui livrait la petite armée brandebourgeoise, et s'engageait à payer 30,000 rixdalers par mois, pour l'entretien des troupes royales.

Gustave devenu par ce traité léonin, le véritable maître du Brandebourg, fit prendre possession des forteresses par ses généraux et partit, de sa personne, pour Stettin, dans l'intention d'aller presser le siège de Greifswald. En route, il apprit que cette importante place, dernier refuge des Impériaux en Poméranie, avait succombé. Ce succès rendait disponibles toutes les forces suédoises employées en Poméranie. Gustave en détacha une partie, pour une expédition dans le Mecklembourg, sous les ordres du général Tott, et ramena le reste à Brandebourg, où était le gros de son armée.

Maître de la rive droite de l'Elbe, jusqu'à Magdebourg, il songea à prendre pied sur la rive gauche. Laissant une partie de son armée à Brandebourg, avec ordre d'y achever les ouvrages de défense commencés, il remonta, le 28 juin, le cours de l'Elbe, avec 2,000 mousquetaires d'élite et presque toute sa cavalerie. Dans la soirée du 29, il atteignit la petite ville de Jerichow. Afin de tromper l'ennemi sur le véritable point de son passage, il fit faire de fausses démonstrations par sa cavalerie, dans la direction de Magdebourg. Pappenheim donna dans le piège et couvrit Magdebourg. Pendant ce temps-là le roi faisait rassembler en toute hâte tous les bateaux du voisinage, à Jerichow. Dans la nuit du 11 au 12 juillet, quelques compagnies d'infanterie surprirent, à la faveur des ténèbres, la faible garnison de Tangermunde, sur la rive gauche de l'Elbe, la taillèrent en pièces, et s'emparèrent de la place. Un pont de bateaux fut immédiatement construit, et, dès le 13 juillet, Gustave put franchir le fleuve avec toute sa cavalerie et son artillerie. Il établit son quartier-général à Tangermunde, fit des courses dans tout le pays environnant, et força les garnisons impériales de se retirer sur Magdebourg. Le 19 juillet, Banner attaqua Havelberg et s'en empara de vive force.

On s'attendait à ce que le roi marchât droit à Magdebourg, et c'est dans cette prévision que Pappenheim réclama la prompte assistance de Tilly. Mais Gustave prit un parti plus prudent. La nécessité de laisser de nombreuses garnisons derrière lui, avait affaibli ses forces ; des renforts lui étaient annoncés, mais il fallait leur donner le temps d'arriver. De plus, de tous les princes protestants qui applaudissaient à ses succès, le landgrave de Hesse-Cassel et le duc de Saxe-Weimar s'étaient encore seuls prononcés ouvertement pour lui. L'électeur de Saxe, toujours vacillant et jaloux de prendre lui-même la direction d'un tiers-parti, continuait à esquiver, par des échappatoires, les pressantes instances du roi. Gustave était trop habile pour être la dupe de tergiversations dont il pénétrait, sans peine, le mobile. Il connaissait le déplorable état de l'empire, les tristes conditions dans lesquelles se trouvait l'armée de Tilly, et plutôt que de risquer sa fortune dans le sort d'une bataille, au profit d'alliés honteux, il se résolut à attendre, l'œil au guet, l'arme au bras, que le temps et l'occasion lui ouvrissent une trouée jusqu'au cœur de l'empire. Au moment où on croyait le voir paraître devant les murs de Magdebourg, il établit un camp retranché à Werben.

Aux premiers avis de Pappenheim, Tilly avait dépêché vers lui le major général comte Cratz avec quelques milliers d'hommes. Trois jours après, il leva lui-même son camp et reprit la route de Magdebourg par Mansfeldt et Aschersleben. Il supposait le comte de Furstenberg, qui s'avançait à grands pas, assez fort pour achever l'œuvre de réduction de la Hesse et espérait forcer le roi à accepter la bataille. Il entra à Magdebourg, le 25 juillet, et dès le 27 s'avança jusqu'à Wolmirstadt. Il fit camper son infanterie autour de la ville, mais la difficulté de se procurer des fourrages le força de cantonner sa cavalerie jusque dans des villages éloignés.

A l'approche de Tilly, Gustave Adolphe s'était hâté de rassembler toutes ses forces dans le camp de Werben ; mais il observait son ennemi avec une vigilance inquiète, cherchant à faire quelque heureux coup de main, capable de le démoraliser. Ses courreurs lui apprirent l'éparpillement de la cavalerie de Tilly. Il en profita habilement. Le 26 juillet trois détachements de son armée surprirent la même nuit cinq régiments impériaux qu'ils massacrèrent, en faisant un butin immense.

Le 27 juillet la reine arriva à Wolgast avec 8,000 hommes. Gustave fit diriger la moitié de ces troupes sur le Mecklembourg et rappela le reste à Werben, ainsi que le corps de 9,000 hommes que commandait le maréchal Horn sur les frontières de la Silésie. Rassuré par ces renforts, il attendit l'attaque probable de Tilly.

Le lieutenant-général de l'empereur avait été fort sensible à l'échec de sa cavalerie, mais il espérait une revanche éclatante. Le 30 juillet, il passa une grande revue de son armée, et s'avança en bon ordre de bataille sur Werben, afin d'éviter toute nouvelle surprise. Après six jours d'une marche fatigante, constamment harcelée par la cavalerie légère des Suédois, il arriva en vue du camp. Pendant quarante-huit heures, il essaya vainement d'attirer le roi hors de ses retranchements. Enfin, s'étant ménagé des intelligences dans la ville de Werben, il résolut d'y donner l'assaut. Dans la soirée du 7 août, à un signal donné de la ville, les Impériaux, pleins de confiance, s'avancèrent en silence vers les remparts de Werben. Mais ils avaient été eux-mêmes trahis. Au moment où leurs masses profondes s'approchaient des fossés, un feu écrasant les accueillit, et mit le désordre dans leurs rangs. Au même instant, la cavalerie suédoise les chargea et ils eussent été taillés en pièces, si Tilly n'eût par précaution disposé un corps de réserve, qui vint couvrir la retraite et arrêter la cavalerie royale.

Le lendemain le général Baudissin sortit du camp avec quelques milliers de chevaux, attaqua les Croates, les sabra, et les poursuivit jusque sous le canon de Tilly. Cette imprudence lui coûta cher : chargé à son tour par les cuirassiers impériaux, il fut rejeté sur le camp avec perte de plusieurs centaines d'hommes et eut à subir les plus vifs reproches de la part du roi.

Tilly avait à lutter contre des ennemis plus terribles encore que les Suédois. La disette sévissait dans son armée. Les partis suédois, favorisés par les basses eaux, franchissaient le fleuve sur tous les points, se montraient jusque sur les derrières des Impériaux, enlevaient les convois venant de Magdebourg et d'Halberstadt, pillaient le pays et brûlaient ce qu'ils ne pouvaient pas emporter. Les communications de Tangermunde à l'armée impériale devinrent si peu sûres, qu'un jour les préposés aux vivres laissèrent gâter 20,000 pains de munitions, parce qu'ils n'osèrent les faire transporter à temps. Les fourrages étaient introuvables, les cavaliers impériaux devaient courir jusqu'à seize lieues de distance pour chercher la nourriture de leurs chevaux épuisés. La chaleur brûlait l'herbe sur pied. L'eau elle-même manquait et se vendait dans le camp de Tilly, parce qu'on devait aller la puiser dans l'Elbe à travers mille périls (1).

Vaincu par les privations, Tilly se retira le 9 août sur Tangermunde. Il y fit jeter un pont sur l'Elbe, sans doute dans l'intention de franchir le fleuve et d'attaquer les Suédois sur la rive droite. Mais il renonça bientôt à ce projet. Il eût rencontré sur la rive droite un pays plus dévasté encore, et couru le risque d'être coupé de ses communications avec Magdebourg. Ses forces étaient insuffisantes pour tenir les deux rives à la fois et cerner complètement le camp suédois. Il resta ainsi dans l'indécision jusqu'au 21 août. La disette l'avait suivi à Tangermunde et enlevait chaque jour quantité d'hommes et de chevaux. La désertion se mit parmi ses troupes, des bandes entières passèrent aux Suédois et des symptômes menaçants de mutinerie se manifestèrent. Le 21 août, après avoir rappelé les garnisons de quelques petites villes de la vieille Marche, il quitta pour toujours cette province, où pendant six ans il avait agi en maître, et arriva le 22 au soir à Wolmirstadt.

Sur ces entrefaites le landgrave de Hesse Cassel était arrivé au camp de Werben, où se trouvait déjà le duc Bernard de Saxe-Weimar. Un traité fut conclu dans lequel le landgrave accepta du roi de Suède une vassalité mille fois plus humi-

1. Gfœrer, *Gustave-Adolphe*, p. 717.

liante que celle qui le rattachait à l'empereur. Mais en revanche, il obtint l'assurance de conserver pour lui-même toutes les conquêtes qu'il pourrait faire sur les princes ecclésiastiques, livrant ainsi le véritable secret de son amour de la liberté allemande. Le duc Bernard de Saxe-Weimar se fit promettre de son côté les évêchés de Bamberg et de Wurzbourg, sous le titre de duché de Franconie, et reçut l'argent nécessaire pour l'équipement de trois régiments, qu'il se hâta d'aller lever à Weimar. Son empressement, stimulé par les cupides appétits que le roi avait su éveiller en lui, fut très utile au landgrave. En apprenant le voyage et les actes du prince hessois, Tilly avait adressé une proclamation fulminante aux états de la Hesse et donné l'ordre au comte Fugger, commandant un corps de 10,000 hommes récemment levés par la Ligue, d'attaquer sans ménagements les domaines du landgrave. Fugger obéit ; mais le duc Bernard accourut en Hesse avec ses recrues, les réunit à l'armée hessoise et repoussa toutes les attaques des Impériaux. Puis il s'empara de Fritzlar, ville appartenant à l'électeur de Mayence, qu'il traita avec la dernière cruauté, mit à rançon les abbayes de Hirschfeld et de Fulda et, après avoir ravagé impitoyablement les possessions des princes ecclésiastiques, alla camper près de Rotenbourg, où il attendit les suites de la jonction des armées saxonne et suédoise.

Tilly se trouvait à Wolmirstadt dans une position des plus critiques. Le roi lui coupait toute communication avec le Mecklembourg et le Bas-Elbe. A sa droite, vers l'Est, était la marche de Brandebourg, pays complètement ruiné, dont toutes les places fortes étaient aux mains des Suédois. A gauche, la Hesse soulevée menaçait de le couper de la Franconie et de la Westphalie. En arrière, la Saxe électorale, s'appuyant sur sa neutralité, refusait de lui donner la moindre assistance en vivres. Pour lui, ce n'était plus de vaincre qu'il s'agissait, mais de vivre, et, pour vivre, il n'avait à choisir qu'entre deux ressources, se jeter sur la Saxe ou battre en retraite sur la Franconie, en abandonnant au roi de Suède le reste de l'Allemagne. A la vérité, il avait enfin obtenu de l'empereur l'autorisation d'agir contre l'électeur de Saxe, mais les ordres les plus formels en sens contraire lui arrivaient coup sur coup de Munich et de Mayence [1]. Jusqu'au

1. Mailath, t. 3, p. 257. Archives du royaume. Secrétairerie d'état allemande. Corresp. de l'électeur du royaume.

31 août, l'armée saxonne demeura campée auprès de Leipzick et rien n'eût été plus facile pour Tilly que de la disperser, avant qu'elle pût être secourue par les Suédois. C'était l'avis de Pappenheim, et certes Tilly comprenait mieux que personne la nécessité d'une prompte décision et surtout d'une prompte action. Malheureusement les instructions positives de l'électeur de Bavière ne le laissaient pas libre ; esclave de ses devoirs, il se crut obligé de pousser l'obéissance jusqu'au bout. Le 24 août, il dépêcha à Mersebourg le chanoine Jean Reinardt de Metternich, administrateur de l'archevêché de Halberstadt pour l'archiduc Léopold, et le général de l'artillerie, baron de Schœnbourg, avec ordre de sommer l'électeur de joindre son armée à celle de l'empereur et de fournir des vivres à celles-ci sous peine d'être traité en ennemi.

Jean Georges fit le meilleur accueil aux envoyés de Tilly et les invita à sa table. Au dessert, il leur dit en riant : « Je vois bien qu'on songe enfin à goûter de ces bonnes confitures saxonnes, si longtemps ménagées. Mais prenez garde, messieurs, de vous casser les dents, car il y a dans ces confitures des noyaux qui pourraient bien être durs à mordre. » Le lendemain, il congédia les sieurs de Schœnbourg et de Metternich avec une réponse écrite portant l'assurance de sa fidélité, la justification de la confédération de Leipzick et la prière de n'être pas traité en ennemi, mais en prince fidèle et affectionné à l'empereur.

Tout en continuant ainsi ses protestations de dévouement au chef de l'empire, l'électeur se liait de plus en plus avec le roi de Suède et ramenait ses troupes à Torgau, mouvement à bon droit suspect et qui dut renouveler cruellement les regrets de Tilly de n'avoir pas été libre d'agir à temps.

Tilly chassé de Wolmirstadt, comme de Tangermunde par la faim, marcha le 28 août sur Eisleben, où le comte Egon de Furstenberg l'attendait depuis quelques jours avec son corps d'armée, fort d'environ 20,000 hommes. Cette jonction portait les forces de Tilly à environ 40,000 hommes. Sous peu de jours, il devait être rejoint par Aldringen, avec 7,000 hommes, et il avait à sa portée les 10,000 soldats du comte Fugger. Le 4 septembre, après avoir reçu la réponse de l'électeur de Saxe, il se dirigea vers Halle. La disette ne permettait plus la longanimité et il ne pouvait plus persister à obéir à Maximilien, qu'en laissant son armée se fondre sous ses yeux. Il dépêcha au comte de Tiefenbach, qui commandait en Silésie, un corps de 11,000 hommes, l'ordre d'opérer contre la Saxe par la Lusace et ouvrit lui-même les hostilités en faisant sommer Mersebourg de lui livrer des vivres. Le magistrat ayant refusé, Pappenheim fut détaché contre la place avec 6,000 hommes et 8 pièces d'artillerie.

L'incendie des faubourgs suffit pour déterminer le commandant à capituler. Naumbourg, Weissenfels, Jena, Pegau et quantité de localités de la Saxe électorale furent mises à rançon, ou pillées par Pappenheim. Le 8 septembre, Tilly fit sommer aussi Leipzick de lui fournir des vivres et menaça en cas d'hésitation de venir en personne. Le magistrat répondit qu'il ne pouvait rien faire sans en avoir référé à l'électeur. Tilly insista et réclama de plus l'entrée de troupes impériales dans la ville. Sur de nouveaux refus, il partit de Halle le 12 septembre, avec toute son armée et parut le 13, de bonne heure, devant Leipzick. Les magistrats accoururent au-devant de lui pour imployer sa clémence. Il les reçut avec bienveillance et leur accorda quelque temps de répit, tout en ordonnant les préparatifs nécessaires pour l'assaut. Les bourgeois effrayés auraient voulu capituler, mais le commandant saxon s'y opposa. Il ouvrit un feu violent d'artillerie, et ses boulets renversèrent un officier impérial auprès de Tilly. Le 14, il mit le feu aux faubourgs; Tilly essaya de faire éteindre l'incendie, mais sans pouvoir y réussir, à cause du vent et des volées de mitraille de l'ennemi. Il fit dresser aussitôt des batteries et pendant la nuit du 14 au 15 septembre, lança quelques bombes dans la ville. Le souvenir du sort de Magdebourg épouvanta les habitants de Leipzick et, le 15, sur leurs instances, le commandant saxon capitula. Tilly traita la ville avec la plus grande douceur et se contenta d'y faire entrer 1,000 hommes sous le colonel Wangler.

La nouvelle des hostilités commises par Tilly contre la Saxe, mécontenta profondément l'électeur Maximilien. « J'aurais désiré vivement, lui avait-il écrit le 20 août, que vous eussiez reçu plutôt l'avis de l'électeur de Mayence. Mais puisque cela n'a pas eu lieu, vous auriez dû cependant comprendre, d'après mes instructions antérieures, quels graves motifs vous défendaient d'agir contre l'électeur de Saxe, tant qu'il ne commençait pas lui-même la rupture ou ne se joignait pas aux Suédois. Car ainsi que vous l'a mandé l'électeur de Mayence, c'est affaire de telle importance que s'il en résulte une guerre déclarée, nous n'aurons pas seulement à dos un ennemi, mais tous ceux des protestants qui jusqu'ici s'étaient tenus tranquilles. Vous m'eussiez fait plaisir de ne pas rompre les négociations avec l'électeur Jean Georges et d'employer des moyens conciliants pour le ramener. »

Le 13 septembre, Maximilien manifesta avec encore plus d'énergie à Tilly son déplaisir de la rupture avec l'électeur de Saxe et lui ordonna de rétablir à tout prix les bonnes relations avec ce prince. L'électeur de Mayence Anselme Casimir fit exprimer les mêmes sentiments. Mais, il était trop tard. Dès le 11 septembre, Jean-Georges avait traité avec le roi de Suède.

Après le départ des sieurs de Metternich et de Schœnbourg, Arnim lui avait fait remarquer le danger de la position de l'armée saxonne à Leipzick ; le 1er septembre, il fit déloger ses troupes et les envoya occuper un camp retranché à Torgau. Déterminé à se jeter dans les bras des Suédois, il envoya Arnim au roi, avec ordre de réclamer son appui, quelles qu'en pussent être les conditions. Gustave était à Alt-Brandebourg, depuis dix jours ; prévoyant les événements, il avait quitté son camp de Werben avec une partie de son armée, pour se rapprocher de la Saxe. Sûr désormais de sa proie, il affecta de la froideur, énonça d'abord les prétentions les plus dures, puis au bout de quelques jours, il parut se radoucir et enfin conclut avec l'électeur un traité dont les principales bases portaient :

1° Que les deux armées se réuniraient et combattraient ensemble, comme un seul homme, les ennemis du roi et de l'électeur. Que l'armée saxonne serait placée sous les ordres du roi et ne se séparerait, sous aucun prétexte, des Suédois, sans leur consentement.

2° Que l'électeur ne conclurait aucun traité de paix sans l'assentiment du roi.

3° Que toutes les places fortes de la Saxe sur l'Elbe seraient ouvertes au roi.

4° Que l'électeur pourvoirait à l'entretien des deux armées tant qu'elles seraient sur le territoire saxon.

Aucun auteur ne parle d'articles secrets. Mais les précédents du roi vis-à-vis du landgrave de Hesse-Cassel et du duc de Saxe Weimar, sa conduite postérieure et enfin cette stipulation dans le traité avec le landgrave, relative aux conquêtes à faire et à garder, qui n'admettait au même bénéfice que les princes qui s'allieraient au roi avant trois mois, autorisent à croire que l'électeur reçut aussi de brillantes promesses. Peut-être, dit Gfrœfer, le roi lui fit-il entrevoir la couronne de Bohême.

Sur ces entrefaites, Gustave s'était avancé juqus'à Coswig ; le 13 septembre, il franchit l'Elbe à Wittenberg et, le 15, effectua à Duben sa jonction avec l'armée saxonne.

On a reproché à Tilly de n'avoir pas empêché cette jonction en se jetant entre les deux armées.Ce reproche qui a été formulé par un écrivain militaire moderne et qui ne se retrouve pas chez les auteurs antérieurs, nous paraît peu fondé en présence du plan primitif adopté par Tilly, plan que les hommes de l'art se sont accordés à approuver et dont il ne se départit que malgré lui et par la faute de Pappenheim. On ne doit pas oublier non plus que, d'après les ordres qu'il avait envoyés à Tiefenbach, il devait supposer que ce général occuperait au moins une partie des forces de l'électeur ou du roi. Malheureusement, Tiefenbach, qui haïssait Tilly et qui avait des ordres secrets de l'empereur, refusa d'obéir sous prétexte d'insuffisance de forces et se borna à faire quelques incursions peu importantes dans la Lusace.

Deux jours après le traité avec la Suède, Jean-Georges, qui n'avait cessé de correspondre avec Tilly, eut l'inqualifiable hypocrisie de lui écrire une lettre remplie de protestations de sa fidélité envers l'empereur, fidélité, disait-il, non de paroles menteuses, mais de faits clairs et patents. J'en avais attendu, continuait-il, d'autres remercîments que ceux que j'ai reçus. Il ne me reste qu'à offrir à Dieu les injustices dont je suis victime... Mes efforts ont toujours tendu à remplir ponctuellement mes devoirs envers le chef de l'empire, et je conserve encore l'espoir que *mon bien-aimé Empereur* n'exigera pas de moi plus que je ne lui dois, etc. »

Jean-Georges avait-il la simplicité de croire qu'il tromperait le vétéran catholique, ou se préparait-il une excuse pour le cas d'une défaite ? La question est peu importante, mais le fait prouve une grande duplicité chez l'électeur. Tandis que ce prince s'épuisait en fausses démonstrations vis-à-vis de Tilly, il témoignait à Gustave la plus grande ardeur de combattre. L'engagement qu'il avait pris d'entretenir les deux armées lui paraissait bien lourd, il sentait que cette obligation serait d'autant plus ruineuse pour ses états que la temporisation serait plus longue et que quinze jours de pareil entretien épuiseraient toutes ses ressources.

Dans un grand conseil de guerre, auquel assistait l'électeur de Brandebourg, les avis furent partagés. D'après Chemnitz, le roi aurait voulu éviter une bataille, faire un mouvement sur la droite, prendre Halle, attaquer Mersebourg et resserrer de plus en plus l'ennemi dans un cercle de fer, jusqu'à ce que, pressé par la disette, il quittât son inexpugnable position de Leipzick et vînt s'offrir lui-même aux coups de ses adversaires, si mieux il n'aimait opérer une retraite qu'on pouvait rendre désastreuse. « Il ne faut pas oublier, dit Gustave, que l'enjeu de la bataille est une couronne et deux chapeaux d'électeur. Les vicissitudes de la fortune sont communes dans la vie humaine mais principalement dans la guerre et dans les grandes batailles. Nous pouvons être vaincus. Certes mon royaume souffrirait de ma défaite; mais enfin, il est éloigné, il a la mer pour rempart, une flotte considérable pour défense et une armée toute prête à remplacer celle que je perdrais. Pour vous, au contraire, vous avez l'ennemi sur le dos, et si nous perdions la bataille, vos bonnets d'électeur pourraient bien osciller sur vos têtes ou même tomber tout à fait par terre. » Ces sages raisonnements ne firent aucune impression sur l'électeur de Saxe, que préoccupait avant tout la perspective de sa ruine totale, pour peu que le séjour de tant d'armées sur son territoire se prolongeât, et il déclara que si le roi ne voulait pas livrer bataille, il marcherait seul contre Tilly.

Gustave céda, le conseil se sépara et l'électeur de Brandebourg qui, dit Gfrœfer, n'aimait probablement pas la poudre, retourna à Berlin.

L'aspect des armées saxonne et suédoise offrait un contraste frappant. Les Saxons étaient bien nourris, forts, parfaitement équipés ; leurs officiers, magnifiquement vêtus et armés, portaient des chapeaux couverts de plumes. A côté d'eux, les Suédois au front bronzé, aux traits fatigués, aux habits déchirés ou pleins de la poussière des bivouacs, ne brillaient que par leurs allures martiales. Le 16 septembre, les armées réunies traversèrent Duben et s'avancèrent vers les plaines de Leipzick, en ordre de bataille, les Saxons à gauche, les Suédois à droite. Le soir, elles s'établirent à Klein-Wolcka, à trois lieues de Leipzick. Chemnitz rapporte que Gustave convoqua ses officiers autour de lui et, après leur avoir donné les instructions les plus détaillées pour la journée du lendemain, s'entretint longuement avec eux. « Je ne veux pas, disait-il entre autres choses, rabaisser nos ennemis, ni vous faire les choses plus faciles qu'elles ne sont ; ce serait vous faire tort, car je vous crois incapables de vous laisser effrayer par les dangers. Je vous connais et je vous ai vus assez à l'œuvre, pour savoir qu'il n'y a pas de lutte si critique, de péril si grand, que vous ne puissiez en sortir à votre honneur, sous mes ordres. Mais, disons-le franchement, nous avons devant nous un ennemi fort et puissant, plein d'expérience, qui n'a jamais eu, durant sa longue carrière militaire, que des triomphes. Mais, plus cet ennemi est glorieux, plus grande sera notre gloire de le vaincre. Tout l'honneur, la réputation, la gloire qu'il s'est acquis, après tant d'années, peuvent, avec l'aide de Dieu, devenir nôtres en vingt-quatre heures. Nous sommes certainement égaux en nombre à nos adversaires, si pas supérieurs, et je ne fais pas le plus petit doute, que tous, du premier au dernier, vous ne remplirez votre devoir de bons soldats : j'espère aussi que les Saxons, malgré leur inexpérience, feront ce qu'ils pourront dans cette occasion, d'où dépend le salut de leur patrie... Vous et vos soldats, vous avez souvent dit en plaisantant, que vous pourriez bien gagner la ciel, sous ma conduite, mais rien des richesses de la terre. J'avoue que jusqu'à présent vous avez pu avoir raison. Nous ne pouvions guère songer à nous enrichir dans les pays dévastés et déserts, et d'ailleurs amis, que nous avons traversés, jusqu'à présent. Mais à l'avenir, si vous savez vous battre comme à l'ordinaire, vous gagnerez, non seulement les richesses éternelles, mais encore celles du temps, car outre que devant nous est un camp plein des plus précieux trésors, vous pouvez, d'un seul coup heureux, vous ouvrir « la route des prêtres », dans laquelle vous trouverez d'abondantes compensations à vos travaux, à vos peines, à vos misères. »

Gustave entendait à merveille l'art de stimuler les courages, en surexcitant les concupiscences. Lorsqu'il vit ses officiers suffisamment encouragés, il sortit et parcourut ses bivouacs, en causant familièrement avec les soldats. Il s'arrêta particulièrement dans les quartiers de cavalerie et, considérant les chevaux petits et faibles de ses dragons, il leur donna cette instruction : « Les cavaliers impériaux sont généralement montés sur de forts étalons, lorsque vous aurez à faire à eux, et que vous ne pourrez, à cause de la cuirrasse, piquer dans les côtes de l'homme, visez aux chevaux, enfoncez-leur votre épée tout droit, élargissez la blessure par un mouvement du poignet, et vous aurez bientôt culbuté homme et bête ensemble. »

Gustave passa le reste de la nuit dans sa voiture, avec les généraux Horn, Banner et Teufel, et, pendant un moment d'assoupissement, il rêva qu'il luttait contre Tilly et que, l'ayant enfin jeté à terre, il en avait été cruellement mordu au sein gauche.

La légende, qui ne pouvait manquer de rattacher mille détails extraordinaires à cette bataille célèbre, laquelle décida du sort de l'Allemagne, veut que Tilly ait passé la nuit du 16 au 17 septembre, dans la maison du fossoyeur, à l'entrée du cimetière de Leipzick. C'est là, dit-on, que, tenant aussi un conseil de guerre, il se laissa entraîner, malgré lui, à courir les chances d'une bataille.

Le premier projet de Tilly avait été d'attendre l'ennemi dans sa forte position, jusqu'à ce que fût arrivé le corps du général Aldringen, que l'on savait approcher. Appuyé sur la ville de Leipzick, ses ailes assurées par la Pleisse et la Parde, il pouvait braver, avec avantage, tous les efforts du roi. Dans cette intention, il fit commencer les retranchements du camp, et élever de nombreuses batteries. Les travaux furent poussés avec une telle activité, que, le 17, dans la matinée, ils étaient presque terminés. Mais ce parti de prudence irritait le comte de Pappenheim qui, jaloux de son chef et espérant le voir remplacer par Wallenstein, ne cessait, depuis longtemps, de le décrier à Vienne et à Munich, le traitant de vieillard affaibli par l'âge, épuisé, et désormais incapable de quoi que ce fût de vigoureux. A son exemple, les anciens généraux de Wallenstein, qui regrettaient les prodigalités de l'ex-généralissime et qui supportaient, avec impatience, le joug de la sévère discipline de Tilly, s'emportaient jusqu'à traiter la circonspection du vétéran de lâcheté, sa temporisation de trahison. Ces sentiments se firent jour dans le conseil de guerre. La séance fut orageuse. Pappenheim se livra à toute sa fougue et, dans sa présomption, s'écria : « que l'armée impériale, bien aguerrie, fraîche et accoutumée à vaincre, n'avait pas besoin de renfort pour battre les nouvelles milices de Saxe et les Suédois fatigués de longues guerres. » Ces paroles furent chaleureusement applaudies. Tilly résista cependant à l'entraînement général et aux accusations à peine voilées qu'articulèrent contre lui les impatients de combattre.

Insensible à tout autre mobile qu'à celui de son devoir, il était encore résolu, le matin du 17 septembre, à éviter la bataille et à attendre Aldringen.

Vers 9 heures, le bruit s'étant répandu que l'ennemi approchait, le comte de Pappenheim vint demander à Tilly l'autorisation de prendre 2,000 chevaux, afin de pousser une reconnaissance et de tâcher d'enlever quelques prisonniers. Tilly hésita d'abord, mais sur les instances du feld-maréchal, il consentit enfin à le laisser partir, sous la recommandation expresse de ne pas s'engager trop avant avec l'ennemi. Pappenheim promit tout ce qu'on voulut, mais il ne tint pas sa parole. En effet, ayant rencontré quelques coureurs saxons, il leur donna la chasse, et envoya courrier sur courrier à Tilly, pour lui dire : « Que l'armée saxonne arrivait seule, et qu'il se hâtât de s'avancer afin de l'écraser. » Pour toute réponse, le lieutenant-général réitéra à Pappenheim l'ordre de rallier le camp. Au lieu d'obéir, Pappenheim fit dire de nouveau à Tilly : « Que les Saxons étaient seuls, et que lui, Tilly, aurait à répondre devant Dieu, l'empereur et l'électeur de Bavière, d'avoir négligé une si magnifique occasion. » Cette étrange mise en demeure de la part d'un subalterne n'ébranla point encore Tilly. Mais ce que n'avaient pu obtenir ni les menaces, ni les paroles insultantes, l'impulsion du dévouement et de l'abnégation le lui arracha. Trompé par ses faux renseignements, Pappenheim s'avança trop et se trouva aux prises avec toute l'armée des alliés. Il fit demander à Tilly un secours de 2,000 chevaux pour le dégager. L'occasion de la vengeance était d'autant plus séduisante, qu'elle pouvait se déguiser sous le voile de l'intérêt de l'armée entière. Mais Tilly était inaccessible à de semblables tentations. Cependant, il soupçonna sans doute et non sans raison, que la désobéissance du maréchal avait pour but de le forcer à une bataille, car, levant, dit-on, les bras au ciel, il s'écria : « Ce malheureux me perdra d'honneur et de réputation ; il causera la ruine de l'empereur. » Il n'en expédia pas moins 2,000 cuirassiers, avec l'injonction expresse à Pappenheim de battre en retraite, sous peine de mort. Ce secours ne suffit pas. Alors, le désespoir dans le cœur, mais mu par le désir de sauver un homme, dans lequel il admirait de grandes qualités militaires, et avec cet homme, l'élite de la cavalerie, il quitta ses retranchements, et s'avança dans la plaine en ordre de bataille. Son armée s'étendait sur une seule ligne, de Breitenfeld à Seehausen, sur une plaine unie, nouvellement labourée et où se montraient à peine quelques ondulations de terrain. Le comte de Furstenberg commandait l'aile droite, ayant sous ses ordres six régiments de cavalerie et 500 Croates; Pappenheim se trouvait à l'aile gauche avec sept régiments de cavalerie. L'infanterie entière, divisée en treize carrés, formait le centre, sous les ordres directs de Tilly, assisté des généraux de Schœnbourg et Officutz. Quelques régiments de cavalerie couvraient ses flancs. Il avait derrière lui un petit bois et sur son front, vingt pièces d'artillerie; six autres pièces étaient à l'aile droite.

Ses forces se montaient à 21,000 hommes d'infanterie et 11,000 chevaux (1).

De son côté, le roi de Suède fit sonner le départ, dès l'aube du 17, et comme il n'avait devant lui que de grandes plaines sans bois, il fit marcher son armée, sur deux grandes colonnes.

Le roi comptait avec lui 13,000 hommes d'infanterie et 8,850 chevaux. L'électeur de Saxe 11,000 hommes de pied et 4000 cavaliers. L'artillerie se composait d'environ 60 pièces de tout calibre.

Au bout d'une heure, l'avant-garde suédoise aperçut la cavalerie de Pappenheim. Un combat assez vif s'engagea sur les bords du Lober, ruisseau que les alliés devaient nécessairement traverser. Pappenheim, accablé par des forces supérieures, fut culbuté avec perte, en se retirant il mit le feu au village de Podelwitz, qui se trouvait sur la route des Suédois, pour qu'ils n'en tirassent pas avantage. Bien que le passage du ruisseau fût devenu libre, les difficultés du terrain arrêtèrent quelque temps les alliés. Bientôt cependant l'obstacle fut franchi et les alliés se formèrent en bataille entre les villages de Podelwitz et de Gœpschelwitz.

Cet ordre de bataille se composait de deux lignes et d'une réserve.

L'aile droite de la première ligne s'appuyait au village de Podelwitz. Elle se composait de cinq régiments de cavalerie suédois, disposés deux en avant et un en arrière, sans cepen-

1. Les auteurs ne sont pas d'accord sur l'ordre de bataille des Impériaux. Le système ordinaire de Tilly était de former deux lignes et une réserve. Gualdo Priorato a donné le plan de bataille de Breitenfeld dans ce sens. Mais il résulte des recherches faites par les écrivains militaires modernes, qu'à Breitenfeld, Tilly ne forma réellement qu'une seule ligne. L'annotateur militaire de Gualdo attribue même en partie, la défaite de Tilly à l'absence de réserve.

dant faire deux divisions séparées. Dans les intervalles des pelotons étaient rangés, des détachements de 180 mousquetaires. Cette disposition ingénieuse et toute nouvelle avait été imaginée par Gustave pour reprendre ses avantages contre la grosse cavalerie de Tilly, et elle contribua pour beaucoup au gain de la journée. Sur la cavalerie s'appuyait l'infanterie suédoise divisée en quatre brigades et soutenue par le régiment de la garde à cheval du roi. Venaient ensuite deux régiments de cavalerie, en cinq pelotons, disposés et mêlés de mousquetaires, comme ceux de droite.

Le roi commandait en personne l'aile droite de cette première ligne; le général Teufel, le centre; le maréchal Horn, la gauche.

La droite de la seconde ligne, aux ordres de Banner, se composait de deux régiments de cavalerie en sept pelotons, dont quatre au premier rang et trois au second. Trois brigades d'infanterie, sous le général Hepburn, formaient le centre et avaient pour appui les régiments de cavalerie du colonel Codtzitzki et Schaffman. L'aile gauche consistait en deux régiments de cavalerie, soutenus de deux compagnies de dragons. Elle était commandée par le général Hall.

Les Saxons étaient rangés à gauche des Suédois et séparés d'eux par un certain intervalle. Ils ne formaient qu'une ligne. Près des Suédois était massée la cavalerie, sous les ordres d'Arnim, en trois divisions sur dix rangs; puis se présentaient six régiments d'infanterie, en six carrés sur 104 hommes de profondeur. Cette infanterie était commandée par le duc de Saxe Altenbourg. L'électeur se trouvait à l'extrême gauche, avec vingt-quatre escadrons de cavalerie et son régiment des gardes du corps. Toute la grosse artillerie fut établie en batterie devant le front de l'armée. En outre, chaque brigade d'infanterie suédoise avait cinq pièces volantes. Le mot d'ordre des Suédois fut : *Dieu avec nous !* celui des Impériaux : *Jesus! Maria!*

Le roi portait un collet de buffle, un chapeau gris orné d'une plume verte, et montait un cheval blanc. La chaleur était extrême, car l'été de 1631 fut remarquable sous ce rapport ; la poussière fine, soulevée par les pas de tant d'hommes et de chevaux et chassée par un vent du Sud-Ouest, formait à certains moments de véritables nuages. Tilly, en général habile, avait pris l'avantage du vent et s'était posté de manière à ne pas en être incommodé. Vers midi, avant que le roi eût complété son ordre de bataille, Tilly ouvrit le feu de sa grosse artillerie. Elle ne fit qu'un effet médiocre, les Suédois répondirent bientôt et un de leurs premiers boulets vint frapper mortellement le colonel Baumgarten, ce qui impressionna son régiment, comme d'un mauvais présage.

A deux heures environ, le roi voyant ses soldats gênés par la poussière, ordonna un mouvement de l'aile droite pour éviter l'inconvénient. Pappenheim crut l'instant favorable, obliqua à gauche, dans le but de déborder les Suédois, et lança sur eux sa cavalerie sans avoir la patience d'attendre qu'il fût soutenu par l'infanterie. S'il eût réussi à faire brèche, et la furie de son attaque lui en donnait les plus grandes chances, l'ordre de bataille des Suédois était renversé et leur défaite certaine. Mais Banner se hâta d'amener quelques régiments de la seconde ligne, avec du canon, au secours de l'aile droite et les plaça à l'angle droit avec celle-ci. C'est alors que l'artillerie volante et la disposition des mousquetaires dans les rangs de la cavalerie royale firent merveille. Les cuirassiers impériaux, accueillis à bout portant par un feu aussi violent qu'inattendu, se mirent en désordre. Hommes et chevaux, étourdis de ce nouveau mode de combat, se rejetèrent vivement en arrière, poursuivis et sabrés par la cavalerie suédoise. Sept fois, Pappenheim ramena ses cuirassiers à l'assaut des colonnes ennemies, sept fois, ses hommes de fer reculèrent devant la barrière de feu, qui se formait devant eux. Dans l'ardeur de l'action, il appuyait insensiblement de plus en plus sur la gauche, sans s'apercevoir qu'il s'éloignait de ses points d'appui. De son côté, Banner, appelant de nouvelles troupes, étendait sa ligne pour achever de couper Pappenheim du reste de l'armée impériale. Au bout de deux heures de lutte héroïque, le feldmaréchal blessé fut entraîné définitivement dans la fuite de ses gens découragés. Il parvint à les rallier au delà de Breitenfeld, mais il ne put obtenir d'eux autre chose que d'assister de loin au reste de la bataille et de battre en retraite, avec un certain ordre.

Le régiment d'infanterie de Holstein, cédant à un excès d'ardeur, s'était imprudemment détaché du gros de l'armée pour suivre les cuirassiers de Pappenheim. Il se trouva tout à coup isolé et enveloppé par les Suédois. Se formant aussitôt en carré, il repoussa avec une admirable énergie toutes les attaques d'un ennemi dix fois supérieur en nombre. Il fallut amener de l'artillerie contre lui. Mais les sanglantes trouées faites par les boulets suédois se remplissaient aussitôt. Pas un soldat n'abandonna son poste. Quand le canon eut enfin réduit cette intrépide phalange à une poignée d'hommes, la plupart blessés, les cavaliers finlandais purent achever l'œuvre de destruction. Sous un monceau de cadavres, ils trouvèrent respirant encore, mais criblé de blessures mortelles, le vaillant colonel de ce glorieux régiment, le duc Adolphe de Holstein.

Pendant que ceci se passait à sa gauche, Tilly descendant des légères hauteurs sur lesquelles il s'était posté, chargea vigoureusement le centre des Suédois. Mais dans ce mouvement, il masqua sa propre artillerie qui fut réduite à l'impuissance. Exposé par contre au feu des Suédois, il éprouva des pertes sensibles et regagna ses premières positions, après un court engagement. Sur sa droite, les Croates, soutenus par les cuirassiers de Furstenberg, avaient attaqué les Saxons. Ceux-ci, après s'être d'abord courageusement défendus, commençaient à plier, lorsque Tilly, tournant ses forces sur ce point, vint achever leur défaite. Les Saxons furent mis en déroute complète. L'électeur lui-même se sauva à toute bride, suivi d'Arnim et de ses gardes du corps ; il ne s'arrêta qu'à Eulenbourg. Quatre régiments maintinrent seuls l'honneur du nom Saxon, et, abandonnés de leurs généraux, vinrent se ranger sous les ordres du maréchal Horn.

Le centre des Suédois, découvert, se trouvait fortement compromis et le moment était critique pour eux. Malheureusement Tilly n'en put profiter. Ses soldats trop ardents à la poursuite des Saxons s'étaient laissés entraîner au loin et une partie d'entre eux, rencontrant les bagages des alliés, se livrait au pillage. Horn eut donc le temps de prendre ses mesures. Imitant la manœuvre qui avait si bien réussi à Baner, il porta rapidement sa seconde ligne en avant et la rangea en potence devant les troupes victorieuses de Tilly. Par une coïncidence heureuse pour lui, Banner, qui venait de culbuter définitivement la cavalerie de Pappenheim, put détacher quelques régiments au secours du centre.

Comme si le ciel se fût déclaré subitement en faveur des Suédois, le vent, qui jusque-là leur avait été contraire, changea brusquement et aveugla les Impériaux de fumée et de poussière. Néanmoins, ceux-ci marchèrent bravement au combat. Mais là aussi, la tactique de Gustave produisit des effets foudroyants. On raconte que, pour la première fois, les Écossais au service du roi tirèrent en feu de peloton et que les Impériaux furent tellement stupéfaits de cette nouveauté, qu'ils en perdirent contenance. Ce fut bien pis encore, lorsqu'à trente pas, l'infanterie suédoise, ouvrant ses rangs, démasqua ses pièces de régiment et cribla de mitraille les masses profondes des Impériaux. Les soldats de Tilly furent ébranlés ; les officiers firent des prodiges de valeur pour les enlever et quantité d'entre eux furent tués en donnant à leurs gens l'exemple de l'audace. La lutte devint acharnée et, malgré la supériorité que donnait aux Suédois leur artillerie volante, la victoire balançait encore, lorsque la cavalerie de Furstenberg, rebutée par le feu des mousquetaires royaux, tourna bride et prit honteusement la fuite.

L'aile gauche de l'armée impériale n'existait plus. Le mouvement oblique à droite de Tilly, combiné avec le mouvement en sens inverse de Pappenheim, avait mis entre eux une trop grande distance, pour que celui-ci pût ramener à son chef les débris de ses cuirassiers. La lacune avait d'ailleurs été habilement remplie par Banner, dont toute l'attention s'était portée à couper à Pappenheim la retraite sur le gros des Impériaux. La fuite de la cavalerie de Furstenberg avait achevé de dégarnir entièrement l'infanterie de Tilly. L'artillerie, qui, au début de la journée, était placée au centre, étant demeurée immobile, pendant que Tilly portait ses forces sur la droite, se trouvait, en ce moment, à l'extrême gauche de la ligne impériale, et dangereusement isolée.

Le roi saisit d'un coup d'œil les avantages que lui offrait cette fâcheuse situation des Impériaux. Maître de disposer de toutes ses forces, il fit faire à son aile droite et à son corps de bataille une manœuvre semblable à un quart de conversion à gauche. Après avoir ainsi formé une ligne droite, débordant les Impériaux sur les deux extrémités, il ordonna une attaque générale, la cavalerie des deux ailes en avant. Les troupes qui gardaient les batteries de Tilly furent culbutées et les pièces tournées immédiatement sur les Impériaux, qui eurent à la fois à soutenir le feu des Suédois en front et en flanc, le choc des colonnes en tête, et les charges de la cavalerie en flanc et en queue.

Accablés de tous côtés, enveloppés sur tous les points, labourés en tous sens par une pluie croisée de projectiles, les carrés impériaux cèdent enfin la victoire. Les régiments mutilés se débandent successivement et se dispersent dans la campagne.

Il était déjà tard. La nuit approchait. Du milieu des Suédois vainqueurs se dégagent, comme une tour mouvante et hérissée de piques, cinq régiments wallons, dont les noms méritent de passer à la postérité. Ce sont les régiments de Balderon, Blanckaert, Gœtz, Dietrichstein et Chiesa, la fleur des vétérans de la Ligue, les héros des glorieuses expéditions de Tilly, les compagnons de ses misères et de ses triomphes. Ils enserrent au milieu d'eux leur général, blessé au bras, mais frémissant de douleur et impatient de mourir. Là sont Furstenberg, Cronenberg, le duc Rodolphe de Saxe Lauenbourg et toute une phalange de vaillants officiers, prêts à faire à leur chef vénéré un rempart de leurs corps. Tous les efforts de l'ennemi n'ont pu les entamer. Ils gagnent, en combattant, la bordure d'un bois, s'y arrêtent et tournent tête, car ils veulent mourir en soldats pour sauver l'honneur de leurs drapeaux. La cavalerie suédoise les charge avec fureur, l'infanterie les aborde de ses masses puissantes, l'artillerie les couvre de feu « et fait voler en l'air bras et jambes ». Ils résistent, blessés tombent à genoux, se battent encore et se font tuer sur place. Tilly a son cheval éventré sous lui par un boulet ; il s'en fait donner un autre et veut se jeter, tête baissée, dans les rangs suédois. Un capitaine du régiment royal, Rhingrave, nommé le long Fritz, à cause de sa taille colossale, l'aperçoit, se fait jour jusqu'à lui, le frappe à coups redoublés de la crosse de son pistolet, en lui criant de se rendre. Il va périr, car ses bras mutilés ne peuvent manier une arme, lorsque le duc Rodolphe de Saxe Lauenbourg s'élance sur le Suédois et lui brûle la cervelle.

La nuit seule mit fin au combat. Des cinq régiments wallons, il ne restait que 600 hommes, debout encore derrière les cadavres de leurs héroïques camarades. Ils passèrent la nuit non loin du champ de bataille, respectés des Suédois, qui, admirant leur valeur, renoncèrent à les poursuivre. Le lendemain matin, ils entraient tristes et silencieux sous les portes de Halle, ramenant sur une civière formée de piques « leur vieux père » épuisé de sang et hors de connaissance. 9,000 morts couvraient la plaine de Breitenfeld. La plupart appartenaient à l'armée impériale, car la perte des Suédois se montait seulement à 700 hommes et celle des Saxons à 2,000. Parmi eux étaient, outre le duc Adolphe de Holstein, qui mourut dans la nuit, à Eulenbourg, le baron de Schoenbourg, général de l'artillerie impériale, le major-général

Erwitte, les colonels Baumgarten, Blanckaert, Grotta, dix lieutenants-colonels et douze capitaines, les colonels suédois Teufel, Callenbach et Hal. Un quatrième officier supérieur, le colonel Courville, tomba blessé, dès le commencement de la bataille, aux mains des Impériaux. Les Saxons eurent à regretter le général major Bindthauf, le colonel Lœser, deux frères Starchoedel, etc.

Les trophées de la journée furent immenses. En dehors du prodigieux butin fait par les officiers et les soldats, le roi recueillit toute l'artillerie de Tilly et plus de cent drapeaux ou étendards. Presque tous les prisonniers, au nombre de plusieurs milliers, consentirent à se laisser fondre dans les régiments suédois, ce qui implique qu'ils avaient dû se battre, avec une médiocre énergie pour l'empereur.

Jamais, dit un auteur militaire [1], général vaincu n'a été plus amèrement et plus inconsidérément critiqué que Tilly. Le principal reproche qu'on lui adresse est d'avoir accepté la bataille. Le simple récit des faits démontre à l'évidence que ce reproche est sans fondement.

Évidemment, le fait saillant dans tout le cours de la bataille, du côté des Impériaux, est le défaut d'unité. Pappenheim attaque sans ordre et ne se préoccupe que de sa propre lutte, comme s'il était seul à se battre; le régiment de Holstein se jette au fort du combat, sans s'inquiéter de savoir s'il sera soutenu; la cavalerie de Furstenberg semble croire sa tâche finie après la fuite des Saxons; elle perd un temps précieux à les poursuivre et lâche pied devant les Suédois. Ce sont là des efforts isolés qui manquent d'ensemble et pèchent ainsi par la base. Le lendemain de la bataille, des milliers d'Impériaux se rangent sous les bannières suédoises avec une facilité qui démontre qu'ils ont dû déployer fort peu d'ardeur la veille à les combattre. Tout concourait donc à rendre à Tilly la victoire impossible, la défaite infaillible. Il sut, du reste, supporter cette tardive et d'autant plus douloureuse infidélité de la fortune avec la mâle et modeste dignité du chrétien. Dans ses rapports à l'empereur, au duc de Bavière et à l'Infante il n'accuse personne, il n'a que des éloges pour Pappenheim, il ne cherche ni fausses excuses ni circonstances atténuantes, il ne dit pas un mot de ses blessures, il accepte franchement le revers dans sa plénitude, comme une épreuve

1. Francheville, 414. *Discours sur la bataille de Breitenfeld, par un officier prussien.*

de la miséricorde divine. Son âme généreuse s'incline, sans murmure, comme sans respect humain, sous la main du Dieu qui le frappe.

La réponse de l'infante, qui respire d'ailleurs les plus admirables sentiments de piété, ne contient pas un mot personnel à Tilly. Cette absence complète de témoignages de sympathies a lieu de surprendre et s'explique difficilement. L'insistance mise plus tard par l'Infante à lier les mains à Tilly et à lui défendre de risquer une seconde bataille, porte cependant à croire que les anciens ressentiments des généraux espagnols contre le général de la Ligue, réveillés par cette occasion de se satisfaire, étaient parvenus à ébranler la confiance de la princesse dans les talents, dans la fortune du vétéran belge. Les accusateurs ne manquent jamais au malheur, et il se trouve peu de juges qui n'aient besoin d'un effort pour l'acquitter.

Dans ce petit nombre néanmoins se trouva l'électeur de Bavière. Il parut moins sensible au coup qui le frappait personnellement qu'à ce qui touchait l'homme dont il avait reçu tant de signalés services. Il s'empressa de lui écrire, dès le 29 septembre, de la manière la plus affectueuse et prit à tâche de lui prodiguer les plus délicates consolations.

« J'ai été informé de la malheureuse rencontre qui a eu lieu entre vous et l'ennemi, et j'ai été tout particulièrement heureux d'apprendre que, malgré que vous vous soyez si fort exposé, vous vous trouvez pour votre personne en bonne disposition: par contre, j'ai vu avec peine que vous avez été blessé au bras gauche. Il est donc juste de remercier Dieu Tout-Puissant d'avoir daigné vous protéger et vous sauver, et je fais des vœux pour que vous soyez bientôt en bonne santé et en mesure de prendre votre revanche. La guerre comporte nécessairement des accidents tels que ceux que vous avez éprouvés; et les mêmes sont arrivés à de grands potentats, à de vaillants généraux que Dieu a ensuite gratifiés de brillantes victoires et de triomphes définitifs. Nous devons donc tous les deux mettre en lui notre pleine et entière confiance, qu'il n'abandonnera pas sa sainte Église, mais qu'il dirigera et disposera toutes choses pour le mieux. »

Une pareille lettre honore autant le prince qui la dicte que le général qui a su mériter de semblables égards.

L'empereur, qui avait appris la fatale nouvelle avec la fermeté d'une âme sincèrement chrétienne, ne parut ému que du chagrin dont il supposait naturellement Tilly affligé. Il chargea Aldringen de « réconforter en son nom » le vieux général et de lui exprimer toute sa cordiale et douloureuse sympathie.

Mais si tels étaient les nobles sentiments qui prédominaient chez les deux princes les plus directement frappés dans leurs intérêts par la défaite de Breitenfeld, des dispositions d'une tout autre nature régnaient dans les rangs inférieurs et paralysaient d'avance les revanches éventuelles.

L'humiliation de Tilly, loin d'être un objet de remords pour ceux qui, par leur jalousie et leur insubordination, y avaient tant contribué, était une occasion, saisie avec empressement, de se débarrasser d'un chef dont la sévérité militaire et l'austère désintéressement leur étaient odieux. Tous, l'accablant sous le poids de leur dénigrement, réclamaient avec impatience la réintégration de Wallenstein, l'homme aux faciles et magnifiques libéralités.

A la tête de ces ambitieux mécontents se trouvait naturellement le comte de Pappenheim. L'intraitable orgueil de l'intrépide maréchal, en lui dissimulant ses fautes, ne lui laissait voir que celles de son supérieur, et il se complaisait dans une naïve admiration de lui-même. L'histoire aurait droit d'être sévère à son égard, si sa mort glorieuse sur le champ de bataille de Lutzen ne l'obligeait à l'absoudre. Peu de jours après la sanglante rencontre de Breitenfeld, il écrivait à Wallenstein.

« Votre Grâce Princière aura appris par ma dernière lettre la malheureuse bataille, et réellement depuis le départ de Votre Grâce Princière, nous n'avons guères pu parler de succès. Plaise à Dieu de le changer! La Providence m'a miraculeusement protégé dans cette occasion; car je suis resté sur le champ de bataille le dernier des soldats et officiers; la même nuit j'ai rallié un bon nombre de cavalerie et d'infanterie et, bien que je n'aie pu les déterminer à se battre, les cavaliers surtout, j'ai opéré ma retraite avec eux en plein soleil, à la face de l'ennemi et je les ai ramenés sains et saufs, grâce à Dieu, au général.

« En ce qui me concerne, je pense avoir fait, pendant comme après la bataille, ce qui convient à un brave soldat, et je le ferai encore, s'il plaît à Dieu, pour mon empereur, tant qu'une goutte de sang coulera dans mes veines. Il m'est dur de porter seul tout le poids de cette confusion, car Son Excellence est très malade, Schœnbourg et Erwitte sont perdus et je n'ai d'autre aide que Furstenberg.

« Mais pour rétablir les choses, je ne vois d'autre moyen, sinon que Votre Grâce Princière se dévouant à Dieu, à la religion, à l'empereur et à la patrie, consente à s'occuper de cette guerre et reprenne l'œuvre avec vigueur. Je le répète, il n'y a pas d'autre remède, et nul autre n'a, comme Votre Grâce Princière, la force et la puissance de le faire. Dieu en récompensera Votre Grâce Princière, et le monde entier le glorifiera. »

Et dans une autre lettre:

« Plût à Dieu que Votre Grâce Princière voulût se charger de nos affaires comme auparavant. *Fama et opinio* changeront l'état des choses, et il y aurait assez de moyens de ramener bientôt tout, avec l'aide de Dieu, dans l'heureuse position où Votre Grâce Princière l'a laissé; mais personne n'est capable d'user de ces moyens, bien qu'ils soient à la main. Car il faut pour cela des conditions d'autorité et de crédit, de dispositions et d'intentions, de capacité et d'énergie, telles que Votre Grâce Princière seule les remplit. »

A l'exemple de Pappenheim, Tiefenbach, Piccolomini, Questenberg et bien d'autres exprimaient sans détour leurs ressentiments contre Tilly et se plaisaient à lui opposer, comme contraste écrasant, la figure presque divinisée du duc de Friedlandt.

L'histoire du lion vaincu et blessé est vieille comme le monde, elle se répétera tant que le monde existera. Il n'en faut pas accuser exclusivement les misères morales de l'homme ; la courtesse de sa vue y est pour une bonne part. De tout temps, le succès a été, pour le vulgaire la pierre de touche du génie. Il le couronne, mais en même temps, il sème autour de lui la redoutable ivraie de l'envie, qui, mûrissant dans l'ombre, surgit luxuriante, au moment du revers et cache de ses épis pressés, à l'œil de la foule, les lauriers désormais flétris du passé. Soixante ans de victoires n'ont pu peser autant pour Tilly, dans la balance de ses contemporains, que la seule défaite de Breitenfeld. C'est par cette brèche à sa gloire, que les ennemis de l'Église, frappant dans le guerrier le catholique abhorré, ont fait pénétrer les calomnies dont ils ont chargé sa mémoire. Mais c'est aussi à cette dure épreuve des vicissitudes humaines que la postérité reconnaîtra l'indélébile caractère du véritable héros chrétien.

Chapitre dix-huitième.

ON pourrait considérer la carrière de Tilly comme terminée avec la bataille de Breitenfeld. Depuis cette fatale journée, il n'occupe dans les pensées du public qu'une place secondaire. Gustave Adolphe attire tous les regards, concentre toutes les attentions, et les espérances de ses adversaires consternés se tournent exclusivement vers Wallenstein, qui semble tenir désormais, dans ses mystérieuses mains, les destinées de l'Empire. La gloire de Tilly s'est évanouie comme un songe ; un seul échec a suffi pour faire oublier à la plupart des princes catholiques et ses services et ses mérites passés. Ils ont cessé d'avoir confiance dans les talents, dans l'expérience de leur vieux général, ils s'empressent de lui lier les mains, ils lui ôtent toute possibilité de revanche. Effacé par son vainqueur et par son ambitieux rival, cloué dans l'ombre, par le devoir, il sort pour ainsi dire, de la mémoire des hommes, et un grave historien, Dom Calmet, peut avancer avec assurance, en parlant de l'expédition du duc de Lorraine en Allemagne, « que le prince électeur de Bavière, après avoir formé une armée de 20,000 hommes à Donauwerth, permit à Tilly de se retirer dans un cloître, comme il le désirait depuis longtemps, et donna le commandement de ses troupes au duc Charles de Lorraine, son neveu. »

D'ailleurs, à dater de la bataille de Breitenfeld, l'histoire de la guerre de 30 ans entre dans une phase toute nouvelle, dont Tilly voit à peine les éclatants débuts et dont il n'est plus qu'un épisode. Il faut, pour le mettre en relief, rétrécir le cadre immense des événements, sur lesquels il a cessé d'influer, et détacher autant que possible sa figure du vaste tableau où dominent désormais, brillants mais éphémères météores, ses émules de gloire.

On a vu que, dans la nuit qui suivit sa défaite, Tilly était entré à Halle, sous l'escorte de ses vétérans wallons. Les chirurgiens, accourus autour de lui, constatèrent qu'il avait été atteint de trois balles, dont aucune n'avait pénétré profondément, ce qui confirma la rumeur déjà répandue qu'il était charmé contre les coups de feu. Le lendemain matin, à 9 heures, malgré ses souffrances et sa faiblesse, il se fit transporter à Halberstadt, où Pappenheim lui ramena quarante cornettes de cavalerie.

La confusion était grande parmi ces débris de tous les corps, encore sous le coup du terrible revers qui les avait frappés. L'artillerie n'existait plus, l'administration était désorganisée, la caisse militaire vide, les magasins épuisés, les communications coupées en tous sens par des partis de Suédois et par des bandes de paysans insurgés. Pendant plusieurs jours, il fut impossible à Tilly de se mettre en rapport avec Aldringen, qui, à la première nouvelle de la défaite de l'armée impériale, s'était prudemment abrité dans les gorges du Harz. Tous leurs courriers étaient enlevés ou forcés de rebrousser chemin. Le sixième jour seulement, un officier parvint à porter à Aldringen l'ordre d'aller rejoindre en Hesse le corps du comte Othon Henri Fugger et d'y attendre le lieutenant-général. A Vienne, l'absence d'informations directes se prolongea beaucoup plus longtemps ; le 8 octobre, l'empereur n'avait pas encore reçu le rapport de Tilly et, à la date du 30, il écrivait à l'infante qu'il « ne sçavait pour assuré en quelle part se trouvait son lieutenant-général le comte de Tilly avec son armée (1). »

Cependant Tilly, surmontant sa douleur et son chagrin, s'occupait activement de réunir les éléments d'une nouvelle armée. D'Halberstadt, il transporta son quartier général à Ahlefeld et y rassembla un corps de 8.000 hommes d'infanterie et de 5,000 chevaux, avec douze pièces d'artillerie qu'il fit venir de Wolfenbuttel. A Hœxter, où il passa le Weser, le 2 octobre, il trouva trois régiments d'infanterie et deux de cavalerie levés par l'électeur de Cologne. Hameln lui fournit de nouveaux canons. Il laissa sur le Weser le comte de Gronsfeld, avec quelques mille hommes, dispersés dans les places les plus importantes, pour tenir le pays en bride et, le 12 octobre, il joignit à Fritzlar les corps d'Aldringen, de Fugger et de Mérode, forts d'environ 12,000 hommes.

Il espérait recevoir quelques renforts de l'infante Isabelle, à laquelle l'empereur adressa les plus pressantes sollicitations

1. Archives du royaume. Secrétairerie d'État allemande. Corresp. de Ferdinand II. Lettre du 30 octobre 1631.

de secours [1]. Mais, bien, que la princesse comprît pleinement les grands périls que couraient le catholicisme et l'empire, ses ressources disponibles n'étaient pas à la hauteur de sa bonne volonté. Elle se borna à envoyer en toute hâte à Tilly deux régiments impériaux, qui se trouvaient aux Pays-Bas, en les renforçant de quelques compagnies des régiments belges de Salm et de Barbançon [2]. En revanche, elle fit de nombreuses démarches auprès du Pape, afin d'en obtenir des subsides en faveur de l'empereur et de la Ligue. Forte de l'appui moral et matériel qu'elle donnait ainsi à la cause impériale, elle se crut en droit de tracer des limites à l'action de Tilly et le requit de ne pas hasarder de bataille, « d'autant, lui écrivit-elle, que si votre armée venait à succomber après la perte passée, ce serait comme perdre le tout et mettre toute la chrétienté en contingence d'une extrême ruine et désolation, ce qu'il convient donc de prévenir [3].

Cette « requête » que vint appuyer un ordre identique de l'électeur de Mayence [4], et que confirma, assure-t-on une instruction expresse de l'empereur, affligea sensiblement Tilly. Il exprima ses objections à l'infante avec une fermeté respectueuse, mais sans pouvoir l'ébranler. Il ne fut pas plus heureux à Vienne, où, il demanda qu'au moins, vu son grand âge, on lui adjoignît un « général assistant [5] ».

Ses chagrins étaient d'autant plus vifs qu'il pesait mieux ses forces et les occasions de venger sa défaite. Avec les corps d'Aldringen et de Fugger, il comptait sous ses ordres 40,000 hommes, auxquels il allait bientôt unir de nouvelles troupes.

L'empereur et la Ligue s'étaient en effet créé un nouvel allié dans la personne du duc Charles de Lorraine, prince léger et aventureux, en quête de coups d'épée, de gloire et de conquêtes. Dom Calmet affirme, ce qui est cependant difficile à croire, qu'entre autres promesses brillantes, l'empereur et l'électeur de Bavière avaient fait au duc celle de lui donner l'investiture du landgraviat de Hesse et du palatinat, avec la dignité d'électeur dont Maximilien se serait déporté

1. Archives du royaume. Secrétairerie d'État allemande. Correspondance de l'Empereur Ferdinand II. Lettres des 30 octobre et 25 novembre 1631.
2. Id. Lettre du 16 novembre 1631.
3. Archives du royaume. Corresp. de Tilly. Lettre du 25 octobre 1631.
4. Correspondance de l'électeur de Mayence. Lettre du 21 novembre 1631.
5. Mailath. t. III, p. 269.

en sa faveur. On lui aurait assuré en outre « ce qui serait le plus à sa bienséance dans ce qui restait à l'empire de l'évêché de Metz et de l'Alsace. »

Il n'en fallait pas autant pour décider Charles de Lorraine à se mettre en campagne. Toutefois il fit demander préalablement l'agrément du roi Louis XIII, dont la réponse fut « qu'il était bien aise qu'une si belle occasion se présentât au duc pour signaler son courage, et qu'en son absence il aurait soin de ses états (1). »

Charles de Lorraine se prépara aussitôt à une expédition, dont il se promettait autant de bénéfices que de lauriers. Il mit garnison dans les villes de Saverne et de Haguenau, que l'empereur lui avait données, comme places de sûreté, et laissa le marquis de Ville pour commander dans la première, et le comte de Salm dans l'autre. Ces mesures prises, il passa le Rhin à Worms, sur un pont de bateaux, et prit la direction de la Hesse, avec 15,000 hommes environ.

C'était malgré le nombre des soldats un pauvre secours pour Tilly. Le duc avait plus de présomption que d'expérience. Plein de confiance dans ses propres talents et fier de son rang, il était peu disposé à faire de la subordination envers Tilly, et se flattait de le remplacer bientôt dans le commandement des forces impériales (2). Son armée composée exclusivement de nouvelles recrues, n'offrait aucune solidité. Avant d'atteindre les bords du Mein, elle avait déjà perdu un grand nombre d'hommes, tués par les paysans, ou restés en arrière pour marauder et battre l'estrade.

Tandis que le duc de Lorraine se rapprochait de Tilly, celui-ci s'avançait vers Fulda, dans l'espoir d'arriver à temps pour délivrer Wurzbourg, assiégé par les Suédois. Cet espoir devait être déçu.

Dès le 18 septembre, Gustave Adolphe avait marché sur Leipzick, où s'étaient réfugiés de nombreuses bandes de fuyards. Le colonel Wangler, qui commandait la place, repoussa les sommations des Suédois, malgré le mauvais état des fortifications. Le roi pressé de poursuivre les avantages de sa victoire, laissa à l'électeur le soin d'assiéger Leipzick et s'avança sur Mersebourg. En route, il rencontra un groupe

---

1. Dom Calmet. *Histoire de Lorraine*, t. VI, p. 64.

2. Dom Calmet avance qu'il reçut de l'empereur un brevet de généralissime pour commander les troupes impériales, aux mêmes conditions qu'avait fait le général Récalestein (sic) avant sa destitution.

de 3,000 Impériaux qui cherchaient à regagner Halle. Il les attaqua, en tua un millier et fit 1,500 prisonniers, dont la majeure partie passa à son service. Mersebourg se rendit le 19, et le 22 la citadelle de Halle capitula. Halle appartenait à l'archevêché de Magdebourg. Gustave crut pouvoir profiter de cette circonstance pour se faire prêter serment de fidélité par les habitants, faisant ainsi un pas de plus dans la carrière d'ambition et de conquêtes personnelles, qu'il avait abordée sous le prétexte décevant du zèle pour la liberté allemande.

L'électeur de Saxe se rendit maître de Leipzick, le 22 septembre, par une capitulation qui lui livra les colonels Wangler, Coronini, Blanckaert, et le commissaire général Walmerode, comme prisonniers de guerre. Il alla immédiatement rejoindre le roi à Halle, où commençaient déjà à affluer les princes protestants, avides de recueillir les premiers rayons de munificence du nouveau soleil levant. Les plans de campagne furent longuement agités. L'électeur eût désiré que le roi marchât directement sur Vienne et lui laissât le soin de promener la guerre et ses pillages dans les riches domaines des princes ecclésiastiques. Gustave Adolphe feignit d'abord de pencher pour ce projet ; mais le duc Guillaume de Saxe-Weimar et d'autres princes insistèrent pour que les termes de la proposition fussent changés. Leur intérêt les stimulait vivement en ce sens, car le roi prodigue de promesses, au point d'engager la même province, ou la même ville à deux ou trois princes différents, s'était montré particulièrement généreux, sous ce rapport, envers les premiers courtisans de sa fortune. Au fond, il était bien décidé à prendre lui-même « la route des prêtres » et à ne pas laisser à son timide allié les dépouilles opimes que ses regards dévoraient déjà depuis longtemps et au fond desquelles il entrevoyait un nouvel empire suédo-allemand. La cause défendue par le duc Guillaume de Saxe-Weimar était donc gagnée d'avance, et la discussion une simple comédie de circonstance. Il fut résolu que Gustave s'avancerait par la Thuringe vers les évêchés du Mein et du Rhin, tandis que les Saxons opéreraient contre la Bohême et l'Autriche.

Afin de bien préparer les voies à son expédition, Gustave envoya Martin Chemnitz et le capitaine Relinger parcourir la plupart des villes impériales, et fit jouer près d'elles avec succès les ressorts de la phraséologie démagogique. Caressant les prédicants, caste fort influente dans les villes libres flattant la vanité des conseillers et des bourgeois, soulevant les passions populaires, procédant enfin par la menace, là où se produisait quelque résistance, il vint facilement à bout de ses desseins. Ses envoyés conclurent des traités avec Nuremberg, Ulm, Strasbourg et d'autres cités de moindre importance, devenues ainsi de précieux jalons sur la route que s'était tracée le roi (1).

Le 27 septembre, Gustave quitta Halle et, cinq jours après, il fit son entrée à Erfurt, où déjà le duc Guillaume de Saxe-Weimar s'était introduit par ruse. Il fit de cette ville une de ses principales places d'armes, et y laissa une nombreuse garnison. Le 6 octobre, il reprit sa marche, mit trois jours à traverser la forêt de Thuringe, enleva Kœnigshofen, clef de l'évêché de Wurzbourg et l'un des plus riches magasins de l'armée catholique, trouva ouvertes les portes de la ville impériale de Schweinfurt et se présenta, le 13, devant Wurzbourg.

En mettant le pied sur les terres de l'évêché, le roi avait fait porter à l'évêque des propositions d'accommodement. Mais le prélat, peu confiant dans ces avances, n'eut pas plutôt eu vent de l'approche des Suédois que, saisi de frayeur, il s'échappa à cheval, au milieu de la nuit, avec un petit nombre de personnes (2).

La ville de Wurzbourg offrait peu de ressources pour une résistance durable. Mais il n'en était pas de même de Marienberg, forte citadelle, située sur la rive gauche du Mein, et reliée par un pont à la ville qu'elle commandait. Le clergé et la noblesse du pays y avaient réfugié tous les trésors des églises et leurs plus précieuses richesses. Ses cours regorgeaient de bestiaux, ses écuries de chevaux de prix et ses caves de milliers de tonneaux des vins les plus rares. 1,500 hommes la défendaient, garnison plus que suffisante, semblait-il, pour permettre d'attendre du secours. Mais la cupidité des Suédois, enflammée par l'appât habilement présenté de trésors fabuleux, redoubla leur courage. Wurzbourg s'était rendu sans opposition ; à peine entrés dans la ville, les Suédois commencèrent l'attaque de la citadelle et, après quatre jours de lutte acharnée, ils y pénétrèrent de vive force. Tout ce qui

1. Gfrœrer, *Gustave Adolphe*, 753 et s.
2. Archives du royaume. Corresp. de l'évêque de Wurzbourg. Lettre du 28 octobre 1631.

tomba sous leur main, soldats, prêtres, bourgeois, fut impitoyablement massacré, et alors seulement que l'œuvre de sang eut été accomplie, le pillage commença. Le butin en or, argent, pierreries, vaisselles, objets de prix, fut immense. Le roi l'abandonna tout entier à ses soldats, ne se réservant que l'artillerie (30 bouches à feu, les magnifiques chevaux de l'évêque et les vins de prix, Aussi n'y eut-il bientôt plus un Suédois qui ne fût habillé de neuf et l'armée royale se trouva en telle abondance de biens qu'une vache s'y vendait un écu ; un mouton, quelques sous.

Le roi demeura tout un mois à Wurzbourg, occupé à organiser un gouvernement pour la Franconie qu'il comptait bien s'approprier, en dépit de ses engagements envers le duc de Saxe-Weimar, et à former de nouveaux régiments avec les soldats que le bruit de ses exploits faisait affluer dans son camp. L'approche de Tilly avec des forces supérieures aux siennes ne laissa pas de l'inquiéter, et ce fut avec une joie sincère qu'après avoir été longtemps sur le qui-vive, il le vit s'éloigner sans coup férir.

L'inaction de Tilly irrita les catholiques, autant qu'elle charma le roi. Il s'éleva parmi les princes ecclésiastiques un concert de reproches contre le duc de Bavière qu'on accusa ouvertement d'avoir sacrifié Wurzbourg et les états de ses alliés aux soins de sa propre sûreté et aux préoccupations d'une politique perfidement égoïste. Maximilien se défendit avec vivacité et n'eut pas de peine à se justifier.

Voici en effet ce qui s'était passé.

Le jour même de son arrivée à Fulda, Tilly tint un conseil de guerre dans lequel il appela le feld-maréchal comte de Pappenheim, les trois majors généraux Aldringen, comte Egon de Furstenberg et comte Othon Fugger, le commissaire général Ruepp et le grand prévôt de Mayence, Reinhardt de Metternich. La question posée fut celle de savoir par quels moyens on pourrait secourir ou sauver le château de Wurzbourg, dont on ignorait encore la prise. La discussion fit éclater de profondes dissidences. Metternich, Pappenheim et Furstenberg voulaient qu'on abandonnât Wurzbourg à son sort, qu'on marchât droit sur Aschaffenbourg, où se trouvait l'armée du duc de Lorraine, en ralliant, chemin faisant, les quatre mille hommes que le comte de Sulz commandait à Salzmunster, et qu'avec toutes ces forces on présentât le front à l'ennemi, pour arrêter ses progrès le long du Mein. Aldringen,

Fugger et Ruepp proposaient au contraire de secourir, avant tout, Wurzbourg.

Cette divergence d'opinions jeta Tilly dans la plus grande perplexité. D'un côté, il ne pouvait se faire à l'idée de laisser le roi achever tranquillement la conquête d'une place aussi importante que Wurzbourg, dépôt des richesses du pays entier, et appartenant à l'un des plus fidèles membres de la Ligue. De l'autre, il avait les bras liés, et le sentiment de la lourde responsabilité, qu'on faisait peser sur lui, gênait son esprit habitué aux décisions promptes et hardies. Ses forces étaient à la vérité supérieures à celles du roi de Suède, mais quelle différence dans les éléments qui composaient les deux armées ! Les Suédois, enflammés par la victoire, accueillis partout en libérateurs, largement payés par un immense butin, parfaitement disciplinés, vivant dans l'abondance, prêts à tout oser sous la conduite du roi, leur chef unique. Les Impériaux démoralisés, divisés entre eux, mal vus, mal payés, en proie à la disette et aux privations les plus cruelles, traînant derrière eux une foule de bouches inutiles et de bêtes de somme d'un entretien exorbitant, murmurant toujours, prêts à se mutiner, menés par des généraux peu unis entre eux et critiquant sans cesse leur chef.

Néanmoins Tilly, libre d'agir, eût préféré brusquer une bataille que de laisser ses troupes se morfondre en inutiles manœuvres. Il savait par expérience que l'action est un puissant moyen de remonter le moral du soldat et que, la veille de la bataille, beaucoup de dissentiments disparaissent devant l'impérieuse nécessité d'obéir. Ne valait-il pas mieux d'ailleurs succomber glorieusement les armes à la main que de périr sous les fiévreuses atteintes de la faim et du froid ? — Ainsi se parlait Tilly, tiraillé entre les ordres qui lui interdisaient de combattre et les puissantes séductions de l'occasion favorable d'agir. La nouvelle de la prise de Wurzbourg le tira d'embarras. Il n'avait plus qu'un parti à prendre, et il le prit résolument. Il se dirigea donc sur Aschaffenbourg et remonta jusqu'à Mittenberg, où il trouva le duc de Lorraine. Il avait espéré rafraîchir son armée, dans ces contrées remplies de magasins et obtenir de l'argent, soit directement des électeurs ecclésiastiques, soit par voie d'emprunt des marchands de Cologne, conformément à l'autorisation que lui en avait donnée Maximilien. Il ne rencontra que déceptions. Son armée s'était accrue, sans qu'il eût moyen de ramasser des vivres en proportion. Le froid survint avec grande abondance de neige. Des épidémies se déclarèrent et firent de nombreuses victimes parmi ces soldats, mourant de faim et dénués d'habillements. La désertion acheva d'éclaircir les rangs des Impériaux et leur effectif fut bientôt réduit d'une manière effrayante.

Mais laissons Tilly exposer lui-même la situation de son armée, à l'électeur de Bavière :

Dans une lettre datée de Hohenhausen-sur-la-Tauber, le 3 novembre 1631.

« ... Depuis trois jours, je suis ici avec mes gens et ceux de Son Altesse Monseigneur le duc de Lorraine, ne pouvant bouger, parce que mes pauvres soldats sont nus et à moitié mourants de faim ; en outre, le mauvais temps est survenu et a sévi avec une telle force que les régiments fondent comme la neige. L'armée a si grandement diminué, qu'il n'est plus possible de résister plus longtemps ; c'est pourquoi j'ai tenu conseil avec les généraux de Monseigneur le duc de Lorraine, ceux de Sa Majesté Impériale et de Votre Altesse, et reconnu la nécessité de ramener toutes mes troupes dans le haut pays, afin de les mettre un peu à couvert, de les habiller, approvisionner et refaire, et de les sauver ainsi d'une ruine complète. Je ne puis cependant pas annoncer encore à Votre Altesse ce que je ferai, car je dois surveiller les opérations de l'ennemi, et me résoudre, en conséquence, soit à prendre la route du Haut-Palatinat, soit à me diriger vers Dunkesbuhl et Donauwerth. »

Les circonstances ne lui permirent pas, en effet, de donner, à son armée, les quartiers d'hiver, dont elle avait tant besoin. Les réclamations des princes ecclésiastiques, et surtout celles de l'électeur de Mayence qui, tout en oubliant de lui fournir des vivres, se plaignait qu'il voulût l'abandonner, l'obligèrent de demeurer quelque temps en observation devant le roi de Suède. La négligence de ses officiers et le mécontentement de ses soldats lui attirèrent, dans l'intervalle, quelques échecs. Le régiment de cavalerie de Piccolomini, surpris pendant la nuit, fut taillé en pièces par les Suédois, qui s'emparèrent immédiatement de Wertheim ; la garnison de Rotenbourg, forte de six cents hommes, se souleva, ouvrit les portes de la ville aux Suédois et passa au service du roi. Près de Rotenbourg, campait un détachement de Lorrains. Le même jour, les Suédois tombèrent sur eux à l'improviste, et les dispersèrent en leur enlevant deux étendards. Tilly reprit à la vérité Wertheim et Rotenbourg ; il s'empara même d'Ochsenfurt, mais il ne put pousser sa vengeance plus loin. Des ordres supérieurs l'empêchaient de prendre une offensive hardie, et la disette, toujours croissante, ne lui permettait plus de garder encore longtemps une défensive ruineuse. Ses forces, déjà considérablement diminuées par la famine et les maladies, s'étaient encore affaiblies par le départ de la majeure partie des troupes lorraines que le duc Charles avait emmenées précipitamment, à la nouvelle de l'attitude menaçante, prise sur ses frontières, par le roi de France. Bientôt, il ne lui resta plus d'autre ressources que de gagner quelque contrée moins épuisée et, au commencement de novembre, il abandonna enfin les passages de la Bergstrasse, pour se diriger sur Anspach. Il arriva, dans cette dernière ville, le 20 novembre, et y trouva de grands amas d'armes et une quantité considérable de chevaux, qui lui vinrent fort à point. Il s'avança ensuite jusqu'à Günzenhausen, où il demeura jusqu'au 28 novembre.

Là, il reçut la nouvelle de la prise de Prague par les Saxons, avec l'ordre impératif d'envoyer en toute hâte, en Bohème, 12,000 hommes d'infanterie et 6,000 chevaux. C'était, à peu de chose près, la totalité des troupes impériales, sous ses ordres, car il avait été obligé d'envoyer le commissaire-général Ossa, avec quelques milliers d'hommes, en Alsace, pour tenir le pays en bride, et de laisser à l'électeur de Mayence le colonel Eynatten, avec les régiments envoyés des Pays-Bas par l'infante. Il ne put qu'obéir ; du reste, la situation qui lui était faite par les princes catholiques et la grande difficulté d'entretenir des masses considérables de troupes ne devaient guère le porter à regretter la dislocation de son armée. Il ne dut pas éprouver plus de regrets du départ de Pappenheim, qui obtint enfin, vers le même temps, la faveur, depuis longtemps sollicitée, d'avoir un commandement séparé, et qui reçut la mission d'aller opérer sur les derrières du roi, avec un corps d'armée, dont les garnisons des places fortes du Weser et le détachement aux ordres du comte de Gronsfeld étaient destinés à former le noyau.

Bien que n'ayant plus qu'une armée fort réduite, Tilly entreprit de soumettre Nuremberg. L'inaction lui pesait, et il brûlait de relever la gloire altérée de ses armes, par quelque succès éclatant. Il se croyait plus fort, avec une poignée d'hommes, unis, pleins de confiance en lui, habitués à le suivre aveuglément, qu'avec des troupes nombreuses, mais indisciplinées, guidées par des officiers impatients d'insubordination, et humiliés d'obéir au général de la Ligue. Si on lui avait interdit la bataille contre le roi de Suède, du moins on ne lui avait pas défendu absolument toute conquête. Peut-être aussi s'était-il laissé piquer d'amour-propre par les présomptueux propos de Pappenheim qui, oubliant les rudes leçons de Magdebourg, s'était vanté de venir à bout de Nuremberg, avec 5,000 hommes de pied et 2,000 chevaux ? Nuremberg s'était d'ailleurs prononcé pour le roi de Suède, avec plus d'enthousiasme que toute autre ville impériale, elle avait reçu garnison suédoise, et violé tous ses devoirs envers l'empereur. Son châtiment devait servir d'exemple aux autres villes, décrier le roi de Suède, intimider les chancelants, effrayer les défectionnaires, et rendre aux catholiques leur prestige perdu.

Le 28 novembre, Tilly quitta donc Günzenhausen, et se présenta devant Nuremberg. Dès son arrivée, il somma la ville de renvoyer la garnison suédoise, de rentrer dans l'obéissance à l'empereur et de lui fournir ses vivres. Sur la réponse négative du magistrat, il fit ses dispositions d'attaque. Les Nurembourgeois ne se laissèrent pas épouvanter. Animés par le comte de Solms, gouverneur de la place pour le roi de Suède, ils s'organisèrent militairement, fournirent des milliers de travailleurs aux retranchements et se montrèrent prêts à tous les sacrifices pour se défendre. L'artillerie des remparts, incessamment servie par des volontaires, tonna jour et nuit contre les assaillants, troubla leurs travaux, culbuta leurs ouvrages. Des sorties, pour la plupart heureuses, firent aussi éprouver des pertes notables à l'armée catholique. Néanmoins, Tilly, résolu à tout risquer pour triompher, avait fortement avancé ses préparatifs pour un assaut général, lorsqu'un incident imprévu vint déjouer tous ses plans. Parmi ses artilleurs, était un soldat, qui avait servi autrefois à Ulm et que le comte de Furstenberg avait incorporé de force dans un régiment de la Ligue. Cet homme songeait, depuis longtemps, à déserter, et il en guettait l'occasion. Il la trouva, le 3 décembre, et la mit à profit. Mais, soit qu'il eût été gagné par l'or suédois, soit qu'il cédât spontanément à un sentiment de haine et de vengeance, il glissa, avant de partir, une mèche allumée sous les caissons de poudre dont il avait la garde. L'explosion fut effroyable; 125 quintaux de poudre, la provision entière de

Tilly, sautèrent à la fois, tuant ou blessant quantité de monde, brisant les affûts, renversant les canons, jetant une confusion indicible dans toute l'armée. A la vue de ce désastre, Tilly ne put contenir sa douleur : « Je vois bien, s'écria-t-il, que je n'ai plus rien à espérer de la fortune. » Il leva son camp, le désespoir dans l'âme, et se retira, avec une telle précipitation, que beaucoup de bagages restèrent en arrière.

Renonçant à poursuivre inutilement de nouvelles entreprises, Tilly renvoya ce qui lui restait de soldats lorrains, dirigea sur la Bohême le peu de troupes impériales qu'il avait conservées et répandit les régiments catholiques, réduits au chiffre minime de 5,000 hommes, dans les environs de Gunzenhausen et de Nordlingen.

Pendant ces dernières opérations, le roi de Suède n'avait pas perdu son temps. Tandis que le général de la Ligue remontait vers Anspach, Gustave-Adolphe sortait de Wurzbourg, pour reprendre sa course triomphale vers le Rhin. En peu de jours, il prit Hanau, Aschaffenbourg et Francfort. A Hœchst, il fut rejoint par le landgrave de Hesse-Cassel, qui lui amena 14,000 hommes. Au moment où il se disposait à passer le Rhin, il apprit l'expédition de Tilly contre Nuremberg, et eut la velléité de retourner sur ses pas, pour sauver cette ville importante. « Le vieux diable, écrivit-il alors au comte palatin, est devant Nuremberg, avec tous ses diablotins, Lorraine, Pappenheim, Furstenberg, Gallas et Ossa. Je marcherai demain, s'il plaît à Dieu, au secours de la ville. L'ennemi est fort, mais Dieu m'a donné des ressources passables et j'espère pouvoir emmener, avec les gens du landgrave et du duc de Weymar, 17,000 hommes d'infanterie et 9,000 chevaux. » Mais le même jour, 9 décembre, il apprit que Tilly avait levé le siège. Délivré de tout souci derrière lui, il passa le Rhin à Oppenheim, s'empara de Mayence, où il fit un immense butin, se rendit maître, par ses généraux, de Franckenthal, Gemersheim, Spire, Manheim et Worms. Presque nulle part, il ne trouva de résistance. Cette éclatante série de glorieux succès l'éblouit, au point de lui faire oublier la réserve sous laquelle il dissimulait d'ordinaire ses véritables plans. Il fit venir, à Mayence, la reine Éléonore, sa femme, qui y tint une cour brillante, et il prit toutes les manières d'un souverain. Il obligea les états de Franconie à lui prêter serment de fidélité et à le reconnaître comme leur duc ; il imposa la même condition à d'autres villes, ainsi qu'il fit plus tard à

Augsbourg. Il commença à traiter les princes allemands en vassaux, et on doit, à la vérité, reconnaître qu'ils s'y prêtèrent d'assez bonne grâce, tant qu'ils purent espérer l'accomplissement des magnifiques promesses dont il les avait bercés. Tous accouraient autour de lui solliciter ses faveurs et protester de leur dévouement. Au nombre de ses courtisans les plus assidus était le malheureux comte palatin, ce triste promoteur de la guerre qui désola si longtemps l'Allemagne ; il était venu plein d'espoir et de crédulité dans le généreux manifeste du roi de Suède, protecteur des opprimés et vengeur de la liberté allemande. Le roi, qui était décidé à garder pour lui le Palatinat, le combla d'égards et l'étourdit des plus belles perspectives, mais lorsque l'envoyé anglais osa parler de restitution, ses ouvertures furent si mal accueillies, qu'il jugea inutile de les renouveler et l'ex-roi de Bohême mourut avant d'avoir reçu un simple commencement de satisfaction.

L'orgueil de Gustave-Adolphe éclatait avec moins de réserve encore vis-à-vis des catholiques. La cour de France s'était entremise en faveur de l'électeur de Bavière et des princes ecclésiastiques ; mue par le désir et d'empêcher la ruine totale du catholicisme en Allemagne et de diriger contre l'empereur toutes les forces d'un conquérant, dont le voisinage commençait à l'inquiéter, elle demandait pour les membres de la Ligue, un traité de neutralité ; Gustave n'osa pas rompre en visière à son puissant allié, mais il posa des conditions qui eussent été inacceptables, même d'un ennemi vaincu et terrassé. Cependant Maximilien était peu disposé à se montrer difficile ; effrayé des dangers que couraient ses états, ne pouvant plus compter sur l'appui des membres de la Ligue, les uns dépossédés, les autres tremblants, il avait prêté l'oreille aux propositions de médiation de la France. Loin de pouvoir prêter secours à l'empereur, il aurait eu grand besoin d'en être aidé, et la réapparition de son ennemi mortel, Wallenstein, à la tête des armées impériales, ne pouvait qu'augmenter ses inquiétudes et ses alarmes. La paix la plus dure, pourvu qu'elle fût honorable, lui aurait paru un coup de fortune ; il recula avec raison devant les outrageantes prétentions de Gustave-Adolphe et préféra sacrifier sa couronne que sa dignité.

Il ne pouvait douter que tout l'effort des premières opérations du roi, en 1632, ne fût dirigé contre lui, et aussi ne négligea-t-il aucune mesure de défense. Il leva dans tous ses états un homme sur dix pour renforcer l'armée de Tilly. Il forma un corps de 12,000 miliciens, spécialement destinés à défendre ses frontières, approvisionna toutes les places fortes de six mois de vivres, activa avec énergie le travail de ses arsenaux et épuisa ses finances pour faire face aux arriérés de solde de ses soldats et aux besoins du matériel de guerre. Obligé à ne plus faire de fond que sur lui-même, il montra dans cette critique situation une fécondité de ressources, une énergie de caractère et une sagacité de vues véritablement admirables.

La campagne de 1632 fut ouverte par le maréchal Horn, que le roi avait laissé à Wurzbourg avec 12,000 hommes et nommé gouverneur de la Franconie. A vrai dire, Horn n'avait pas cessé un instant de guerroyer. Dans le courant de décembre, il enleva Mergentheim, résidence du grand maître de l'ordre Teutonique, et en fit un de ses plus importants magasins. Il prit ensuite Windsheim et attaqua Heilbronn, où était en garnison le régiment Lorrain, prince de Pfalzbourg, fort de 700 hommes. Il éprouva d'abord une résistance vigoureuse qui, prolongée quelques jours, eût permis à Tilly d'intervenir à temps. Mais le courage des assiégés faillit rapidement et au bout de deux jours, ils demandèrent à capituler. Le secret de leur peu de fermeté se révéla par le fait que la moitié de la garnison s'empressa de prendre service sous les drapeaux du roi. Horn, en entrant dans la ville, alla se loger dans le palais du commandeur de l'ordre Teutonique, et aux réclamations de ce dignitaire, il répondit par ces paroles significatives : « Le roi est maître de Mergentheim, le chef-lieu de l'ordre ; partant, l'ordre et toutes ses possessions appartiennent au roi. »

Tilly avait commencé quelques dispositions pour secourir Heilbronn ; il les interrompit lorsqu'il apprit la prompte reddition de cette place. Horn, dans la crainte d'être attaqué à son tour, avait fait immédiatement travailler aux fortifications ; il retourna à Wurzbourg, dès qu'il eut été rassuré. Peu après, il reçut du roi l'ordre de châtier l'évêque de Bamberg, coupable d'avoir cherché à se soustraire au joug écrasant de la neutralité suédoise. En conséquence, vers la fin de janvier, le maréchal se présenta devant la petite ville de Hoechstœdt que gardait une garnison de la Ligue. Cette garnison ne put tenir, malgré un secours de 500 hommes que lui envoya le commandant de Forchheim, et se rendit. De là, Horn envoya un fort détachement dans le but de prendre possession de Bamberg, que les gens de la Ligue avaient abandonné pour se retirer sur Forchheim, de sorte que tandis que les Suédois descendaient la rive gauche de la Renitz, les catholiques remontaient la rive droite. L'évêque s'était enfui avec sa cour et la plupart des dignitaires ecclésiastiques, car la ville n'était pas susceptible de défense. Les bourgeois envoyèrent demander une capitulation, et les conditions s'en débattaient, lorsqu'un groupe de 500 hommes de la Landwehr, se glissant dans la ville, vint réveiller l'humeur guerrière de la jeunesse bourgeoise. Les Suédois, en s'approchant, furent accueillis à coups de mousquets. Ils s'élancèrent aussitôt sur les remparts, firent sauter la porte principale et entrèrent en furie dans la ville. Les habitants se défendirent avec courage ; chassés des rues, ils se retirèrent dans l'hôtel de ville, d'où ils s'échappèrent isolément, à la faveur de la nuit, et se cachèrent dans leurs maisons, tremblant de crainte d'y être assaillis et massacrés. Mais les chefs suédois continrent leurs troupes et les firent bivouaquer sur les places publiques, jusqu'au jour. Alors seulement le pillage fut organisé. Toutefois on ne l'autorisa qu'aux dépens des principaux bourgeois, des chanoines et des jésuites, objet de la haine particulière du roi de Suède. Les habitants de Bamberg s'estimèrent fort heureux d'expier à si peu de frais leur manque de foi ; mais ils comprirent le mobile de cette modération, lorsque, le jour suivant, le maréchal Horn, les ayant assemblés à l'hôtel de ville, les força de prêter serment à Gustave-Adolphe et de reconnaître ses droits de souveraineté sur eux.

Horn avait l'intention d'attaquer ensuite Forchheim. Mais des pluies abondantes paralysèrent ses projets et il se borna à réprimer autant que possible les incursions de la garnison de cette ville. Pendant qu'il perdait forcément le temps en escarmouches sans portée, l'évêque de Bamberg était accouru à Munich, implorer le secours de l'électeur. Maximilien, qui n'avait pas oublié les injustes accusations dont il avait été l'objet de la part des électeurs ecclésiastiques, s'empressa d'envoyer à Tilly l'ordre de s'entendre avec le prélat et de lui donner toute l'assistance nécessaire. Le général de la Ligue avait alors accru ses forces jusqu'à 18 à 20,000 hommes, en y comprenant 8,000 miliciens bavarois récemment mobilisés ; son artillerie, renouvelée par les soins de l'électeur, se montait déjà à 22 pièces de canons de différents calibres. C'était plus qu'il n'en fallait pour lui permettre de prendre l'offensive contre Horn.

Dans les derniers jours de février, il commença à concentrer ses troupes à Neumarkt ; ce mouvement se fit avec une certaine lenteur, à cause de l'éparpillement des cantonnements bavarois. Dans l'intervalle, Tilly vint à Amberg, où il eut de longues conférences avec l'évêque de Bamberg. De retour à son quartier général, il se mit en marche sur Forchheim, laissant le duc Rodolphe-Maximilien de Saxe Lauenbourg en observation sur le bord du Danube, avec quelques régiments. Le dimanche 7 mai, il entra dans Forchheim, où le colonel comte Cratz de Scharfenstein lui amena un petit corps de troupes impériales, encore tout animé d'un récent succès sur des détachements suédois, qu'il avait surpris à Holfeldt. Le 9, l'armée catholique se dirigea vers Bamberg, et arriva dans l'après-midi à une lieue de cette ville.

Horn se trouvait à Bamberg ; l'annonce de l'approche de Tilly ne le surprit que médiocrement. Il assembla ses officiers en conseil de guerre et leur posa la question de savoir s'il fallait défendre la place, malgré le mauvais état de ses fortifications, ou se retirer. Le conseil se divisa. Le plus petit nombre remontra que Bamberg ne présentait pas les conditions d'une défense sérieuse et qu'il serait imprudent d'attendre l'ennemi en si mauvaise position. Mais la majorité, enivrée des succès jusqu'alors non interrompus des armes suédoises, déclara que ce serait une honte ineffaçable de battre en retraite devant un ennemi tant de fois vaincu. Elle rappela que le duc Guillaume de Saxe-Weimar, qui opérait en Thuringe avec 10,000 hommes, avait reçu du roi l'ordre exprès de renforcer le corps de Horn, et qu'il ne pouvait manquer d'arriver d'un instant à l'autre. L'assertion était exacte, le mouvement du duc plus que facile, mais on avait compté sans son orgueil, qui ne put tolérer la pensée de servir sous les ordres d'un simple gentilhomme suédois. L'attente fut donc vaine. Mais Horn, qui partageait à cet égard les illusions de la plupart des officiers, adopta le parti de rester à Bamberg et fit réparer à la hâte les fortifications. Comme le temps pressait, il mit ses gens de pied à l'œuvre et partagea les tâches entre les divers régiments. Toutes furent terminées le 9, à l'exception de celle confiée au régiment de Solms, corps de formation récente, composé de recrues peu exercées, non encore disciplinées et plus avides de butin, que de travail. Une lacune importante existait donc encore lorsque Horn fut averti que l'avant-garde bavaroise défilait par le bois d'Amerstadt, au midi de Bamberg. Il envoya aussitôt l'ordre à ses grand'gardes de se replier sans combat, à mesure que l'ennemi avancerait. Il inspecta les postes, fit mettre toutes les troupes sous les armes, et dépêcha un officier au lieutenant colonel Bulow, commandant le régiment de cavalerie de Baudissin, pour lui ordonner d'aller couvrir l'endroit qui restait à fermer et où les soldats de Solms continuaient à travailler. L'aide de camp n'ayant pas rencontré Bulow, dans ses quartiers, donna la commission à un cavalier, qui la transmit à son tour, plus ou moins altérée, au lieutenant colonel. Bulow crut qu'il devait pointer droit à l'ennemi et sortit de la ville au grand trot, animant ses gens du geste et de la voix. Il rencontra dans les jardins maraîchers du faubourg quelques compagnies de dragons et de Croates du régiment de Fugger et engagea le combat. Sa troupe maltraitée, dès le début, se mit en désordre, et l'arrivée de 300 mousquetaires du régiment de Fahrensbach, amenés à propos par les comtes Cratz et Fahrensbach, acheva sa défaite. Elle se retira précipitamment par la trouée qu'elle aurait dû couvrir, porta la confusion parmi les travailleurs du régiment de Solms et les entraîna dans sa fuite.

Cratz et Fahrensbach les suivirent de si près qu'ils entrèrent derrière eux dans la ville et s'avancèrent jusqu'à la place. C'en était fait des Suédois, si Horn, se mettant à la tête du régiment de Thurn, n'eût, par une charge vigoureuse, rejeté hors les ponts les assaillants, encore peu nombreux. Il paya si bravement de sa personne, qu'il faillit être pris. Deux Croates le tenaient déjà et s'efforçaient de l'entraîner, quand 17 des cavaliers de Thurn accoururent, tuèrent l'un des Croates et mirent l'autre en fuite. La nuit étant venue, Horn en profita pour faire embarquer sa grosse artillerie et la plus grande partie de ses bagages sur le Mein. Entre une heure et deux heures, il quitta silencieusement la ville, ne laissant sur les murailles qu'un petit nombre de soldats pour tromper l'ennemi.

Tilly, survenu, sur ces entrefaites, avec des forces considérables, avait fait planter immédiatement deux pièces de canon contre la porte donnant sur le pont. Le ralentissement du feu des Suédois lui donna soupçon de ce qui se passait dans la ville. Quelques soldats déterminés se chargèrent de vérifier le fait. Ils passèrent sur le pont qui fut trouvé simplement barricadé avec des tonneaux pleins de terre, escaladèrent les remparts et ouvrirent la porte. Tilly pénétra aussitôt dans la place, s'assura de la direction prise par les Suédois et lança contre eux sa cavalerie. Mais déjà le gros des troupes de Horn avait franchi le Mein à Ebtman. Les Bavarois ramassèrent un assez grand nombre de fuyards et surprirent les bagages du comte de Solms, qui, blessé d'une balle au genou, eut la plus grande peine à s'échapper. La perte de Horn, diversement estimée, paraît n'avoir pas été au-dessous de 700 morts, parmi lesquels figuraient le colonel de Wildenstein et le lieutenant colonel Limbach. Celle des Bavarois fut beaucoup moindre en nombre, mais non moins sensible sous d'autres rapports, car ils eurent à regretter deux excellents officiers, le comte Albig de Sulz et le lieutenant colonel du régiment de Fahrensbach, tués dans la première attaque. Ils firent un butin considérable en pièces d'artillerie de tout calibre, munitions, mousquets, armes blanches, salpêtre, soufre, bagages, etc. Toutefois le grand avantage de ce succès fut de briser enfin la réputation d'invincibles, acquise en Allemagne par les Suédois. C'est ainsi qu'en jugea le roi.

Ce monarque venait de commencer ses opérations par la prise de Kreutznach et se disposait à envahir l'électorat de Trèves, lorsqu'il apprit l'échec de Horn, à Bamberg. Il changea aussitôt ses plans, laissa des instructions détaillées au comte palatin Christian de Birkenfeld et au duc Bernard de Saxe-Weimar, qu'il plaça, à leur grande mortification, sous la haute direction du chancelier Oxenstiern, et prit, le 18 mars, le chemin de la Franconie. Le 22, il fit à Kitzingen, sa jonction avec Horn.

Après sa défaite, le maréchal suédois avait rallié ses fuyards, à Hasfurth, et reformé ses régiments. Poursuivi de près par Tilly, il recula jusqu'à Schweinfurt. Tilly ne jugea pas à propos de pousser plus loin que Hasfurt ; le manque de vivres dans un pays, « mangez et dépouillez de l'ennemi », et la nouvelle de la marche du roi de Suède le déterminèrent à revenir sur ses pas. Horn, délivré de cet incommode ennemi, put sortir de Schweinfurt et amener au roi la plus grande partie de sa division. Bientôt le duc Guillaume de Saxe-Weimar et le maréchal Banner arrivèrent avec de nouvelles troupes, en sorte que le chiffre total des forces du roi se trouva porté à 40,000 hommes.

Au bout de quelques jours de repos accordés au soldat, Gustave se remit de nouveau en mouvement. Le 28 mars, son avant-garde, commandée par Horn, entra dans Windsheim, où le gros de l'armée arriva le lendemain. Le 30, le roi logea à Furth. Il y reçut les offres de service des deux jeunes margraves d'Anspach et une députation des bourgeois de Nuremberg qui l'invitait à honorer la ville d'une visite. Gustave accepta l'invitation. Il vint, en effet, le lendemain, à Nuremberg, accompagné d'un brillant état-major de princes allemands. L'accueil fut magnifique, des discours enthousiastes furent échangés, et un splendide banquet termina la somptueuse fête donnée par les Nurembourgeois au monarque suédois. Le même jour, l'armée marchait sur Schabach et, le 1er avril, le roi y transporta son quartier-général.

Tilly avait manœuvré de manière à surveiller de près les mouvements du roi de Suède. De Bamberg, il s'était porté à Forchheim, où il trouva un petit corps d'Impériaux, que lui amenait de Bohême, le général Gallas. A mesure que les Suédois avançaient, il se retira successivement sur Erlangen puis sur Neumarkt, et enfin sur Ingolstadt, point qu'il croyait être l'objet des vues du roi. Sa pénétration se trouva en défaut, car, au lieu de le suivre, Gustave-Adolphe prit la direction de Donauwerth. Tilly eut cependant le temps d'envoyer, dans cette place, le duc Rodolphe-Maximilien de Saxe-Lauenbourg, avec huit compagnies d'infanterie, la moitié du régiment de cavalerie de Cronberg, et un détachement de miliciens. Il jeta une forte garnison dans Ingolstadt, y mit, pour gouverneur, son neveu, le comte Werner de Tilly, et alla prendre position, avec le reste de ses forces, derrière le Lech, près de Rain.

Le 5 avril, Gustave parut devant l'ancienne cité impériale de Donauwerth, devenue, depuis vingt-cinq ans, simple ville bavaroise.

Pendant ce siège qui dura huit à dix jours, Horn avait fait des incursions dans tout le pays environnant, qu'il trouva complètement dégarni de troupes. Il prit donc sans peine possession d'une quantité de petites villes, ravagea des villages et ramassa une si grande quantité de butin, qu'au témoignage d'auteurs contemporains, les chevaux et les bestiaux, les ustensiles de ménage, la toile, les literies, le cuivre, l'étain, la vaisselle, se vendaient au plus vil prix.

Donauwerth pris, le passage du Danube était forcé: l'électeur de Bavière n'avait plus d'autre rempart naturel que le Lech, rivière torrentielle, dont les eaux, gonflées par les fontes de neige, étaient alors profondes et rapides. Toutes les mesures possibles pour en défendre les abords avaient été prises, tous les ponts rompus jusqu'au delà d'Augsbourg, les places fortes munies de nombreuses garnisons. La ville d'Augsbourg elle-même n'avait pu se soustraire à cette dernière précaution, et Tilly, de connivence avec le bourgmestre, y avait fait introduire, sans le consentement des habitants, douze compagnies d'infanterie et deux de cavalerie. Les bourgeois suspects furent désarmés et soumis à une stricte surveillance, les maisons de campagne situées hors des postes furent rasées, les arbres abattus, et partout de nouveaux ouvrages de défense construits ; Tilly vint lui-même inspecter les travaux et leur donner une vive impulsion.

Sur ces entrefaites, l'électeur de Bavière avait quitté sa capitale, pour rejoindre son armée, avec tout ce qui lui restait de forces disponibles. Considérables par le nombre, les milices qu'il amenait ne méritaient guère le nom de renforts. Elles étaient composées d'hommes très jeunes, encore imberbes sans expérience, neufs aux fatigues de la guerre comme au maniement des armes, pleins encore du regret de quitter leurs champs et leurs familles [1]. L'armée ainsi complétée, si tant est que les nouveaux arrivés ne fussent pas un obstacle plutôt qu'un complément, l'électeur posa son camp entre Rain et Thierhaupten, sur la rive droite du Lech. Voici comment un auteur militaire décrit sa position. La rive du côté du Bavarois offrait un bout de terrain assez ferme, qui aboutissait en pente à un marais, où l'on entrait dans la vase jusqu'aux genoux. Au delà du marais, le terrain s'élevait par degrés jusqu'aux retranchements du camp, lequel était sur la hauteur, hors de portée du canon de la rive gauche, dans l'ordre suivant. A mi-chemin de la colline, dont le pied était garni de quelques bouquets de bois, il y avait un retranchement occupé par deux corps d'infanterie. Plus bas, coulait un petit ruisseau, dont les sinuosités traçaient un demi-cercle vers le Lech. La grosse artillerie était dans cet arc et battait la rive opposée. Six gros bataillons d'infanterie, de mille hommes chacun, étaient

1. Adlzreitter, p. 263.

disposés en première ligne, pour soutenir l'artillerie. Le reste était échelonné derrière les retranchements, avec beaucoup d'intelligence, et la cavalerie gardait les ailes à l'abri du canon [1].

Malgré l'emploi de la ressource désespérée des levées en masse, les forces bavaroises étaient encore inférieures en nombre à celles du roi. Mais leurs dispositions morales inquiétaient Tilly, plus encore que leur insuffisance numérique. Le 9 avril, il expédia à Vienne le colonel François Guillaume Mohr de Waldt, gentilhomme luxembourgeois, chevalier de l'ordre Teutonique, avec mission de rendre compte à l'empereur de la situation critique des affaires en Bavière et de presser l'envoi de secours par tous les moyens possibles.

Tout en cherchant de l'aide et un surcroît de ressources au dehors, il ne négligeait rien pour donner aux forces qu'il avait sous la main toute leur valeur et mettre de son côté le plus de chances possibles de succès. Il faisait exercer continuellement ses miliciens, se mêlait à eux, les encourageait, surveillait lui-même les travaux de retranchements, trouvait une parole bienveillante pour chaque soldat, stimulait les officiers, prenait le plus grand soin du bien-être matériel et moral de tous, et maintenait avec rigueur la régularité du service des subsistances. Sa cavalerie constamment en haleine, battait l'estrade jusqu'à Augsbourg, et surveillait avec une extrême vigilance la rive gauche du Lech.

Mais avant de passer à la relation du passage du Lech par les Suédois, il importe de faire remarquer qu'il est peu de faits d'armes, qui aient été plus diversement racontés.

La plupart des historiens ont adopté une version, qui a le mérite d'être très pittoresque et de faire briller avec éclat les talents militaires, ainsi que le fertile génie du roi de Suède. Les détails dont ils ornent l'action sont empruntés tantôt à une source, tantôt à une autre et se contredisent parfois entre eux ; leur imagination supplée à ce qui leur manque pour embellir le récit. A défaut de rapports et de documents officiels, il nous a paru que le plus sûr parti était de se rattacher étroitement à celui des écrivains contemporains qui a pu être le mieux à même de connaître la vérité des faits. Sans nous égarer dans une discussion sur le mérite relatif des différents chroniqueurs qu'on s'est habitué à consi-

2. Francheville, *Tableau militaire*, p. 374.

dérer comme des guides à peu près sûrs, dans l'histoire de la guerre de trente ans, nous nous contenterons d'exposer les motifs qui ont entraîné notre choix en faveur de la relation d'Adlzreitter. Les *Annales Boicæ gentis* commencées par le Jésuite Brunner, continuées par le chancelier du conseil privé Adzlreitter, sont un des monuments les plus solides et les plus estimés de l'histoire d'Allemagne. L'auteur, né en 1596, avait assisté à toutes les péripéties de la grande guerre ; sa position le mettait à la source des renseignements, et nul n'a plus le droit d'être écouté, quand il parle d'événements touchant de près à son pays et à son prince. Le récit qu'il fait des derniers moments de Tilly autorise à croire qu'il avait vu et suivi de près tous les incidents qui précédèrent et accompagnèrent la mort de ce grand homme ; les critiques, dont il poursuit les relations généralement reçues, confirment cette opinion, et, si nous nous trompons avec un tel guide, on conviendra du moins, que nous avions le droit de le suivre en pleine confiance.

Nous revenons maintenant à notre récit.

Après la prise de Donauwerth, Gustave-Adolphe avait été vivement sollicité par ses généraux et principalement par Horn, de se jeter sur la Bohême. Mais sa résolution était prise et il demeura inébranlable. Son adversaire le plus redoutable à ses yeux, était l'électeur de Bavière, la conquête la plus désirable celle des états de ce prince. Il avait d'ailleurs grand intérêt à ne pas laisser à Tilly le temps de donner la main aux troupes que Wallenstein rassemblait dans les états de l'empereur. L'occasion d'anéantir la puissance de l'électeur, d'abattre un ennemi affaibli, mais capable de se relever à tout instant, lui paraissait propice. Il n'eut garde de la manquer et marcha directement vers le dernier obstacle qui le séparât encore de l'armée bavaroise (1). Bientôt il se présenta avec

1. Les relations, généralement adoptées, décrivent le terrain occupé par les Bavarois, comme fort boisé, contrairement aux assertions formelles d'Adlzreitter. D'après ces relations, auprès des batteries de gros calibre de Tilly, était un bois qui s'élevait jusqu'au sommet de la colline. On avait éclairci les broussailles de distance en distance, et coupé beaucoup d'arbres, dont on avait fait des abattis tout autour du camp, sauf à l'arrière. L'infanterie était échelonnée dans le bois et occupait encore quelques bosquets, plus rapprochés de la rive. Lorsque les 72 pièces de Gustave-Adolphe commencèrent à tonner, cette infanterie foudroyée par les feux croisés des Suédois, fouettée en tous sens par les éclats de bois que les boulets arrachaient aux arbres et aux abattis, souffrit cruellement. Non seulement les abords de la rive droite du Lech devinrent inaccessibles, mais, grâce au vent, d'épais tourbillons de fumée chassés, après

toutes ses forces sur la rive gauche du Lech, en face du camp de Tilly.

A l'endroit où les deux armées se trouvaient en présence, le Lech, inclinant à gauche, décrit une courbe à très court rayon, étroite de la gorge, et forme une véritable presqu'île. La rive gauche est beaucoup plus élevée que la rive droite. et par conséquent, au lieu d'un être commandée, la domine (1). Le roi comprit à l'instant tout le parti qu'il pouvait tirer de ce fortuit accident de terrain. Tandis que ses ingénieurs rassemblaient, à Obendorf, tous les matériaux nécessaires pour la construction d'un pont de chevalets, il fit dresser trois batteries de vingt-quatre pièces chacune, dont les feux concentriques devaient balayer la rive opposée, et les relia entre

---

chaque décharge, du côté des Bavarois, leur cachèrent les mouvements de l'ennemi. Gustave en augmenta l'effet, au moyen de paille humide, de bois vert et résineux, qu'il fit allumer et pousser en avant de ses travailleurs, activement occupés à poser des chevalets dans la rivière. Le 15 avril, le pont étant assez avancé pour n'avoir plus qu'à être relié à la rive droite, 300 Finlandais, l'élite de leur corps, furent chargés de compléter l'œuvre et de construire à la hâte une tête de pont, sous promesse de recevoir chacun six écus, s'ils faisaient vaillamment leur devoir. Ces hommes, saisissant un moment, où les salves répétées de l'artillerie et le redoublement des nuages de fumée dérobaient le mieux leur passage aux Bavarois, s'élancèrent intrépidement dans l'eau, le mousquet d'une main, la pioche en bandoulière, et moitié nageant, moitié à gué, atteignirent la rive droite, où ils se mirent aussitôt à l'ouvrage. Leur travail s'achevait, quand une éclaircie subite les découvrit. Aussitôt les Bavarois sortent de leur camp et se précipitent sur cette poignée de braves. La résistance acharnée des Finlandais, secondée par le feu écrasant de l'artillerie suédoise, donna au roi le temps de traverser le pont avec son infanterie, tandis que la cavalerie du duc de Saxe Weimar franchit la rivière, au moyen d'un gué découvert un peu en aval (?). Les conditions de la lutte s'égalisent et elle s'engage avec fureur. La cavalerie de la Ligue commandée par Aldringen, charge vigoureusement les Suédois, pour les empêcher de se former. Elle est repoussée. Une seconde attaque, conduite par Aldringen, avec un irrésistible élan, est d'abord plus heureuse. Mais dans la mêlée l'intrépide général est renversé par une balle dans le visage. Ses cavaliers se déconcertent. Tilly accourt à leur aide avec ses Wallons, et les soutient avec énergie. Vains efforts. Les Suédois combattent avec non moins de courage et leur nombre grossissant sans cesse devient de beaucoup supérieur à celui des Bavarois. Tilly sent avec désespoir la victoire lui échapper; il cherche la mort et se jette partout où le péril est le plus grand. Il voit un de ses régiments ébranlé. Il saisit le drapeau, et enlève à l'attaque ses soldats ranimés par son exemple. Au même instant, un biscaïen lui fracasse la cuise droite. Il tombe, sa chute jette le trouble et la consternation parmi ses troupes. Elles ne se battent plus que pour sauver leur « vieux père » ; elles l'enlèvent enfin, au prix de sanglants sacrifices, et le ramènent à l'électeur. Maximilien, abattu de chagrin, renonce aussi à vaincre. Il fait sonner la retraite, qui s'exécute en bon ordre, et rentre dans son camp, emportant fièrement ses morts et ses blessés au nombre de 600.

1. « Le Lech, rivière d'Allemagne, sort de la forêt de Bregentz en Tyrol, entre en Bavière, et grossit le Danube au-dessous de Rain, après un cours de 250 kilomètres. » (Bouillet.)

elles par des tranchées munies de parapets. Le 13 avril, ces batteries commencèrent à jouer et le Roi tira lui-même, dit-on, soixante coups de canon. L'artillerie bavaroise, quoique fort inférieure, répondit avec vivacité. La canonnade dura environ deux jours, sans grande perte des deux côtés. Cependant, les Suédois avançaient dans leurs travaux et l'armée bavaroise se disposait à leur livrer un combat décisif, lorsqu'un double malheur vint jeter le découragement dans ses rangs.

Tilly, dont l'infatigable activité était stimulée par la grandeur de l'objet de la lutte, voulait tout voir de ses propres yeux, et bravait sans cesse le terrible feu des Suédois pour surveiller par lui-même leurs progrès. Maximilien, effrayé de le voir ainsi s'exposer, l'avait supplié, sans succès, de confier ces dangereuses reconnaissances à des officiers de moindre importance. Dans la matinée du 15 avril, Aldringen, froissé au visage par un boulet, fut rapporté au camp, aveugle et sans connaissance. Ce grave accident ne servit pas plus d'obstacle au zèle de Tilly, que les instances de l'électeur. Il galopait encore une fois le long du Lech, pour se rendre compte des travaux suédois, lorsqu'un biscaïen lui fracassa la cuisse droite un peu au-dessus du genou. Il tomba de cheval, et les gens de son escorte le rapportèrent évanoui dans sa tente. Le bruit de sa blessure, rapidement propagé parmi les soldats, ébranla profondément leur confiance. Maximilien, navré de douleur et désolé de se voir privé, dans ce moment suprême, de ses deux meilleurs généraux, conserva cependant une grande fermeté. Ses chances de victoire étaient, certes, singulièrement diminuées ; mais il les croyait encore assez nombreuses pour ne pas abandonner la partie. Les positions qu'il occupait étaient formidables et, lorsque, le 16 avril, le Roi les parcourut, il ne put s'empêcher de s'écrier : « Si j'avais été le Bavarois, jamais je n'aurais quitté un poste comme celui-ci et ouvert mes états à mon ennemi. »

L'électeur pensait de même. Au conseil de guerre qu'il réunit dans l'après-midi du 15, il exposa avec chaleur la nécessité et, en même temps, la facilité de défendre le passage de la rivière contre les Suédois. Quoique le désavantage du nombre fût de son côté, il fit remarquer que l'obstacle devait être sérieux pour le roi, puisque celui-ci n'avait pas encore osé aventurer le passage et pousser l'effort plus loin qu'une stérile canonnade. Il termina en exprimant la crainte que sa retraite n'inspirât la présomption à l'ennemi et ne devînt désastreuse, si l'on était poursuivi. De quelques solides fondements que Maximilien cherchât à étayer son opinion, elle ne rencontra pas d'écho parmi les généraux appelés au conseil. Tous déclarèrent unanimement que la retraite était indispensable, qu'il serait imprudent de courir les risques d'une bataille avec des troupes démoralisées ; que repousser le roi sur un point n'aboutirait qu'à le forcer d'aller chercher un autre point de passage et à sacrifier du monde inutilement. C'était parler le langage du découragement, et l'électeur en fut vivement impressionné. Sur ces entrefaites, Tilly, revenu à lui, oublia ses souffrances pour s'occuper de l'importante question agitée dans le conseil de guerre. Il fit venir les chefs de corps, qui ne purent lui cacher qu'il fallait faire peu de fond sur leurs gens, et il conclut en conséquence à la retraite. Maximilien céda, quoique à regret, à l'opinion de ses généraux. Il donna l'ordre de diriger les bagages sur Neubourg, et prit un peu plus tard la route d'Ingolstadt.

Tilly fut transporté dans une litière ; sa blessure lui causait de si cruelles douleurs, qu'il éprouva plusieurs faiblesses. A diverses reprises, ses porteurs furent obligés de s'arrêter pour lui donner des soins ; car on craignait qu'il ne trépassât dans une de ces syncopes. Pendant la marche, Maximilien l'entretint fréquemment, et le noble mourant, s'oubliant lui-même, recueillit ses forces pour donner à son prince les derniers conseils de son expérience. La retraite s'effectua, d'ailleurs, en très bon ordre, sans qu'un seul ennemi osât la troubler.

« C'est ici, dit Adlzreitter, le lieu d'admirer la vanité de quelques écrivains qui, pour exalter Gustave-Adolphe, ont imaginé une défaite de Maximilien, alors qu'il est constant qu'il n'y a pas même eu de combat. Ils ne se sont pas contentés de décrire, ils ont peint, ils ont gravé je ne sais quel engagement de ce jour, tandis qu'il est certain que les deux armées, séparées par le Lech, n'en vinrent pas même aux mains. Ils représentent l'armée bavaroise écrasée et en fuite, alors qu'il est avéré que les Bavarois ne perdirent pas trente hommes par le feu des Suédois et que ces derniers en perdirent au moins autant. Il en est qui font expirer Tilly, pendant la retraite. Ils disent que, pour cacher la construction de leur pont, les Suédois firent de la fumée en brûlant de la paille humide et du bois vert et cachèrent aux Bavarois la vue de leurs travaux. Qu'est-ce donc, sinon vendre de la fumée ? Mais cela même eût signalé le but au feu de l'ennemi et trahi ce qu'on voulait cacher. Ils écrivent que les éclats de bois et les branches d'arbres brisées par les boulets des Suédois, firent beaucoup de mal aux soldats de l'électeur. Mais à l'endroit où étaient ces derniers, il n'y avait que quelques bouquets de broussailles, qui ne furent ni hachées, ni mortelles à personne. Ils ajoutent, enfin, que la cavalerie de Gustave trouva un gué et le passa à la nage ; d'abord, elle n'en a pas trouvé, et si elle en avait trouvé un, elle n'aurait pas eu besoin de le passer à la nage. »

Le 18 avril, l'armée bavaroise entra dans Ingolstadt, morne et silencieuse, ramenant au milieu d'elle son héroïque chef, auquel le docteur Arnold Rath se fit un honneur d'ouvrir sa maison. Les médecins, appelés immédiatement auprès de l'illustre malade, déclarèrent la blessure mortelle. L'os principal de la cuisse était broyé, et l'on tira de la plaie un nombre prodigieux d'esquilles. Chrétien et résigné dans ses indicibles souffrances, le vétéran ne poussa pas un cri, n'articula pas une plainte. Heureux de souffrir comme avait souffert son Rédempteur, ce fort entre les forts, ce simple et humble de cœur n'eut plus d'autre désir que de remplir son devoir jusqu'au bout, et de se préparer à paraître devant son Dieu.

A peine eut-il pris quelques instants de repos, qu'il recommença à s'occuper de ses fonctions de général, avec une assiduité qui ne se démentit pas jusqu'à son dernier moment. Il exigea que les chefs de corps et les généraux lui remissent journellement leurs rapports; il établit ses secrétaires en permanence dans son appartement, et, l'esprit toujours présent, il distribua, avec sa précision ordinaire, ses ordres et ses instructions. Son grand cœur semblait s'épanouir et se dilater, à mesure que s'affaiblissaient les liens du corps et qu'approchait le moment de l'heureuse délivrance. Sa main, autrefois si ferme, maintenant tremblante de fièvre, n'apposait plus qu'une signature presque indéchiffrable aux pièces qu'il se faisait présenter. Mais la vigueur de ses pensées brillait d'un nouvel éclat, et la douleur, en maîtrisant son corps, ornait d'une imposante et sereine majesté cette âme marquée du sceau des plus éminentes vertus. La défaillance de la nature faisait ressortir, par un contraste saisissant, l'admirable expansion des grandeurs morales du moribond. Déjà la terre se dérobait sous ses pas ; mais la force divine éclatait dans ce serviteur de JÉSUS-CHRIST, et son âme, en remontant à sa source sacrée, y puisait une surabondance d'énergie. Après avoir vécu en héros, Tilly allait mourir en saint.

Après Dieu, une pensée unique le préoccupait, le salut de l'empire et de son pays. Frappé de l'insuffisance des ressources de l'électeur pour résister au victorieux Gustave, il n'hésita pas à adresser une demande de secours à Wallenstein, que l'empereur venait de remplacer à la tête de ses armées, et le 20 avril, il dicta la lettre suivante :

« Votre Grâce Princière aura suffisamment été informée comment le roi de Suède s'est avancé, avec toute son armée, dans les États de Son Altesse Électorale de Bavière et en quels dangers se trouvent avec ces provinces, non seulement les États de Sa Majesté Impériale, mais encore le Saint Empire Romain tout entier. Et comme tout le poids de la guerre est tombé sur ces pays-ci, qu'il faut donc chercher sans relâche les moyens de remédier au plus vite à de telles calamités, d'autant que les États de Sa Majesté Impériale sont les plus menacés, d'empêcher que l'ennemi se fortifie par ici et nous accable sous ce poids de la guerre, de le battre, à l'occasion, avec l'aide d'une bonne assistance, je prie Votre Grâce Princière de vouloir bien consentir à presser jour et nuit l'envoi des secours (qu'il avait précédemment sollicités de l'empereur) et de nous envoyer sans délai, et au plus tôt le feldzeugmeister Baron de Gallas (qui était retourné en Bohême), car je ne puis me remuer et le feldzeugmeister Baron d'Aldringen n'est pas encore rétabli. Je laisse à la haute sagesse de Votre Grâce Princière de considérer en quelles misères, calamités et ruines les États de Sa Majesté Impériale et l'Empire tout entier seraient précipités, si l'on donnait à l'ennemi le temps de prendre toutes ses dispositions à son aise et de poursuivre ses progrès. Ceci est de la dernière importance, et on ne peut assez dire ce qui en résultera de gloire et de reconnaissance publique pour Votre Grâce Princière, si, grâce à son assistance et à son activité, l'ennemi est arrêté sans retard, et l'Empire sauvé de la ruine qui le menace. C'est donc avec une pleine confiance que je m'adresse instamment à Votre Grâce Princière, la priant de trouver bon de faire presser avec toute hâte, jour et nuit, le secours sauveur que je lui demande et de m'envoyer en même temps par avance le feldzeugmeister Gallas. Priant Votre Grâce Princière. etc.

« Datum Ingolstadt, le 20 avril 1632.

Wallenstein avait reçu de l'empereur l'ordre d'envoyer en toute hâte des renforts considérables à l'électeur de Bavière. Mais le vindicatif général était fermement résolu à laisser ruiner et humilier le prince à qui il attribuait sa disgrâce précédente, et qu'il considérait comme son mortel ennemi. Fidèle à ses habitudes de dissimulation, loin de trahir ses implacables ressentiments par un refus d'obéissance, il feignit au contraire de se conformer aux ordres impériaux, dépêcha des courriers, et multiplia des démonstrations, dont aucune ne devait avoir de résultat.

Un de ces courriers, porteurs de mensongères promesses, arriva à Ingolstadt, le 20 avril, peu d'instants après le départ de la lettre de Tilly, et remit à Aldringen une dépêche du généralissime impérial, annonçant l'arrivée prochaine de Wallenstein lui-même, avec de nombreuses troupes. La sincérité de Tilly se laissa tromper à cette perfide annonce. Plein de joie et de reconnaissance, il ne voulut pas remettre au lendemain le soin de remercier son ancien rival, et fit partir un second courrier avec une lettre conçue en ces termes :

« Par la lettre écrite par Votre Grâce Princière au feldzeugmeister Baron d'Aldringen, en date de Znaïm, du 16 de ce mois, j'ai appris avec le plus vif plaisir, comme quoi Votre Grâce Princière s'est résolue effectivement, conformément à son admirable zèle bien connu, de venir ici en personne avec le secours demandé. C'est ce que réclame en ce moment la plus extrême nécessité, ainsi que Votre Grâce Princière l'aura vu par la dépêche que je lui ai adressée aujourd'hui, et à laquelle je me réfère pour être plus court, ne doutant pas que Votre Grâce Princière, pour grandir son nom et sa renommée immortelle ne fera tout ce qui est en son pouvoir et ne perdra pas une minute pour hâter sa marche. Je remercie de cœur Votre Grâce Princière de sa glorieuse marque de souvenir à mon égard et, de mon côté, j'ai le plus vif désir de lui être agréable. Du reste, en ce qui concerne les approvisionnements, les mesures seront prises pour que rien ne manque. Priant, etc.

« Datum Ingolstadt, 20 avril 1632. »

Il est singulièrement remarquable que dans ces deux lettres, Tilly ne dit pas un seul mot de lui-même, le soin de la chose publique, le danger de l'empire l'absorbent exclusivement, et le moi a cessé d'exister en lui. Rare exemple d'abnégation et de dévouement, dont était seul capable un caractère de cette trempe et de cette foi !

Ce même jour, 20 avril, Wallenstein apprit la blessure de Tilly, que la correspondance du héros catholique ne lui aurait certainement pas laissé soupçonner. Il expédia aussitôt son chambellan, le colonel Philippe-Frédéric de Breuner, à

Ingolstadt, avec une mission verbale de condoléance et d'affaires pour le général de la Ligue. Avant que Breuner fut arrivé, Tilly, de plus en plus inquiet de la situation, adressa, le 23 avril, une troisième dépêche à Wallenstein.

« J'ai à informer de nouveau Votre Grâce Princière de l'urgente nécessité qui nous presse et de la dangereuse situation que nous créent les continuels progrès de l'ennemi. Déjà il s'est emparé d'Augsbourg, et comme le danger s'augmente tous les jours, qu'il en est au point de ne pouvoir presque plus s'aggraver, il n'y a pas de doute que l'Empire entier sera complètement ruiné et désolé, si le secours n'arrive pas dans le plus bref délai possible. Je viens donc prier instamment Votre Grâce Princière de se hâter le plus qu'il sera humainement possible et de ne se laisser arrêter par aucune considération.

« Datum Ingolstadt, le 23 avril 1632. »

En effet Gustave-Adolphe s'était rendu maître d'Augsbourg, où il fit peser sur les catholiques tout le poids de son intolérance [1]. La garnison bavaroise avait capitulé. Tilly apprit que les clauses de la capitulation avaient été violées par le vainqueur. Il fit aussitôt de vives réclamations près du maréchal Horn, et ce fut probablement la dernière dépêche qu'il signa. Sa lettre, prise avec la personne et les papiers de Horn, à la bataille de Nordlingen, est un témoignage de sa vigilante sollicitude à l'égard du moindre de ses soldats, sentiment qui ne le quitta qu'avec la vie.

« Votre Seigneurie a sans doute la mémoire encore fraîche de l'accord conclu récemment avec les soldats de mon armée, qui se trouvaient à Augsbourg, et dont un des articles portait qu'ils sortiraient, selon les usages de la guerre, avec sac et bagages, etc., et sous escorte sûre. Néanmoins, le jeune margrave de Bade Durlach s'est permis, contrairement au dit accord, non seulement d'enrôler de force les dits soldats, mais encore d'enlever au major du régiment de Breda ses chevaux de main et d'autres objets, conduite certainement que bien n'approuveront ni Sa Majesté Royale, ni Votre Seigneurie, ni personne autre. Je ne doute point que Sa Majesté Royale n'hésitera pas à faire justice de ce fait. Et bien que la soldatesque sortant du dit Augsbourg ait exécuté ses engagements, un parti impérial a attaqué l'escorte suédoise et l'a emmenée, laquelle je retiendrai jusqu'à ce que justice ait été faite,

1. *Histoire des évêques d'Augsbourg.*

les chevaux et les objets du major restitués, et les soldats impériaux qu'on a enrôlés de force, remis en liberté, m'offrant, aussitôt l'accomplissement de ces conditions, à relâcher le Rittmeister et ses cavaliers; et comme ce sont choses d'intérêt pour les deux parties. et que je serais obligé, avec l'aide de Dieu, d'exercer des représailles, j'ai jugé nécessaire de prier Votre Seigneurie de prendre toutes les mesures en son pouvoir, pour que ces faits ne se représentent plus. Et je prie, etc.

« Datum Ingolstadt, le 25 avril 1632. »

Le jour où Tilly dictait ce message, Gustave se présentait devant Ingolstadt et ouvrait la tranchée. Sans doute, le monarque suédois, enflé de ses succès, comptait enlever la ville et achever l'anéantissement de ses plus redoutables ennemis; mais le vétéran catholique veillait sur son lit de mort et son neveu Werner, digne héritier de son intrépide valeur, enflammait, par le plus noble exemple, le courage des soldats. La dernière nuit que Tilly passa sur la terre, deux assauts successifs furent donnés par les Suédois. Durant ces heures d'alarme, le mourant ne cessa d'encourager les officiers qui se pressaient autour de lui, à faire leur devoir, les envoya jusqu'au dernier sur les remparts, et parut revivre pour aller lui-même au combat. Ses paroles et ses exhortations, rapportées aux soldats, les électrisèrent. Les Suédois furent repoussés avec des pertes énormes, et la victoire eut un dernier retour pour le grand homme qu'elle avait si longtemps comblé de ses faveurs.

L'électeur ne le pouvait aborder qu'en larmes et sortait pénétré d'admiration pour cette mâle et généreuse vertu. Dans les longs entretiens qu'il eut avec son général mourant, celui-ci insista particulièrement sur la nécessité absolue de s'assurer de Ratisbonne, nœud essentiel de communication entre la Bavière et l'Autriche. « Car, disait-il, la perte de Ratisbonne met la couronne impériale et celle de Votre Altesse Électorale sur le bord de l'abîme, Maîtresse d'Ingolstadt et de Ratisbonne, Votre Altesse peut, à un moment donné, récupérer promptement tout ce qu'elle a perdu. » Le jour même de sa mort, s'échappa à plusieurs reprises, de ses lèvres glacées, le mot : « Ratisbonne ! Ratisbonne ! »

Un seul instant, il parut affecté d'un pénible retour sur lui-même. « L'excellent, pieux et vigilant héros, dit Khevenhiller, s'est plaint sur son lit de mort, qu'après la bataille de

Leipzick, on lui eût lié les mains, et mis obstacle à ce qu'il attaquât l'ennemi avec les troupes qu'il avait réunies et celles venant d'Italie, parce qu'il avait alors les moyens, la force et l'occasion de prendre, avec l'aide de Dieu, une éclatante revanche. » Mais ces fugitifs regrets s'effacèrent sans peine, pour laisser place aux graves pensées du devoir et de l'éternité. Les yeux fixés sur un crucifix, qu'il avait fait placer au pied de son lit, il passait en prières ferventes le temps que lui laissaient les devoirs de sa charge et ses conférences avec l'électeur. Les plus douloureuses opérations ne lui arrachèrent pas un gémissement ; sa patience frappait d'étonnement ses chirurgiens, et sa présence d'esprit ne fut pas troublée un moment par ses terribles souffrances. Dès son arrivée à Ingolstadt, il avait fait venir près de lui son confesseur, un jésuite, probablement le P. André Brunner (1), et il s'était fortifié par les secours de la religion. Nourri tous les jours du Pain des forts, il aimait à épancher dans le sein du ministre de Dieu les sublimes aspirations de sa pieuse et belle âme. Dans l'un de ces intimes entretiens, il fit promettre au dévoué religieux de prononcer à ses oreilles, lorsque sonnerait l'heure de la délivrance, ces paroles du Roi-prophète, à l'aide desquelles il avait coutume de ranimer son courage contre les dures épreuves de la vie :

« *In te, Domine, speravi, non confundar in æternum.* C'est en vous, Seigneur, que j'ai mis mon espérance ; jamais je ne serai confondu. »

Le 30 avril, sa faiblesse augmenta sensiblement, et ceux qui l'entouraient, dans le silence de la douleur et de la vénération, pensèrent qu'il entrait en agonie. Vers six heures du soir, indiquant du geste le crucifix, il fit signe qu'il se préparait à la mort. En cet instant solennel, il fit approcher de son lit son neveu Werner, lui tendit une dernière fois la main, et le bénit. Ses vieux amis, Witzleben et Ruepp, fondant en larmes, tombèrent à genoux et lui demandèrent aussi sa bénédiction. Il la leur donna, recommanda à Ruepp ses domestiques, et se remit en prières. Une heure plus tard, son confesseur, qui priait agenouillé près du héros, s'aperçut qu'il tournait les yeux de son côté, avec une certaine expression

1. Le P. Brunner ne nomme pas le confesseur de Tilly. Il l'eût probablement fait, si c'eût été quelque autre que lui-même. En parlant de la manière dont Tilly se préparait à la mort, il dit : *Compertissima memoro*, et plus loin sans nommer le Père qui assistait le héros, il se sert du terme général : *Sacerdos Jesuita.* (*Annal. Boïc.*, p. III, l. XVII, n. XXXV, c. 265.)

d'anxiété. Aussitôt le religieux s'écria : *In te, Domine, speravi non confundar in æternum.* A ces paroles, Tilly parut fortifié et vainqueur de l'ennemi du salut, et son visage s'illumina d'allégresse. Jetant un dernier regard d'amour sur l'image du Christ souffrant, il rendit à Dieu son âme bienheureuse (1).

Les larmes de ses soldats, l'émouvante douleur de ses officiers, la désolation de l'électeur de Bavière, lui servirent d'oraison funèbre. Pendant trois jours et trois nuits, ses restes mortels furent exposés au milieu d'une chapelle ardente. L'armée entière vint rendre un dernier hommage à son chef vénéré, et la foule qui ne cessa de remplir, silencieuse et fervente, l'étroite enceinte, se partageait, comme reliques, des morceaux de ses vêtements. Pour le reste de l'univers, la mort de cet homme, qui avait rempli le monde du bruit de son nom, passa presque inaperçue. Parmi ceux qu'il avait si longtemps et si glorieusement servis, les uns tenaient leurs regards attachés sur Wallenstein, et épiaient le moment de saluer le retour de cet astre de salut ; les autres, préoccupés de leurs propres malheurs, songeaient à se sauver isolément, soit par une humble soumission au roi de Suède, soit par la médiation, chèrement vendue, de la France. L'ingratitude s'étala, sans pudeur, sur son tombeau, et la calomnie n'avait pas même attendu sa mort pour commencer l'œuvre de dénigrement. Exemple mémorable de l'inanité des créances de l'homme sur le cœur de ses semblables !

Pénétré d'une dévotion tendre à la Vierge Immaculée, dont il avait fait peindre l'image sur tous ses drapeaux, il avait toujours désiré reposer à l'ombre protectrice de ses autels. Dans ce but, lors de son dernier pèlerinage à Altenœtting, il s'était choisi un tombeau, près du sanctuaire dédié à la Mère de Dieu. Il y avait fondé en même temps, moyennant 6,000 florins, une prébende, dont le titulaire devait dire trois messes par semaine, à son intention. Ce fut à la même occasion qu'il offrit, à Notre-Dame d'Altenœtting, un grand crucifix de lapis lazuli, enrichi de diamants, d'un travail

1. Joannis Adlzreitter, a Tetenweis, Arcani Consilii Cancellarii, *Annalium Boicæ gentis partes III*, quibus Historia a prima Bojorum origine usque ad MDCLI, quo Maximilianus Elector Bavariæ decessit, continetur. Accessere Andreæ Brunneri, e Soc. Jes. *Annalium Boicorum*, a primis initiis ad annum MCCCXI, partes III. Editio nova, ad Monachicas accurate recusa, novoque indice locupletissimo instructa ; cum præfatione Godefridi Guilielmi Leibnitii. Francofurti ad Mænum, Impensis Jo. Frederici Gleditsch, et filii. Anno. M. DCC. X. Voir p. III. l. XVII, n. XXXVI, c. 265.

extrêmement précieux, et une chaîne magnifique, ornée de brillants de haute valeur, dons de l'infante Isabelle, et qu'on peut voir encore dans le trésor de cette église. En recevant ce dernier présent, il aurait dit, à ceux qui l'entouraient : « Dès maintenant, je consacre cette chaîne aux délices de mon cœur, à ma Dame et Souveraine. » Ses auditeurs crurent qu'il la destinait à sa nièce, la comtesse Werner de Tilly, qu'il affectionnait particulièrement; et ils ne reconnurent leur erreur, que lorsqu'ils le virent donner ce gage de sa tendresse à Notre-Dame d'Altenœtting, avec le crucifix, et 1,000 nobles à la rose, monnaie d'or, qu'il avait reçue de la ville de Hambourg (1).

Son cœur, enfermé dans un vase d'argent, fut porté, immédiatement après son décès, à Altenœtting. Son corps, embaumé avec soin, fut d'abord déposé dans la crypte de l'église de Sainte-Croix, à Ingolstadt, appartenant aux Jésuites. Il y resta, jusqu'au 21 octobre 1653, jour de sa translation à Altenœtting, dans la *Chapelle de Tilly*. Le cercueil de plomb, dont le couvercle en verre laisse voir les traits du héros catholique, a été ouvert dans les derniers temps (2). Le vase d'argent, qui renferme son cœur, porte l'inscription suivante :

Cor illustrissimi et excellentissimi Comitis D. D. Joannis Tilli, cujus vita, militia, mors, triumphus, et cor nunc est, ubi thesaurus fuit. Humilis ancillæ humilitatem; castus matrem castitatis coluit ; miles certamen Dei certavit; fidem servavit ; cursum consummavit. Ideo repositam justitiæ coronam reddidit Tillio Dominus justus judex, ultima die aprilis anno Christi M. DC. XXXII (3).

Ferdinand II réclama la glorieuse épée du grand capitaine. Cette épée, placée d'abord au trésor de la Maison impériale, se trouve maintenant au château de Stolzenfels, sur le Rhin (4). La famille des barons de Gumppenberg, en Bavière, conserve religieusement, comme une précieuse relique, les vêtements portés par Tilly le jour qu'il reçut sa blessure, et le boulet qui lui fracassa la cuisse (5).

En apprenant sa mort, Wallenstein manifesta une vive émotion, et ne put s'empêcher de s'écrier : « Cet homme n'avait pas son pareil. » Mais Gustave-Adolphe n'eut pas même ce fugitif mouvement de générosité. « Le vieux caporal », ainsi qu'il affectait d'appeler Tilly, avait blessé sa

1. Adlzreitter, § XXXVII. — 2. Goethals, *Généalogie de T'serclaes*, p. 146 — 3. Goethals, p. 144. — 4. Idem. — 5. Idem.

susceptibilité, en repoussant ses avances avec une froideur hautaine. Après la prise de Munich, le vainqueur de Breitenfeldt, passant, avec son état-major de princes allemands, devant l'église des Jésuites, eut la fantaisie d'y entrer. Il s'avança, la tête découverte, jusqu'au chœur, examinant tout avec attention. Il fut reçu par le Recteur des Jésuites, prévenu en toute hâte. Après plusieurs questions relatives à l'édifice sacré, Gustave-Adolphe entama, en latin, une discussion sur le rit catholique, et, sautant brusquement à un autre ordre d'idées, il s'écria : « Dites-vous des messes pour Tilly ? Où croyez-vous qu'il soit maintenant ? — Au ciel, j'espère, » répondit le Recteur. Sur quoi le Roi, frappant le sol avec colère, répliqua vivement : « *Erat barbarus ! erat tyrannus !* C'était un barbare ! c'était un tyran ! » Reproche bien étrange dans cette bouche, d'où s'étaient échappés tant d'ordres d'oppression et de barbarie !

Deux siècles se sont écoulés, deux siècles de conspiration historique perfidement organisée par les passions irritées, développée par des plumes vénales, et une voix royale, celle de Louis Ier de Bavière, rompant en visière au mensonge classique, avec un courage devenu rare chez les têtes couronnées, a proclamé, à son tour, les droits de la vérité. Lors de l'inauguration de la statue de bronze élevée, par ses soins, à Tilly, en 1844, le descendant de Maximilien Ier a prononcé ces nobles paroles :

« Cette statue est une preuve que nous n'oublions pas les services de Tilly. Il a été grossièrement calomnié pendant deux cents ans ; mais les rayons de la vérité ont fini par dissiper les nuages accumulés par les préjugés, autour de cette grande figure. »

Ce premier hommage public n'est pas resté isolé. Louis Ier a donné place à Jean T'serclaes de Tilly, dans sa magnifique création de la Walhalla.

Mais la Bavière a érigé à Tilly un monument d'un caractère plus militaire et plus expressif encore. Lorsque le voyageur qui descend le Danube, arrive à Ingolstadt, il aperçoit, à sa droite, d'imposantes constructions, faites avec ce luxe de soins que recherche l'architecture militaire de notre époque, et qui s'allie parfaitement avec la mâle simplicité des lignes. Au-dessous des créneaux qui les couronnent, est placée cette inscription en lettres colossales : *Fort Tilly.* Que de nobles et douloureux sentiments n'ont déjà pas réveillés ces deux seuls mots, dans l'âme du catholique, ou de l'Allemand, sincèrement patriote, qui les a lus !

Jacques de Tilly, mort le 11 octobre 1624, avait chargé son frère du partage de ses biens, entre ses enfants. Jean de Tilly opéra ce partage, par acte du 8 mars 1625, daté de l'abbaye de Hirschfeld. Par un second acte, il fit donation authentique, à son neveu, Jean T'serclaes de Tilly, fils aîné du comte Jacques, de la terre et baronie de Marbais, ainsi que des seigneuries de Tilly, Balastre et Montigny, sous condition que, dans le cas où Jean de Tilly ne laisserait pas d'enfants, ces terres passeraient héréditairement à Werner de Tilly, son frère puîné. Un octroi confirmatif de S. M. C. fut obtenu, à ce sujet, à Bruxelles, le 11 août 1625.

A la même date, 8 mars 1625, il fit son testament, dans lequel il disposa de la terre de Breiteneck et des sommes que lui avaient données l'empereur et la Ligue, en faveur de Werner de Tilly, sous condition de réversion à Jean de Tilly, en cas de décès, sans postérité, du légataire, et à charge éventuelle de legs en faveur des deux filles, non religieuses, du feu comte Jacques de Tilly.

L'aînée de ces deux dames, Dorothée, chanoinesse de Maubeuge, « qu'il gratifia d'une somme de vingt-quatre mille florins, monnoye coursable de Brabant, pour l'entretenir tant plus honorablement et pour son advancement à un bon mariage » épousa en 1626, Antoine de Bourgogne, seigneur de Fromont.

La seconde, Marguerite, en faveur de laquelle « il retenait de disposer, selon et autant que par ses comportements, elle lui en donnerait subject et occasion, » paraît être morte dans le célibat.

Le testament précité fut notifié et enregistré à Bruxelles, à la cour féodale de Brabant, le 19 mai 1634, à la requête du comte Werner de Tilly. Il n'est fait, dans cette requête, aucune mention d'un codicille quelconque. Il est généralement admis par les historiens, que Tilly a légué, en mourant, 60,000 thalers aux débris des régiments wallons, qui l'avaient si héroïquement défendu à Breitenfeld. Le fait est possible, et ce témoignage public a une valeur réelle. Toutefois, le respect dû à la vérité nous oblige à dire que nous n'avons pu trouver aucune base authentique à cette assertion.

Le nom de Tilly est un de ceux que chaque progrès de l'histoire, dans la voie de la vérité, est destiné à faire rayonner d'une lueur d'autant plus large et sereine. Les jugements des hommes participent de leur nature : ils sont précipités, pleins d'erreurs et varient sans cesse. La popularité que donne si légèrement l'aveugle enthousiasme des passions, n'a rien de commun avec le mérite. Les jugements de Dieu seul sont justes et droits, solides et durables. Le temps est son grand justicier : par le temps, il dissipe les vaines renommées de parti ; par le temps, il redresse les iniques arrêts des préjugés humains ; par le temps, il réforme les téméraires proscriptions de l'ignorance, distribue graduellement les lumières de la vérité, et fait éclater, dès ici-bas, l'invincible force de son indéfectible justice.

IN MEMORIA ÆTERNA ERIT JUSTUS, AB AUDITIONE MALA NON TIMEBIT.

FIN.

Imprimé par la Société St-Augustin, Bruges.

CPSIA information can be obtained at www.ICGtesting.com
234145LV00004B/125/P

9 781142 7027